从天书时代到古文运动

张维玲————

著

北宋前期的
政治过程

上海古籍出版社

图书在版编目(CIP)数据

从天书时代到古文运动：北宋前期的政治过程 / 张
维玲著. —上海：上海古籍出版社，2023.9
ISBN 978 - 7 - 5732 - 0823 - 1

Ⅰ. ①从… Ⅱ. ①张… Ⅲ. ①政治制度史-中国-北
宋 Ⅳ. ①D691.21

中国国家版本馆 CIP 数据核字(2023)第 149080 号

从天书时代到古文运动：北宋前期的政治过程

张维玲 著

上海古籍出版社出版发行

(上海市闵行区号景路 159 弄 1 - 5 号 A 座 5F 邮政编码 201101)

(1) 网址：www. guji. com. cn

(2) E-mail：guji1@guji. com. cn

(3) 易文网网址：www. ewen. co

浙江临安曙光印务有限公司印刷

开本 890×1240 1/32 印张 11.125 插页 2 字数 269,000
2023 年 9 月第 1 版 2023 年 9 月第 1 次印刷

印数：1—2,100

ISBN 978 - 7 - 5732 - 0823 - 1

K·3443 定价：58.00 元

如有质量问题，请与承印公司联系

目　　录

上篇：天书时代的形成

第一章　渴望封禅

下篇：历史中的古文运动

第四章　"太平"的丧失

自　序

这本书从概念的萌芽到繁体字版与简体字版的出版,已经超过十年。在此期间,我对各章节进行了多次论证上的修订、概念上的重塑与结构上的重组。其中,最要感谢的是一直支持这项研究的梁庚尧老师。梁老师是我特别敬佩的学者,同时也是我几经挫折却仍未放弃的支持力量。我也要感谢在我学术成长过程中,提供我养分与启发的许多师长与学友,谢谢您们欣赏这项研究,我虽然不在这里提到您们的大名,但我相信您们了解我衷心的感激。

若要我用心里的话来介绍这书,我想说的是,它挑战了两个旧的典范叙事。第一是以"城下之盟"的故事,来解释真宗朝的天书封禅事件;二是以"柳开提倡—杨亿反动—尹洙、欧阳修重倡古文"的三阶段框架来解释北宋前期的古文运动。这两个典范叙事,其实并不是当代学者的发明,而是北宋仁宗时便已形成的历史叙事。

拙著提出的论点是,真宗天书时代的天书、封禅、西祀、圣祖、遵奉道教等种种作为,皆非创新,而是援引大量的汉唐儒家经典诠释,并参考了汉唐君主对太平盛世的想象与期待。紧接于天书时代后的古文运动,则是真、仁之际,不同士大夫群体对天书时代的反省与批判。因此,他们批评的也就不仅是针对真宗的天书时代,同时也是对汉唐经典诠释与政治文化的深刻批判与反省。这些士大夫群体,不仅包含范仲淹及其政治支持者,也包含他们的政敌。拙著给后者较多的关注,因为他们在仁宗统治前期的重要性,不在范仲淹与欧阳修等人之下。

拙著繁体字版出版后，我收到了不少出版简体字版的邀约，真诚地感谢您们的青睐。其中，我了解上海古籍出版社过去出版过不少关于宋代古文运动的著作，在这个领域具有很高的专业性，因此很荣幸简体版能在上海古籍出版社出版。我收到校样后，感到在格式、文字上已校对精良，这都要感谢编辑袁乐琼小姐的认真负责。当然，我也将书稿重新细读一次，也因此，简体版在繁体版的基础上，修正了几个错误，补充了一些脚注，也对一些不够精确的用字遣词做了修改。

我要特别感谢香港理工大学中国历史与文化学系，没有系里的大力支持，我便无法安心做研究。也要感谢我在香港的几位同道：张晓宇、朱铭坚、李怡文、徐力恒，他们真诚的友谊，让我能更快地融入香港的学术社群。更要感谢我的丈夫施昱丞，他的聪明才智远在我之上，我已记不清我有多少的学术灵感，来自他的批评与启发。最后，谢谢砚文、砚海，这本书最关键的修改时期，是在 2019 年我孕育他们的时候，那时前途未明，但我却能够静下心来修改书稿，我想原因就在于这两个小生命的出现，让我心中充满喜悦的缘故吧！

张维玲

2023 年 8 月 1 日

导　　论

第一节　古文运动的政治
背景："天书时代"

学者谈论古文运动多并称唐宋，实则"唐宋古文运动"涵盖多个不同的历史时期，时代脉络也各有不同。韩愈（768—824）、柳宗元（773—819）面对的是安史之乱后的中唐，柳开（947—1000）的历史时空则为宋代的初兴，而孙复（992—1057）、石介（1005—1045）、欧阳修（1007—1072）等人经历的，是真宗（997—1022 在位）到仁宗朝（1022—1063 在位）的变化。因此，所谓唐宋古文运动，与其说是一个连续发展的过程，不如说是存在许多断裂面。[1] 不同时空背景下的古文家，所面对的历史课题也大相径庭。宋代古文家对唐代古文学者的引述与颂赞，与其说是受到前辈们跨时空的"影响"，不如说是后来者在面临当下的时代课题之际，提取、诠释了前辈古文学家的思想与理念。

北宋古文运动的要角孙复、石介、欧阳修等人的成长背景，正是真宗一朝的"天书"时代。大中祥符元年（1008）正月三日，真宗获得

---

[1]　唐宋古文运动已有许多精彩的研究。具代表性的可参见陈弱水：《唐代文士与中国思想的转型》（桂林：广西师范大学出版社，2009 年）；何寄澎：《北宋的古文运动》（上海：上海古籍出版社，2011 年，此书于 1992 年由台湾幼狮出版社出版）。

降于皇城承天门的天书。从此，真宗供奉着天书，进行一连串的祭祀礼仪：祥符元年十月到泰山举行祭天的封禅大典，祥符四年（1011）二月到汾阴祭地，隔年，真宗自言道教神仙同时也是赵宋祖先的"圣祖"，亲自降临在他面前；祥符七年（1014）正月，真宗到亳州朝谒老子太清宫，天禧元年（1017）奉上玉皇、圣祖圣号宝册。这一连串夹杂怪力乱神的奉神礼仪，对现代学者来说，可谓匪夷所思。认为大中祥符时代的奉神礼仪，乃是真宗君臣合谋作伪，以化解澶渊之盟带来的耻辱，便成为通行的观点。[①] 但也正是"天书"的时代，构成了宋代儒学运动的起点——古文运动的政治背景。

　　本书以"天书时代"指称这段时期：真宗祥符元年到刘太后（968—1033）过世的明道二年（1008—1033）。这样的指称，不仅在于"天书"在这个统治阶段，被君主视为政权正当性的主要象征，[②]也在于这段时期的政治文化，由于天书的存在而有其特殊性。虽然"天书时代"的称法，将真宗统治的大中祥符（1008—1016）、天禧（1017—1021），与刘太后主政的天圣（1023—1032）、明道（1032—1033）视为一个整体，但本书同样重视的，是梳理从真宗到刘太后统治期的差异与变化：刘太后统治期，一方面可视为天书时代的有限度延续，另一方面却也是天书时代的消退与萎缩，古文运动在此过程则悄悄酝酿。

----

　　① 相关讨论颇多，详细叙述此段历史者，可见张其凡：《宋真宗"天书封祀"闹剧之剖析——真宗朝政治研究之二》，收入氏著：《宋代政治军事论稿》（合肥：安徽人民出版社，2009 年），第 144—196 页。英文著作中较详细讨论祥符时代与道教关系的，见 Suzanne E. Cahill, "Taoism at the Sung Court: The Heavenly Text Affair of 1008," *Bulletin of Sung-Yüan Studies* 16 (1980, Ithaca), pp. 23 - 44.

　　② 天书正本虽然在真宗过世后，与真宗一起埋葬，但其刻本存放在玉清昭应宫中。玉清昭应宫于天圣七年（1029）被烧毁。见〔宋〕李焘撰，上海师范大学古籍整理研究所、华东师范大学古籍整理研究所点校：《续资治通鉴长编》（北京：中华书局，2004 年），卷 82，大中祥符七年五月乙未，第 1875 页；卷 108，天圣七年七月癸亥，第 2519 页。

第二节　政治史与儒学史的
内在联动

　　本书通过梳理北宋前期的政治过程，分析宋代古文运动展开的历史脉络。本书不仅探究北宋前期的政治史与儒学史，更重视析理这两个学术范畴如何彼此牵动。北宋前期政治史研究已经累积了可观的成果，但既有研究以单篇论文为主，以专书形式、系统性探讨北宋前期政治过程的著作仍不多。其中，有三部作品尽管成书多年，但仍构成理解此时期政治史的重要著作，也是本书讨论得以展开的前沿研究：刘静贞《北宋前期皇帝和他们的权力》①、邓小南《祖宗之法——北宋前期政治述略》、②何冠环（Koon-wan Ho）*Politics and*

---

　　① 刘静贞的论著是以北宋前期三帝一后为主角。在研究方法上，作者关注君主各自的性格与"皇帝"此身份的特殊"环境"间的互动。所谓"环境"，在作者的分析中有诸多层次的意义，包含君主和士大夫对"皇帝"角色的认知与期待、皇帝制度的运行，以及不同阶段所面临的政治课题。在此观察视角下，作者指出诸多北宋前期政治的重要特质。例如太宗的躬亲庶务，日理万机，展现了太宗求治的热切；真宗在大中祥符时代借由撰写文告来进行权威统治，不复如景德（1004—1007）以前勤政。后者给读者的启示是，北宋前期的政治文化，在祥符前后发生了重要变化。在仁宗天圣年间，即刘太后统治时期，作者分析了刘太后如何在与宰执的权力斡旋中，从相对弱势的一方，转变为主宰朝政的女主。见刘静贞：《北宋前期皇帝和他们的权力》（台北：稻乡出版社，1996年）。

　　② 邓小南的论著围绕在"祖宗之法"的形塑与阐发。作者指出，赵宋"祖宗之法"有其虚、实的两面。在"实"的部分，包含"祖宗"（特别是太祖和太宗）的重要政策和施政精神。在"虚"的部分，包含了"祖宗之法"在形成和提出的过程中，士大夫将哪些祖宗朝的做为提炼出来，作为故事、法度来遵奉。后世所面临的实际政治问题，往往影响他们如何筛选、诠释祖宗之法；而不同立场的士大夫，对祖宗之法也有不全一致的界定。这体现祖宗之法核心具体、边界模糊所蕴含的弹性。除了对祖宗之法议题的阐述，作者在个别细节上的讨论，也提出别具见解的意见。例如作者对五代重武轻文到宋初崇文抑武的过程，以及五代到宋初两府职权的消长，都有颇为复杂深刻的探讨。见邓小南：《祖宗之法——北宋前期政治述略》（北京：生活·读书·新知三联书店，2006年）。

factionalism: K'ou Chun (962 - 1023) *and his 't'ung-nien'*。[①] 这三部作品分别代表了政治史研究的三种典范：以帝王为中心、以议题为导向、以士大夫党派斗争为核心。它们都揭示了北宋前期政治史的重要面向。但也因此，若欲在前人的基础上有所推进或突破，则必须探索不同以往的研究方法与切入视角。邓小南在《祖宗之法》中，这样期许后继研究：找到一个能够牵动某时代的政治过程、文化思维、社会活动、思想探索，并对历史发展具有重要意义的课题。[②]

尽管批判与否定构成宋代以降士大夫对天书时代的立场基调，但从历史学的角度来看，"天书时代"为一极具牵动力的议题。这个时代援引、镕铸了诸多汉唐儒学思想，并打造了一个世代独特的政治文化与社会气氛，影响所及不仅及于中央朝政，亦下至地方社会。真宗打造的天书时代，与紧接而来的仁宗朝古文运动，更有着内在发展的理路。换言之，"天书时代"这一被归为政治史的议题，如何牵动思想史的关键课题"古文运动"，便是本书探究的主题。

古文运动与庆历改革，向来是北宋儒学史与仁宗朝政治史的重要课题。余英时先生在《朱熹的历史世界》，便指出宋初古文运动是宋代儒学的第一阶段，古文运动的学者热心于得君行道，从而引发庆

---

①　何冠环此论著由于未正式出版，因此流通度并不广，但作者通过细致、深入的史料分析，将围绕着寇准（961—1023）的政治斗争，进行了详尽的梳理。这项研究显示，由"同年"建立的人际网络，在宋初的政治斗争中扮演关键要素。更重要的是，这项研究选择的是宋初十分重要的士大夫群体——太平兴国五年（980）进士。宋真宗朝的著名宰相多出自此榜，包括李沆（947—1004）、王旦、寇准、向敏中。因此，这部作品能够在一定程度上勾勒北宋太宗到真宗朝的政治史。见 Koon-wan Ho, *Politics and factionalism: K'ou Chun* (962 - 1023) *and his 't'ung-nien'* (PhD diss., The University of Arizona, 1990)。这一榜进士在宋初政治史的重要性，高过太平兴国三年进士。作者对后者亦有精彩研究，见何冠环：《宋初朋党与太平兴国三年进士》（北京：中华书局，1994年）。当然，"同年"并非唯一构成人际网络的因素。其他如同乡、同僚、婚姻等，亦值得重视。参见［日］平田茂树：《宋代朋党形成之契机》，收入平田茂树著，朱刚等译：《宋代政治结构研究》（上海：上海古籍出版社，2010年），第98—142页。

②　邓小南：《祖宗之法——北宋前期政治述略》，第4页。

历改革。① 研究宋代古文运动的代表性著作,依出版时间排列有:金中枢《宋代古文运动之发展研究》;②刘子健《欧阳修的治学与从政》;③何寄澎《北宋的古文运动》;祝尚书《北宋古文运动发展史》;④漆侠《宋学的发展和演变》。⑤ 这些著作在个别细节上详简有别,但总体而言,他们的研究为宋代古文运动勾勒出一个"典范叙事"。此一叙事包含三项结构性要素:第一,宋初古文运动先锋柳开,主张文章应阐扬古圣人之道,从而改变了五代的弱质骈文;第二,杨亿(974—1020)与刘筠(970—1030)在真宗一朝,吹起一股重视修辞、对仗的反古文精致文风;第三,仁宗朝由范仲淹(989—1052)、欧阳修、孙复、石介、穆修(979—1032)、尹洙(1001—1047)等开启反杨亿文风的古文运动。古文家的共通趋向是不再依循汉唐经典注疏,而是从儒家本经着手,直探圣人之道。且此"道",必须借由政治改革加以实践。因此,庆历改革经常被学者视为仁宗朝古文运动学者的政治实践。

上述古文运动的"典范叙事",构成学界对仁宗朝儒学运动的基本认识,似乎难再突破。漆侠先生在 21 世纪初作《宋学的发展和演变》,对个别儒者的经学思想、政治活动有十分细致的讨论,但在整体架构上,并未挑战这个典范叙事。

那么,此"典范叙事"是如何产生的? 笔者认为,这三阶段的结构叙事,最早完整地呈现在范仲淹所作尹洙文集序:

---

① 余英时:《朱熹的历史世界:宋代士大夫政治文化的研究》(台北:允晨文化,2002年;北京:生活・读书・新知三联书店,2004 年,后续引用为三联书店版)。

② 金中枢:《宋代古文运动之发展研究》,收入氏著:《宋代学术思想研究》(台北:幼狮文化,1989 年),第 181—253 页。原刊于《新亚学报》第 5 卷第 2 期(香港,1963 年)。

③ 刘子健:《欧阳修的治学与从政》(香港:新亚研究所,1963 年)。

④ 祝尚书:《北宋古文运动发展史》(四川:巴蜀书社,1995 年)。

⑤ 漆侠:《宋学的发展和演变》(石家庄:河北人民出版社,2002 年)。

　　唐贞元、元和之间，韩退之主盟于文，而古道最盛。懿僖以降，寝及五代，其体薄弱。皇朝柳仲涂（开）起而麾之，髦俊率从焉。仲涂门人能师经探道有文于天下者多矣。洎扬大年（亿）以应用之才独步当世，学者刻辞镂意，有希斁颣，未暇及古也。其间甚者专事藻饰，破碎大雅，反谓古道不适于用，废而弗学者久之。洛阳尹师鲁（洙），少有高识，不逐时辈，从穆伯长（修）游，力为古文，而师鲁深于《春秋》，故其文谨严，辞约而理精，章奏疏议，大见风采。士林方耸慕焉，遽得欧阳永叔，从而大振之，由是天下之文一变，而其深有功于道欤！①

短短二百多字便概括了现代学者对古文运动的理解框架。然而，细究这段文字，其实有诸多问题尚待解答。首先，为什么范仲淹将古文运动追溯到已过世半世纪的柳开？柳开在世时，仅官至知州，且从未进入中央任职，柳开的影响力，为何能够改变所谓五代"薄弱"文风？柳开"门人能师经探道有文于天下者"是哪些人？他们对古文运动有何贡献？其次，范仲淹的诠释，无疑有其特定的立场与视角。这篇序既是为尹洙文集而作，序文难免突出尹洙及其师穆修的重要性，文末更强调了范仲淹与尹洙共同好友欧阳修的贡献。我们是否能把此书序的叙事，视为古文运动的发展实况？

　　检视范仲淹的尹洙书序，实际上是在放大个别人物的影响力的同时，模糊化了历史发展的脉络。范仲淹的书序，并没有告诉我们为什么柳开或杨亿能有如此大的影响力，也没有说明为什么尹洙与欧阳修能够改变重视雕琢的文风。而这个文风变化的时代——从柳开过世，到所谓欧阳修等重振古文、古道，正是以天书时代与庆历改革为政治背景。

---

　　①　〔宋〕范仲淹著，李勇先、王蓉贵校点：《范仲淹全集》（成都：四川大学出版社，2002 年），卷 8，《尹师鲁河南集序》，第 183 页。

　　因此,欲突破古文运动的典范叙事,便有必要重新梳理真宗到仁宗朝的政治过程,从而还原古文运动复杂的发展历程。真宗朝的天书时代,并不是在真宗过世的那一刻便画上句点,而是影响了一整个世代的政治意识形态,与配合此意识形态的文章撰作。杨亿是这个时代的佼佼者与代表人物,但并不是影响这个时代的关键人物。真宗的过世,确实带来政风、文风转变的契机,但这个转变的过程,亦非单凭数人能够翻转,而是由身处不同权力位置的士大夫们,在不同的时间点,做出关键性的建议与决策。范仲淹、欧阳修与尹洙等庆历改革核心人物,虽是其中要角,但却不是对此转变做出贡献的唯一群体。

　　基于上述的反思,融合政治史与儒学史(以本书所关注的面向而言,更确切的说法是经学史)成为本书最关键的切入角度。既有研究往往将政治史与儒学史划分为两个不同的研究领域,政治史是历史学者关心的课题,儒学史则为中文研究学者所关注。两个研究社群有各自的研究传统,却也因此较少相互对话。故而,天书时代为历史学所注目,古文运动则被划入儒学史或文学史的范畴。这便导致真宗朝的天书统治,与仁宗朝的古文运动,尽管在时间上前后相续,但似乎各自独立、无所关联。然而,至少在北宋以前,儒家士大夫对儒家经典的阐述与诠释,往往是为了回应现实的政治问题;儒士作为政治场域中的主要参与者,他们脑海中的儒学思维与观点,也深刻影响了政治发展的走向。

　　本书认为,过去属于政治史范畴的"天书时代",本质上是真宗君臣利用、诠释儒家经典,最后却以破坏儒教统治告终的历史过程。宋太宗后期至真宗统治前期,赵宋朝廷颁布了主要由汉唐儒者注疏的"十二经"经典诠释。[①]天书时代的神道礼仪,即是操办者对官方经典

---

　　①　见冯晓庭:《宋初经学发展述论》(台北:万卷楼图书有限公司,2001年),第33—50页。

注疏进行选择性的接受，与诠释性的应用结果。另一方面，天书时代又大量融入了道教奉神之礼，并将之接架于儒教祭礼之上，从而对儒教祭礼进行突破。从儒家本位立场的士大夫来看，则不啻是对儒教统治的破坏与否定，从而引起他们对政治现状的焦虑与反省。故而，真宗、仁宗之际政治文化的变迁，本质上也是士大夫对儒家经典的维护与反思。

其次，过去被认为属于儒学史与文学史范畴的古文运动，亦必须放在真、仁之际的政治史脉络中，重新解读。正如学者一致赞同，仁宗朝古文运动带有强烈的政治改革、重建秩序的目的。这背后蕴含的潜台词是：他们对既有的政治秩序颇感不满。这个令他们不满的政治秩序，自然不会是二百多年前安史之乱后的中唐，亦不会是一百年前五代的分裂格局，而是直接构成仁宗朝统治基础的天书时代。天书时代正是范仲淹、孙复、石介、欧阳修等人年少时的亲身经历；也是他们及许多同时代的士大夫，希望将之扫除的政治遗产。换言之，正是在与天书时代所利用、破坏的经典诠释进行不断对话的过程中，激发了新一波的古文运动。

总之，从天书时代到古文运动，一方面意味着带入儒学史的视角，以翻新北宋前期的政治史；另一方面则是将古文运动镶嵌入其政治史脉络，以深化我们对古文运动的认识。需要说明的是，本书探讨北宋前期的"政治过程"，讨论的时间下限大抵在庆历改革，而不涉及仁宗晚期或北宋后期古文的发展。换言之，本书探究的主题与时代范围，与从文学观点讨论北宋古文与文学的研究，有根本差异。①

---

① 从文学史讨论古文运动的近作，可参见冯志弘：《北宋古文运动的形成》(上海：上海古籍出版社，2009 年)；朱刚：《唐宋"古文运动"与士大夫文学》(上海：复旦大学出版社，2019 年)；王水照：《北宋三大文人集团》(上海：上海古籍出版社，2021 年)。这些著作由于议题设定与本书不同，因此讨论的时代跨度往往较本书更长。

第三节　推动政治过程的政治派别

　　本书既是探讨北宋前期的政治过程，推动此"过程"的君主与士大夫群体，毫无疑问是本研究的主角。本书将中央的政策走向视为一个权力竞争的场域，不同派别的士大夫都欲争取最高权力者——君主的支持，以将他们的政治理念付诸实践。本书揭示的政治"过程"，正是在不同派别士大夫的理念抗衡与权力竞争中推进。

　　本书以"派"或"派别"来指称推动政治过程的政治团体。"派"与"派别"包含两个互为因果的内涵，其一是同属一派的士大夫，彼此有着较为紧密的人际往来；其二是同属一派的士大夫，有着相近的政治立场与政治理念。本书将以派别人物中，具领袖地位，或政治影响力最大的士大夫，指称该派士人群体。尽管任何一个派别都不可能有固定、明确的边界，其成员也可能随着时间的推移而增减，但我们仍可借由人际网络与政治立场的分析，辨识出不同派别士大夫如何在特定时间点，推动着政治的发展。其中，有些派别士人内部存在较明确的师生关系，使他们构成该派领袖人物的"后学"。因此，为了避免指称上的单一，本书有时也以领袖人物的"后学"指称具有较明确师生关系的士大夫群体。

　　学者们同意以范仲淹为首的庆历改革者怀抱着政治理想，但很少注意到打造祥符天书时代的徐铉（916—991）-王钦若（962—1025）一派文士，也有其独特的政治理念，并且说服真宗将之付诸实践。不过，真、仁之际政治过程的推演，并非单靠王钦若与范仲淹两派政治群体便能推动，他们甚至不是这段时期权力最盛者。本书将纳入更广的士大夫群体，探讨他们如何参与真、仁之际的政治过程。其中包

含李昉(925—996)-王旦(957—1017)-杨亿派文士、柳开后学，与孙
奭(962—1003)派士大夫。这几个群体获得现代学者的关注度，远不
及范仲淹及其政治支持者，但他们却是在庆历改革以前，与仁宗关系
最亲近、影响朝政甚巨的士大夫。这些不同派别的士大夫，在真、仁
之际的政治过程与古文运动的发展上，扮演着立场不同但又都相当
关键的角色。唯有将他们也纳入分析视野，才可能深入了解古文运
动如何在复杂的权力竞争中展开。

第四节　《宋会要辑稿》与士大夫
文集的史料价值

　　李焘(1115—1184)《续资治通鉴长编》(以下简称《长编》)无疑是
研究北宋政治史最为重要的史料，但若过度依赖《长编》来探讨北宋
前期的政治过程，亦有风险。蔡涵墨(Charles Hartman)分析《长编》
与《宋会要辑稿》在北宋各朝的史料比重分布，发现《长编》中，真宗一
朝的史料比例偏低，仁宗朝，特别是庆历时期的史料分量则特重。
真、仁两朝的《会要》内容，分别源自庆历四年(1044)王洙(997—
1057)上奏的《会要》，与元丰四年(1081)王珪(1019—1085)续编的
《会要》。尽管仁宗在位四十二年，远超过真宗在位的二十五年，但在
今存《宋会要辑稿》中，真宗朝的条目竟略多于仁宗朝。这显示李焘
在编写真宗朝历史时，在他所能见到的真宗朝材料的基础上，进行了
大幅删减。[1] 这个现象无疑是由于仁宗朝以降的儒家士大夫，贬低真

---

　　① Charles Hartman, *The Making of Song Dynasty History: Sources and Narratives*, *960 -1279 CE* (Cambridge: Cambridge University Press, 2020)，特别是其中关于《宋会要》与《长编》的一、二章。

宗天书时代的价值。这也警醒现代学者：依靠《长编》讨论真宗朝的历史，是远为不够的；《宋会要辑稿》则是重建真宗朝历史更为早期、丰富的材料。

因此，本书除了引用约五百则《长编》，亦引用约一百二十则《宋会要辑稿》中的材料。特别在第二、三章，我们将看到，《长编》如何删减了《宋会要辑稿》中的关键信息。此外，本书也引用了约五十则宋绶（991—1040）、宋敏求（1019—1079）所编的《宋大诏令集》，这些诏令亦是研究北宋政治史的重要原始材料。

北宋前期的士大夫文集，也是本书倚重的史料。除了第二、三章大量引用徐铉文集外，第五章更是以仁宗朝文士文集作为主要的史料依据。李焘《长编》虽然为仁宗朝留下十分丰富的材料，但李焘对范仲淹及其政治盟友的同情，导致反对庆历改革的士大夫，在《长编》中的能见度远无法匹配其在当时的影响力。幸好，目前留下文集的仁宗朝士大夫，不仅包含庆历改革的中坚人物，如范仲淹、欧阳修、韩琦（1008—1075），还包含支持改革但人际网络颇为复杂的石介。石介人际网络的多元性与丰富性，为我们认识这段历史提供了珍贵材料。此外，与范仲淹等人关系紧张的宋庠（996—1066）、宋祁（998—1061）兄弟，也留有文集，能帮助我们探索范仲淹盟友之外士大夫群体的政治与思想动向，从而为本书勾勒出更为立体的历史图像。

第五节　从天书时代蜕变出的
古文运动

本书分为两部分。上篇"天书时代的形成"为前三章，分析宋真宗大中祥符年间奉天书而行的神道礼仪，如何从汉唐政治中的儒学与道教神仙信仰汲取思想资源,这些思想资源又构成怎样的宗教统治逻辑,以肯定政权的正当性;下篇"历史中的古文运动"包含后二章,探究天书时代如何在真宗及刘太后相继过世后,遭到在朝、在野士大夫的反思与批判,从而推展出古文运动与庆历改革。一言以蔽之,本书将揭示:仁宗朝的古文运动是在批判天书时代的过程中蜕变而出。

　　第一章探讨天书时代的前奏——太祖(960—976在位)、太宗君臣如何追求统治正当性,以摆脱五代短命而终的阴影。在汉唐历史发展中,"封禅"大典象征着统一帝国"致太平"的成就。太祖、太宗皆渴望封禅,却未能实现。换言之,封禅并非真宗在澶渊之盟后才欲进行的典礼,而是继承父志的举措。本章亦探讨君主祭天之礼如何为太宗朝的文臣创造发挥的舞台。太宗虽因与契丹的军事挫败而未能封禅,但儒教的祭天之礼因为象征统治者的"天子"身份,而获得太宗的高度重视。为太宗操办大礼的,便是以李昉为首的北方文士,他们因此获得太宗青睐,而经常位居宰执之位。相对而言,以徐铉为首的南唐降臣,尽管得到李昉等北方文士的礼遇,但并未获得太宗的信任。

　　第二章探讨天书时代的两种思想成分:谶纬与道教,以及徐铉后学如何镕铸这些思想成分,以打造号称太平的天书时代。谶纬学形成于东汉初,并在汉唐儒者的援引下,与儒家经典注疏紧密结合。谶纬学的核心概念认为,得到"天命"的君主,皆会获得龙、龟等灵兽献上的河图、洛书,即天书。① 真宗统治初期,已流露出对"河图、洛书"的向往。本章即分析徐铉派文士——以王钦若、陈彭年(961—

---

　　① 参见周予同:《纬谶中的"皇"与"帝"》,原载《暨南学报》第1卷第1期(1936年,广州),收入周予同原著,朱维铮编:《孔子、孔圣和朱熹》(上海:上海人民出版社,2012年),第110—164页。

1017)、杜镐(938—1013)为核心,如何在真宗朝与北方文士展开新一波的竞争,并争取到真宗的信任,而将他们的道教统治理念结合谶纬思想,实践于祥符时代。

第三章探讨天书时代所依循的统治概念与世界观,以揭示真宗君臣对太平后的宇宙秩序想象;以及在此统治秩序下,从中央到地方的士人如何主动或被动地卷入这场颂赞太平的政治运动。依据天书时代的统治概念,儒教昊天上帝已非最高主宰,而是位居道教尊神之下。祥符时代崇奉道教神仙的仪式,不仅在朝堂上进行,更是以多层次的方式推广到地方,从而辐射出更广的影响力。此时,自认成功交通天、地、神灵的真宗,将自己定位为依循《洪范》"皇极大中"思想,居于绝对正确位置的帝王。他开始大量撰写文诰,来"教导"臣民;中央朝士与地方士人,则撰作歌颂真宗太平之政的文字,以交换政治与文学上的声誉与地位。在此政治文化下,原本对神道礼仪感到疏离的王旦派士大夫,为了与王钦若一派竞逐权力,也逐渐卷入天书时代的各种活动。

第四章探讨仁宗统治前期,天书时代的政治文化如何逐步破损,以致"太平无为"的意识形态瓦解,政治改革则逐渐成为君臣的共识。真宗过世后,立即浮现一个问题:年幼即位的仁宗不可能接续真宗如导师般的帝王角色,这便使天书时代的政治文化出现破口。本章首先分析刘太后主政时期,皇权如何致力于维护太平之下的统治模式,而这样的统治模式,又如何屡屡遭到臣僚的挑战。其次,探讨仁宗亲政后至庆历改革前(1033—1043),士大夫们如何更积极地调整、打破真宗以来的"太平"论述。我们将看到,仁宗统治前期,君臣长期在"说法"上,将"太平"视为既定事实;直到庆历改革前夕,"太平"才在君臣的政治话语中成为过去式,政治改革的正当性也才得以获得肯定。

　　从天书时代到庆历改革的政治过程，范仲淹及其支持者无疑最受学者注目，但他们并非唯一对真、仁之际政治文化转变做出贡献的群体。此章分析仁宗朝堂上两股重要的政治势力——杨亿派与孙奭派士大夫。[①] 相较于范仲淹及其支持者在仁宗亲政后才崛起，杨、孙派士大夫与真宗朝宰相王旦有紧密的关系，同时也是仁宗年少时亲近熟悉的士大夫群体，他们长期把持朝政，并与范仲淹一派士大夫明争暗斗。此章将从这个结构性的权力关系，解释为什么庆历改革很快以失败告终：获得仁宗更多信任的孙、杨派士大夫，并不乐见范仲淹一派势力的崛起。

　　第五章分析古文运动如何在批判天书时代的过程中蜕变而出。首先讨论仁宗朝士大夫对祥符时代的批判，从而说明古文运动对儒家圣人之"道"的强调，如何在方方面面针对天书时代而发。其次，重新考察古文运动的发生与扩展。此章将指出，欧阳修与尹洙虽然也参与、支持古文撰作，但却非促成古文在景祐年间（1034—1038）蔚为风潮的关键人物，柳开后学与杨亿派士大夫的贡献，实际上更为关键。最后，探讨仁宗朝士大夫对天书的理论根据——河图洛书的深刻反思。他们否定河图洛书为帝王受命文书的谶纬学解经传统，从而瓦解天书在儒家经典诠释中的理论依据。这一方面促使儒者批判汉唐以谶纬解经的传统，另一方面也开启了直探本经的儒学运动。换言之，仁宗朝士大夫对"天书"的批判，正构成了疑经思潮的关键起点。

　　王钦若以"城下之盟"诋毁寇准，并说服真宗伪造天书的故事，自

---

　　① 孙奭是真宗朝反对天书最力的士大夫。见《长编》，卷74，大中祥符三年十二月，第1699—1700页；卷81，大中祥符六年十月，第1850—1851页；卷93，天禧三年四月，第2142—2143页。

北宋仁宗朝起即开始流传，并衍生出多个版本。[①] 这个著名的故事主宰了后世对真宗天书的认识，但也模糊化了天书时代的发生脉络与后续影响。天书时代的形成，奠基于北宋前三帝致力于摆脱短命而亡的阴影，以追求太平的统治理想；此太平理想的追求，为朝中儒家士大夫创造可竞逐的舞台，并最终归结于徐铉后学对汉、唐政治文化的汲取与镕铸，从而打造了天书统治的时代。

真宗末到仁宗前期的政治过程则是天书时代的逐步瓦解，同时也构成中国儒学发展的关键时期。经历了仁宗朝古文运动的洗礼，汉唐儒家经典诠释丧失了权威地位，宋儒开启了自解经典的新道路。仁宗朝参与古文运动的学者尽管提出许多新的经学见解，但他们并未达成任何共识；也没有任何一位儒士的经学见解，能够争取到仁宗的认同；仁宗朝的政治革新，也仍停留在摸索、修正的阶段，而非如熙宁变法那样大刀阔斧的改革。但正是这些不成功的尝试，揭开了宋代儒学的序幕，而后我们才可能见到王安石（1021—1086）新学、苏学与二程理学的互相争胜，与抱持不同得君行道之法的儒士所主张的政治改革。总之，仁宗朝乃一大破而未立的时代，它充满了破坏力与爆发力，它否定了镕铸多重汉唐思想元素的祥符天书时代，为宋代儒学开启了百家争鸣的盛况。

真、仁之际的政治过程，也是中国政治文化史上的关键转折期。真宗的东封、西祀并非创发，而是汉唐盛世君主汉武帝（141—87 B.C.E. 在位）、唐玄宗（712—756 在位）皆曾举行。然而，东封、西祀在真宗以后便成绝响，这与天书时代从中央到地方的广泛影响力，与随之而来仁宗朝士大夫的深刻反省与批判有绝对的关系。此外，汉武帝、唐玄宗、宋真宗皆在统治后期，追求神仙与道教，真宗更是明确

[①]　参见第五章第一节。

将神仙之道凌驾于儒道，打造道教统治的帝国。因此，天书时代的破产，再次确立了儒教在中国统治理念上不可取代的地位。总之，本书将揭示，真宗的天书时代可说是将汉至宋盛世君主对太平盛世的认知与想象，更系统化地进行重组与展演，其结果却是将汉宋时期的盛世礼仪，化作历史的尘埃。

上篇

天书时代的形成

（王）旦自舆殿捧天书，帝跪受讫，付陈尧叟启封。帛上有文曰："赵受命，兴于宋，付于恒。居其器，守于正。世七百，九九定。"既去帛，缄书甚密，纸坚润，不与常类。厥以利刀，久而方启。启讫，跪进，帝亦跪捧，复授尧叟，命读之。其书黄字二幅，词类《尚书·洪范》、老子《道德经》。始言帝能以至孝至道治世，次谕以清净简俭，终述世祚延永之意。

——《宋会要辑稿·礼五一·宣读天书》

第一章　渴望封禅

——宋太祖、太宗朝对统治正当性的追求

前　　言

大中祥符元年十月，真宗举行了为天书时代揭开序幕的祭天大典——封禅。这向来被学者认为是真宗与王钦若的合谋，目的则是为了化解澶渊之盟后，"天有二日"的耻辱感。[①] 不过，大中祥符二年（1009）五月，真宗与宰相王旦的一段对话，揭示了封禅对赵宋王朝的多层次意义：

> 上曰："国家符命彰灼，盖祖宗积德所致。至于寰海混同，干戈不用，成封禅之礼，有由然也。朕每念前代，虽有德之君，能行封禅者盖寡，朕乃克行，此盖由雍熙（984—987）中尝有经度，制度已备，朕何力之有！"旦曰："非陛下励精善继，力致太平，则不能奉承先志。今又归美祖宗，实宗社无疆之休也。"[②]

首先，真宗和王旦都声称封禅是太宗欲行而未行的圣典，封禅的举行

---

① 最早撰文讨论此观点的现代学者，应是程光裕：《澶渊之盟与天书》，《大陆杂志》第 22 卷第 6 期（1961 年，台北），第 177—226 页。

② 《长编》，卷 71，大中祥符二年五月丙寅，第 1607 页。

对真宗而言，是完成了太宗遗志；其二，真宗之所以能完成父志，是因为"寰海混同，干戈不用"，即统一与和平，这又是真宗致"太平"的成果；其三，真宗称过去的有德之君也未必能行封禅，其实是婉转肯定自己亦是有"德"。这段对话呈现了封禅并非澶渊之盟后才"想到"要举行，而是太宗朝早就欲行的典礼，因为"封禅"的意义在于：让赵宋宣示已走向"太平"的理想状态。

众所周知，宋代承继了五代分裂的局面，如何才能自信是唯一受命的合法政权，是北宋开国君臣严肃以对的课题。有鉴于五代各朝多覆亡于第二、三代君主，对于太宗和真宗而言，他们最后的成绩是走向败乱还是稳定，决定了他们是否能摆脱五代王朝的短命阴影。① 于是，传统中国的"太平"——象征稳定与康乐的话语，便成为赵宋君臣常挂在口中，并渴望努力达致的境地。太宗以"太平兴国"为第一个年号绝非无义。② 太平兴国三年（978），太宗举行第一次南郊祭天大礼，赦文明白昭示"寰区克致于太平"的目标。③ 然而，太宗末年未能解决外患，④太平显然未实现，于是"太平"成为继体之主——真宗，无可逃避的责任。真宗刚即位，直集贤院田锡（940—1003）上书称：

---

① 许多讨论北宋前期政治的论著皆提及宋朝的危机意识，如邓小南《祖宗之法——北宋前期政治述略》认为："太宗所体现出来的忧患意识，似乎比他的兄长更为深刻强烈。如果考虑到五代时期往往于第二、三代帝王时改朝易代的背景，我们也就不难理解其中的原因。"（第 277 页）

② 太宗即位后两个多月，于开宝九年十二月改元。该时距离元旦才十二天，太宗却急着改元，其中原因蒋复璁认为，既非五代旧制，也不太可能是太宗弑兄的心理，反而较同意朱熹认为"一时人才粗疏"的说法。见蒋复璁：《宋太祖之崩不逾年而改元考》，收入氏著：《宋史新探》（台北：正中书局，1966 年），第 53—60 页。通过本章对太宗渴望太平的心理书写，或许急着改元"太平兴国"，即与太宗亟欲太平有关。

③ 〔宋〕宋绶、宋敏求编，司义祖点校：《宋大诏令集》（北京：中华书局，1962 年），卷 119，《太平兴国三年南郊赦天下制》，第 408 页。

④ 张其凡：《雍熙北征到澶渊之盟》，《史学月刊》1988 年第 1 期（郑州），第 25—30 页。

"陛下方欲求至理、致太平。"①咸平二年(999)，知虢州谢泌(950—1012)上疏也称："臣窃谓圣心所切者，欲天下朝夕太平耳。"②显见摆脱短命阴影、肯认王朝太平，是太宗与真宗费尽心血想要达成的目标。

如果"天书时代"是真宗君臣精心打造、用以说服人我太平已致的盛典，则这个精心的布置，在诸多方面皆需追溯到太宗朝君臣对统治正当性的追求。不过，这并不意味天书时代在太宗时代已被决定，而是在北宋前三朝君臣追求统治正当性的目标下，于不同士大夫群体间的权力斗争中展开。本章首先概述"太平"与"封禅"密不可分的概念联结；其次，探讨太宗君臣如何在内外困局中，不断调整致太平的做法与说法；最后分析在太宗追求统治正当性的目标下，当朝文士如何凭借其对经、史传统的掌握，而获得太宗的青睐。太宗对封禅的渴望而未能，以及太宗朝不同文士群体间的权力位置，皆为天书时代埋下了伏笔。③

第一节　封禅与"太平"的概念联结

赵宋开国君主为了肯定政权正当性，宣示王朝"致太平"便成为渴望达成的目标。太平固然为赵宋君臣所想望，但何种状态可谓太平，如何肯定王朝已经太平，却非解决外患或进行内政革新便能自然实现，而须靠历史中的行动者，依凭可资辨识的仪式加以宣扬、进行

---

①　《长编》，卷 41，至道三年七月，第 874 页。

②　《长编》，卷 44，咸平二年四月，第 942 页。

③　本章第二到第五节，乃以拙文《宋太宗、真宗朝的致太平以封禅》为基础改写。论文原刊于《清华学报》新 43 卷第 3 期(2013 年，新竹)，第 481—524 页。

确认。在汉、唐形成的政治文化语境中，"太平"与"封禅"具有密不可分的概念联结，"太平"必须靠"封禅"的祭天仪式来确认。① 本节分析汉唐时期封禅与太平的概念联结，以及汉唐君主在何种情境下可以宣称太平，以作为理解赵宋君主追求太平的参照坐标。

封禅具备象征太平的政治意义，至少在西汉末已经形成。刘向（77—6 B. C. E.)《五经通义》：

> 易姓而王，太平必封太山、禅梁父。何？ 天命已为王，使理群也。……封于太山，告太平于天，报群神之功也。②

东汉初，班固（32—92)《白虎通义》也称：

> 王者易姓而起，必升封太山，何？ 教告之义也。始受命之时，改制应天，天下太平，功成封禅，以告太平也。③

可见封禅的前提有二，一为发生改朝换代，二为新成立的王朝达到"太平"，目的则在于告"天"：本朝已达到太平的成就。换言之，当王朝成立，可能达到太平亦可能未能太平，但唯有达致太平者，是得到"天命"，能够安稳地统治天下。

封禅与太平概念的联结，进一步被融入儒家经典注疏。《尚书·

---

① 邢义田先生已揭示此点。他认为汉光武帝在晚年进行封禅的目的，不在于宣扬汉室再建的正当性，而是在于昭示自己是致天下于太平的圣王。见邢义田：《东汉光武帝与封禅》，收入氏著：《天下一家：皇帝官僚与社会》(北京：中华书局，2011 年)，第 177—201 页。

② 〔宋〕李昉等：《太平御览》，收入《四部丛刊三编》(台北：商务印书馆，1975 年)，卷536，《礼仪十五·封禅》，第 2558a 页。

③ 〔汉〕班固：《白虎通义》，收入《文渊阁四库全书》(台北：台湾商务印书馆，1983年)，卷下，《封禅》，第 1 页；《太平御览》，卷 536，《礼仪十五·封禅》，第 2562b 页。

舜典第二》称舜："岁二月东巡守，至于岱宗，柴。"疏文引《风俗通》："泰山，山之尊者，一曰岱宗。……王者受命，恒封禅之。"①《礼记·礼器》有"因名山升中于天"一句，郑玄（127—200）的注解引《孝经纬》认为即是："封乎泰山，考绩燔燎，禅乎梁甫，刻石纪号也。"②疏文则进一步引《白虎通义》阐释封禅与太平概念的联系。这使封禅被纳入儒教经典，成为儒教礼仪的一部分，从而提升了封禅的神圣性。在经典疏文编写的唐代，封禅与太平的联结即根深蒂固。③　不过，这些儒家经典本身，并未明言封禅，而是靠着汉唐注、疏的发挥，才将"因名山升中于天""巡狩至于岱宗"认定为封禅大礼。换言之，封禅仪式与太平概念的联结，实际上是汉唐儒者的经典诠释。

既然太平之后才可封禅，那么在何种情境下可谓太平？以下主要从宋朝之前的统一王朝——隋、唐的封禅经验，归纳在哪些条件满足下，王朝可以宣称太平。

其一，王朝需在理论上统一中国。《隋书》记载"开皇中，平陈之后，天下一统，论者咸云将致太平"，接着，隋朝就涌现一股请求隋文

---

① 《尚书注疏》，收入〔清〕阮元审定，〔清〕卢宣旬校：《重刊宋本十三经注疏附校勘记》，清嘉庆二十年（1815）南昌府学刊本（台北：艺文印书馆，1965 年），卷 3，《舜典第二》，第 40a 页。

② 《礼记注疏》，收入〔清〕阮元审定，〔清〕卢宣旬校：《重刊宋本十三经注疏附校勘记》，清嘉庆二十年（1815）南昌府学刊本，卷 24，《礼器第十》，第 470a 页。

③ 唐代崔融上给武则天的《请封中岳表》，提及"致太平，必封禅"。见〔宋〕李昉等：《文苑英华》（北京：中华书局，1966 年），卷 600，《为朝集使于思言等请封中岳表》，第 3116b 页。又唐玄宗时，张说上《大唐封禅坛颂》，称："皇帝再受命，致太平，乃封岱宗，禅社首。"见《文苑英华》，卷 773，张说《大唐封禅坛颂》，第 4070b 页。武则天革唐命建立周朝，自然有必要宣示自己确得天命；而唐又革武周之命，以致唐玄宗也有必要举行封禅，来肯定唐朝再次受天命。而他们又都将封禅之得以举行归因为王朝已"致太平"。唐代的经典政书，〔唐〕杜佑：《通典》（北京：中华书局，1988 年），卷 54，《礼典·吉礼十三·封禅》，开宗明义指出："古者帝王之兴，每易姓而起，以致太平，必封乎泰山，所以告成功也。封讫，而禅梁甫，亦以告太平也。"（第 1507 页）也可见"太平"与"封禅"是相联结的概念与仪式。

帝封禅的浪潮。① 揆诸历史，中国历代举行封禅的帝王，皆是统一王朝下的君主；②分裂时代有多个不同政权，自然无法肯定自己得到天命。

其二，需外无战事。隋代学者刘炫(546—613)以"干戈既戢，夷狄来宾"来形容隋代的太平景象。③ 唐太宗贞观六年(632)，群臣请封禅的理由之一是"平突厥"。④ 唐高宗调露元年(679)欲封禅嵩山，即因突厥二部反叛而诏停。⑤ 史称高宗封禅泰山后，武后请封嵩山，但"每下诏草仪注，即岁饥、边事警急而止"，⑥足见对外战争将使君主丧失封禅的合理性。

其三，内有丰收，且无大规模天灾。唐太宗贞观六年，群臣请封禅的另一理由为"年谷屡登"，但太宗欲行封禅的当年却发生水灾，于是暂停了封禅事宜。⑦ 贞观二十一年，又欲封禅，再度因"河北大水"而中止。唐高宗麟德二年(665)封禅当年"大稔，米斗五钱"。⑧ 唐玄宗开元十三年(725)举行封禅，"时累岁丰稔，东都米斗十钱，青、齐米斗五钱"，⑨皆可见封禅当年若有大天灾，便可能导致帝王封禅的愿望受挫。

其四，需有祥瑞降临，且不能有不祥之天象。封禅既是一祭天仪

---

① 傅扬：《从丧乱到太平——隋朝的历史记忆与意识形态》(台北：台湾大学历史学系硕士学位论文，2011年)，第73—85页。

② 中国历史上只有六位皇帝举行过完整的封禅礼：秦始皇、汉武帝、汉光武帝、唐高宗、唐玄宗、宋真宗。可参考汪海：《汉唐封禅比较研究》(上海：华东师范大学硕士学位论文，2008年)。

③ 转引自傅扬：《从丧乱到太平——隋朝的历史记忆与意识形态》，第81页。

④ 〔后晋〕刘昫：《旧唐书》(北京：中华书局，1975年)，卷23，《礼仪三·封禅》，第881页。

⑤ 《旧唐书》，卷5，《高宗下》，第105页。

⑥ 《旧唐书》，卷5，《高宗下》，第111页。

⑦ 《旧唐书》，卷23，《礼仪三·封禅》，第881—882页。

⑧ 《旧唐书》，卷4，《高宗上》，第87页。

⑨ 《旧唐书》，卷8，《玄宗上》，第188—189页。

式,从概念上而言,上天若认定该王朝确有行封禅的条件,便会赐予祥瑞,以示肯定。[①]《史记·封禅书》记载齐桓公欲行封禅,管仲劝阻齐桓公的理由是他没有获得"凤凰麒麟"和"嘉谷"等祥瑞。[②] 唐玄宗下诏封禅,便宣称如今"和气氤氲,淳风澹泊。……奇兽神禽,甘露嘉醴,穷祥极瑞,朝夕于林簌"。[③] 相反地,若有象征不祥的天文星象出现,便会动摇君主封禅的信心。如贞观十五年(641),唐太宗原想举行封禅,但因"彗星"出现,而停封禅,太宗因此"避正殿以思咎"。[④]

　　以上四点,除了统一的条件须靠王朝的武力达成,其他三点理论上无法操之在我。总之,当统一王朝外无战事、内有丰收,加上祥瑞降临,便被认为是王朝得到"天命"的肯定,才让这些条件一一满足。因此,所谓"太平",不仅是人世的治平,还得包括自然秩序的和谐。

　　宋初君主对此传统意义上的太平概念,显然是了解的。此处举君、臣各一例,略示宋人对此太平概念的认知。宋太宗于雍熙元年(984)试图封禅,但一场雷雨引发正殿火灾,惊恐万分的宋太宗下诏

---

　　① 祥瑞在历史的进程中反覆地被运用,其真实性早已遭受质疑。如唐太宗说:"吾常笑隋文帝好言祥瑞。瑞在得贤,白鹊子何益于事?"见《旧唐书》,卷37,《五行志》,第1368页。陈弱水指出,对祥瑞观念的批评,是八九世纪之交古文派文人关心的重点。见陈弱水:《中晚唐五代福建士人阶层兴起的几点观察》,收入《唐代文士与中国思想的转型》,第385页。封禅须有祥瑞肯定的历史遗产,与历代对祥瑞的批判态度,是两种矛盾但又并存的政治文化,君主在不同的情境,对祥瑞可能有截然不同的态度。

　　② 〔汉〕司马迁:《史记》(北京:中华书局,1959年),卷28,《封禅书》,第1361页;《太平御览》,卷536,《礼仪十五·封禅》也引述,第2558-2页。

　　③ 《旧唐书》,卷23,《礼仪三·封禅》,第892页。

　　④ 《旧唐书》,卷3,《太宗下》,第52—53页。中国传统在天人感应的思想下,天文和政治有密切的关系,参见张嘉凤、黄一农:《中国古代天文对政治的影响——以汉相翟方进自杀为例》,《清华学报》新20卷第2期(1990年,新竹),第361—378页,亦以篇名《汉成帝与丞相翟方进死亡之谜》,收入黄一农:《社会天文学史十讲》(上海:复旦大学出版社,2004年),第1—21页。

求言，认为灾异是上天"示谴于朕躬"，^①因此暂停封禅。咸平二年臣僚谢泌(950—1012)上奏真宗，奏疏显示他所理解的太平之下的"天"与"人"关系：

> 陛下自临大宝，不加兵于戎狄，使西北肃然，加以风雨时序，民安土著，则太平之象，复何远矣。至于省不急之务，削烦苛之政，抑奔竞之风，开直言之路，斯皆致太平之术，实见行其八九矣，又岂让唐开元之治也。^②

在谢泌的认知中，所谓太平之"象"，即包括自然与人文上的和谐；而让此"象"显露的是致太平之"术"，此"术"包含各层面的施政。在此概念下，是否太平看似操之在天，实则操之在君主，一切由君臣的施政良窳所影响。

既然太平是可以"致"的，则在传统君臣的政治思维中，通过君主不断"修德"，便可以影响天（所谓天人感应），以得到天的肯定。^③ 这便涉及中国政治思想中，君主与天的关系之核心概念——德。在《尚书》与《诗经》文本中，商、周之际在天命靡常的观念下，周朝宣称有德的周取代了商，此天命观最大的特色是相信唯有修人事者方足以"祈天永命"。^④ 陈来分析《尚书·周书》中"敬德"与"明德"的观念，指出

---

① 〔宋〕田锡：《咸平集》，收入《四库全书珍本四集》第 228 册（台北：台湾商务印书馆，1983 年），卷 1，第 1 页。

② 《长编》，卷 44，咸平二年四月，第 942 页。

③ 徐复观：《两汉思想史》（台北：台湾学生书局，1975 年），第 396—398 页。

④ 傅斯年：《周初之"天命无常"论》，收入《性命古训辩证》（广西：广西师范大学出版社，2006 年），第 81—98 页；饶宗颐：《天神观与道德思想》《神道思想与理性主义》，收入"中央研究院"历史语言研究所编：《中国上古史：待定稿》（台北："中央研究院"历史语言研究所，1985 年），第四本，第 1—24、25—46 页；徐复观：《孔子德治思想发微》，收入《中国思想史论集》四版（台北：台湾学生书局，1975 年），第 209—225 页。

周人认为谨慎地修德，并光明统治者的德，有助于提升政权的稳定性。[1] 陈来进一步借《左传》分析春秋前中期"德"治理念之发展，指出原本统治者认为以丰盛的祭品献神即可得神庇佑，但此观念在春秋早期受到"德"的挑战，认为君主必须修德保民才能获得神佑。"先民后神"的政治思想获得认同。所谓"修德"，侧重的并非统治者内心的"德性"，而是着重外在"德行"，要求统治者力修德政、惠和善民。[2] 换言之，儒家经典对君主之"德"的关注，与民本思想密不可分。《尚书·大禹谟》："德惟善政，政在养民"，[3]即是典型的说法。不过，德的概念虽然重视君主在民事上的作为，但并未脱离宗教统治的范畴，君主修德的目的仍是为了获得天或神对政权的福佑。

　　然而，太平的实现若必须是人文与自然的绝对和谐，则君主再努力"修德"，太平也恐怕不可能真正达成。因此，太平的要件实际上存在"诠释"的空间。如以统一而言，若不将燕云十六州纳入统一项目，赵宋便可宣称统一，反之则否；又以外患问题来说，如果边事方兴，君臣自然不可能宣称太平，但若战事未起，尽管与外族处在敌对状态，君主亦可能宣称外患不侵。至于祥瑞，在上有所好的情景下，地方亦可能将稀见的动、植物视为祥瑞而献上。因此，如何将太平"辨识"出来，毋宁是需要君臣在诠释中制造舆论。

---

　　① 　陈来：《古代宗教与伦理：儒家思想的根源》(北京：生活·读书·新知三联书店，2009 年)，第 320—325 页。

　　② 　陈来：《古代思想文化的世界：春秋时代的宗教、伦理与社会思想》(北京：生活·读书·新知三联书店，2009 年；此书于 2002 年首次面世)，第 136—155 页。余英时对西周早期修德观念的讨论，亦认为西周对"德"的强调，与他们看待"礼"的侧重面向转移有关，即从"事神致福"的礼，到强调以人为的德行，如保民、勤治、慎刑等，便可建立并维持统治秩序。到了春秋早期，"修德"的观念逐渐流行，各国在面临安危的关键时刻，朝廷的议论往往首先强调修德。认为这一内在于人的德有极大的潜力，比任何外在力量更能保证国家的安全或解救其危机。见余英时：《论天人之际——中国古代思想起源试探》(北京：中华书局，2014 年)，第 80—99、212—223 页。

　　③ 　《尚书注疏》，卷 4，《虞书·大禹谟第三》，第 53-2 页。

总之，讨论新受命王朝的"封禅"活动，不应离开他们对"太平"的渴求。尽管对宋初君臣而言，"太平"与"封禅"的内涵受汉唐以来的政治文化制约，但这并不意味赵宋君臣丧失了能动性。当太平之"象"要靠太平之"术"来获取，如何在实际政治中积极有为，并反过来借由辨识、诠释"天象"来进行自我认可，便成为观察宋初君臣"走出五代"的政治过程。

第二节　太祖末到太宗前期对太平与封禅的谋求

在太平与封禅的概念框架下，本章将讨论太祖末到太宗朝，君臣们如何一方面应对不断变化的政治局势，一方面紧张地观察各种天地异象，以评估宋朝是否已致太平。若未太平，又采取什么政策谋求太平？他们的理念和做法之间若有落差，背后的意义为何？若赵宋君臣自认或宣称已达太平，又是在什么情境下做出这样的宣示？本节先讨论太祖末到太宗前期。

至少在宋太祖末年，"太平"已是皇帝清楚宣示的统治目标。开宝八年（975），太祖平定南方最为富强、领土亦广的南唐，从而向统一南方各国迈出了关键性的一步。[①]　不久，群臣请上尊号"一统太平"，但太祖并不接受，[②]答诏表示：

---

① 南唐在受攻伐的过程中极力抵抗，后主李煜（937—978）到了汴京后，感到忧惧不已，翰林副使郭守文告诉李煜："国家止务恢复疆土，以致太平，岂复有后至之责耶。"《长编》，卷17，开宝九年正月辛未条，第361页。显示作为武臣的郭守文，也清楚赵宋"致太平"的目标，另一方面也认为，"太平"的首要前提是"恢复疆土"。

② 《长编》，卷17，开宝九年二月己亥条，第364页。

　　今汾晋未平，燕蓟未复，谓之"一统"，无乃过谈；仍曰"太平"，寔多惭德，固难俞允。①

可见收复北汉与燕云，在太祖所规划的太平进程之中。②

　　尽管太祖心目中的太平尚未达成，但以封禅告天太平的企图，已是不少臣僚的期望。开宝六年(973)，知制诰扈蒙(915—986)奉命撰写《唐高祖庙碑记》，提到：

　　今我宋后仪天立极，稽古临人，苍璧黄琮，屡谨圜丘之祀，金泥玉检，将行岱岳之封。③

意指太祖已进行多次圜丘祭天之礼，未来还将进一步封禅泰山。类似的提法也见于太平兴国二年(977)，宋太宗以哀弟身份为太祖写的《太祖谥册》："四登圜坛，告类上帝。……方修检玉之仪，遽趣上仙之驾。"④"检玉"的"玉"即"玉牒"，是封禅告天的文书。⑤ 开宝四年到六

――――――――

　　① 《宋大诏令集》，卷3，《晋王等上尊号第一表不允批答》，第11页。
　　② 李华瑞指出，宋初谈统一策略，多未包含燕云。虽不能说宋初置燕云于不顾，但若说太祖君臣的南北统一战略包括兵取燕云也缺乏事实基础；太祖所以念念不忘燕云，主要看重其地形势。见李华瑞：《关于宋初先南后北统一方针讨论中的几个问题》，收入氏著：《宋史论集》(保定：河北大学出版社，2001年)，第53—68页。或许可以认为，太祖虽想将北汉、燕云都收入版图，但两者对宋朝的意义或有轻重缓急之不同。
　　③ 〔宋〕扈蒙：《新修唐高祖庙碑记》，收入〔清〕王昶：《金石萃编》，收入《续修四库全书》第890册(上海：上海古籍出版社，1995—2002年)，卷124，第17b页。
　　④ 《宋大诏令集》，卷9，《太祖谥册》，第38页。
　　⑤ 〔汉〕班固：《汉书》(北京：中华书局，1962年)，卷6，《武帝纪六》，在"封登泰山"句下，颜师古注引三国魏·孟康："刻石纪号，有金策石函金泥玉检之封焉。"(第191页)以下两条宋代史料亦可看出"检玉"为封禅之意：〔清〕徐松辑，四川大学古籍整理研究所标点校勘、"中央研究院"历史语言研究所兼任研究员王德毅教授校订：《宋会要辑稿》("中央研究院"历史语言研究所、四川大学古籍整理研究所、哈佛大学东亚文明系，2008年)，乐8之8："升中盛礼，增高益厚，登封检玉，时迈合周诗"；《咸平集》：《田司徒(锡)墓志铭》："公又上《封禅书》，谓五代之乱，人如豺虎，不图复见太平，宜崇检玉之礼，以答天意。"(第2b页)

年(971—973)，太祖下诏文臣编纂的《开宝通礼》，[①]即包含封禅礼，并以太祖之父"宣祖"配祭昊天上帝。[②] 显示太祖时期，朝臣已开始思考封禅之礼的相关细节。以上表示太祖将举行封禅的各类提法，皆出自官方文书，显示封禅可能已是太祖君臣共同的愿望。然而，开宝九年(976)十月太祖过世，"一统太平"便留待太宗来完成。

本章开头提及，太宗雍熙年间(984—987)已经营过封禅，见诸史实，封禅的企图自太宗即位初期已是众所皆知的政治目标。这可从田锡的言论看出。[③] 太平兴国二年，田锡献上《太平颂并序》，称：

> 圣朝垂统十有八载，皇帝以仁贤之德，由晋邸而即大位，嗣王业而承庙祧。……封禅之礼，历数十世而无睹焉。天其命陛下修阙典、秩无文哉？……欲愿陛下觐群后于东国，展严禋于岱宗。[④]

此"太平"之颂的目的即是请求"封禅"，对于未复之燕晋则丝毫不提。在省试考题《圣人并用三代礼乐赋》，田锡也颇恭维性地回答："今皇上嗣位而致升平也，……方期驾玉辂于鲁道，封金泥于泰岳。"[⑤]认为封禅是皇帝的期望。该年田锡高中进士第二人，显示请求封禅的言论受到当局欢迎。考上进士后，田锡原本在太平兴国六年(981)要到京西北路任转运判官，但他"不乐外职"，于是上"升平诗二十章"给太

---

① 《开宝通礼》的编纂过程与时间，见张文昌：《制礼以教天下——唐宋礼书与国家社会》(台北：台大出版中心，2012年)，第138—150页。

② 〔宋〕欧阳修：《太常因革礼》，收入《宛委别藏》(台北：台湾商务印书馆，1981年)，卷42，《吉礼十四·封禅中》，第3b页。

③ 田锡为太平兴国三年(978)进士，有关其人与其政治际遇，见何冠环：《宋初朋党与太平兴国三年进士》。

④ 《咸平集》，卷21，《太平颂并序》，第6a—14b页。

⑤ 《咸平集》，卷9，《南省试圣人并用三代礼乐赋》，第3a—5a页。

宗，太宗感到十分高兴，改授田锡右拾遗、直史馆，入清要馆职；接着，田锡再度上书请求封禅。① 不过，田锡于太平兴国年间积极言太平、请封禅，应该是颂美远多于实际，此时宋与契丹不时发生战事，境内也发生旱灾。② 但无论如何，田锡的言论与此时在仕途上的顺利，都显示太平与封禅说中了太宗的愿望。

田锡因有文集留存，其请求封禅的言论得以被保留。揆诸史实，田锡绝非太宗朝唯一请愿封禅者。据《宋会要辑稿》：

> 太宗嗣位以来，年谷丰稔，方内乂安，而臣庶上疏献颂请封禅者不可胜纪。③

足见请求封禅的臣子实有不少，田锡不过是其中之一。不过，在太平兴国八年（983）以前，我们看不到太宗积极回应封禅请愿。可以推测，尽管有臣僚的歌颂与请愿，在封禅条件的制约下，当君主未能完成统一目标，或边境发生战争、境内发生灾异，仍然难以说服人我太平已致。

于是，宋太宗在太平兴国四年（979）灭掉北汉，接着马不停蹄地继续北伐契丹夺燕云，显示他急于完成太祖留下的统一任务，但不幸兵败，太宗本人也中箭受伤。④ 此后宋辽兵争连年不解。太平兴国七年（982），辽景宗去世，宋与契丹在边境上的战事才减缓。此时，因为战争不利，北宋朝廷出现了一些弭兵的言论，太宗虽然多少受这些弭

① 《长编》，卷22，太平兴国六年九月，第494—495页。
② 《长编》，卷22，太平兴国六年四月，第492页。
③ 《宋会要辑稿》，礼22之1。
④ 蒋复璁：《宋辽澶渊之盟的研究》，收入氏著：《宋史新探》，第104—109页。

兵论影响，但宋朝兵力还未大损，太宗仍有再度北伐的企图。[1]

燕云未能收复，统一大业似乎还不能说完成，但有趣的是，太平兴国八年、九年（984），不少文臣忽视此一客观事实，太平呼声兴起，封禅的请愿更浮上台面。[2] 以下探讨这两年间赵宋君臣如何制造"太平舆论"；亦探讨太宗君臣在不甚太平之时强称太平的背后原因。

我们虽不确定太宗是否积极营造太平景象，不过，太平兴国七年，太宗下令缘边州军尽力农事，不可侵扰契丹，[3]似乎是一个迹象。此后，太宗特别热烈地与近臣讨论自己目前求治的成果。如太平兴国八年六月，太宗在与宰相赵普（922—992）的一段对话中，先是批评了唐代采访使在视察地方官员时的弊端，接着自言："朕孜孜访问，止要求人，庶得良才以充任使也。"赵普则回应道："帝王进用良善，实助太平之理。"[4]显示太宗君臣认为，在内政上求治，有助于太平的到来。据笔者观察，这段对话是太宗谈论自我成就的典型模式：先论唐末、五代时的弊政，再对比自己治理下的优良政策。太宗虽不正面用"太平"一词肯定自己的治绩，但总是委婉暗示此意。[5] 类似的表述模式，在下文还会多次看到。

大概并非巧合，就在太宗与赵普谈太平之理后的几天，兖州泰山父老加上该州七县百姓一千多人来到汴京请求封禅，太宗表示谦让

---

[1]   见陈芳明：《宋初弭兵论的检讨》，收入宋史座谈会编：《宋史研究集》第九辑（台北："国立"编译馆，1977 年），第 63—97 页。

[2]   宋太宗太平兴国九年的封禅运动，由于有明确的史料，已有学者提及。如孙克宽：《宋元道教之发展》（台中：东海大学，1965 年），第 70 页；陈戍国：《中国礼制史·宋辽金夏卷》（长沙：湖南教育出版社，2011 年），第 68—69 页，亦略提及。

[3]   《长编》，卷 23，太平兴国七年十月，第 528 页。

[4]   《长编》，卷 24，太平兴国八年六月戊申，第 547 页。

[5]   又如《长编》，卷 24，太平兴国八年四月，太宗向赵普说："前代乱多治少，皆系帝王所为。朕抚御万方，固不能家至户到，但持其纲领，行其正道，以齐一之。乡者偏霸掊克凡数百种，朕悉令除去矣。列竢五、七年，当尽减民租税。卿记朕此言，非虚发也。"（第 543 页）

不允。① 上千民众来到汴京请封禅，恐怕不是自动自发，而是了解上意的官员在地方上组织民众，以制造众人请愿的景象。然而，请愿进行前不久，黄河溃决，西京河南府"死者以万计"；②到了七月，陕西、河北、峡路都遭到严重水灾。③ 这等于是太宗封禅的愿望遭到上天的否定，太宗"深忧之"，而问宰相说："岂朕寡德，致其作沴乎？"④太宗因而未答应封禅。此时太宗对于自己是否有"德"，仍无绝对的自信。

不过，每当太宗比较自己与前代的治绩，他仍显露自得之意。太平兴国八年十月，太宗与宰相讨论太平之术，太宗表示"近者内外政事，渐成条贯"，自己"不觉自喜"。⑤ 十一月，又与新任宰相宋琪（917—996）、李昉讨论太平之政，认为治、乱的关键在于赏罚是否得当，若"赏罚当其功罪，无不治"。宋琪附和地说："苟赏罚至公，未有不致太平也。"⑥言下之意是太平并不难致。

太平兴国九年，一连串转机的出现，使太宗认为他渴望已久的太平已经到来。其一，溃堤的黄河成功堵塞，太宗喜作"平河歌"；⑦其二，西边入寇的戎人遭到击退，太宗不无得意地说："夏州蕃部并已宁谧，向之强悍难制者，皆委身归顺。"⑧该年契丹亦未入寇。其三，此年各地大致皆得丰收，太宗称这是"上天垂佑"。⑨ 太宗显然将这些景象

---

① 〔宋〕钱若水等修，范学辉校注：《宋太宗皇帝实录校注》（北京：中华书局，2012年），第21页；《长编》，卷24，太平兴国八年六月己酉，第548页，请封禅人数作"四千一百九十三人"，今先从《实录》。

② 《长编》，卷24，太平兴国八年六月甲午，第546页。

③ 《长编》，卷24，太平兴国八年七月，第549页。

④ 《长编》，卷24，太平兴国八年九月，第552页。

⑤ 《长编》，卷24，太平兴国八年十月，第554页。

⑥ 《长编》，卷24，太平兴国八年十一月壬子朔，第556页。

⑦ 《长编》，卷25，雍熙元年三月己未，第575页。

⑧ 《长编》，卷24，太平兴国八年十二月，第562页；《长编》，卷25，雍熙元年三月丁巳，第574页。

⑨ 《长编》，卷25，雍熙元年九月，第587页。

解读为上天对自己的肯定。三月，太宗在宴请百官时称"天下无事"，与近臣赏花时说"四方无事"，[1]之后又与宰相说：

> 刺史之任，最为亲民，非其人则下受其弊。昔汉秦彭为颍川郡守，教化大行，百姓怀惠，乃有凤凰、麒麟、嘉禾、甘露之瑞，足为善政故也。以一太守善为政犹若此，况君天下者乎！何谓太平不可致，和气不可招也？[2]

太宗认为一州郡守为善政，就能招来祥瑞，更何况是天下的君主。言下之意是认为自己身为天子，若为善政，更能招来和气。太宗不直接肯定太平可致，既是一种谦虚姿态的表现，也透露他过于渴望太平，反而小心谨畏的心理。

就在太宗说"何谓太平不可致"的隔月，泰山父老再次来京请求封禅，随后群臣三次上表，声称"近者以升平斯久"，[3]经过三番推让，太宗终于答应封禅。[4] 然而，决定封禅后的隔月，文明、乾元殿失火，当晚雷雨暴作、大雨震电。[5] 于是太宗"访求谠直，以规己失"；[6]又问宰相"比来中外议朝廷政理为何如？"宰相宋琪安慰太宗："陛下劳心致治，远迩无间言。"[7]到了月底，太宗带着自我安慰的语气对宰相说："今时和年丰，行之（封禅）固其宜矣"，但仍承认"未符天意"，只好"徐图之，亦未为晚"。[8] 显示太宗只是将封禅延后，并不放弃。对太宗而

---

① 《长编》，卷 25，雍熙元年三月己丑，第 575—576 页。
② 《宋太宗皇帝实录校注》，卷 29，太平兴国九年（雍熙元年）三月丙辰，第 135 页。
③ 《宋太宗皇帝实录校注》，卷 29，太平兴国九年（雍熙元年）四月癸巳，第 154 页。
④ 《长编》，卷 25，雍熙元年四月乙酉，第 576 页。
⑤ 《长编》，卷 25，雍熙元年五月丁丑，第 579 页。
⑥ 《长编》，卷 25，雍熙元年五月丁亥，第 580 页。
⑦ 《长编》，卷 25，雍熙元年五月丁酉，第 581 页。
⑧ 《长编》，卷 25，雍熙元年五月壬寅，第 581 页。

言,火灾与雷雨是上天否定宋朝有行封禅的条件;太宗应允封禅后却又不得不放弃,其内心受到的冲击恐怕甚大。

总之,太平兴国年间,借封禅之礼宣告太平,是太宗明确的政治目标。明白上意的臣僚,也积极地请求封禅。然而,就太平兴国八年、九年的局势而言,很难说此时太宗君臣宣称的太平是完满的:与契丹的敌对关系仍未解决,太宗也并未放弃收复燕云;燕云未复,赵宋君臣却刻意忽略;黄河水灾亦造成数万人死亡。[①] 在此情况下,太宗却将短暂的风平浪静视为"四方无事",恰映照出太宗急于求成的心理。

第三节 端拱元年的转折与"修德来远"的提出

暂停封禅后,太宗的对外态度也转趋积极。雍熙三年(986),太宗再度北伐,然而这回遭到更严重的败绩,军队死亡人数达数十万。太宗于是"推诚悔过",不得不放弃收燕云的目标。[②] 此后,不仅契丹连年寇边,西部李继迁(963—1004)也不时侵扰,都破坏了太平的实践。军事上的挫败与燕云收复无望,使太宗急于寻求新的致太平之策。此时,文官开始大兴弭兵论。[③] 弭兵论者提出的解决外患、实践太平的论述即是"修德来远"。

---

① 《咸平集》,卷1,《上太宗应诏论火灾》,田锡在正殿火灾应诏求言的上疏中就直言:"四方虽宁,万国虽静,然刑罚未甚措,水旱未甚调。陛下谓之太平,谁敢不谓之太平,陛下谓之至理,谁敢不谓之至理。"(第2b—3a页)一方面可见太宗急于宣示太平,另一方面也可见这并未真正说服所有臣僚。

② 张其凡:《雍熙北征到澶渊之盟》,第25—30页。

③ 陈芳明:《宋初弭兵论的检讨》。

如前节提及，君主谋求上天肯定的过程，是致力于推行善政，以让寡德的君主成为有德之君，此过程被称为"修德"。修德的概念应用到边事上，衍生出借着君主修德，便能使外敌归附的理念，即所谓"修德来远"。此概念出自《论语》：

> 孔子曰：……故远人不服，则修文德以来之。[1]

疏文解释为："远方之人，有不服者，则当修文德，使远人慕其德化而来。"[2]即相信有德之君能够将境内治理得井井有条，进而感召外夷来归。[3] 在经典的背书之下，以"德"柔服外夷的政治思维，成为军事实力不足以威服外敌时的应边对策，并促使统治者更加专注于内政革新。[4] 本节即分析，"修德来远"的理念在端拱元年（988）如何因应内、外局势，而被太宗采纳，成为居于主导的理念方针。

"修德来远"之说，至少在后周时期，已经是文臣应对外敌的重要概念。后周显德二年（955），周世宗要求翰林学士承旨以下二十位近臣撰《为君难为臣不易论》和《平边策》各一首，结果：

---

① 《论语注疏》，收入〔清〕阮元审定、〔清〕卢宣旬校：《重刊宋本十三经注疏附校勘记》（清嘉庆二十年〔1815〕南昌府学刊本），卷16，《季氏》，第146b页。

② 《论语注疏》，卷16，《季氏》，第147a页。

③ 《左传》中的两条材料，亦烘托出"修德来远"之意。一是知武子言："我之不德，民将弃我，岂唯郑？若能休和，远人将至，何恃于郑？"见《左传注疏》，襄公九年，第528-2页；二是僖公七年管仲言于齐侯曰："臣闻之，招携以礼，怀远以德，德礼不易，无人不怀。"见《左传注疏》，第215a页。

④ 修德来远的概念参见梁庚尧：《从"修德来远"看曾国藩对外交内政的态度》，《史绎》第9期（1972年，台北），第20—24页。用道德性、儒学性的语言或概念，来处理对外关系，并非单见于太宗朝，整个宋代都曾出现类似现象。见方震华：《和战与道德——北宋元祐年间弃地论的分析》，《汉学研究》第33卷第1期（2015年，台北），第67—91页；《复仇大义与南宋后期对外政策的转变》，《"中央研究院"历史语言研究所集刊》88本2分（2017年，台北），第309—345页。

其《平边策》率皆以修文德来远人为意,翰林学士陶谷、窦仪、御史中丞杨昭俭、比部郎中王朴等四人,即以江淮封境密迩我疆,请用师以取之。[①]

可见"修德来远"与"用师取之"是两种相对的对外政策,前者强调内修政治,后者则依靠军事实力。对文臣而言,带兵打仗不是他们所能胜任,"修德来远"则为他们开辟更多向君主进言的空间。因此,即使在兵马强盛的后周,"修德来远"仍是多数文臣的应边主张。

太平兴国五年,太宗遭高梁河之败,当时仍有不少人主张速取幽蓟,然而,文臣张齐贤(947—1014)发表不同的看法。他认为与其将重心放在攻取幽燕,不如放在安内惠民,并认为依此为政,则能"以德怀远,以惠利民,则幽燕窃地之丑,沙漠偷生之众,擒之与屈膝,在吾术中尔"。[②] 亦即,取得幽燕不必以"力"而可以"德"。太平兴国六年田锡上封事谏伐交州,所持论点亦是"修德服荒",认为如此外夷自然内附。[③] 由此可见,修德来远之论在赵宋兵力尚未大损时已经浮出台面。

对于仍不放弃以武力收复燕云的太宗而言,"修德来远"之论或许过于理想化,但并不表示太宗对"修德"之说无动于衷。太平兴国七年十月,宋与契丹的战事告一段落,太宗向近臣说:"王者虽以武功克定,终须用文德致治。"[④]可见从"武"向"文"是太宗所设想的统治进程。前文提及,太平兴国八年黄河大水,太宗曾担忧地问:"岂朕寡

① 〔宋〕王钦若等编:《册府元龟》(北京:中华书局,1994 年),卷 104,《帝王部·访问》,第 1248a 页。

② 〔宋〕王称:《东都事略》,收入《文渊阁四库全书》(台北:台湾商务印书馆,1983年),卷 32,《张齐贤》,第 11a 页。又见《长编》,卷 21,太平兴国五年十二月,第 484—485页。而陈芳明《宋初弭兵论的检讨》认为张齐贤是高梁河之败后弭兵论的代表,第 70 页。

③ 《长编》,卷 22,太平兴国六年九月壬寅,第 496 页。

④ 《长编》,卷 23,太平兴国七年十月,第 528 页。

德?"太平兴国九年三月,即封禅请愿运动前不久,太宗又感叹:"朕虽德不及往圣,然孜孜求理,惟恐庶狱有冤。"①可见太宗不仅熟悉儒家的德治概念,更关注己德是否充足;而君王的修德,又必须往内政上讲求。

雍熙三年五月,太宗遭到空前的军事挫败,此时,已去相两年多的赵普,适时上疏给太宗,提倡修德来远的应边策略。《长编》对赵普上疏的内容与过程详加引述,反映此疏的重要性。当中论及:

> 伏念陛下圣略神功,举无遗算,平取浙右,力取河东,十年之间,遂臻康济。蠢兹獯鬻,诚非我敌,盖迁徙鸟举,难得而制。自古帝王,置之度外,任其随逐水草,皆以禽兽畜之。……臣今独兴沮众之言,深负弥天之过,愿颁明诏,速议抽军,聊为一纵之谋,敢献万全之策。伏望陛下安和寝膳,惠养疲羸,长令外户不扃,永使边锋罢警,自然殊方慕化,率土归仁。料彼契丹,独将焉往,又何必劳民动众,卖犊买刀。有道之事易行,无为之功最大,如斯吊伐,是谓万全。②

赵普首先称颂太宗过去十年的政绩实已达"康济",接着提出应对契丹的方针——无为,此"无为"并非全无做为,而是主张将契丹"置之度外",认为若能"安和寝膳,惠养疲羸",契丹自然来附,此即修德来远之意。太宗答赵普的手诏解释自己之所以欲取幽蓟,是"将救焚而拯溺,匪黩武以佳兵"。③赵普又上谢表,请太宗:

---

① 《长编》,卷25,雍熙元年三月乙卯,第574页。
② 《长编》,卷27,雍熙三年五月,第614—615页。
③ 《长编》,卷27,雍熙三年五月,第617页。

　　端拱穆清,耆神和志,以无为无事,保卜世卜年,自可远继九
皇,俯观五帝。岂必穷边极塞,与戎人较其胜负?[①]

　　赵普"端拱""无为"的建议提供了处理与契丹关系的方案,但太宗此
时正处在战败的痛苦挫折中,一时尚未决定应边之策。

　　隔月,太宗又问近臣应边对策,时为宰相的李昉,提出和议主张。
认为不如"稍减千金之日费,密谕边将,微露事机",便可以"不烦兵
力,可弭边尘",更称这是"屈于一人之下,伸于万人之上者也"。[②] 即
以让金钱之利,由边臣向契丹暗示和议之事。太祖末年与契丹的和
谈,便是由双方边臣磋商而成。[③]李昉提出此论实有前例可循。然而,
对于军事挫败、颜面无光的太宗而言,此时提出屈己的和议论,却是
颇为刺耳。雍熙四年(987),太宗仍有讨伐契丹之意,但被群臣劝
退。[④] 四月,太宗下诏群臣上言御戎之策,可见此时太宗的对外政策
仍未定调。[⑤]

　　赵普和李昉对契丹的不同路线,在端拱元年获得解决。雍熙四
年底,赵普来朝,君臣相见甚欢。此时太宗长子元僖上奏,认为若再
用赵普为相,"匪逾期月之间,可臻清净之治"。[⑥] 呼应了雍熙三年赵
普端拱无为的主张。次年,太宗改元"端拱",表明采纳了赵普的意
见。端拱元年二月,李昉罢相,赵普复相,显示赵普路线得到太宗接
纳。[⑦] 与赵普一同拜相的还有吕蒙正(946—1011),其拜相制也表明

---

①　《长编》,卷27,雍熙三年五月,第617页。
②　《长编》,卷27,雍熙三年六月,第618页。
③　陶晋生:《宋辽关系史研究》(台北:联经出版事业公司,1984年,初版),第19页。
④　《长编》,卷28,雍熙四年四月,第633—634页。
⑤　《长编》,卷28,雍熙四年四月,第635—637页。
⑥　《长编》,卷28,雍熙四年十二月,第641页。
⑦　其间牵涉复杂的权力斗争,见何冠环:《宋初朋党与太平兴国三年进士》,第24—
27页。

"端拱"之意，正是欲无为而治。① 四月，太宗下《诫沿边毋得侵扰诏》，表达了息兵幽蓟的愿望；并准许宋辽边境贸易，希望借此缓和契丹的寇边。② 此息兵于边的方针，即呼应了端拱无为、置外夷于度外的政策。

端拱元年标示了对外政策的重大调整：从以武力夺取燕云，转为接受修德来远，认为君王在内政上勤于治理，最终将使外夷来附。端拱二年（989）正月，太宗自言："为君当如此勤政，即能感召和气。"③ 端拱二年四月，因应契丹的持续扰边，太宗下诏群臣各陈备边御戎之策。④ 在"端拱"的政策基调下，文官除了提出防御边患之策，多将"修德来远"视作主要方针。如王禹偁（954—1001）提出内、外各五项建议，其中对内主张"并省官吏、艰难选举、信用大臣、不贵虚名、禁止游惰"，并将这些意见概括为"外任其人，而内修其德"之法。⑤ 知制诰田锡的奏疏则提出："欲理外，先理内，内既理则外自安。"⑥ 知制诰王化基面对太宗询问边事，认为："根本固则枝干不足忧。今朝廷治，边鄙何患乎不安。"⑦ 可见在"修德来远"的政策方针下，太宗虽然问的是备边之策，不少文臣的上言却把重点放在内政。备边之策本非文臣所长，在修德来远的前提之下，使他们能够从内政方面提供意见，不至于在边事问题上捉襟见肘。⑧ 而这些言论也反过来巩固修德来远的

---

① 制书言："天道无私，日月星辰助其照；皇王不宰，股肱辅弼其功。所以端拱仰成，垂衣致治，建千年之昌运，追三代之令猷。"〔宋〕徐自明：《宋宰辅编年录》，收入《宋史资料萃编》第一辑（台北：文海出版社，1967年），卷2，第14页。

② 《宋大诏令集》，卷214，《诫沿边毋得侵掠诏》，第814页。

③ 《长编》，卷30，端拱二年四月，第680页。

④ 《长编》，卷30，端拱二年春正月癸巳，第666页。

⑤ 《长编》，卷30，端拱二年春正月癸巳，第671—674页。

⑥ 《长编》，卷30，端拱二年春正月癸巳，第677—678页。

⑦ 《长编》，卷30，端拱二年九月戊子，第687页。

⑧ Cheng-Hua Fang, *Power Structures and Cultural Identities in Imperial China: Civil and Military Power from Late Tang to Early Song Dynasties* (A.D. 875 - 1063) (VDM Verlag Dr. Müller, 2009), pp. 126 - 127, 指出文臣的反战立场，与他们在军事上的无能为力，及无法在战事决策权上与武臣竞争有关。

施政理念。

"端拱"可说是为太宗后期的政策方针定调的关键时期。学者注意到淳化四年间(993)太宗向宰相吕蒙正表示要以"清净致治",[①]其中,太宗声称"治国在乎修德尔,四夷当置之度外""常修德以怀远,此则清静致治之道也"。[②] 吕蒙正为相期间,也主张"治国之要在内修政事,苟政事既修,则治格安静、蛮夷来归矣"。[③] 事实上,修德来远的论调,早在端拱时期已经形成,并非晚至淳化年间才如此。[④]

雍熙年间的军事挫败,导致太宗必须重新思考对外方针,修德来远本即是常见于文臣口中的应边思维,此时由赵普适时提出,为太宗找到一不失颜面的解套方法;往后文臣继续支持修德来远之说,更强化了此政策的正当性。在修德来远的理念下,太宗一方面确实更加勤于政务,期望借由内修德政达致太平理想,[⑤]另一方面也合理化"四夷当置之度外"的消极态度,以遮掩军事实力不足的现实。

第四节　太宗后期的太平追求与挫折

北伐失败打击了太宗收复燕云的信心,契丹的持续寇边则使宋朝离太平更加遥远,短命王朝的阴影并未消除。"修德来远"固然成

---

① 见张其凡:《吕端与宋初黄老思想》,收入氏著:《宋代人物论稿》(上海:人民出版社,2009 年),第 267—287 页。

② 《长编》,卷 34,淳化四年十一月,第 758—759 页。

③ 《东都事略》,卷 32,《吕蒙正》,第 6a 页。

④ 咸平三年,知兖州韩援上书给真宗,认为太宗"未尝一日旷于万几",尤其是"端拱以来,益励精为理"。亦指出"端拱"时期的关键性。见《长编》,卷 47,咸平三年十二月丙寅,第 1035 页。

⑤ 太宗在内政上的诸多作为,见刘静贞:《北宋前期皇帝和他们的权力》,第 41—53 页。

为端拱以后太宗说服人我太平可致的理念，然而，"修德"如何能让外敌放弃侵边呢？本节将讨论太宗后期如何因应内外局势，不断找机会暗示太平或制造太平舆论，并持续企图推动封禅，也以此验证"修德来远"的效用与限制。

端拱改元后，太宗一连串的言行，充分显露他急切求治的心理。端拱元年正月十七日，太宗举行"籍田"大礼，表达对农事的高度重视，背后承载的是太宗对丰年的渴求。籍田礼次日，太宗作《东郊籍田诗》赐近臣，并说："国之上瑞，惟丰年尔。自累岁登稔，人无疾疫，朕求治虽切，而德化未洽，天贶若是，能无惧乎？"①一方面谦称自己德化未洽，一方面又认为天赐给累岁的丰年；言下之意是暗示自己或许有德、足以动天。②

端拱元年三月，太宗特别下诏求言，据称此时太宗"厉精图治，欲闻谠论，以致太平"。③年底，太宗热烈地与宰相赵普讨论太平之政：

> 上尝谓宰相曰："国之兴衰，视其威柄可知矣。五代承唐季丧乱之后，权在方镇，征伐不由朝廷，怙势内侮。故王室微弱，享国不久。太祖光宅天下，深救斯弊。暨朕纂位，亦徐图其事，思与卿等谨守法制，务振纲纪，以致太平。"上又曰："至公之道，无党无偏。有国者能行之，太平果不难致。"④

太宗近乎模式化地比较赵宋与五代，认为赵宋已革除了权在方镇的

---

①　《长编》，卷29，端拱元年正月，第646页。又《长编》，卷29，端拱元年二月丙午，上谓宰相曰："累年以来，百物丰阜，自京师达于四方，并无灾沴，五谷顺成，若非上穹降福，何以及此？"第648—649页。

②　此时，田锡又上《籍田颂》，称："圣主文明，时方太平。"最后请求："登封降禅，愿陛下行之。"见《咸平集》，卷21，《籍田颂并序》，第4—6页。

③　《长编》，卷29，端拱元年三月甲子，第649页。

④　《长编》，卷29，端拱元年十二月，第662页。

弊病,如今要做的就是守法制、振纲纪,期望以此致太平;接着,太宗又想到至公无偏亦是修德之法,认为能做到这些,太平并不难致。这是太宗谈论太平的典型方式,即通过今昔对比,以自我肯定。

不过,若端拱元年确实境内丰收,统治亦上轨道,太宗为何只能谦称德化未洽,而将太平视为未致的目标?根本原因恐怕是契丹持续对宋进行报复性的侵略;[①]同时,李继迁也不时寇边。[②]　太宗在外敌环伺下仍强调于内政图谋太平,反映他抱持修德来远的原则,以合理化自己与文臣消极对外的做法。

令太宗更加失望的是,端拱二年,外患未平,八月还出现彗星。[③]彗星被认为是上天对统治者的警告,太宗为此深自引咎。该年又发生旱灾,太宗向四方祷告,"皆弗应"。[④]　可以想见,端拱元年仍为丰收而表现得沾沾自喜的太宗,第二年就遇到旱灾与彗星,他不得不怀疑,上天是否对他的统治感到不满,于是他向宰相说:

> 万方有罪,罪在朕躬。自星文变见以来,久愆雨雪。朕为人
> 父母,心不遑宁,直以身为牺牲,焚于烈火,亦足以答谢天谴。当
> 与卿等审刑政之阙失,念稼穑之艰难,恤物安民,庶祈眷佑。[⑤]

可见太宗将灾异的发生归因于内政的缺失,并要求宰相加以留意。外有强敌、内遇天灾,使太宗找不到自我认可的依据。不惜自焚的激

---

①　王晓波:《宋太宗雍熙北伐失败后的对辽策略》,《四川大学学报(哲学社会科学版)》2000 年第 4 期(成都),第 100—106 页。

②　李华瑞:《宋夏关系史》(石家庄:河北人民出版社,1998 年),第 21—22 页。端拱元年三月,应诏上疏的谢泌就指目前"外患方炽,民政未乂"。《长编》,卷 29,端拱元年三月,第 650 页。

③　《长编》,卷 30,端拱二年八月癸亥,第 685—686 页。

④　《长编》,卷 30,端拱二年十月,第 688 页。

⑤　《长编》,卷 30,端拱二年十月,第 688 页。

烈言论，显示太宗亟欲挽回天心，不愿接受太平离自己越来越远。

端拱二年的外患与天灾，似乎在讽刺太宗之"德"不足以"来远"。然而，到了淳化初期，局势有了好转。端拱二年，契丹进攻宋境，遭到击溃，于是暂停扰宋，着力于内部改革。[①] 另一方面，侵扰宋朝西边的李继迁，在端拱元年接受赵保忠的赐名，淳化二年（991）又奉表假意归顺。[②] 西、北获得安宁，为太宗的太平梦制造了绝佳机会。以下讨论淳化年间太宗君臣如何继续暗示太平的到来。

边事的和缓让太宗认为距离太平理想又近了一步，若是获得丰收，便有机会宣称太平。然而，淳化二年三月发生严重蝗旱灾，太宗再度激切地向宰相说，"天谴如是，盖朕不德之所致也"，若三日不雨，"卿等共焚朕以答天谴"。[③] 六月，汴水又溃堤，太宗竟然天未亮就乘着步辇出宫门，"车驾入泥淖中，行百步，从臣震恐"。[④] 种种激烈的言行，映照出太宗渴求太平的强烈愿望。

淳化三年（992），太宗又找到宣称太平的机会。过去不时对祥瑞表示不以为然的太宗，[⑤]该年正月，"取嗣位以来祥瑞作《祥麟》《丹凤》《白龟》《河清》《瑞麦》五曲"。[⑥] 为祥瑞作曲，显示太宗暗示自己受到

---

① 王晓波：《宋太宗雍熙北伐失败后的对辽策略》，第 100—106 页。

② 李华瑞：《宋夏关系史》，第 23、29 页。

③ 《长编》，卷 32，淳化二年三月己巳，第 713 页。

④ 《长编》，卷 32，淳化二年六月，第 716 页。

⑤ 太宗对祥瑞的态度，因应着现实情况而有所变化。太宗在太平兴国九年四月下诏封禅的前一个月，曾提及汉郡守治下的"凤凰、麒麟、嘉禾、甘露之瑞"，是善政的反映，显示太宗对祥瑞抱持正面态度。群臣请求太宗封禅，曾指"况今上瑞仍臻"，太宗在答群臣之请也说："属九服清宴，四时顺成，祥瑞荐臻。"见《宋太宗皇帝实录校注》，太平兴国九年（雍熙元年）四月辛卯、癸巳，第 152—155 页。声称出现祥瑞，正是为封禅制造有利舆论。然而，太宗暂停封禅后，他对祥瑞的态度也发生改变。该年十月，岚州献上一"牝兽"，太宗不但未表欣喜，反而说："符瑞之事，非朕所尚也。"见《长编》，卷 25，雍熙元年十月癸巳，第 588 页。雍熙二年，坊州又献一"角兽"，近臣查看后，都宣称是"麒"，之前岚州所进是"麟"，并请求宣示中外，太宗不许，且说："时和年丰，兆民安泰，斯为上瑞。鸟兽草木，夫何足云。"见《长编》，卷 26，雍熙二年闰九月己亥，第 599 页。

⑥ 《宋会要辑稿》，礼 56 之 5。

上天的肯定。宋初名臣徐铉于淳化三年去世,次年他的弟子陈彭年为其文集作序写道:

> 圣上方欲恢千年之洪业,达上帝之耿光,朝诸侯而东巡,祀介丘而降禅。[1]

显示太宗持续渴望封禅。不过,这次封禅的企图并未浮上台面,原因可能是该年五月又发生旱灾,太宗"忧形于色"。他向再度任相的李昉说:"朕孜孜求理,视民如伤,内省于心,无所负矣。"于是他将破坏太平之政的原因归咎宰相,"切责"李昉,李昉只能上表待罪。[2] 但太宗在答诏中仍向天承认自己有过:

> 近年以来,仍岁蝗旱,稼穑不稔,民多流亡。朕夙夜罪己,励精引咎。……朕已洗心知过,改行自新。[3]

对于企图封禅的太宗而言,蝗旱灾是上天的否定,他似乎紧张到乱了分寸,不知问题出在自己还是宰相,但太宗仍诚恳地向天表示自己会改过自新,以企图挽回天心。

不论天心如何难测,挫折感如何巨大,太宗都未放弃追求太平。淳化四年五月,他一方面仍向宰相说"朕孜孜听政,所望日致和平",另一方面则抱怨在位之人"竞为循默"。[4] 或许并非巧合,淳化四、五

---

① 〔宋〕徐铉:《徐公文集》,收入《四部丛刊正编》(台北:台湾商务印书馆,1979 年),《徐公集序》,第 3b 页。

② 《宋会要辑稿》,刑法 5 之 17。

③ 《宋大诏令集》,卷 151,《答李昉等待罪玺书》,第 561 页。

④ 《长编》,卷 34,淳化四年五月壬寅,第 748 页。

年，各地愈加频繁地献上祥瑞，①据说太宗"多抑而不举"，但当宰相要求观看祥瑞时，太宗仍将密州所献的芝草拿出来展示。② 瑞象的出现，暗示着太宗为有德之君。然而，让太宗失望的是，淳化四年九月又发生大水灾。太宗认为"阴阳愆伏，罪由公府"，宰相、执政再度遭到太宗严厉责备，不久，李昉等人就被罢除了宰执之位。③

淳化五年（994）正月，太宗又向新任宰相吕蒙正暗示太平已致：

> 上语蒙正曰："夫否极则泰来，物之常理。晋、汉兵乱，生灵凋丧殆尽。……当时谓无复太平日矣。朕躬览庶政，万事粗理，每念上天之贶，致此繁盛，乃知理乱在人。"蒙正避席曰："乘舆所在，士庶走集，故繁盛如此。臣常见都城外不数里，饥寒而死者甚众，未必尽然。愿陛下视近以及远，苍生之幸也。"上变色不言。蒙正侃然复位，同列咸多其亢直。④

太宗"否极泰来"的一段话，不啻是曲折婉转地暗示五代乱世已过，太平日子已致；"躬览庶政，万事粗理"正显示太宗欲展示自己的治绩已获天的肯定。太宗不直指当前已太平，恰反映他对太平又爱又怕的心理。但吕蒙正并未迎合太宗，反而说太宗不过是看到眼前景象，而未见都城外众多因饥寒而丧命的百姓。

更令太宗气馁的是，就在他宣称"否极泰来"后不久，淳化五年四月，李继迁再度反叛。太宗在"修德来远"的方针下向李继迁示好，并考虑放弃对夏州政权的削藩念头；但李继迁有契丹支持，有恃无恐，

---

① 《宋会要辑稿》，瑞异 1 之 8—9，淳化四年、五年条。
② 《宋会要辑稿》，瑞异 1 之 8—9。
③ 《长编》，卷 34，淳化四年十月辛未，第 753 页。
④ 《长编》，卷 35，淳化五年正月，第 765—766 页。

继续攻击灵州重镇,太宗只好向李继迁大规模进讨。[1] 为了避免契丹与李继迁联合,该年八月,更遣使向契丹求和,但遭到拒绝,九月,再度放低姿态,遣使展现和好诚意,却依然被拒。[2] 至道元年(995),契丹将领韩德威诱使党项部族入侵。[3] 外患接踵而至的同时,四川爆发了李顺、王小波之乱。[4] 外患加上内乱,不是意味着"修德来远"的不切实际,就是意味着太宗之德不足以来远,甚至连安内都成问题。而太宗进攻李继迁并求和契丹的举动,也等于承认己德不足以"来远"。

　　至道元年,几经挫折的太宗找到了统治生涯最后一次谋求太平的机会。该年契丹与李继迁都遭到宋将击退,四川乱事也渐平息。五月,太宗与新任宰相吕端(935—1000)谈论财赋问题,指出过去藩镇割据,财富不入中央,认为前代若处置得当,则已太平;又说如今"国家岁入财赋,两倍于唐室",[5]实际上是侧面肯定太平已致。隔日,时任开封尹的真宗,献上祥瑞"玄兔"一只,太宗对吕端说:"玄兔之来,国家之庆也。"吕端颇为识趣地说:"兔即阴类,夷狄之象。华为中国,中国阳也。将有夷狄入朝,受冠带于阙下,昭邦家之庆,以致太康者乎?"[6]显然吕端趁机运用了修德来远的概念,暗指太宗之德足以使

---

① 李华瑞:《宋夏关系史》,第 28—29 页。

② 〔元〕脱脱等:《辽史》(北京:中华书局,1977 年),卷 13,《圣宗四》,第 145 页。蒋复璁:《宋辽澶渊之盟的研究》亦指出太宗后期已决心求和,先由秘密接洽,再正式遣使,第 118—119 页。又高丽受契丹攻击,来向宋求兵援,太宗以"北边甫宁,不可轻动干戈"为由拒绝,以致"高丽自是绝不复朝贡矣",也显示太宗欲与契丹保持友好的决心。见《长编》,卷 36,淳化五年七月庚戌,第 789—790 页。除了淳化五年的求和,《辽史》,卷 10,《圣宗本纪一》,第 108 页,又记录太宗于太平兴国七年十二月亦曾遣使求和,此时太宗虽欲暂时休兵,并进行封禅典礼,但毕竟还没放弃收燕云,则该时是否会遣使求和,是有疑问的。相关辨析,参见方震华:《传统领域如何发展?——对宋代政治史研究的几点观察》,《台大历史学报》第 48 期(2011 年,台北),第 165—184 页。

③ 王晓波:《宋太宗雍熙北伐失败后的对辽策略》,第 100—106 页。

④ 《长编》,卷 36,淳化五年八月,田锡上书时便说:"河西尚警,剑外未宁",第 794 页。

⑤ 《长编》,卷 37,至道元年五月,第 815 页。

⑥ 《长编》,卷 37,至道元年五月戊辰,第 815—816 页。

夷狄来附，国家也将获致太平。至道元年是难得的丰收年，该年年底，太宗再度与宰相讨论自己的治绩。他自我剖白地说，对于近年的内忧外患，"虽不形于颜色，然而中心忧念，无须臾之安"，接着话锋一转，便称自己"内修政纪，救万民之愁疾，外勤戎略，定三边之狂孽。……遂致上天悔祸，否极斯泰"。[①] 以"否极思泰"来形容当下情况，显示太宗又在暗示太平的到来。

就在太宗声称"定三边之狂孽"后不久，至道二年（996）五月，李继迁又率万余众寇灵州；天文星象显示秦地人民将受灾害，太宗为此叹气不已，[②]宋朝不得已再与李继迁开战。隔年三月，太宗与世长辞。到了八月，以真宗名义所上的太宗谥号宝册提及：

> 方将鸣銮东夏，检玉介丘，而天祸忽临，仙驾长往。[③]

暗示着太宗末年即将封禅，或至少是以即将封禅的说法，作为对太宗统治成果的肯定。[④] 显示在求治的政治氛围中，封禅成为君臣引颈而盼的大礼。

观察太宗后期的施政，可以看出他追求太平的心意比过去更为急切。此时，以武力"一统太平"的积极论调已消失，太宗通过强调自己在内政上的成就远过五代，来暗示太平不远，以肯定政权受到上天

---

① 《长编》，卷38，至道元年十二月癸酉，第823页。

② 《长编》，卷39，至道二年五月，第833—834页。其中荧惑即火星，参见黄一农：《中国星占学上最凶的天象"荧惑守心"》，收入氏著：《社会天文学史十讲》，第23—48页。天文星象和人间灾害的关联，则牵涉"分野"的中国天文学思想，是天文星象与地理位置的对应观念，可参见陈遵妫：《中国天文学史》上册（上海：上海人民出版社，2006年），第283—287页。

③ 《宋会要辑稿》，礼29之13。

④ 以真宗名义上的太宗哀册也有类似的说法："将欲登封岱岳，布政明堂，方怡神于姑射，俄寝疾于未央。"见《宋大诏令集》，卷10，《太宗哀册》，第45页。

庇护。然而，太宗几次暗示太平有望，不过是建立于外患暂无侵扰的前提，而非真正解决外患。在此情境下委婉暗示太平，表面是对修德来远的自信，实际上是太宗想要说服人我，他依然会是上天选定的真命天子。然而时不我予，边境动荡与内部天灾一次次挫折太平的愿望，那还在台面下酝酿的封禅盛典，只能无声无息地消散在历史现实中。

第五节　太宗朝南北文士的权力关系

"天书时代"的开幕仪式——封禅，有其源自汉唐的政治文化根源，亦来自真宗欲完成太宗渴望告天太平的愿望。为了让封禅付诸实践，宋初君主乃认识到，必须重视熟悉儒教祭礼的文士群体。太宗到真宗朝，中央朝廷存在着两大文士群体，其一是以李昉、王旦为首的北方文士，其二是以徐铉、王钦若为首的南方文士。南北两大文士群体，在太宗至真宗朝，经历了从友好到竞争的过程。相较于太宗朝北方文士在政治权力上居于绝对优势，真宗朝的南方文士则能与北方文士分庭抗礼。本节探讨南、北两大文士群体在太宗朝的互动，以作为下一章探讨真宗朝南、北文士争胜的基础。

在宋初君主追求太平统治的过程中，文、武臣僚扮演着不同的角色。宋初战争频仍，需要武将的效力，一旦战事减少或停止，文臣的重要性便可能超过武臣。当太宗于端拱元年以修德来远为统治方针，更加着墨于内政时，文臣可发挥的舞台便增加。在文臣之中，又可大致分为"能吏"型与"文士"型。前者更擅长处理复杂的政务，如赵普，后者则熟读经史，如李昉。[①] 当太宗欲举行各种儒教祭礼，以肯

---

① 见邓小南：《祖宗之法——北宋前期政治述论》，第151—156页。

定政权正当性时，文士所能发挥的功能，便远非"半部《论语》治天下"的赵普所能匹敌。

在太宗朝的文士群体中，占据最核心位置的，即是以李昉为首的北方文士，和以南唐降臣徐铉为首的南方文士。[①] 尽管在宋初文坛，李昉的影响力未必下于徐铉，但可惜的是，李昉并未留下文集，徐铉则留下赵宋现今最早的一部文集——《徐公文集》。因此，本节虽讨论南、北文士的互动，但徐铉仍是当仁不让的主角。首先概述徐铉在宋初文坛首屈一指的地位；其次讨论南、北文士群令人注目的友好关系；最后分析当太宗越来越重视儒教祭礼时，为何是北方文士，而非南方文士得到太宗的青睐。[②]

一、宋初的学术泰斗——前南唐徐铉

徐铉的既有研究，多论及他注解《说文解字》的贡献，及其在宋初文坛的重要性；[③]相对而言，他在宋初政局中的地位与影响力，尚存在进一步探讨的空间。本节探讨徐铉的仕宦经历与学术兴趣，以作为理解其影响力的基础。

徐铉的祖籍为两浙路越州。其父徐延休为唐僖宗乾符（874—879）年间进士，唐末大乱之际，逃至江南，依附据有洪州的钟传（854—906）。此后江南由南吴、南唐统治，延休及子铉、锴（920—

---

① 宋太祖开宝四年(971)，南唐去国号"唐"，自称"江南"，以表示对赵宋的臣服。为了避免混淆，本书仍以"南唐"而非"江南"指称徐铉等人的故国。

② 本节与第二章第三、四节，乃依据拙文《宋初南北文士的互动与南方文士的崛起——聚焦于徐铉及其后学的考察》为基础而改写。论文刊载于《台大文史哲学报》第85期(2016年，台北)，第175—217页。

③ 徐铉注解《说文解字》的研究很多，此不赘述；而论及徐铉文学成就的论著，可参见张兴武：《宋初百年文学复兴的历程》(北京：中华书局，2009年)，第11—15、133—136页；沈松勤：《从南北对峙到南北融合：宋初近百年文学的演变历程》，收入氏著：《宋代政治与文学研究》(北京：商务印书馆，2010年)，第119—151页。

974)皆仕宦于江南政权。徐铉在南唐时仕途不算顺遂,因为卷入政治斗争而三次遭贬,[①]除贬官时期,徐铉多在中央任职,由于擅长文词,主要担任知制诰与翰林学士。[②]

徐铉入宋前引人注目的事迹,莫过于在南北战事方兴之际,二度出使宋朝,企图以其雄辩的才能,请求缓兵。据说徐铉"言甚切至,上与反覆数四,铉声气愈厉"。[③] 徐铉欲以言词论说力挽狂澜,或许是忽视了政治现实,但他敢于在大国君主面前争辩不休,还是让南唐与北宋君臣都刮目相看。徐铉入宋后,其忠诚也受到太祖的赞赏。[④]

徐铉入宋后不到一年,宋太宗即位。太宗"素知公之文学优瞻",[⑤]于是命徐铉直学士院,担任与翰林学士一般的起草内制之职。[⑥] 太平兴国八年六月,徐铉出学士院,迁官右散骑常侍,判尚书都省。在此期间,徐铉参与太宗朝三大类书的编写。可见徐铉入宋后,负责文辞、编书工作,而未担任政治要职。

在学识方面,徐铉成长于儒学特别兴盛的南唐,[⑦]且初入仕便为校书郎,得以看到丰富的国家藏书,"繇是经史百家烂然于胸中矣",[⑧]使他拥有广博的知识。他在江南时,"以儒术名一时,是以后进晚生

————————

① 金传道:《徐铉三次贬官考》,《重庆邮电大学学报》第 19 卷第 3 期(2007 年,重庆),第 99—103 页。

② 李昉:《徐公墓志铭》,《徐公文集》,附录,第 2a—2b 页。

③ 《长编》,卷 16,开宝八年十月、十一月,第 347—348、350 页。

④ 李昉:《徐公墓志铭》,《徐公文集》,附录,第 3a—4a 页。

⑤ 胡克顺:《徐公行状》,《徐公文集》,附录,第 6b 页。

⑥ 直学士院与翰林学士职任相同,但由资浅者担任。见龚延明:《宋代学士院名物制度志略》,《西南师范大学学报(人文社会科学版)》1988 年第 2 期(重庆),第 52—60 页。

⑦ 见林瑞翰:《南唐之经济与文化》,收入《大陆杂志史学丛书》第 2 辑第 2 册《唐宋附五代史研究论集》(台北:大陆杂志社,1967 年),第 137—144 页。

⑧ 李昉:《徐公墓志铭》,《徐公文集》,附录,第 2b 页。

莫不宗尚”，[①]北方君臣亦久仰其名。[②]　儒术之外，徐铉为文以敏速著称，[③]陈彭年指徐铉兄弟在南唐时已是“当代文宗”。[④]

徐铉对礼仪知识的掌握，在宋初的文士群中占据权威地位。丁谓（966—1037）提到王旦回忆父亲王祐的丧礼，当时满朝权贵都来祭吊，只有徐铉带着“麻袍角带”，进入“客位”内更换后才入吊，“以此知士大夫朝服临丧慰问，深不可也”。[⑤]　此事透露，当徐铉在公众场合的礼仪行为表现得与众不同时，他人并不认为是徐铉行为怪异，反而大悟众人之失。这从侧面映照出时人对徐铉熟谙礼仪的认知。

徐铉在文字学上的成就为古今习知，宋太宗命他校订许慎《说文解字》。[⑥]　此外，徐铉也精于隶书、小篆，也精通大篆（籀文），“当世士大夫有得其书者，无不宝之以为楷法”。[⑦]　他对史学也颇有心得，其文集数次提到时人因重视自己的史学能力，而来求写碑记。[⑧]徐铉对道家与道教思想也有深入的认识，这点留待第二章再加分析。

一则趣闻生动地说明了徐铉的博学如何深刻烙印在时人的印象中：

> 太宗克复江南，得文臣徐铉。博通今古，擢居秘阁。一日，

---

①　〔宋〕史温：《钓矶立谈》，收入傅璇琮等编：《五代史书汇编　玖》（杭州：杭州出版社，2004年），第5019页。

②　〔宋〕岳珂撰，吴企明点校：《桯史》（北京：中华书局，1981年），卷1，《徐铉入聘》，第3页。

③　李昉：《徐公墓志铭》，《徐公文集》，附录，第1a页。

④　〔宋〕陈彭年：《江南别录》，收入傅璇琮等编：《五代史书汇编　玖》，第5138页。

⑤　〔宋〕丁谓：《丁晋公谈录》，收入《百川学海》癸集（民国十六年〔1927〕武进陶氏覆宋咸淳左圭原刻本），第3a页。

⑥　《长编》，卷27，雍熙三年十一月，第625页。

⑦　李昉：《徐公墓志铭》，《徐公文集》，附录，第5b页。

⑧　《徐公文集》，卷26，《扬州府新建崇道宫碑铭并序》，第2b页；卷28，《邠州定平县传灯禅院记》，第14b页。

后苑象毙，上令取胆，剖腹不获。上异之，以问铉，铉奏曰："请于前左足求之。"须臾，果得以进。巫召铉问，对曰："象胆随四时在足，今方二月，故臣知在前左足也。"朝士皆叹其博识也。①

徐铉分析象胆位置的方式看似匪夷所思。若不执着于故事的真实与否，而是思索这样的故事何以流传，则背后反映的心态正是徐铉广博的学问，令北方君臣既敬又畏，以致众人皆以徐铉所论为是。总之，在宋太宗时代，徐铉在儒术、文学、礼学、小学、史学上，都被认为是首屈一指的人物。

二、北方李昉派文士对徐铉的重视

学界过去认为，宋初君臣对南方降臣相当歧视，但这只是事实的一部分。徐铉入宋后，以其学术威望为凭借，加上"性质直，无矫饰"的作风，②非但未因降臣身份受排挤，反而获得许多北方核心文士的敬重。本节将勾勒北方以李昉为首的核心文士交游网络，及其与徐铉的密切往来。

本节指涉的"核心文士"，乃指担任过两制与馆职的士大夫。"两制"即翰林学士与知制诰。他们负责草拟各式官方文书，能胜任者是当时被认为最有学识的文士，其中翰林学士更兼有皇帝顾问的角色，是执政大臣的晋身跳板。"馆职"则指在三馆、秘阁担任文字工作的文臣，他们往往是两制的储备人才。③

太宗朝二度任相的李昉，毫无疑问是北方核心文士的领袖人物。

① 〔宋〕文莹撰，郑世刚、杨立扬点校：《湘山野录》（北京：中华书局，1984 年），《太宗得文臣徐铉》，第 70 页。

② 《长编》，卷 17，开宝九年正月丙子，第 362 页。

③ 参见陈元锋：《北宋馆阁翰院与诗坛研究》（北京：中华书局，2005 年），第 58—59 页。

李昉是河北西路深州饶阳县人，于太祖建隆元年至三年（960—962）、开宝二年至太平兴国八年（969—983）任翰林学士，[①]太平兴国八年七月出任参知政事，十一月升任宰相，雍熙四年罢相后，淳化三年二度入相。[②] 足见李昉在宋初政坛与文坛的地位。李昉和徐铉交好，始于太平兴国元年（976）。原本李昉独任翰林，太宗令徐铉直学士院，[③]与李昉分担起草内制之责。李昉自言"是时昉与公以同道相知论，交契之始也"。[④] 此语出自李昉为徐铉所写墓志铭，可见李昉与大他七岁的徐铉一见如故。为徐铉写墓志，亦反映两人交情匪浅。李昉不仅与徐铉交好，"江南平，士大夫归朝，昉多与游"。[⑤] 后文将陆续提及，与李昉相熟的江南士大夫即多为徐铉故旧。

李昉所作徐铉墓志，提及景仰徐铉的北方文士：

> 故工部尚书李公穆有清识，尝语人曰，吾观江表冠盖，若中立有道之士，惟徐公近之耳。兵部侍郎王公祜负才尚气，未尝轻许人，及见公，常言于朝曰："文质彬彬、学问无穷，惟徐公耳。"公亦曰："王公词如江海，心无城府，真奇士也。"[⑥]

下面以此条史料为基础，分论李穆、王祜二人与徐铉的交情。

李穆（928—984）是开封府阳武人，太宗初年任馆职，太平兴国八

① 陈元锋：《宋太祖朝翰林学士述论》，《华南师范大学学报（社会科学版）》2011年第1期（广州），第56—61页。

② 〔元〕脱脱等：《宋史》（北京：中华书局，1977年），卷265，《李昉》，第9135—9137页。

③ 除了徐铉，汤悦也被命直学士院，有关汤悦的记载相当少，其人际网络亦颇不清楚，因此本文省略不论。

④ 李昉：《徐公墓志铭》，《徐公文集》，附录，第1a页。

⑤ 《长编》，卷39，至道二年二月壬申，第828页。

⑥ 李昉：《徐公墓志铭》，《徐公文集》，附录，第4a—4b页。

年任翰林学士。同年十一月，李昉任相，同月，李穆任参知政事，①可见两人先后在翰林院与政府为同僚。李穆善长文辞与篆隶，②徐铉正是这些方面的前辈。李穆在开宝八年曾出使江南，见到徐铉兄弟的文章，曾感叹地说："二陆不能及也。"③墓志称李穆赞许徐铉是江南唯一"中立有道"之士，显示李穆对徐铉的赞扬。

王祐（924—987）为河北东路大名府人，亦是真宗朝名相王旦之父。王祐笃志于词学，太平兴国中任知制诰、中书舍人，与徐铉、李昉等并掌内外制，而后出知开封府。④ 李昉称王祐不轻易赞许他人，但竟以"文质彬彬、学问无穷"推崇徐铉。王祐过世后，诸子为其父编纂文集，并前往拜见徐铉，请他作文集序，此时徐铉应已见过王旦。序文提及徐铉与王祐相互欣赏彼此的文章，两人"倾盖甚欢，恨相知之晚也"。⑤

从杨徽之（921—1000）的墓志铭可知，共同推赏徐铉的李昉、李穆、王祐本即互相友好：

> （杨徽之）平生以风鉴自高，而寡合于世，前辈惟故相李昉、贰卿王祐深相推挹；仆射石熙载、参预李穆、贾黄中与为文义之友。⑥

这句话说明杨徽之和李昉、王祐、李穆、贾黄中（941—996）、石熙载

① 《长编》，卷24，太平兴国八年十一月壬申，第558页。
② 《宋史》，卷255，《李穆》，第9105—9107页。
③ 《东都事略》，卷38，《徐铉》，第4b页。
④ 《宋史》，卷269，《王祐》，第9242—9243页。
⑤ 《徐公文集》，卷23，《故兵部侍郎王公集序》，第5b—7a页。
⑥ 〔宋〕苏颂，《苏魏公文集》，收入《文渊阁四库全书》（台北：台湾商务印书馆，1983年），卷51，《文庄杨公神道碑铭》，第6—7页。

（928—984）友好。间接看出欣赏徐铉的北方文士之间，本即交情匪浅。李昉在徐铉墓志铭提及李穆与王祐，并非偶然。

杨徽之是建州浦城人，在南唐据有江表时，北奔到后周寻求发展。淳化二年以后长期担任清要馆职。在北奔前，杨徽之曾以师礼奉乡人江文蔚，[①]而江文蔚又与徐铉交好。[②]徐铉文集中收录的徐铉祭文，杨徽之即作者之一，其中提到两人"有旧潇湘"。[③]徐铉入宋后，杨徽之既是故友，又与徐铉的北方友人相熟，两人显然亦保持往来。

如果上述诸人尚与徐铉平辈相称，下面要提及的北方核心文士，便都出生于930年之后，属于徐铉的学生辈分。就有限的史料来看，有些人物可明确看出与徐铉关系密切，有些则只能确定他们与徐铉有所往来或曾经共事。

其一为张去华（938—1006），开封人，建隆初以文章谒李昉，李昉大加赞赏，大概在李昉的延誉之下，隔年张去华中进士甲科。[④]张去华曾入馆职，为直史馆。[⑤]不知是否通过李昉的引介，徐铉也认识张去华。太平兴国七年，张任江南转运使，按部到徐铉家乡洪州，建议修白居易祠堂，在洪州知州、通判的协助下修成。徐铉为之作记，表示"喜儒宗之不坠，嘉使者之得人"。[⑥]

其二是宋白（933—1009），大名府人，太平兴国八年任翰林学士。[⑦]张去华与宋白同于建隆二年（961）登进士甲科，两人交情深

---

① 〔宋〕杨亿：《武夷新集》，收入《四库全书珍本·八集》（台北：台湾商务印书馆，1978年），卷11，《翰林侍读学士杨公行状》，第18b页。

② 《徐公文集》，卷15，《江君（文蔚）墓志铭》，第1a—3b页；〔宋〕马令：《南唐书》，收入傅璇琮等编：《五代史书汇编　玖》，卷13，《江文蔚》，第5350页。

③ 杨徽之等：《祭文》，《徐公文集》，附录，第7b页。

④ 《宋史》，卷306，《张去华》，第10108页。

⑤ 《长编》，卷5，乾德二年（964）正月丁亥，第118页。

⑥ 《徐公文集》，卷28，《洪州新建尚书白公祠堂记》，第6a—7a页。

⑦ 《长编》，卷24，太平兴国八年七月，第548页。

厚,①宋白与李昉也熟识。② 太平兴国二年,在李昉主持下,徐铉等人参与《太平广记》的编修,徐铉欲将自己编的《稽神录》收入,但不敢自专,便请宋白请问李昉,李昉爽快答应。③ 从徐铉请宋白代为询问李昉,也可见徐、宋两人有所往来。后文将提及,宋白与张去华都卷入了徐铉的贬逐案。

以上讨论的李昉、李穆、宋白、张去华,与徐铉有一共同经历,即在太平兴国四年随太宗征太原。④ 战争期间,太宗每日发布各种命令,都需要文臣草诏。徐铉是从征文士中唯一的南方士人。可以想见,这些文士数月来朝夕相处,一起度过了兵马倥偬的生活。

再次为贾黄中,河北东路沧州人,太平兴国八年入翰林为学士,淳化二年参知政事。⑤ 前引文提及,贾黄中与杨徽之、李穆、李昉等人友好;从有限的史料可见,贾黄中与徐铉亦相识。徐铉为江南后辈刘鹗作墓志铭,提及雍熙二年(985),贾黄中知贡举,徐铉同知贡举。刘鹗来京赶考,徐铉为之延誉,故而贾黄中"重君之文,以为古人之后也,乃第为高等"。可惜刘鹗殿试未能通过,又于次年去世。⑥ 贾黄中与徐铉同掌贡举,而拔擢徐铉赏识的江南后辈,可见徐铉的赞誉具有影响力。

---

① 《宋史》,卷 439,《文苑一·宋白》,第 12999 页。

② 《长编》,卷 19,太平兴国八年七月:"右金吾卫上将军王彦超与文明殿学士李昉、翰林学士宋白善。先是,昉、白诣之,时彦超年六十九,谓昉、白曰:'人言七十致仕,出何书?'昉具告之。"(第 548 页)李昉、宋白既都与王彦超交好,两人又一起拜访王彦超,且李昉又赏识宋白好友张去华,则李、宋两人也应交情不错。

③ 〔宋〕袁裒:《枫窗小牍》,收入《文渊阁四库全书》(台北:台湾商务印书馆,1983年),卷上,第 2 页。李昉的回答如下:"徐率更以博信天下,乃不自信而取信于宋拾遗乎?讵有率更言无稽者,中采无疑也。"

④ 《宋史》,卷 439,《文苑一·宋白》,第 12998 页;《张去华》,卷 306,第 10109 页;《苏魏公文集》,卷 54,《石公神道碑铭》,第 1—2 页;《长编》,卷 20,太平兴国四年九月,第 461 页。

⑤ 《宋史》,卷 265,《贾黄中》,第 9160—9161 页。

⑥ 《徐公文集》,卷 30,《故乡贡进士刘君墓志铭》,第 12a 页。

　　徐铉的北方文士友人中，更有以徐铉弟子自居者，李至（947—
1001）即其中之一。李至是河北西路真定府人，太平兴国八年任翰林
学士，不久即升任参知政事；端拱元年李至以秘书监主掌秘阁。真宗
即位后，李至第二度出任参知政事。《宋史·艺文志》有李昉、李至的
《二李唱和诗》一卷，可见二李关系亲近。[①]　仕途显赫的李至，对政治
地位远低于自己的徐铉十分崇拜。李至在与杨徽之共作的徐铉祭文
中，自言"受教文字，执弟子之礼"，[②]以徐铉门人自居。此外，他手写
徐铉文集，置于桌上；所赋"五君咏"，更以徐铉为第一人，其他四人则
是李昉、石熙载、王祜、李穆。[③]　此名单与前引杨徽之墓志铭相重叠，
显见这些核心文士彼此交好。徐铉去世后，李至作挽歌五首，首句
说："吾道亡宗匠，明时丧大儒"，[④]不但视徐铉为当代大儒，甚至推许
为吾道之领袖。

　　其次是苏易简（958—996），潼川府路梓州人。[⑤]　苏易简是太平兴
国五年的状元，太平兴国八年被拔擢为翰林学士，淳化二年已是翰林
学士承旨，[⑥]淳化四年十月擢任参知政事。[⑦]　可见其仕途得意。他与
李昉有诗文唱和，[⑧]并与李至"奉公（徐铉）以师友之礼"。[⑨]　苏易简著

---

　　①　《宋史》，卷 209，《艺文八·集类二·总集类》，第 5402 页。

　　②　李至等：《祭文》，《徐公文集》，附录，第 7b 页。

　　③　《宋史》，卷 266，《李至》，第 9176—9178 页。

　　④　李至：《东海徐公挽歌词》，《徐公文集》，附录，第 7b 页。

　　⑤　潼川府路位于四川，以地理位置而言属于南方，为了行文上的顺畅，苏易简于此
讨论。

　　⑥　《长编》，卷 32，淳化二年十月辛巳，第 724 页。

　　⑦　《长编》，卷 34，淳化四年十月，第 755 页。

　　⑧　〔宋〕杨亿口述，〔宋〕宋庠整理，李裕民辑校：《杨文公谈苑》，收入《历代笔记小说
大观》（上海：上海古籍出版社，2012 年），第 38 页。

　　⑨　李昉：《徐公墓志铭》，《徐公文集》，附录，第 4b 页。田况则直接称"李至、苏易简
咸师资之"，见〔宋〕田况：《儒林公议》，收入《稗海》（明万历中会稽半埜堂商濬辑刻本，台
北：艺文印书馆，1966 年），卷上，第 20b 页。

有《文房四谱》,内文多次提及徐铉,①序文亦请徐铉撰作,显示苏易简以后进之姿推崇徐铉。徐铉所作序文亦为苏易简的学识背书。②

值得注意的是,太宗朝三大类书的编纂,不少与徐铉相熟的北方核心文士参与了编修。《太平广记》与《太平御览》有李昉、李穆、宋白参与,《文苑英华》有李昉、李穆、王祐、杨徽之、宋白、贾黄中、李至、苏易简参与。③ 后者包含大多数徐铉的北方友人。本节引述许多史料都呈现他们的私交情谊,部分因素即应来自他们共事的经历。

比较李昉派文士对待另一年长文士扈蒙(915—986)的态度,更可见他们对徐铉的礼遇非比寻常。扈蒙为幽州人,太平兴国年间,除徐铉与李昉同在翰林院外,扈蒙也入翰林;太平兴国八年,李昉为执政,扈蒙则升为翰林学士承旨。他也参与三大类书编修。④ 检视现有史料,看不出扈蒙与李昉等文士的私交程度。此外,尽管扈蒙位高职重,但始终未能升为执政,时人对他的评价亦不高。据说他"好笑,虽在人主前不能自止也"。太平兴国九年,扈蒙参与封禅礼的制定,取消原本以太祖配天,改以宣祖配天,但"识者非之"。⑤ 淳化五年,太宗令朝臣重修太祖实录,苏易简声称前录的疏失是因为参与编修的扈蒙"性懦,逼于权势,多所讳避,甚非直笔"。⑥ 可见苏易简对扈蒙的评价不高,这与他对徐铉的敬重形成对比。从扈蒙、徐铉获得的不同评价,更可见李昉派文士对徐铉特别突出的礼遇。

本节爬梳徐铉和北方核心文士的人际交游,得到以下看法。第

---

① 〔宋〕苏易简:《墨谱》,《文房四谱》,收入《文渊阁四库全书》(台北:台湾商务印书馆,1983年),卷5,第9—10页。

② 《徐公文集》,卷23,《文房四谱序》,第7a—7b页。

③ 见郭伯恭:《宋四大书考》(台北:台湾商务印书馆,1971年),第11—17、52—54、75—85页。

④ 《宋史》,卷269,《扈蒙》,第9239—9240页。

⑤ 《东都事略》,卷30,《扈蒙》,第12b—13a页。

⑥ 《宋会要辑稿》,运历1之29。

一，降臣徐铉入宋后，不但不受北方文士排挤，反而以其广博学问，受众多一流文士推重。其二，推崇徐铉的北方核心文士，并非互不相识，而是以李昉为首的文士圈，可称之为李昉派文士。从徐铉与北方文士的互动情形来看，李至等人所作徐铉《祭文》说："顷在江左，已闻素屡；及来天庭，孰不仰止"，[1]可称实录。下节将探讨徐铉的南唐故旧，其中徐铉的北方友人，对提携徐铉的江南后辈发挥不小助力。

三、徐铉及其南唐门生故旧

南唐降臣入宋后，受到一些歧视性的对待：他们不论官品，都一律服绿，"以识别于中国也"，这种不平等到太宗淳化元年（990）才取消。[2]南唐作为较晚并入宋朝的南方大国，这样不平等的待遇，反而有助于强化他们的内部凝聚意识。[3]本节即分析徐铉南唐的门生故旧，如何在入宋后，成为一个互动紧密、相互提携的文人群体；并讨论前节所述的徐铉北方人际网络，如何嘉惠于其门生故旧，从而使这些南唐降臣，成为宋初李昉派文士外另一重要的文士群体，最后略述徐铉门人故旧的道教倾向，以说明这个群体的宗教特色。

徐铉在南唐时已表现出喜好奖掖后进的态度，[4]入宋后，对江南

---

① 李至等：《祭文》，《徐公文集》，附录，第7a页。

② 〔宋〕王林：《燕翼诒谋录》（北京：中华书局，1981年），卷4，《改江南官服色》，第32页。有关南唐降臣入宋后的命运，参见伍伯常《北宋选任陪臣的原则：论猜防政策下的南唐陪臣》，《中国文化研究所学报》新第10期（总第41期，2001年，香港），第1—31页。

③ 南唐降臣与遗民，在宋初是很特殊的存在，这反映在南唐降臣撰写了多种南唐史，并借此诠释南唐政权的正当性。见 Cho-ying Li（李卓颖），"A Failed Peripheral Hegemonic State with a Limited Mandate of Heaven: Politico-Historical Reflections of a Survivor of the Southern Tang," *Tsing Hua Journal of Chinese Studies*（《清华学报》），New Series 48: 2 (2018, Hsinchu), pp. 243–285；《身份认同之转变与历史书写——以南唐旧臣郑文宝为例》，《新史学》第30卷第2期（2019年，台北），第61—109页。

④ 胡克顺：《徐公行状》，《徐公文集》，附录："公尝诱掖后进，苟有一善，必延誉之；洁已请益者，亦海导之不懈。"（第3a页）

故旧的照顾更是不遗余力，其墓志铭说：

> 江南故人子弟，暨亲族之孤遗者，来投于公，曾无虚月。公分廪禄以恤之，虚馆舍以安之，殆于终年，未有倦色。①

显示徐铉的南唐故旧、门生在成为降臣后，许多人无法在赵宋谋得一官半职，徐铉尽己所能地"分廪禄""虚馆舍"，受其关照的江南后辈，自然容易形成以徐铉为中心的人际网络。

不过，徐铉并非对所有故国降臣一体均沾，而是对故国时候的门人、友人给予更多关照。因此，此处略加溯源徐铉在南唐时的交游。南唐名臣韩熙载（902—970），是与徐铉交情最笃的友人之一。徐铉为其作的墓志铭与祭文，充分展现两人交情深厚。② 韩熙载和徐铉在南唐时的友人，多有重叠。其一为张洎（933—996）。张洎未出仕前，以文章谒韩熙载，韩很欣赏张洎。③ 该时徐铉兄弟已享有盛名，但张洎自恃才藻，不肯稍自低下。原本张洎与潘佑友好，而潘佑与徐铉不协，但不久张、潘交恶，于是张洎倾向徐铉，两人才渐次交好。④ 江南灭亡后，徐铉与张洎仍"厚善"。张洎长子张冉于太平兴国年间夭折，徐铉主动为其亡子文集作序。序中提及自己与张洎"以事旧之厚，钟情特深"。⑤ 足见两人交情非同一般。徐铉的北方友人也善待张洎，李昉"雅厚善张洎"，⑥对于才华早露的张冉，李昉、李穆都"引之登门，

---

① 李昉：《徐公墓志铭》，《徐公文集》，附录，第4b页。
② 《徐公文集》，卷16，《韩公墓铭》："铉与公乡里辽复，年辈相悬，一言道合，倾盖如旧。"（第5a页）；卷20，《祭韩侍郎文》，第16b页。
③ 《南唐书》，卷3，《后主本纪》，第5487—5488页；〔宋〕郑文宝：《南唐近事》，收入傅璇琮等编：《五代史书汇编 玖》，卷2，第5060页。
④ 《钓矶立谈》，第5019页。
⑤ 《徐公文集》，卷23，《张氏子集序》，第8b页。
⑥ 《长编》，卷39，至道二年二月壬申，第828页。

特加礼遇"。①

吴淑(947—1002)也得韩熙载赏识，②同时亦为徐铉门生兼女婿。③吴淑的学问风格与徐铉多有类似，他为文敏素，擅长篆、籀文，著有《说文五义》《江淮异人录》。入宋后，吴淑一度无官可做，颇为困窘；但靠着岳父的人脉，不久就有近臣推荐吴淑试学士院，而后又升任大理评事此一京官。④

舒雅(? —1009)在南唐时与吴淑齐名，同样深受韩熙载赏识，既是韩之门生，也是韩的忘年之交。⑤舒雅又学于南唐隐士郑元素，南唐中主曾招见郑元素，并安排郑寄住于徐铉家。⑥因此，虽然没有史料直接说明徐铉与舒雅相熟，但几乎可以断定两人关系匪浅。

杜镐亦为徐铉门生，⑦以博学强记闻名，南唐时以明经科中举。入宋后，本只任一县主簿，太宗即位后，"江左旧儒多荐其能"，于是改为京官，并得崇文院检讨此一馆职。⑧合理推断，"江左旧儒"应包含他受人崇敬的老师徐铉。太宗于端拱元年设置秘阁，以李至为秘书监，主持秘阁事务。引人注目的是，李至推荐的秘阁校理清一色都是

---

① 《徐公文集》，卷23，《张氏子集序》，第8a页。不过，徐铉晚年似与张洎有些摩擦。《宋太宗皇帝实录校注》称："(张洎)常与故散骑常侍徐铉厚善，心重之，因议事小不协，遂绝。然手写铉文章，访求其笔札，藏于箧笥，甚于珍玩，此奇异也。"见《宋太宗皇帝实录校注》，至道三年正月己丑条，第787页。不过，两人是否会因"小不协"就将深厚的情谊破坏殆尽，颇可怀疑。徐铉去世后，祭文即由张洎与李至、徐徽之共写。祭文提及张、杨与徐铉"敦故人之契"，因此"迎旅梓于西郊"，见张洎等：《祭文》，《徐公文集》，附录，第7b页。

② 《宋史》，卷441，《文苑三·吴淑》，第13040页。

③ 胡克顺：《徐公行状》，《徐公文集》，附录，第5b页。

④ 《宋史》，卷441，《文苑三·吴淑》，第13040—13041页。

⑤ 《南唐书》，卷22，《归明传上》，第5401页。

⑥ 〔宋〕佚名：《江南余载》，收入傅璇琮等编：《五代史书汇编　玖》，卷下，第5115页。

⑦ 李昉：《徐公墓志铭》，《徐公文集》，附录，徐铉去世后，灵柩回到汴京："婿国子博士吴淑、门生殿中丞杜镐，时皆典治中秘书，遂以公凶讣闻。"(第1b—2a页)

⑧ 《宋史》，卷296，《杜镐》，第9876页。

徐铉派文士：吴淑、舒雅、杜镐，[①]李至既尊徐铉为师，提携"同门"，自不意外。

郑文宝(953—1013)同为徐铉门生。淳熙四年，郑文宝作《秦李斯峄山碑》：

> 故散骑常侍徐公铉酷耽玉箸垂五十年，时无其比。晚获峄山碑模本，师其笔力，自谓得思于天人之际，因是广求己之旧迹，焚掷略尽。文宝受学徐门，粗坚企及之志。[②]

"玉箸"即小篆。郑文宝认为徐铉的小篆是当今第一，希望自己可以达到老师的境界。郑文宝用了"徐门"一词，反映徐铉的学生已有自成门派的意识。郑文宝也"深为李昉所知"，[③]这恐怕也是受益于徐铉的人脉。太平兴国八年，宋白与李穆等人知贡举，郑文宝顺利登第。郑文宝的父亲为南唐大将郑彦华，郑文宝对军事也感兴趣，因此登第后，长期在边境任职。[④]任职边区的郑文宝不忘师恩，徐铉于邠州去世时，郑文宝正任陕西转运副使，他出钱出力，为徐铉办后事，徐铉的灵柩才得以运回开封。[⑤]

潘慎修(937—1005)在南唐官至刑部尚书，入宋后任李煜王府记室。李煜于太平兴国三年去世后，潘慎修便长年在外任官。不过，潘

---

①　〔宋〕宋绶：《宋舒馆直雅传》，收入〔明〕程敏政：《新安文献志》，收入《文渊阁四库全书》（台北：台湾商务印书馆，1983年），卷94上，第2b—3a页；《宋史》，卷441，《文苑三·吴淑》，第13040页。

②　〔清〕孙岳颁：《佩文斋书画谱》，收入《文渊阁四库全书》（台北：台湾商务印书馆，1983年），卷70，郑文宝《秦李斯峄山碑》，第15b—16a页。

③　《宋史》，卷277，《郑文宝》，第9425页。

④　《宋史》，卷277，《郑文宝》，第9425页；《长编》，卷24，太平兴国八年正月甲子，第537页；同年三月，第541页。

⑤　李昉：《徐公墓志铭》，《徐公文集》，附录，第1b页。

慎修与徐铉门人故旧仍保持密切往来。据杨亿为其所写墓志，潘慎修与张洎联姻，将女儿嫁给张洎子。① 在赴湖州任上，徐铉作《送潘湖州序》说："视众君子之词，知成德（潘慎修字）之为人矣。某辱事旧之尤者，是用冠于篇首。"徐铉自称"事旧之尤者"，可见当时为潘慎修送别的，还包含不少南唐降臣。此外，徐铉提到"阁长陇西公，敦义耸善，赋诗宠行"。②"陇西公"即为时任秘书监的李至。可见李至不但师事徐铉、举荐其门生，还参与徐铉江南故旧送别友人的私人活动。淳化中，李至仍在秘书监任上，此时潘慎修知梓州任满，李至便推荐潘慎修直秘阁。③ 潘慎修因此得以回到中央任官。

刁衎（945—1013）在南唐时很得李煜宠信。入宋后，刁衎多年未能任官，太平兴国七年，"李昉、扈蒙在翰林，勉其出仕"。李昉贵为翰林学士，竟鼓励无官无职的江南旧臣，很可能也是通过徐铉的关系。"勉其出仕"说得委婉，实际上他们向太宗推荐刁衎，于是刁衎献《圣德颂》，得知两浙路睦州桐卢县。太宗后期，刁衎仍长年外任，④但与徐铉保持联系，两人时有诗文往来。⑤

乐史（930—1007）与王克贞（929—988）亦为徐铉江南故旧。乐史在南唐时已进士及第；太平兴国五年再中进士，但太宗以乐史已有官阶而延迟授予科名。雍熙三年，乐史知舒州，徐铉为其送行，写下《送乐（学）士知舒州》，后又写《寄舒州乐学士》，可见两人之交情。⑥

---

① 《武夷新集》，卷9，《潘公墓志铭》，第21页。
② 《徐公文集》，卷24，《送潘湖州序》，第1b—2a页。
③ 《宋史》，卷296，《潘慎修》，第9875页。
④ 《长编》，卷23，太平兴国七年闰十二月，第532—533页；《宋史》，卷441，《文苑三·刁衎》，第13051—13052页。
⑤ 《徐公文集》，卷21，《邺都行在和刁秘书见寄》，第9b页；卷22，《和李太保寄刁秘书》《又和刁秘书寄李太保》，第5b—6a页。
⑥ 《长编》，卷21，太平兴国五年闰三月甲寅，第473页；《宋史》，卷306，《乐黄目·父史》，第10111页；《徐公文集》，卷22，《送乐（学）士知舒州》《寄舒州乐学士》，第1a—2a页。

王克贞为江文蔚门生，①其墓志铭由徐铉撰作，文中徐铉回忆"君始从乡荐，余已典纶诰，谬为先达，屡辱请益"。②可见王克贞以后辈自居，常向徐铉问学。

以上提及的徐铉门生故旧，不少人曾参与太宗时三大类书的编修。《太平广记》的参与者就有徐铉、张洎、吴淑；《太平御览》的参修者，除前三人，还有舒雅、王克贞；《文苑英华》的参修者则有徐铉、吴淑、舒雅、杜镐。③合并前节所述，三大类书的编修者，徐铉的北方友人加上江南故旧即占绝大多数。这意味着并非所有文臣都有机会参与修书工作，人际网络在修书人员的选择上发挥重要作用。④

基于以上的讨论，本书将以"徐铉派文士"或"徐铉后学"指称徐铉的江南故旧。他们多数在南唐未亡时就与徐铉亲识，不少人更与徐铉有师生关系。南唐灭亡后，众多降臣失去原本清高的品位，他们如何摆脱不平等的待遇？应考科举是其中一途，但并非唯一途径。徐铉以其博学才识，深得李昉派文士的敬仰，这使徐铉后学比其他降臣拥有更多优势，其中不少人在李昉派文士的帮助下，得以任职中央，担任清要馆职、编修类书。这使徐铉派文士在入宋后不久，成为李昉文士群之外，另一股盘踞中央朝廷的文臣势力。不过，从徐铉后学需要北方文士的荐举，也反映他们的政治势力仍远不如北士。

下一章将进一步勾勒徐铉个人具道教特色的政治思想，此处略述徐铉派文士的道教倾向，以说明此群体与道教较为亲近的特色。

---

① 《徐公文集》，卷18，《翰林学士江简公集序》，第10a页。
② 《徐公文集》，卷29，《大宋故尚书户部郎中王君墓志铭》，第9b—10a页。
③ 见郭伯恭：《宋四大书考》，第11—17、52—54、75—85页。
④ 学者或认为太宗朝江南士大夫参与三大类书的编修，是太宗欲笼络南方文士。不过，笔者较同意郭伯恭的分析与看法，即认为太宗下令修书，是为了获得右文令主之名，用江南降臣，也仅是以其文学优瞻。见郭伯恭：《宋四大书考》，第2—4页。

首先是张洎，"博览道释书，兼通禅寂、虚无之理"。①　可谓佛、道兼通。徐铉称其子张冉："探释老玄言，读华阳诸真经，飘然有脱落尘滓之志。"②可见其向往道教成仙之说。其次为舒雅，他在真宗咸平末知舒州，为江南旧统治地，据称舒雅"乐其风土，有终焉之志。舒潜山灵仙观，有胜迹，秩满即请掌观事，东封，就加主客郎中"。③　舒雅请掌灵仙观直到东封结束后，可见其道教志趣。再如潘慎修，"多读道书，善清谈"。④　又如乐史，著有《总仙记》一百四十一卷、《诸仙传》二十五卷、《神仙宫殿窟宅记》十卷，后又将所著与神仙相关事编成《仙洞集》百卷。⑤

　　徐铉后学或许不是每一位都喜好道教，但他们当中许多人对道教感兴趣，依然构成这个群体的特色。这点尤需放在佛教远比道教兴盛的宗教版图来考虑。宋朝初期"道教之行，时罕习尚，惟江西、剑南人素崇重"。⑥　江西即属过去南唐的统治区域。不过，这只能说江西等地，道教较其他地方兴盛，而非江西地区道教盛于佛教。⑦　南唐后主特别崇信佛教，影响所及，当时大臣也多奉佛，而"徐铉独否"。⑧　此说法凸显徐铉不信佛而信道，在当时仍属少数。徐铉门生故旧入宋后，离开道教较盛的江南地区，活动于北宋朝廷，其中不少人带有明显的神仙道教倾向，更显其特殊性。

---

①　《宋史》，卷 267，《张洎》，第 9215 页。
②　《徐公文集》，卷 23，《张氏子集序》，第 8b 页。
③　宋绶：《宋舒馆直雅传》，收入《新安文献志》，卷 94 上，第 2b—3a 页。
④　《宋史》，卷 296，《潘慎修》，第 9875 页。
⑤　《宋史》，卷 306，《乐黄目·父史》，第 10111 页。
⑥　《长编》，卷 72，大中祥符二年十月，第 1637 页。
⑦　徐铉为抚州永安禅院所作记文，说："炎灵之后，释氏特隆，经法之盛参乎先圣，祠宇之设广于虞庠。"见《徐公文集》，卷 28，《抚州永安禅院记》，第 9b 页。
⑧　《长编》，卷 8，乾德五年（967）三月，第 193 页。徐铉为一禅师所写墓志铭，自言："铉非学释氏者，不能言其道业。"见《徐公文集》，卷 30，《故唐慧悟大禅师墓志铭并序》，第 2b 页。

四、太宗对南、北文士的不同态度

儒教祭礼毫无疑问是宋初君主用以肯定政权正当性的重要仪式,在此背景下,熟悉儒家经、史的文士群体,便具备其他官僚无法取代的角色。前二节提及的李昉派文士,不少人在太宗朝升任宰辅大臣,显示太宗十分重视他们。本节将探讨太祖、太宗对李昉派文士的看重,如何联系于君主对政权正当性的关注;再对比太宗对徐铉的态度,以分析徐铉去世前、后,其门生故旧经营仕途的模式变化。

李昉派文士能获得太宗重视,而时居宰辅之位,并非单用"重文抑武"可解释。五代到宋初频繁的战争,使君主必须倚重武将,复杂的政务则需要像赵普这样的能吏型官僚;李昉等文士能占据一席之地,则不能忽略君主对儒教祭天之礼的重视。帝制中国的君主南郊祭天仪式,具有宣示天命所归的意义,象征着政权的正当性。[①] 一旦君主认识到礼仪的象征意义,掌握儒教礼经知识的文士,就在君主眼中有了重要用处。

太祖对文士的重视,即触发于北宋郊祀礼的举行。[②] 据称太祖因为见识到翰林学士卢多逊(934—985)在郊祀礼的进行过程中,"升辂执绥,且备顾问",对于太祖的提问"占对详敏,动皆称旨",而使原本不太重视儒士的太祖,意识到"作宰相须用儒者"。[③] 显示"儒者"在太

---

① 见甘怀真:《西汉郊祀礼的成立》,收入氏著:《皇权、礼仪与经典诠释:中国古代政治史研究》(台北:台大出版中心,2004年),第35—80页。五代初期的君主曾试图用南郊祭天来宣示政权合法性,而重视礼乐,势必导致任用文官。参见傅乐成:《唐型文化与宋型文化》,收入氏著:《汉唐史论集》(台北:联经出版事业公司,1977年),第339—382页;Cheng-hua Fang, "The Price of Orthodoxy: Issues of Legitimacy in the Later Liang and Later Tang,"《台大历史学报》第35期(2005年,台北),第55—84页;Fang, *Power Structures and Cultural Identities in Imperial China*, pp. 102 - 103.

② 《长编》,卷4,乾德元年(963)十一月甲子,第108页。

③ 〔宋〕王曾:《王文正公笔录》,收入《百川学海》己集(民国十六年〔1927〕武进陶氏覆宋咸淳左圭原刻本),第7b页。

祖眼中有做宰相的资格，是看中他们能掌握儒教礼经中的知识。

　　基于"功成制礼，治定作乐"的理念，在"开宝中，四方渐平，民稍休息"的背景下，太祖命文臣编修《开宝通礼》。参与编修的文臣有刘温叟、李昉、卢多逊、扈蒙、杨昭俭、贾黄中、和岘、陈鄂。① 其中贾黄中、李昉、扈蒙是前文提及的核心文士。根据张文昌的研究，《开宝通礼》的编纂是在卢多逊的主持下完成。② 卢多逊与李昉派文士往来密切。卢多逊于太祖朝先后任知制诰、翰林学士，开宝六年升任参知政事，李昉"素与卢多逊善，待之不疑"。③ 李穆与卢多逊"雅相亲厚"，因此在卢多逊远贬时也受责贬官。④ 这显示卢多逊也属于李昉的交游网络。换言之，卢多逊是这个北方核心文士群中，最早凭借其对儒教祭礼的熟识而任至执政的官员。

　　太宗对祭礼的重视更胜太祖，也正是在太宗朝，李昉派文士获得更多位居宰执的机会。开宝九年十月，太宗即位当月，卢多逊升任宰相，直到太平兴国七年四月，赵普指其交通赵廷美（947—984）而远贬崖州。⑤ 此后，赵普虽继续任相，但能吏型的赵普，一旦遇到朝廷大礼，便显得力有未逮。太平兴国八年六月，兖州父老请太宗封禅，在此前后"普恩礼稍替"，⑥太宗"将用工部尚书李昉参预大政"。⑦ 于是，李昉于七月升任参知政事，十一月赵普罢相，李昉与宋琪任相，⑧

---

　　① 《宋史》，卷98，《吉礼一》，第2421页。

　　② 张文昌：《制礼以教天下——唐宋礼书与国家社会》，第138—160页。

　　③ 《宋太宗皇帝实录校注》，卷76，至道二年二月癸亥，第659页。

　　④ 《长编》，卷23，太平兴国七年四月壬午，第518页。

　　⑤ 《长编》，卷12，开宝四年十二月己卯，第275页；卷14，开宝六年九月己巳，第307—308页；卷17，开宝九年十月，第382—383页。赵普与卢多逊的斗争，参见何冠环：《论宋太宗朝之赵普》（香港：香港中文大学研究院历史学部硕士学位论文，1979年）。

　　⑥ 《长编》，卷24，太平兴国八年七月，第549页。

　　⑦ 《东都事略》，卷31，《李昉》，第9b页。

　　⑧ 《长编》，卷24，太平兴国八年十一月壬子，第556页。

李穆、李至也从翰林学士升任参知政事。① 如本章所述,封禅是太宗渴望举行的告天大礼,若没有知礼的宰执主政,不免窒碍难行。太平兴国九年四月,太宗答应群臣的封禅请愿,此时以李昉为首的执政班底,可说是为此年封禅礼所做的准备。

如前节所论,雍熙末,太宗采纳赵普提出的修德来远政策,亦决定再相赵普,却没有立刻将李昉罢相,原因即是端拱元年正月"上以方讲籍田,稍容忍之"。② 可见籍田大礼的举行,稍微延长了李昉的任期。这次籍田礼,由宋白、贾黄中、苏易简详定仪注,他们正都属于李昉派北方文士。

不过,只要太宗重视祭天之礼,李昉派文士就有再任宰执的机会。淳化二年九月,李昉再度任相,与张齐贤并相。贾黄中、李沆则从翰林学士升任参知政事。贾黄中既为李昉交游网络中的一员,又曾参修《开宝通礼》,对礼仪应颇为了解。淳化三年十一月原本应举行南郊大礼,但因许王薨而罢,改以隔年正月上辛合祭天地。③ 这段期间由核心文士主政,应非巧合。④ 四年十月,李昉、贾黄中、李沆同遭罢政,原因是遭天灾挫折的太宗责怪他们"既得位,乃竟为循默"。⑤ 这些博学文士,操办礼仪或许得心应手,但遇到实际政务,在太宗眼里他们显得力有未逮。

相较于太宗对北方核心文士的器重,太宗与徐铉及其后学则保持着距离。在太平兴国八年六、七月的翰林院人事任命更动中,徐铉

---

① 《长编》,卷24,太平兴国八年十一月壬申,第558页。

② 《长编》,卷29,端拱元年二月,第647页。

③ 《长编》,卷33,淳化三年十一月,第740页;卷34,淳化四年正月辛卯,第745页。

④ 依照山内弘一的整理,太宗在太平兴国三年、六年、九年、端拱元年、淳化四年、道二年,共六次举行大礼,见〔日〕山内弘一:《北宋時代の郊祀》,《史學雜誌》第92编第1号(1983年,东京),第40—66页。其中卢多逊在前二次为相,李昉在后三次为相。

⑤ 《长编》,卷34,淳化四年五月壬寅,第748页。

被调离翰林院，担任判尚书都省，几近闲差；[1]李昉则升为执政大臣，扈蒙升为翰林学士承旨，同时，宋白、贾黄中、李至、吕蒙正、苏易简五人同入翰林院。[2] 这场人事安排，大为提高了李昉等北方文士的政治实力，相对地，徐铉代王者言的职位遭到剥夺。

徐铉在判尚书都省期间，曾向太宗表达赵宋得天命的见解。太平兴国九年，太宗下诏尚书省讨论宋朝应从火德还是金德。四月，即太宗答应封禅后不久，由判尚书省徐铉领衔，上奏称："天造皇宋，……于今二十五年，……日盛一日，年谷丰登，干戈偃戢。若于圣统未合天心，焉有太平得如今日？此皆上天降祐，清庙垂休，致成恢复一统之运也。"[3]徐铉在论述中，声称赵宋已达一统、太平，不啻是为太宗渴望举行的封禅礼进行背书。

不过，徐铉终究没有得到太宗的信任，部分因素来自徐铉入宋后，仍不改尊敬故国、故主之意。在北宋的文人笔记中，太宗对此的反应，有两种几乎相反的记录。田况（1005—1063）的《儒林公议》，称太宗令徐铉编《江南录》，徐铉在文末云："天命归于有宋，非人谋之所及"，导致"太宗颇不悦"。[4] 而魏泰《东轩笔录》则称，有人为了中伤徐铉，而向太宗推荐由徐铉撰写江南后主李煜的墓志铭，徐铉受命后，向太宗表示希望在墓志铭中存故主之意，太宗应许。之后太宗读了

---

① 《长编》，卷24，太平兴国八年六月己酉，第548页。判尚书都省也非全然无事可做。当有典礼上的争议，皇帝若下诏当议官赴都堂集议，即由判尚书都省事主持。见龚延明：《宋代官制辞典》（北京：中华书局，1997年），第178页；周佳：《北宋中央日常政务运行研究》（北京：中华书局，2015年），第228—232页。可见徐铉被认为具有主持礼议的能力。雍熙元年三月，布衣赵垂庆上书认为宋应该上承唐代为金德。"事下尚书省，集百官定议"，最后便由判尚书都省徐铉综合各方的意见作出结论。见《长编》，卷25，雍熙元年四月甲辰，第577—578页。

② 〔宋〕欧阳修撰，李伟国点校：《归田录》（北京：中华书局，1981年），卷1，第11页。

③ 《长编》，卷25，雍熙元年四月甲辰，第577页。

④ 《儒林公议》，卷下，第12a页。

徐铉所作墓志铭,"览读称叹",后又见徐铉撰李煜挽词,"尤加叹赏,每对宰臣称铉之忠义"。① 尽管这两条记录颇不一致,但都显示徐铉入宋后如何书写故国、故主,是一敏感的课题;太宗面对此问题的心理也颇为复杂,在嘉许徐铉忠义的背后,未尝不怀疑徐铉仍心向故国。

雍熙二年五月,太宗与葛湍的对话,可以看出太宗对徐铉的复杂心理:

> 尝夜召书学葛湍,问:"徐铉草书如何?"湍曰:"铉留心籀、篆,不闻草。"圣上曰:"铉尝见朕书否?"湍曰:"臣僚非诏赐,无由得观。"上喜,于轴中出御草书二纸曰:"一以赐汝,一以赐铉。"②

太宗听闻以书法著称的徐铉不擅长草书,便关心徐铉是否看过自己的草书,接着又主动将自己的草书作品赐与徐铉。太宗对于自己擅长徐铉所不能的领域,似乎有些得意。而从太宗主动问起徐铉,也可见这位博学的降臣,在太宗心目中并非无足轻重。

太宗对于徐铉的南唐门生、故旧,也并不亲信。太宗曾"数召庭臣新安吕文仲、丹阳吴淑、无锡杜镐等入禁中,令读古碑及《文选》江、海诸赋"。③ 三人皆为南唐降臣,但在这三人之中,太宗似乎更信任吕文仲,而非与徐铉关系亲近的杜镐或吴淑。太平兴国八年,太宗命吕文仲为侍读,不久任翰林侍读,"多以日晚召见,出经史令读,或就访

---

① 〔宋〕魏泰撰,李裕民点校:《东轩笔录》(北京:中华书局,1983 年),卷 1,第 3—4 页。

② 〔宋〕王应麟:《玉海》,收入《文渊阁四库全书》(台北:台湾商务印书馆,1983 年),卷 33,《圣文·雍熙草书》,第 11b 页,王应麟自注出自太宗实录。

③ 《长编》,卷 24,太平兴国八年十一月庚辰,第 559 页。

外事"。① 吕文仲虽是南唐降臣，也参与三大类书的编修，但从现有资料看不出他与徐铉派文士有任何往来记录，只知他"久居禁近，周密兢慎"。②

太宗面对徐铉时的复杂心理，提供我们探讨在道安一案中，徐铉为何遭到远贬。起先，庐州僧尼道安到开封府控告兄萧献臣、嫂姜氏不养母姑。当时开封府判官张去华拒绝处理此案件，且将道安押送回庐州。淳化二年，道安再度来到开封，这次她击登闻鼓，声称姜氏是徐铉妻子的侄女，因此徐铉曾写信向张去华请托，张去华才不处理该案。骇人听闻的是，这回道安控告徐铉与姜氏通奸。可以想见，徐铉已七十五岁高龄，以他的声望、地位而遭此指控，对其名誉将造成何等打击！ 太宗大感吃惊，于是将徐铉、道安、萧献臣、姜氏及张去华羁押，并下令详查。这位学术泰斗顿时沦为阶下囚。大理寺和刑部调查后，一致声称徐铉和姜氏并无奸情，且道安应该以诬告罪反坐。吊诡之处在于，太宗虽然惩罚了道安，但也不满刑部、大理寺的判断，结果大理寺、刑部、开封府相关官员全部遭到了罢黜与贬官。③

此案件牵连了几位与徐铉有交情的北方文士。其一即张去华，他被削一任，贬安州司马。④ 据称宋白因与张去华交好而同遭贬官，⑤可能宋白也被怀疑涉入其中。时任同判大理寺的向敏中（949—1020），因张去华是其舅父，避嫌而未参与这次审案，但仍未能逃过贬

———

① 宋绶：《吕侍郎文仲传》，收入《新安文献志》，卷94上，第3b页。
② 宋绶：《吕侍郎文仲传》，收入《新安文献志》，卷94上，第5b页。
③ 《宋会要辑稿》，职官64之8。
④ 《宋史》，卷306，《张去华》，第10109—10110页。
⑤ 《宋史》，卷439，《文苑一·宋白》，第12999页。

窜。有好事者说向敏中"虽避嫌疑，犹涉党援"，而遭出知广州。① 另一位遭贬的是判大理寺王禹偁，他曾在端拱、淳化初年，受太宗之命与徐铉一起校订道藏。② 此时，他站出来为徐铉鸣不平之冤，"抗疏雪铉，请论道安罪"，最后遭贬商州团练副使。③

徐铉当然也逃不过贬逐，他被贬至陕西邠州，隔年与世长辞。徐铉灵柩运回京师后，太宗下令出钱二十万赐其家，洪州义门胡仲尧准备了舟船，亲自来到汴京，将徐铉的灵柩运回阔别十七年的洪州故乡。④

令人不解的是，为何众口一致声称徐铉受冤，太宗仍将相关人等悉数贬逐？尽管不可能确切窥知太宗的心思，但可推测的是，引起太宗敏感神经的或许是"党援"之说。徐铉以降臣的身份，而得到许多北方核心文士的推赏，而被控利用人脉庇护亲属，刑部、大理寺官员亦一致称其受冤。太宗扩大范围地贬逐相关臣僚，透露太宗对这位在朝中声望日隆的降臣有所猜忌。站在徐铉门人故旧的角度，他们则失去了颇具影响力的领袖。

不过，徐铉受贬过世后，此派文士并未从此消沉，其中张洎的仕途反而一帆风顺。淳化四年五月，他成为南唐降臣中的首位翰林学

---

① 祖士衡：《文简向公神道碑铭》，收入〔宋〕祖无择：《龙学文集》，收入《文渊阁四库全书》（台北：台湾商务印书馆，1983年），卷15，第3—4页。

② 《长编》，卷86，大中祥符九年三月："枢密使王钦若上新校道藏经，赐目录名宝文统录，……旧藏三千七百三十七卷，太宗尝命散骑常侍徐铉、知制诰王禹偁、太常少卿孔承恭校正写本，送大宫观，钦若增六百二十二卷。"（第1975页）太宗何时令徐铉等人校道藏？据卷30，端拱二年十月，第688页；卷31，淳化元年八月，第703页，可见王禹偁于端拱元年到淳化元年为知制诰。而该时徐铉一直为左散骑常侍。卷31，淳化元年四月，第700页，孔承恭由兵部郎中转太常少卿。至淳化二年，徐铉受贬官外放，王禹偁亦被贬至解州，见《宋史》，卷441，《文苑三·徐铉》，第13045页；卷293，《王禹偁》，第9794页。因此，若要符合三人在《长编》中的官职时间，三人应在淳化元年到二年间校道藏。

③ 《宋史》，卷293，《王禹偁》，第9794页。

④ 李昉：《徐公墓志铭》，《徐公文集》，附录，第2a页。

士,不到两年又升任执政大臣。然而,张泊经营仕途的模式与徐铉在世时呈现截然不同的样貌。首先,据称张泊"巧于逢迎"太宗。① 淳化四年,太宗称张泊为"江东士人中首出也"。② 该年十月,太宗赋诗赐翰林学士张泊、钱若水,张泊"上疏称述,凡数千言,上览而善之"。太宗特地召来宰相,表示:"张泊所上表,深喻朕旨",于是将张泊的称述交付史馆,"许众人就观"。③ 可见张泊凭着过人的文辞能力,博得太宗的赏识。因此,太宗虽曾说张泊人品不高,也曾不留情面地否决张泊的意见,④但却"卒喜之"。⑤

张泊赢得太宗赏识的另一面,是破坏南北文士原本友好的关系。淳化四年十月,宰相李昉罢相,张泊草制,太宗欲授李昉左仆射,但张泊向太宗说李昉失职且无退意,使太宗打消为李昉迁官的念头。⑥ 在制书中,张泊严词批评李昉。⑦ 李昉原本厚待张泊,张泊似无理由落井下石,可能的解释是,张泊欲借此向太宗明志,表示自己不会因为私人交情而有所维护。此外,张泊向太宗指控判集贤院杨徽之中伤近臣,以致杨徽之被贬外放。⑧ 苏易简与张泊同在翰林院时"尤不协"。淳化四年十月,苏易简迁参政,张泊"多攻其失",苏易简去位后,张泊便取而代之。⑨ 尤有甚者,曾经大力举荐张泊的寇准,⑩因以言语冲撞太宗而罢政;张泊为了自保,称寇准曾在背后批评太宗。⑪

---

① 《长编》,卷 36,淳化五年十一月,第 801 页。
② 《长编》,卷 34,淳化四年十月,第 757 页。不过,太宗紧接着说:"搢绅当以德行为先,苟空恃文学,亦无所取。"
③ 《长编》,卷 36,淳化五年十一月丁巳,第 800—801 页。
④ 《长编》,卷 39,至道二年五月辛亥,第 834—835 页;五月壬子,第 835—838 页。
⑤ 《长编》,卷 36,淳化五年十一月,第 801 页。
⑥ 《长编》,卷 34,淳化四年十月,第 754 页。
⑦ 《宋大诏令集》,卷 65,《李昉罢相制》,第 319 页。
⑧ 《武夷新集》,卷 11,《翰林侍读学士杨公行状》,第 21a 页。
⑨ 《长编》,卷 37,至道元年四月,第 811 页。
⑩ 《长编》,卷 37,至道元年四月,第 811 页。
⑪ Ho, *Politics and Factionalism*, pp. 109 - 110.

此后，寇准对江南人便不抱好感，[①]从而种下了真宗朝寇准与王钦若斗争的前因。

综合上述，可以总结徐铉去世前后，宋太宗、北方李昉派文士、江南徐铉派文士三者间的关系变化。太宗在对政权正当性的关注下，颇为倚重掌握儒教祭礼知识的李昉派文士，但却对深得李昉等文士敬仰的徐铉有所猜忌。借着道安一案，太宗将相关臣僚一概贬逐，或许正是太宗对融洽的南北文士关系加以警告。徐铉在世时，南、北文士颇为友好，但却未能为徐铉及其门人后学赢得与北士抗衡的职位；徐铉去世后，张洎陆续攻击数位北方核心文士，并成功博得太宗的青睐。正是由于皇帝的赏识，张洎才能成为南唐降臣中第一位翰林学士与执政大臣。这对旧南唐文士从太宗到真宗朝政治地位的进一步提升，具有转折性的关键意义。

结　语

追求、肯定政权的正当性是宋初君主至为关注的课题。赵宋一方面承接不断短命而终的五代，另一方面则面对军事实力强大的契丹，这使赵宋君主恐惧自身是否能真正获得天命。于是，汉唐以封禅大礼宣告太平的政治文化，便成为君臣共同的想望。早在太祖末已有鼓吹君主封禅的声音，太宗更是渴望借封禅宣告太平，以向世人宣

---

① 景德二年，抚州人晏殊应试童子科，宰相寇准"以殊江左人，欲抑之"，结果真宗将晏殊交给陈彭年教导。见《长编》，卷60，景德二年五月，第1341页。从寇准曾经大力推荐张洎来看，寇准对江左人的厌恶，并非自始如然。与寇准关系亲近的杨亿，亦对张洎评价负面。据《涑水记闻》，杨亿作张洎国史本传，"极言其短"。见〔宋〕司马光著，邓广铭、张希清点校：《涑水记闻》（北京：中华书局，1989年），第47页。

示赵宋确实获得天命，具备长久统治天下的条件。

　　然而，太宗追求太平的过程并不顺利，从而不得不因现实的军事挫败而调整太平的定义。在雍熙北伐大败后，太宗放弃以武力收复燕云的目标，并于端拱元年，接受赵普"修德来远"的主张，以此包装军事实力不足的窘境。"修德来远"尽管是一种理想化的论述，但也确实将君主的注意力更加导向于内政，同时也为文臣创造了更大的议政空间。在"修德"的过程中，太宗始终关注着各种天文异象，试图解读上天对自己政绩的评判；在求治心切下，太宗经常抓住片刻的风调雨顺，婉转暗示太平将致，但却一次次受挫于天灾与外患。

　　尽管太祖、太宗统治期间始终没能解决内忧外患，封禅大礼显得可望而不可即，但儒教祭天之礼或君主籍田礼，仍能帮助未能宣告太平的君主，肯定自身的天子身份。在此情境下，深通儒教祭礼知识的文士，便越来越得到太宗的青睐。不过，太宗并非对所有文士一视同仁，而是更为亲信以李昉为首的北方文士，对于以徐铉为首的南唐降臣，非但不予以要职，甚至有所猜忌。

　　即便如此，南唐降臣在太宗朝所取得的地位，仍十分引人注目。徐铉以其博学知识，入宋后得到李昉派文士超乎寻常的礼重，这不仅表现在他们与徐铉的密切往来，也表现在他们不遗余力地引荐徐铉后学。这使徐铉派文士享有一般降臣缺乏的优势：他们不需依靠科举出身，便有机会进入馆职，并参与太宗朝三大类书的编修。但从另一方面来看，北方文士之所以乐于亲近、举荐徐铉派文士，也在于了解太宗并不信任这些降臣。在权力竞争上，太宗朝的南唐降臣并不构成对北方文士的威胁。

　　本章的讨论在两方面追溯了真宗祥符天书时代的源头。第一，认为封禅大礼是为雪澶渊之盟之耻的说法，低估了汉代以来封禅在政治文化上的重要意义。封禅象征"太平"到来的政治符号，使得宋初三朝君主，莫不期盼举行封禅。祥符元年的封禅大典，便应在此政治文化的概念下进行理解。第二，太宗朝李昉派文士与徐铉派文士之间的互动，可说是真宗朝王旦与王钦若一派斗争的前章。操办大礼是天书时代的政治主轴，这使文士的地位成为无可挑战的存在，却也激化了文士内部的权力斗争。下一章我们将进一步分析，徐铉派文士如何凭借其融合儒、道的政治理念，获得真宗的赏识，从而改变太宗朝北士的绝对优越位置。

第二章　走向"太平"

——真宗大中祥符时代谶纬与道教的融合

前　言

"太平"虽为君主所热切期盼,但"太平"也充满了诱惑与陷阱。对君主而言,封禅之后,便意味着自己成为"太平"天子,太平天子是否会获得上天更特殊的眷顾? 太平之后又该如何为政? 这些问题都有待历史中的行动者提供一套论述与做法。大中祥符元年,真宗获得"天书",随后举行了象征王朝已臻太平的封禅大典,此后,真宗到汾阴祀后土,接着,真宗声称见到了赵宋的神仙始祖——圣祖。此圣祖为天上的"九天司命上卿保生天尊",圣祖又自言自己是"人皇九人中一人",因为"母感电,梦天人,生于寿邱"。[①] 圣祖的身份或身世,令当代研究者难以置信,甚至啼笑皆非。不过,如果回到宋初的历史时空,大中祥符时代种种作为,并非凭空捏造,而是由士大夫群体根据谶纬学与道教神仙体系,企图为真宗打造的太平盛世,其中,徐铉派文士扮演着关键的角色。

本章分析构成大中祥符时代的元素,以及背后所根据的思想资源。首先探讨真宗即位后至祥符以前,如何带领赵宋走向"太平"。

---

① 《长编》,卷 79,大中祥符五年十月戊午,第 1797—1798 页;又见《宋会要辑稿》,礼51 之 6。

"太平"并非在解决西、北外患后自然实现,而是君臣在互动中,有意无意地营造盛世氛围,并制造太平已致的舆论。其次,进一步分析"天书"的理论依据——"河图、洛书"——出自东汉以来与儒家经典注疏融合的谶纬学,以说明这是儒家士大夫共通的知识基础,并析论早在祥符以前,真宗便已萌生获得天赐符命之愿。接着,本章将分析祥符时代另一项关键的思想资源——徐铉崇拜唐玄宗的道教统治理念,并分析这样的理念如何通过其后学——杜镐、王钦若、陈彭年的援引,成为祥符时代的论据。最后,说明徐铉派文士在争取到真宗的信任后,如何融合谶纬与道教思想,从而炮制出祥符时代的天书与圣祖。

第一节　成为"有德"的"太平无为"之君

真宗即位后至大中祥符元年,其统治经历了两个阶段。第一阶段为咸平元年至景德元年(998—1004),此时契丹与李继迁不时侵边,弭平外患是此时期最主要的政治目标。第二阶段为景德元年至大中祥符元年(1004—1008),此时赵宋与契丹、李继迁接连签订了和平盟约,真宗君臣开始为"太平"的到来制造舆论;在营造太平气氛的同时,真宗不仅调整了统治理念,也改变了赵宋的政治文化。本节即探讨此历史过程。

一、真宗咸平年间的"德薄"论

如前章所述,宋太宗末年,契丹再度寇边,西边与李继迁的战事又起。带领宋朝走向安定,自然是真宗不可推卸的责任。此时,文臣依然经常利用太宗端拱以后的"修德来远"之论，对于外敌来朝保持着乐观的论调，并建议真宗在内政上进行革新。例如，真宗即位之初，寿州献上绿毛龟，宰相吕端推测这可能是上天暗示："北戎倔疆，为患滋深，部族携离，复荐饥歉，必恐相率怀柔，愿伸款附。"[①]又如咸平二年三月，京西转运副使朱台符声称契丹已经十年未来犯塞（此不符事实），竟因此推论真宗若能"垂天覆之仁，假来王之便，（契丹）必欢悦慕义，遣使朝贡"。进而请真宗仿效太祖故事，与契丹讲和。最后他指出真宗如今"守文继统，欲致太平"，更应该"务德化顽"，而不该与外夷争气力。[②] 显见朱台符的言论亦不出修德来远之意。类似的言论还有咸平四年（1001）秘书丞、知金州陈彭年的上疏，举唐太宗用魏征而致太平的例子，暗示真宗若能施行自己建议的五项"经世之要道"："置谏官、择法吏、简格令、省官员、行公举"，便能够致太平。[③]

若对照咸平年间契丹入侵的时程表，[④]可知上述几位文臣言事的时间点，正好未碰上严重战乱。然即便当咸平五年（1002）西部战事如火如荼地展开，契丹亦不时寇边的时刻，田锡仍上奏要求真宗注意择相、选才，否则"臣恐国家未能早致太平也。岂唯太平之未能致，其忧患不独在边防，而叛乱在内地也"。[⑤] 在边境动乱的节骨眼，仍要真宗将注意力置于内政，深刻反映修德来远是文臣思考边事的主流概念。从另一角度来看，经太宗认可的修德来远之论成了文臣们的护身符，使他们在边境不宁时，仍能将焦点放在他们较擅长的内政改良。

真宗若接受修德来远之论，便意味着相信、期待己德足以感召外

---

① 《长编》，卷 42，至道三年九月，第 886 页。
② 《长编》，卷 44，咸平二年三月，第 931—933 页。
③ 《长编》，卷 48，咸平四年二月，第 1046—1050 页。
④ 参见张其凡：《雍熙北征到澶渊之盟》，第 25—30 页。
⑤ 《长编》，卷 51，咸平五年正月丙寅，第 1113 页。

夷,从而在对外战争上采取消极的守势。不过,真宗在咸平年间,经常以直白的口吻,声称己德不足。咸平四年,真宗和宰执的对话,牵涉君臣对"德"的诠释:

> 上语近臣曰:"近者庆州地再震,……上天垂象示戒,惟虑不知,今既知之,可不恐惧修省?"知枢密院王继英曰:"妖不胜德。"上曰:"朕何德可恃?"同知枢密院陈尧叟曰:"……今陛下克己爱民,常虑一物失所,河防十余,溢而不决,岁复大稔,此圣德格天所致也。"上曰:"天不欲困生灵耳,岂朕德能感之!"①

王继英(946—1006)和陈尧叟(961—1017)对真宗的恭维,被真宗一一否定。② 相较于太宗总是直接或间接地肯定自己,真宗却是以质疑的口吻,认为己德尚不足恃,并把灾异视作上天对自己的警示。又如咸平六年(1003),天文出现不祥的星象,真宗问宰相"垂象如此,其咎安在?"宰相李沆回答:"陛下修德布政,实无所阙。"但真宗并未接受此恭维,而是认为:

> 朕德薄,致兹谪见,大惧灾及吾民。③

再如该年底,将领李继隆请真宗不要亲征,真宗的回答是:

> 今外敌岁为民患,既不能以德服,又不能以威制,……此朕

---

① 《长编》,卷49,咸平四年十月,第1074—1075页。

② 甘怀真认为"德"攸关政权的正当性,绝无任意谦逊之可能。见甘怀真:《"制礼"观念的探析》,收入氏著:《皇权、礼仪与经典诠释:中国古代政治史研究》,第81—118页。

③ 《长编》,卷55,咸平六年十一月,第1218页。

所以必行也。①

真宗显然并不打算以修德来远之策应边，他虽没有否定此论，但"何德可恃""德薄"的说法，等于将修德来远的论调搁置。对照咸平年间的外部局势，不但契丹持续入侵，李继迁也不断寇扰西部，真宗若持修德来远之说，岂非更加暴露自己无德？因此，真宗"德薄"的说法，既是展现他务实的态度，也是在局势逼迫下不得不然的应对。

　　既然真宗不主张己德能够来远，则解决外患的办法便剩下积极应边。咸平二年五月，真宗探视武将曹彬，曹彬提及太祖曾与契丹和好，言下之意是劝真宗也与契丹和议，真宗回答："此事朕当屈节为天下苍生，然须执纲纪，存大体，即久远之利也。"②可见和议虽为最终目标，但真宗清楚认识到必须争取有利的议和条件。咸平二年底，契丹南侵，真宗下诏亲征，坐镇大名府指挥军事。③亲征的举动，象征真宗对契丹的态度转趋积极。咸平四年七月，真宗再度收到契丹将入寇的情报，④该年八月，真宗与宰相吕蒙正有这样一段对话：

　　　　蒙正又曰："今秋大稔，太平有象，时和年丰，即为上瑞。"上曰："朕以边事未宁，劳民供馈，盖不获已也。苟能选将练兵，驱攘戎寇，使不敢侵掠，则近边之民亦获安泰矣。"⑤

吕蒙正将境内丰收视为太平之象，仿佛契丹与宋的边境战乱不构成

　　① 《长编》，卷 55，咸平六年十二月，第 1219 页。
　　② 《长编》，卷 44，咸平二年五月乙巳，第 945 页。
　　③ 程光裕：《澶渊之盟与天书》，第 177—226 页。
　　④ 《长编》，卷 49，咸平四年七月己卯，第 1066 页。
　　⑤ 《长编》，卷 49，咸平四年八月壬子，第 1069 页。

太平的威胁。真宗面对此恭维,却未显出高兴的神色,反而主动谈及近边之民仍受兵祸,自己将凭借武力驱逐戎寇。咸平六年,契丹又南侵,真宗打算再度亲征,但未能成行。[1] 景德元年(1004)闰九月,契丹大举南侵,其间双方边打边谈,真宗了解契丹的目的是想要关南地,真宗坚持太宗以来的一贯立场:可以给予财货,但绝不能割让土地,[2]否则"朕当治兵誓众,躬行讨击耳"。[3] 展现若要割地就不惜一战的积极态度。此时真宗在寇准的坚持下,坐镇澶渊,摆出亲征架势,则是学界所共知。

　　由上述讨论可见,咸平年间,真宗虽继承太宗的和平目标,但在达成和平的方法上已做出重大调整。真宗不仅与群臣认真讨论军备,订定御敌计划,也在边境大规模修建塘埭、训练民兵。[4] 相较于文臣仍提倡修德来远之论,真宗在论述上,也在实际作为上改变"四夷置之度外"的立场。可以想见,修德来远的消极论调,在外患寇扰的局势中,将成为积极应对的包袱。真宗此时即位不久,对于"德薄"的自况,也并不感到有失颜面。既然自认德薄,当然不可能"来远",则唯一的对外方针就是以军事实力对抗契丹。

　　看似棘手的西、北问题,在景德初年相继消解。景德元年底,真宗在坚持不割让关南地的前提下,以三十万岁币签订澶渊之盟。[5] 景德二年(1005)九月,经过几番交涉,李继迁子李德明(981—1032)向

①　《长编》,卷55,咸平六年七月,第1206页。

②　蒋复璁:《宋辽澶渊之盟的研究》,第129—150页。

③　《长编》,卷57,景德元年闰九月,第1269页。

④　柳立言:《宋辽澶渊之盟新探》,收入宋史座谈会编:《宋史研究集》第23辑(台北,1995年),第71—190页。

⑤　有论者认为契丹的议和企图更甚于宋,可参见蒋复璁:《宋辽澶渊之盟的研究》,第133页;柳立言:《宋辽澶渊之盟新探》,第120页。王民信则针对契丹与宋何方主动谈和此一问题,讨论过去的各家说法,并认为宋先主动的可能性较大。见王民信:《澶渊缔盟的检讨》,《食货月刊》复刊第5卷第3期(1975年,台北),第97—108页;又收入氏著:《王民信辽史研究论文集》(台北:台大出版中心,2010年),第205—226页。

宋称臣，宋封德明为西平王。① 和约保证了西、北的和平局势，宋朝可说是跨过了致太平最重要的一关。

二、景德年间"太平"舆论的制造

景德元年至大中祥符元年，解决外患的真宗，逐步将自己定位为"有德"之君，并借由舆论的制造，将统治带往"太平无为"的方向，赵宋的政治文化，也在这个时期经历了重要的转变。以下便讨论景德年间真宗君臣如何制造太平已致的舆论。

首先简要说明"太平"前、后统治理念的变化。从理论上来说，君主之所以要"修德"，是因为尚未达成太平的统治理想。君主借由修德，将从"无德""寡德"之君，成为"有德"之君。一旦君主有德，上天就会降下各种祥瑞来肯定君主之德，告诉君主政治已经太平，可以举行封禅谢天之礼。换言之，在这样的统治思维下，"修德"的"有为"之政，乃是因为君主之德尚不足，政治还未完全上轨道；一旦君主之德获得上天肯定，也就意味着该君主的统治已经完满，可以"无为而治"。以下将试着说明，太宗到真宗朝君臣对无为而治的向往，以及与此伴随的政治效应。

太宗"端拱"改元，不仅标示对外政策的转向，也明确将"无为"视为最终的政治理想。第一章提及，雍熙三年太宗北伐大败，赵普上奏，提出"有道之事易行，无为之功最大""端拱穆清，啬神和志，以无为无事，保卜世卜年"的政治理想。故而，端拱改元后，太宗虽然更加勤于内政，但最后的政治目标却是太平之后的无为。太宗统治后期，不时可见他向往无为而治。② 如淳化四年，太宗亲口向宰相吕蒙正说：

---

① 李华瑞：《宋夏关系史》，第 35—39 页。

② 刘复生指出，宋初政风颇尚无为，"主张因循无为的保守势力，在太宗时期已初步形成，到真宗时更有发展而盘结于朝"。见刘复生：《北宋中期儒学复兴运动》（台北：文津出版社，1991 年），第 125—128 页。

　　清静致治,黄、老之深旨也。夫万务自有为以至于无为。无

为之道,朕当力行之。①

意味着如果政务已经上轨道,便应该进入无为的阶段,"朕当力行"的
说法,显示对太宗而言,"无为"绝非无实质意义的修辞。吕蒙正接着
说:"今之上封事议制置者甚多,陛下渐行清静之化以镇之。"②因此,
勤政并非太宗的最终理想,勤政的背后,是太宗对"寡德"的焦虑,希
望借着"修德",最终能够端拱无为。

　　真宗咸平年间,一方面可见文臣对修德来远的称述,另一方面,
他们也将"太平无为"视作最高的政治理想。至道三年(997)七月,即
真宗继位不久,田锡上疏称"陛下方欲求至理、致太平,……臣闻帝者
与师处,……与师处则无为,无为是无事"。③咸平元年(998),王禹偁
在《书蝗》一文中,认为太祖因蝗灾减膳避正殿的行为是:"以勤俭之
德,驯致太平,无为之风,将有待也。"④咸平二年,朱台符提出许多时
政建议,最后总结道:"建皇极之道,树太平之基。陛下坐九重,负斧
扆,南面而听断,端拱而无为。"⑤他们不约而同地将"太平"与"无为"
联结,显示这是文臣认可的政治发展逻辑:太平之后一切政务都已
上轨道,君主自然无为无事。

　　景德年间,君臣开始有意无意地营造太平无为的气氛与舆论。
景德二年,真宗到国子监阅书库,看到皆已雕版的经典疏文,高兴地

---

① 《长编》,卷34,淳化四年闰十月丙午,第758页。
② 《长编》,卷34,淳化四年闰十月丙午,第758页。
③ 《长编》,卷41,至道三年七月,第874页。
④ 〔宋〕王禹偁:《小畜集》,收入《四部丛刊初编》(台北:台湾商务印书馆,1979年),
卷14,《书蝗》,第96b—97a页。咸平元年王禹偁参与太祖实录编修,见《长编》,卷43,咸平
元年十二月四日,第923页。
⑤ 《长编》,卷44,咸平二年闰三月,第940页。

说："国家虽尚儒术，然非四方无事，何以及此。"[①]景德四年（1007），又因为国家藏书越来越丰富，而向宰辅说："非时平无事，安能及此也！"[②]真宗"无事"的说法与太平兴国末年谋求封禅的太宗相同，都是委婉暗示太平已致。在"无事"的宣称下，景德三年（1006），军头司上奏请求真宗在节假日不御前殿视朝，枢密院则请求限缩前殿奏事班次为五班，皆获得真宗采纳，且为后代所大致承袭。[③]该年九月，真宗以"稼穑屡登，机务多暇"为由，允许士庶群臣宴游，并增给假期。[④]此时杨亿代宰相上的谢表称这是："实太平之盛事，振史册之休光。"[⑤]已开始以"太平"歌颂现况。太平无事的论调，也在君臣互动中不断地鼓吹出来。[⑥]

---

① 《长编》，卷60，景德二年五月戊辰朔，第1333页。
② 《长编》，卷65，景德四年五月，第1455页。
③ 见王化雨：《面圣：宋代奏对活动研究》（北京：生活·读书·新知三联书店，2019年），第24—27页。
④ 《宋大诏令集》，卷145，《令中外宴衍诏》，第529页。
⑤ 《武夷新集》，卷15，《代宰相谢赐御札许士庶游宴及休假放朝表》，第20a页。
⑥ 不过，景德年间，太平毕竟尚未告成，"修德"仍为君主所重视。因此，这时真宗仍着意于内政上的治理。真宗在景德年间的施政，可参见范平：《宋真宗时期的政治制度建设》《学术月刊》1995年第5期（上海），第95—100页。此处仅列举景德年间，在君臣心目中有助于维持天地和气的几项政策。其一，依照传统政治文化对太平之"象"的看法，除了外夷不侵外，还要有境内丰收，景德年间，真宗即特别着意于此，比过去更加积极祈求丰收。据学者统计，真宗是宋代皇帝中，外出祈雨次数最多的。见皮庆生：《宋代民众祠神信仰研究》（上海：上海古籍出版社，2008年），第174页。景德三年（1006），真宗颁下自己还是太子时所听闻的"画龙祈雨法"，诏令中表明"宜颁宇县，以祐蒸黎，庶消旱暵之灾"。见《宋大诏令集》，卷151，《颁画龙祈雨法诏》，第563页。该年有臣僚请建诸路常平仓，认为能够"广惠民、防备灾沴"，真宗下诏三司集议后，批准了此奏。见《宋会要辑稿》，职官26之1。其二，传统政治思想一向认为刑狱有冤，将使上天降下灾祸，因此太宗和真宗皆非常重视刑狱。如太宗端拱年间设置的诸路提点刑狱司，淳化四年，因太宗认为绩效不佳而罢，此后中央不时遣使录囚，至真宗景德四年又复置提点刑狱，真宗表示："勤恤民隐，遴拣庶官，朕无日不念也。所遣四方刑狱官吏，未尽得人，一夫受冤，即召灾沴。"新任的提点刑狱官即由真宗亲自面见、选授。见《长编》，卷34，淳化四年十月，第754页；《长编》，卷66，景德四年七月，第1477页。又如景德三年，将原本不定期亲自录囚改为每年暑月皆录问。《长编》，卷62，景德三年四月，第1395页。这些政策都透露真宗盼望上天会肯定自己的统治，降下象征太平的祥瑞。

相较于君臣间的应答,天文异象有时能营造更眩人耳目的太平舆论。景德三年四月,天上出现"大星色黄",原本司天官员认为是妖星,此时春官正周克明从岭南出使回来,上疏声称这是"周伯星",认为"所见之国,太平而昌"。[①] 更请求真宗让文武官员称庆,以安天下人心。[②] 但真宗并未立即做出裁决,而是要求司天监与翰林天文院对差异甚大的说法进行讨论。五月一日,司天监与翰林天文院连状,引用《星经》《太一占》,肯定周克明所论,真宗才"始听群臣表贺"。[③] 杨亿文集即收录他替宰相王旦撰写的贺表。[④] 通过这一来一往的争论,与天文官的反覆考究,让"周伯星"的天文异象更具说服力;随之而来的群臣贺表,则为"太平"制造出更广泛的舆论。

此时,歌颂真宗为有德之君的言论也应时而起,真宗也不再谦让。张知白的上奏便称周伯星的出现是:"德动于天,而辰象昭瑞也。……今陛下修德可谓至矣,非独弭袄灾,复能致瑞应。"[⑤]景德三年九月,真宗与王旦谈论当前的统治成绩,真宗自言此时已"封疆宁谧,气序均调",王旦则附和地说,当下是"远裔怀来,岁丰人乐",并称这是"太平之应也"。一听到"太平",在场的辅臣们立刻恭贺真宗,真

---

①　〔宋〕释文莹:《玉壶清话》,收入《全宋笔记》第一编(郑州:大象出版社,2003 年),卷 1,第 89—90 页。有趣的是,景德三年三月,即此周伯星出现前不久,出现"荧惑守心"的天象,而荧惑守心一向被认为是最凶的天象,但此次"荧惑守心"似乎被真宗君臣(刻意)忽略,并未引起任何波澜。见黄一农:《中国星占学上最凶的天象"荧惑守心"》,第 23—48 页。

②　《宋史》,卷 461,《方技上》,第 13504 页。

③　《宋会要辑稿》,瑞异 1 之 10。

④　《武夷新集》,卷 15,《代宰相贺瑞星表》,第 15b—17b 页。

⑤　虽然张知白此奏更提醒真宗:"不恃太平之基而骄盈,不矜大宝之位而荒怠。……况今西北两隅,虽罢征战之役,然而比夫古者屈膝称臣,款塞内附,则亦事异而体殊矣,得不虞哉!"见〔宋〕赵汝愚编,北京大学中国中古史研究中心校点整理:《宋朝诸臣奏议》(上海:上海古籍出版,新华书店发行,1999 年),卷 36,张知白:《上真宗论周伯星现》,景德三年六月,第 353—355 页。

宗则表示"亦卿等之功也"，等于默认太平已经到来。[1] 景德四年，当签书枢密院事马知节(955—1019)宣称"契丹求盟，夏台请吏，皆陛下威德所致"，真宗已不表示异议。[2] 可见在臣僚的颂赞中，真宗已从自认"德薄"之君，成为"有德"之君。

此时，真宗对祥瑞的态度也相应地从消极拒绝，转为积极欢迎。真宗即位不久，向大臣表示："诸州多以珍禽异兽祥瑞之物来献，此甚无益。在朕薄德，非所敢当"，于是下诏不准再献上。[3] 咸平年间，诸州有献祥瑞者，真宗都下令退还。[4] 景德以后，真宗明显改变了对祥瑞的态度。景德三年，真宗学习太宗，亲撰"《祥麟》《丹凤》《河清》等十三曲"；[5]景德四年，礼部以"福应之至，以显盛猷"为理由，请求将各地有关祥瑞的消息上报礼部，并交付史馆记录，真宗予以同意。[6] 显然，真宗对祥瑞的态度从"德薄"时候的排拒，转为"有德"之后的接受甚至欢迎。所谓上有所好下必从之，真宗对祥瑞的欢迎态度，在天书时代深刻影响着赵宋的政治文化。

随着太平的气氛渐渐弥漫，臣僚上奏批评时政的空间也遭到限缩。景德末，真宗君臣开始有意或无意地限制臣僚的言事空间。太宗统治期间，相当重视广求直言，[7]这与他为了能更妥善地"修德"密不可分。真宗咸平年间，也同样重视言路，至少五次下诏求言。[8] 景德三年三月，真宗在朝臣的建议下，也要求言官言事，四月又下诏朝

---

① 《长编》，卷 64，景德三年九月，第 1426 页。

② 《长编》，卷 67，景德四年十一月，第 1506—1507 页。

③ 《长编》，卷 40，至道三年六月，第 867 页。

④ 《长编》，卷 50，咸平四年十一月壬申，第 1082 页；卷 67，咸平五年十月丙子，第 1156 页。

⑤ 《宋会要辑稿》，礼 56 之 6。

⑥ 《长编》，卷 67，景德四年十二月，第 1510—1511 页。

⑦ 刘静贞：《北宋前期皇帝和他们的权力》，第 51—52 页。

⑧ 刘静贞：《北宋前期皇帝和他们的权力》，第 99 页。

臣转对。① 然而，景德四年五月，真宗突然下诏，要求群臣上奏言事，不可乞求留中，如果事涉机要，准许上殿面奏，若是举官能否，也必须明上封章，以便检验。这引起通判孟州李邈与龙图阁待制戚纶的抗议，认为这会阻碍臣僚言事，但都被真宗驳回，认为他们没有明白此诏的意旨。不过，真宗也承认下诏之后"殊无献言者"，王旦也说："近日论利害者差少，亦宜留意省察。"②无论真宗此诏的用意为何，原本敞开的言路，在客观上遭到限缩。

　　总之，景德年间，在渴望肯定太平的心理推动下，真宗君臣一连串的作为，逐渐改变了过去的政治氛围：真宗不再是那德薄、需要臣子提供谏言、不配接受祥瑞的君主；真宗已是有德之君，并理所当然地得到上天赐予的各种祥瑞；朝臣言事空间的缩减，显得"太平"之下，万事上轨，可以"无为"而治。王钦若在祥符年间受命撰写的碑记中说：

　　　　贞人欸见，告以赤文绿错之期，太平无为之事。③

意指真宗在景德四年底，梦见神人告知将降下天书，而此天书的意义则在指示"太平无为之事"。赵宋的统治，也翻开了下一篇章。

---

　　①　《宋会要辑稿》，职官 3 之 50；《长编》，卷 62，景德三年四月，第 1395 页。

　　②　《长编》，卷 66，景德四年七月己巳，第 1476 页；卷 66，景德四年八月癸丑，第 1484 页。侯道儒（Douglas Skonicki）对景德四年此诏令有详细的解读，认为限缩言路的结果，造成君主更依赖宰执做决策，客观上造成宰执权力的扩大。见 Douglas Edward Skonicki, "Employing the Right Kind of Men: The Role of Cosmological Argumentation in the Qingli Reforms," *Journal of Song-Yuan Studies* 38 (2008, Berkeley), pp. 39–98.

　　③　〔宋〕王钦若：《河中府广孝泉记》，收入〔清〕胡聘之：《山右石刻丛编》（台北：艺文印书馆，1966 年），卷 12，第 14b 页。

第二节　天书时代的思想来源
之一：谶纬

大中祥符元年，真宗获得"天书"，从此开启了奉天书而行的大中祥符时代。令人困惑的是，按照太平以后即可举行封禅的政治逻辑，"天书"并非真宗宣示太平时的必要条件。因此，天书为何堂而皇之地出现，且受到真宗无与伦比的重视，需要更为具体的解释。就政治目的而言，天书自然是为了肯定真宗为真命天子，而就其思想论据而言，天书以及现身在真宗面前的赵宋祖先——圣祖，皆是根据东汉以来的谶纬思想。本节探讨真宗对谶纬相关概念的兴趣，以及相应而来对天书的期盼。

学者指出，谶纬学对于肯定东汉政权的正当性发挥了重要作用，谶纬学在东汉政治文化中亦因此占据重要位置，相关研究也因此集中于两汉。[①] 学界对中古时期的研究则指出，谶纬学在西晋以后地位降低，在隋唐亦不占重要地位。[②] 即便如此，谶纬并未退出历史舞台。

---

① 相关论著甚多，可参见顾颉刚：《三皇考》《五德终始说下的政治和历史》，收入《顾颉刚古史论文集》第三册（北京：中华书局，1996 年）；黄复山：《东汉谶纬学新探》（台北：台湾学生书局，2000 年）；吕凯：《郑玄之谶纬学》（台北：台湾商务印书馆，1982 年）；徐兴无：《谶纬与经学》，《中国社会科学》1992 年第 2 期（北京），第 129—140 页；徐兴无：《谶纬文献与汉代文化建构》（北京：中华书局，2003 年）；林素娟：《汉代感生神话所传达的宇宙观及其在政教上的意义》，《成大中文学报》第 28 期（2010 年，台南），第 35—82 页；陈苏镇：《〈春秋〉与"汉道"——两汉政治与政治文化》（北京：中华书局，2011 年），第 414—418 页。陈苏镇的研究将谶纬学放入政治史的脉络加以解读，值得参考。

② 周予同：《纬书与经今古文学》，收入周予同原著，朱维铮编：《群经通论》（上海：上海人民出版社，2012 年），第 93 页。又见吴政哲：《崇经抑谶：东汉到唐初谶纬观念的转变》（台北：台湾大学历史学系硕士学位论文，2007 年）。而吕宗力反驳过去学界认为谶纬在中古已不具影响力，但他也承认谶纬在中古的影响力不如东汉、三国。见吕宗力：《两晋南北朝之纬学——经学界的通俗风气》，《揖芬集：张政烺先生九十华诞纪念文集》（北京：社会科学文献出版社，2002 年），第 655—669 页。孙英刚也讨论谶纬学对中古政治的影响力，见孙英刚：《神文时代：谶纬、术数与中古政治研究》（上海：上海古籍出版社，2014 年）。

史家较少注意到的是，宋初君臣开始更多地运用谶纬思想。此一趋势在真宗大中祥符时代臻至高峰。[1] 考虑到谶纬学在中古时期的衰落，宋初君臣何以会利用这个在历史潮流中魅力衰退的思想资源，便是饶有意思的问题。

　　本节所谓“谶纬思想”，乃指源自谶纬文本中的政治符应概念。此处以学者的研究为依据，对谶纬文本与谶纬学做一介绍。传统典籍指涉的“谶纬”，是范围明确的一类文本：即出现于西汉末哀帝、平帝之时，后由东汉光武帝（25—57 在位）“宣布图谶于天下”的定本。内容包括《河图》《洛书》四十五种、《七经纬》三十六种、《尚书中侯》十八篇、《论语谶》八种。[2] 东汉时期，谶纬文本与儒家经典几乎地位等同，东汉儒生也多引谶纬注经，其中包含儒学大师郑玄。影响所及，汉唐形成的经典注疏，大量援引谶纬文本，使谶纬思想成为诠释儒家经典的一部分。在内容上，谶纬文本的来源庞杂，其中占最大分量的是术数之学：包含天文、地理、星占、历法；此外，亦援引先秦各家思想与西汉经学家解经文本。因此，谶纬文本的特色不在创新，而在融合、推演既有文献。究其目的，则是在天人感应的符应思想基础上，

---

[1]　宋代少数几篇研究论及谶纬在宋代政治中的影响力。刘复生注意到五运说在北宋前期仍占重要地位，直到欧阳修批评五运和谶纬，五德终始的影响力才下降。见刘复生：《宋朝火运论略——兼谈五德转移政治学说的终结》，《历史研究》1997 年第 3 期（北京），第 92—106 页。又见刘浦江：《“五德终始”说之终结——兼论宋代以降传统政治文化的嬗变》，《中国社会科学》2006 年第 2 期（北京），第 177—190 页。杜乐则提及天书挪用了河图、洛书的概念，见杜乐：《宋真宗朝中后期“神圣运动”研究——以天书和玉皇、圣祖崇拜为切入点》（北京：北京大学硕士学位论文，2011 年），第 51—55 页。

[2]　谶纬文本可见〔日〕安居香山、〔日〕中村璋八编：《重修纬书集成》（东京：明德，1957—1971 年）；〔清〕赵在翰辑，孙肇鹏、萧文郁点校：《七纬（附论语谶）》（北京：中华书局，2012 年）。关于“谶”“纬”的界定，较早期且清楚扼要的，见周予同：《纬书与经今古文学》，第 89—91 页。谶纬文本的范围见钟肇鹏：《谶纬论略》（沈阳：辽宁教育出版社，1991 年），第 63 页。按照东汉光武帝宣布的图谶有“河洛五九，六艺四九”，纬书共三十六篇，李贤所注少了一篇《春秋命历序》。但八十一篇确切何指，仍有争议，深入的讨论见陈苏镇：《〈春秋〉与“汉道”——两汉政治与政治文化》，第 414—418 页。

为帝王统治的正当性张本。①

　　针对帝王统治的正当性，谶纬思想有两大核心概念：灵兽为帝王献上"河图、洛书"与"帝王感生"。河图、洛书出自儒家经典《易·系辞》："河出图，洛出书，圣人则之。"《论语·子罕》："子曰：凤鸟不至，河不出图，吾已矣夫。"不过，儒家经典本身并未说明何谓河图洛书。在谶纬文本中，则将河图洛书诠释为上古圣王获得的受命天书，并由灵兽献上，依图、书行事，君主便能长久且稳定统治天下。② 故而，在谶纬文本的解释下，河图洛书成为帝王受命的重要象征。其次，帝王"感生"说在《诗经》与《史记》亦已出现，③谶纬文献则将帝王感生与五德终始说结合。具体而言，谶纬文本认为，在"太微宫"有五位天帝，按照五行相生的顺序：青帝灵威仰、赤帝赤熛怒、黄帝含枢纽、白帝白招拒、黑帝汁光纪。受天命的人间帝王即由其母亲感应五天帝之一而生。如尧是其母庆都感应火帝精气而生。④ 总之，在谶纬神话中，帝王是名副其实的"天子"，他们终将获得"河图"或"洛书"，得以长久稳定地统治天下。

　　从经学历史的角度来看，宋真宗大中祥符时代利用谶纬思想来建构统治正当性，并非理所当然。唐代儒者编写的儒家经典疏文，尽管引用了大量谶纬文献，⑤但对谶纬的评价好坏参半，其中不乏对谶

---

　　① 见周予同：《纬谶中的孔圣与他的门徒》，原载《安徽大学月刊》1933 年第 2 期（安庆），收入周予同原著，朱维铮编：《孔子、孔圣和朱熹》，第 83—109 页；《纬谶中的"皇"与"帝"》，收入《孔子、孔圣和朱熹》，第 110—164 页。又参见陈槃：《古谶纬研讨及其书录解题》（台北："国立"编译馆，1991 年）。

　　② 见周予同：《纬谶中的"皇"与"帝"》，第 110—164 页。

　　③ 吕宗力：《感生神话与汉代皇权正当性的论证》，《秦汉史论丛》第 8 辑（昆明：云南大学出版社，2001 年），第 415—434 页。

　　④ 见顾颉刚：《五德终始说下的政治和历史》，收入《顾颉刚古史论文集》第三册，第 254—459 页。

　　⑤ 十三经"疏"文引用谶纬的频率，见杨磊：《"十三经"唐宋注疏所引谶纬研究》（济南：山东大学古典文献学硕士学位论文，2010 年），第 13 页。

纬的直接批评。如《周礼正义序》称:"纬文鄙伪,不可全信。"《尚书正义序》:"纬文鄙近,不出圣人,前贤共疑,有所不取,通人考正,伪起哀平。"但如《诗经》《礼记》采用的是郑玄注,而郑玄相信谶纬,故此二经《正义》并未反谶纬。① 太宗端拱元年至真宗咸平四年(988—1001),陆续校勘、刊刻了十二经疏文,并作为科举考试中经学相关试题的标准答案。② 当官方认可的经典注疏已质疑谶纬的有效性,真宗君臣为何仍利用谶纬思想,便是有待解决的问题。

本节借由把握北宋前期君主对政权正当性的追求,分析融入谶纬学的汉唐经典诠释,为何在祥符时代得到创造性的利用。首先追溯其背景,分析宋初太祖、太宗君臣在塑造、强化统治正当性时,是否曾经利用谶纬思想;其次,探讨真宗统治前期,真宗对谶纬思想表现出的兴趣,以助于我们理解祥符年间更突出地利用谶纬思想的前因。

一、宋初君臣对谶纬概念的运用

五代十国至宋初,最常被君主用来宣传统治正当性的,是较为通俗的政治性预言,而非融入儒家经典的谶纬思想。此时南方各国都出现谕示王者兴亡的谶言。③ 北方同样出现许多政治预言。例如太祖即位不久,由赵普撰写的《皇朝龙飞记》,认为当时流传的谶言:"开口张弓在左边,子子孙孙万万年",即是暗指太祖的父亲赵弘殷。④ 开

---

① 见张宝三:《五经正义研究》(台北:台湾大学中国文学研究所博士学位论文,1992年),第795—822页。

② 见冯晓庭:《宋初经学发展述论》,第33—39页。

③ 喻松青:《转天图经新探》,收入氏著:《民间秘密宗教经卷研究》(台北:联经出版事业公司,1994年),第44—96页。

④ 赵普:《皇朝龙飞记》,〔宋〕佚名:《国朝二百家名贤文粹》,收入《续修四库全书》(上海:上海古籍出版社,2002年),卷115,第4页。

宝六年，扈蒙撰写的《新修唐高祖庙碑记》，指太祖"顺元谶以天眷"。[①]
太宗朝政治性预言依然流行。太宗即位前夕，有通晓天文三式之学
的马韶，以预言暗示太宗将成为天子。[②] 太平兴国四年、七年，也可见
地方上报获得预言赵宋"君王万万岁"和"社稷永安"的刻石。[③] 这些
以不同形式出现的民间谶言，与有固定文本的谶纬，实为截然不同的
范畴。

　　与这些谶言关系密切的知识类别，即为探讨天地奥秘的术数。[④]
宋太祖和太宗都认识到政治预言的两面性：既有助于正当化自身的
统治，却也能被其他野心家利用。因此，他们即位后都致力于搜集垄
断术数类书与地方术士。[⑤] 虽然开国君主对术数感兴趣是常见的现
象，[⑥]但太宗在端拱元年成立的秘阁，仍显露他对术数之书突出的兴
趣。据《宋会要辑稿·职官一八·秘阁》：

　　　　择三馆真本书籍万余卷，及内出古画、墨迹藏其中。凡史馆
　　先贮天文、占候、谶纬、方术书五千一十二卷，图画百四十轴，尽

---

　　①　扈蒙：《新修唐高祖庙碑记》，收入《金石萃编》，卷124，第17页。刘静贞指出，宋
人的笔记小说，记录不少借符谶、异象以征信大宋或赵匡胤身膺天命。见刘静贞：《北宋前
期皇帝和他们的权力》，第24—28页。

　　②　《长编》，卷17，开宝九年十月癸丑，李焘自注中引《国史方技传》，第381页。

　　③　《长编》，卷20，太平兴国四年九月癸巳，第461—462页；《长编》，卷23，太平兴国
七年六月，第522页。

　　④　依学者定义，术数之学包含对大宇宙与小宇宙的探索，前者追求天、地之道，内容
包含各种宇宙论与占卜术；后者则包含对生命、性命的探索。见李零：《中国方术正考》（北
京：中华书局，2006年），第15页。

　　⑤　《长编》，卷13，开宝五年（972）九月，第290页；卷13，开宝五年十一月癸亥，第291
页；卷17，开宝九年十一月，第385页；卷18，太平兴国二年十月丙子，第414页；卷18，十二
月丁巳朔，第416页。宋廷对卜算的态度，参见刘祥光：《宋代日常生活中的卜算与鬼怪》
（台北：政大出版社，2013年），第21—27页，指出朝廷禁习天文谶纬之书，有安定政局的
考虑。

　　⑥　见陈美东：《中国古代天文学思想》（北京：中国科学技术，2008年），第14—
16页。

付秘阁。①

不难看出,秘阁主要收藏两类文献:第一是探讨天地奥秘的术数类书籍,除了包含谶纬文本,也包括天文、占候、方术类书;第二是前朝名家的书法和画作。值得注意的是,原本收藏于史馆中的数术类书与图画,如今"尽付"秘阁,显示太宗特别重视这两类文献,希望加以集中收藏。就秘阁收藏"真本书籍万余卷"而言,术数类文献约占近二分之一,数量相当可观。秘阁成立之后,成为太宗最常亲近的图书馆,太宗不仅亲自到秘阁阅读书籍,也往往就地赐宴馆阁官员,秘阁亦置有专人抄写供太宗阅读的书籍。② 第一章提及,太宗十分关注各种灾异、祥瑞,希望借此判读上天给自己的意旨。术数类的书籍,正能满足太宗这方面的需求。

显然,谶纬思想对于彰显君主统治的正当性,并不具备不可取代性。宋初君主欲彰显统治的正当性,可以仰赖各种术数书籍,或由术士制造有利的政治预言。

不过,这并不意味谶纬思想在宋初两朝不占任何地位。宋初中央文士在书写各类官方文字时,经常运用具谶纬概念的修辞,来歌颂君主获得天命。诏令中出现的"膺图""握图"概念,即指皇帝接受河图、洛书,成为真命天子。如太祖即位大赦文便有"三灵改卜,王者所以膺图";③又如开宝元年(968)南郊毕,太祖接受尊号的册文称他"握图御宇,定鼎开基";④再如太平兴国六年南郊大赦,指太宗"握图临

① 《宋会要辑稿》,职官18之47;亦见《长编》,卷31,淳化元年七月,第704页。
② 见《长编》,卷33,淳化三年九月,第739页;卷33,淳化三年八月壬戌,第738页;《宋史》,卷26,《李至》,第9176页;《宋会要辑稿》,职官18之47—48。
③ 赵普:《皇朝龙飞记》,《国朝二百家名贤文粹》,卷115,第4页。
④ 《宋会要辑稿》,礼49之1。

极"。① 不过,这样的修辞方式,并非始于宋初,至少在中古时期已经出现。② 况且,这类用语虽有肯定该帝王为天命所归的意味,但已在一定程度上修辞化。士大夫运用这类修辞,并不意味他们对谶纬中的河图洛书有所信仰。

更具实质意义的,是宋朝开国之初,即利用谶纬思想调整了国家祭礼。依五德终始说,宋初承后周木德,按照木生火之论,赵宋便自命为火德。③ 依据唐宋祭天之礼,每年正月上辛祈谷大礼,主祀昊天上帝,谶纬中的五位天帝从祀。引人注目的是,宋初特别为谶纬文本中的火帝"赤熛怒"设独立祭坛。④ 乾德元年(963)闰十二月,国子司业兼太常博士聂崇义上言,请求奉赤帝为感生帝。事下尚书省讨论,尚书省的覆议中引到郑玄的《礼记》批注:"天之五帝,分王四时,王者之兴,必感其一。因其所感,别祭奠之。"并以"感生帝之祀,行之既久"为理由,请求"依礼官所议,上辛别祀赤帝熛怒感生帝坛"。⑤ 于是,火帝"赤熛怒"有了独立祭坛。不过,尚书省并非直接引用谶纬文献,而是转引郑玄的"经注",以肯定感生帝的祭礼。此举显示,谶纬文本借着经典注文的引用,而仍能在国家祀礼中发挥影响力,并被用以肯定赵宋的火德之命。

---

① 《宋大诏令集》,卷119,《太平兴国六年南郊赦天下制》,第408页。

② 如《昭明文选》中收录《沈休文齐故安陆昭王碑文》,提到"商武姬文,所以膺图受箓",李善对"膺图受箓"的批注是:"《春秋命历序》曰:'五德之运,同征符合,膺录次相代。'《尚书璇玑钤》:'孔子曰:五帝出受图箓。'"见〔梁〕萧统编,〔唐〕李善注:《文选》(上海:上海古籍出版社,1986年),卷59,《沈休文齐故安陆昭王碑文》,第2545页。显示"膺图"等帝王受符命的修辞出自谶纬文献。另参见徐兴无:《〈文选〉李善注引纬论考——兼及谶纬与汉魏六朝文学的关系》,《西北师大学报(社会科学版)》2013年第4期(兰州),第17—29页。

③ 《长编》,卷1,建隆元年(960)三月壬戌,第10页。

④ 山内弘一论及宋初别祀感生帝,但并未提及其背后的谶纬思想,见山内弘一:《北宋时代的郊祀》,第40—66页。

⑤ 《太常因革礼》,卷47,《吉礼十九·有司正月上辛祀感生帝》,第1a—2a页;又见《长编》,卷4,乾德元年闰十二月,第113页。

就宋初有限的史料来看,太宗对谶纬文本应颇有认识。除了前述秘阁收藏谶纬文本外,由于《太平御览》的编纂,谶纬文献大量进入太宗的阅读视野。如上章所述,《太平御览》由南、北核心文臣李昉、徐铉等主编,在编纂《太平御览》的文臣看来,谶纬文本不同于其他民间编纂的术数类书,而是与儒家经典、经典注疏有着复杂纠葛,他们因此大量引用谶纬文本入《太平御览》。^① 太平兴国八年至九年间,太宗花了一年的时间阅读《太平御览》,^②这很可能促使太宗更深入地了解谶纬中的符应概念。

对文臣儒士而言,民间的政治预言也许不入流,但谶纬作为与儒家经典难以分割的知识文本,则构成他们儒学知识体系的一部分,他们自然不难加以援引,用来帮助帝王肯定其政权正当性。在太宗朝堂上,即有朝臣在奏疏中征引谶纬。太平兴国九年十月,岚州献牝兽,徐铉等文士上奏,引经据典地判定此兽为"祥麟"。^③ 相较于《续资治通鉴长编》单称徐铉等"援引图史",赵汝愚编的《国朝诸臣奏议》收录了徐铉等较完整的上奏,其中先引《春秋左传》,接着引纬书《春秋感精符》云:"麟,一角者,明海内共一主也。"^④太宗虽然表示自己不重符瑞,但还是依从宰相的请求,宣付史馆。从徐铉等人在奏中征引《春秋感精符》来看,他们认为谶纬文本是判读祥瑞的依据之一。

综上所述,宋初君主在彰显政权正当性的渴求下,可以利用各种民间谶言,或各种术数知识,谶纬文本中的符应概念并非必选之项。不过,谶纬的相对优势在于这是儒家经典注疏大量引用的文本,因此

① 研究谶纬的论著莫不注意到《太平御览》保存了大量的谶纬资料。周杰生指出《太平御览》引述了 52 种谶纬,比《隋书》《旧唐书》注录的书目更多。见周生杰:《〈太平御览〉引用纬书考论》,《古籍整理研究学刊》2011 年第 6 期(长春),第 9—13 页。

② 《宋太宗皇帝实录校注》,卷 27,太平兴国八年十一月庚辰,第 79—80 页;卷 31,太平兴国九年九月壬申,第 222 页。

③ 《长编》,卷 25,雍熙元年十月癸巳,第 588—589 页。

④ 《宋朝诸臣奏议》,卷 36,徐铉等:《上太宗论麟》,第 353 页。

是文臣相对熟悉的知识范畴。是故，不论是编辑类书、调整南郊祭礼、歌颂帝王受命，谶纬思想都能够随时被儒臣引用，成为肯定政权正当性的思想资源之一。当君主与儒臣有更多的互动时，谶纬中的知识便增加了在君主面前的曝光率。这即是真宗朝进一步利用谶纬思想的历史背景。

二、真宗统治前期对谶纬的兴趣

宋真宗在大中祥符时期，展演了一系列的神道祭仪，包括天书降临、东封祭天、西祀祭地、圣祖显灵、朝谒老君、崇奉玉皇等神道礼仪。这些神道祭仪，除了学界熟知的融合儒、道教思想外，较少受到关注的，则是揉入其中的谶纬思想。本小节探讨真宗统治前期的相关言行，观察真宗如何逐渐显露他对谶纬——特别是上天赐予的河图洛书的兴趣。

真宗即位初始，便显露出对龙图、龟书的期待。至道三年九月，寿州献上绿毛龟，宰相吕端推测这可能象征着北戎将内附。真宗则表示自己有另一种看法，他推测：

> 夫龟有毛者，文治之兆，八卦乃文治之实也。岂四灵昭感，有所属耶？[1]

在真宗的解读中，绿毛龟可能暗示着"四灵"将为他带来"文治"。"四灵"之说，出自《礼记·礼运》，指麟、凤、龟、龙四种象征祥瑞的动物。[2]在谶纬文献中，四灵更是被赋予特殊使命的灵兽，即向受命帝王递送

---

① 《宋会要辑稿》，瑞异 1 之 7。
② 《礼记注疏》，卷 22，《礼运第九》，第 436b 页。

河图、洛书。① 四灵献上帝王受命文书的概念,对宋初君臣而言并不陌生,不仅汉唐经典注疏引谶纬文献解释《尚书·洪范》与《周易·系辞》中的"河图、洛书";②宋太宗朝编纂的类书《太平御览》中四灵的引用条目,也大量征引谶纬文献,重复述说着四灵为帝王献上河图洛书的媒介作用。③ 因此,真宗推测绿毛龟是文治之"兆",并可能引来文治之"实"——"八卦"。汉代以来,"八卦"即可作为"河图"的代称。④因此,真宗对绿毛龟的解读暗示着,他期盼获得由四灵献上的河图洛书;这同时也显示,真宗颇为熟悉这个典型的谶纬符应思想。

另一透露真宗可能对河图洛书颇有向往的行为,是咸平初年"龙图阁"的设立。⑤ "龙图"鲜明地凸显了谶纬中四灵献图书的受命概念。龙图阁的设置目的,是将原置于秘阁的太宗真迹独立收藏,⑥阁中上层藏太宗御书,下层分为六阁,包含经典阁、史传阁、子书阁、文集阁、天文阁、图画阁。⑦ 为了表达对太宗的孝思,真宗经常到访龙图阁。⑧ 为什么真宗以"龙图"命名、收藏太宗文字的书阁? 是反映太宗

① 参见吕宗力:《从碑刻看谶纬神学对东汉思想的影响》,《中国哲学》第 12 期(北京:生活·读书·新知三联书店,1984 年),第 106—125 页。

② 《尚书·洪范》注文认为《洪范》此一文本是:"天与禹洛出书,神龟负文而出。"见《尚书正义》,卷 12,《洪范》,第 168a 页。又《周易·系辞》"河出图、洛出书,圣人则之"。疏文引郑玄的批注:"《春秋纬》云:河以通乾出天苞,洛以流坤吐地符。河龙图发,洛龟书感。"见《周易正义》,收入〔清〕阮元审定,〔清〕卢宣旬校:《重刊宋本十三经注疏附校勘记》,卷 7,《系辞上》,第 157b 页。

③ 如《孝经右契》:"麟视孔子而蒙其耳,吐三卷书,孔子精而读之。"见《太平御览》,卷 889,《兽部一·麒麟》,第 4083a 页;又见卷 931,《鳞介部三·龟》,第 4268a 页;卷 915,《羽族部二·凤》,第 4186b 页;卷 929,《鳞介部一·龙》,第 4259a 页。

④ 顾颉刚:《三皇考》,第 191—192 页,引《汉书·五行志》:"刘歆以为虙羲氏继天而王,受河图,则而画之,八卦是也。"

⑤ 《长编》,卷 44,咸平二年闰三月,第 935 页。

⑥ 见笪群样:《龙图阁的产生和发展》,《山东档案》2013 年第 2 期(济南),第 61—63 页。

⑦ 《长编》,卷 59,景德二年四月戊戌,第 1329 页。

⑧ 《杨文公谈苑》,第 38 页。

亦向往四灵所献图、书？或单是真宗个人的期待？或仅仅是真宗以此歌诵太宗的统治成就？无论如何，可以肯定的是，作为真宗经常流连的书阁，"龙图"的命名显示在真宗心目中，龙图、龟书并非不入流的无稽之谈，甚至是他引颈所盼之事。

　　同样值得注意的是，咸平四年四月，由君主主持的制科考试，引谶纬入题。策问题目以皇帝为第一人称，表明自己欲求贤才，紧接着问及皇王之道：

　　　　传曰："三皇步，五帝骤；三王驰，五霸骛。"斯则皇、帝、王、霸之异世，其号奚分？步、骤、驰、骛之殊途，其义安在？[①]

所谓"传"，即是指解经之书。而"三皇步"一句，出于《孝经钩命决》此一纬书。[②]然而，"三皇步"一句十二经注疏未曾引用，这显示出题者将《孝经钩命决》视作解释经的"传"。谶纬以"传"的地位入真宗亲试的制科考题，更透露出真宗对谶纬文本的兴趣。有意思的是，此制科考题与前述真宗对绿毛龟的解读，都不见于《长编》，而仅见于《宋会要辑稿》。

　　合并考虑上述三项事例，可见真宗对谶纬概念感兴趣的材料，在其统治初期已陆续出现。如果并观祥符时代的天书下降事件，更显示真宗即位初期对谶纬概念的引述，并非毫无意义，而是反映了真宗期盼获得象征天命的龙图、龟书。

---

　　① 《宋会要辑稿》，选举 1 之 7—8。
　　② 《太平御览》，卷 76，《皇王部一·叙皇王上》，第 484a 页。此句的解释见〔刘宋〕范晔撰，〔唐〕李贤等注《后汉书》（北京：中华书局，1965 年），卷 35，《曹褒》，注释引到宋均注云："步谓德隆道用，日月为步。时事弥顺，日月亦骤。勤思不已，日月乃驰。是优劣也。"（第 1202 页）

第三节 天书时代的思想来源之二：
徐铉崇敬唐玄宗的道教统治

真宗大中祥符时代镕铸了多重传统政治文化理念：封禅大典象征王朝的统治臻至"太平"，天书则根源于谶纬文本中的龙图、龟书，象征帝王所受之天命。不过，天书时代所根据的政治资源尚不仅如此。我们仍未回答，东封之后为何还有西祀汾阴？此后真宗又为何积极崇奉道教？乃至有朝谒老子太清宫之举，并建立从中央玉清昭应宫到各州天庆观的道教宫观？[①]

孙克宽早已指出，真宗朝的神道礼仪有一仿照对象，即唐玄宗。[②]见诸史实，真宗对玄宗的仿效，达到令人讶异的地步。唐玄宗在开元十年(722)、二十年(732)两度西祀汾阴，开元十三年(725)，东封泰山。开元末，玄宗开始热衷于道教神仙之术。开元二十九年(741)，陈王府参军田同秀称在空中见到玄元皇帝传"天下太平，圣寿无疆"之语给玄宗，且赐玄宗类似天书的"灵符"于尹喜之故宅；天宝二载(743)，玄宗追尊玄元皇帝为"大圣祖"；天宝七载(748)，玄宗又称在

---

① 参见张其凡：《宋真宗"天书封祀"闹剧之剖析》，第144—196页；谢聪辉：《北宋玉皇崇拜与祭祀》，收入氏著：《新天帝之命：玉皇、梓潼与飞鸾》(台北：台湾商务印书馆，2013年)，第49—78页。

② 孙克宽指出"真宗的崇奉道教，大概是以唐明皇做模板的"，第82页；亦提及徐铉对北宋道教的盛行应有重要影响，然未深论，见孙克宽：《宋元道教之发展》，第53页。另，杜乐《宋真宗朝中后期"神圣运动"研究——以天书和玉皇、圣祖崇拜为切入点》(北京：北京大学历史学系硕士学位论文，2011年)，除了对祥符到天禧的神圣运动有详细分析外，也指出真宗对唐玄宗崇道的模仿。

华清宫朝元阁见到圣祖，于是改朝元阁为降圣阁。①　凡此，皆与祥符时期圣祖赐天书之事雷同。

祥符时代仿效唐玄宗的痕迹，在神道礼仪展开的当下，就为臣僚所指出。祥符年间，孙奭于真宗决定祀汾阴后土后，提出十不可，最后一点说：

> 唐明皇嬖宠害政，奸佞当涂，以至身播国屯，兵缠魏阙。今议者引开元故事以为盛烈，乃欲倡导陛下而为之，臣窃为陛下不取，此其不可十也。②

透露两个观点恰好相反的信息，其一，神道礼仪的主导者，将开元视为美好的时代，而引导真宗仿效；其二，孙奭却认为唐玄宗时奸佞当涂，以致损国，暗指仿效唐明皇并不能带来太平盛世。大中祥符六年（1013）十月，真宗决定到亳州祀太清宫老子，孙奭又上书批评："外议籍籍，以谓陛下事事慕效唐明皇。"③"外议籍籍"的说法，表示这样的议论并非孙奭独见。真宗看了孙奭的奏议，作《解疑论》昭示群臣，认为不能以天宝之乱而否定玄宗的其他作为，④却也等于承认祥符大礼确有模仿玄宗的成分。

以开元盛世为政治典范的论点并不罕见，但这多半是推崇唐玄

---

① 见卿希泰：《简明中国道教史》（北京：中华书局，2013 年），第 72—80 页；龙晦：《敦煌文献所见唐玄宗的宗教活动》，《扬州大学学报》1997 年第 1 期（扬州），第 25—34 页；陈海岭：《唐玄宗的崇道抑佛政策及其社会影响》，《河南大学学报》第 39 卷第 6 期（1999 年，郑州），第 16—18 页。这些研究指出，唐玄宗试图以玄元圣祖帮助他建立太平盛世。

② 《长编》，卷 74，大中祥符三年十二月，第 1700 页。

③ 《长编》，卷 81，大中祥符六年十月，第 1850—1851 页。

④ 《长编》，卷 81，大中祥符六年十月，第 1850—1851 页。

宗在开元前期勤于政事，而非开元末至天宝年间对道教的崇拜。① 因此，为什么祥符时代选择仿效唐玄宗崇奉道教的作为？本章接下来将论证，宋初南唐降臣徐铉不仅对道教有着深刻的信仰，他同时也是唐玄宗的崇拜者；徐铉门人故旧——杜镐、陈彭年、王钦若灵活运用了徐铉的政治理念，成功争取到真宗的信任，在祥符年间重组唐玄宗时代一系列的礼仪活动，打造了祥符天书时代。这使得太宗朝相对弱势的南唐文士，在真宗朝取得与北士相抗衡的地位。正是在此意义上，徐铉的影响力并未因其去世而结束。本节首先分析徐铉颇具道教特色的政治思想，如何呼应祥符时期的诸多作为。

细读徐铉文集各篇碑铭，笔者认为《杨府新建崇道宫碑铭并序》（以下简称《崇道宫碑铭》）一文，最为完整地陈述了徐铉的政治思想。以下先引述此文，再旁引其他碑铭，以对徐铉的政治思想加以概括。《崇道宫碑铭并序》：

> 有天地然后有万物，有万物然后有君臣，有君臣然后有教化。教之大者，当由其本，则大道是已。夫道积乎中，动合于真，故能举尧舜周孔之法，奋礼乐刑政之用。若道不在焉，而守其籧庐，则庄周于是糠秕仁义，轮扁于是糟粕古书矣。夫孝本因心，而宗庙簠簋所以致孝也；道本勤行，而宫观坛墠所以尊道也。为政者有能，原圣人之旨以垂宪，崇列真之宇以荐诚，其殆庶乎。……铭曰：大哉道原，湛然常在，其质无象，其功不宰。君

---

① 例如，咸平二年，知虢州谢泌上疏称真宗："省不急之务，削烦苛之政，抑奔竞之风，开直言之路，斯皆致太平之术，实见行其八九矣，又岂让唐开元之治也。"见《长编》，卷44，咸平二年四月，第942页。咸平三年，知兖州韩援的上疏则称："玄宗开元十五年后，深居高视，倦于临御，内宠嫔嫱，外事征伐，……盖其升平之后，骄怠使然也。"见《长编》，卷47，咸平三年十二月丙寅，第1035页。反映朝臣对开元前、后期的不同评价，而开元十五年，即为玄宗封禅之年。

> 子得之，勤行不怠。勤行伊何？启焕灵场。乃辟隙荒，乃筑宫墙。①

首先界定徐铉文中的核心概念——道的涵义。在《崇道宫碑铭》中，道是君臣行教化之"本"，与天地、万物、君臣的发生顺序有关。就天与道的关系而言，徐铉认为"天之造始于道"，②"道"是"天地"的根本，天地又是万物之本。③ 因此，君臣行教化若能依于道，便是遵循根本的原理。

《崇道宫碑铭》亦论述如何以"道"行教化。徐铉认为应让"道积乎中"，即君臣心中有道。但道如何能够积乎中？徐铉强调"孝"的精神情感，他认为：

> 域中之大曰道，百行之先曰孝，故孝心充乎内，必道气应乎外。……用于邦国则臣节著，施于家庭则于道光，以之为政则民从乂，以之荐信则神降福，然则坛馆之作焉得已乎！④

可见尽管"道积乎中"，但徐铉将"孝"放置在更为根本的位置，"道"是在"孝"成立的前提上，才得以实践。认为君主若心中有孝，便能在治理邦国、家庭、为政都合于根本之道，并能使神来降福。合并《崇道宫碑铭》观之，在徐铉的认识中，统治者并非全然凭借内心情感便能驱动孝与道，而是应凭借"宗庙簠簋"以致孝，或者在"坛馆"中体现致孝

---

① 《徐公文集》，卷 26，《杨府新建崇道宫碑铭并序》，第 1a—3a 页。
② 《徐公文集》，卷 25，《大宋凤翔府新建上济太平宫碑铭有序》，第 6b 页。
③ 《徐公文集》，卷 28，《洪州始丰山兴玄观记》："圣人之言，道无不在，若乃域中归其大，万物恃之生，鸿化玄造，无德而称已。"（第 7a 页）
④ 《徐公文集》，卷 12，《池州重建紫极宫碑铭》，第 6a 页。

之心。

君主行孝,道积乎中、应乎外,将使"动合于真"。此"动"意指儒术的实践:"故能举尧舜周孔之法,奋礼乐刑政之用",可见儒术是道的外显运用。徐铉认为:"黄帝、尧、舜澄其源,故垂衣恭己,在宥天下;伯阳、仲尼导其用,故建言立德,宪章无穷。"[1]可见"道"曾由上古无为的帝王实践,而后由老子、孔子形诸文字而传后世。而老子扮演的角色又更为关键:

> 昔者老君伯阳悯大道之既隐,伤周室之既微,以为清净无为道之本也,非建言不能尽其意;安上治民道之用也,非设教不能永其成。乃著书于函关,以明清心之要,授礼于仲尼,以开垂世之统。[2]

徐铉认为,"道"本质上虽是"清净无为",[3]其"用"却有安上治民之效。为了传授此道,老子乃著书五千言,并授礼予孔子。因此,所谓"尧舜周孔之法",虽是孔子"祖述尧舜,宪章文武"[4]的经典,但还是由老子传授,目的是以这些经典来"设教",以实践"安上治民"。

不过,从"道积乎中"到"动合于真",还需要有具体的实践场所,即《崇道宫碑铭》所谓:"道本勤行,而宫观坛墠所以尊道也",这也呼应到铭文"君子得之,勤行不怠。勤行伊何? 启焕灵场。乃辟隙荒,乃筑宫墙"。显示道的实践,必须通过宫馆坛墠以"勤行"。"道"应如何勤行呢? 徐铉认为:

---

① 《徐公文集》,卷12,《唐故道门威仪玄博大师贞素先生王君之碑》,第8b页。
② 《徐公文集》,卷28,《邢州紫极宫老君殿记》,第3a页。
③ 徐铉认为"道"是清静无为的,又见《徐公文集》,卷13,《宣州开元观重建中三门记》:"清净玄默,道之基也。"(第4a页)
④ 《徐公文集》,卷13,《宣州泾县文宣王庙记》,第1a页。

> 为科戒以检其情性，为象设以致其诚明。情性平则和气来，
> 诚明通则灵符集。……斯实兴化致理之方，还淳反朴之本。①

即遵守一定的"科诫"，面对神明的"象设"，以"检情性""致诚明"，成效则是招来"和气""灵符"，达到"兴化致理""还淳反朴"的太平治世。合并前述，君主心中有孝，并在"坛馆"依循规定的礼仪，便能实践"道"以设教。其效用是："广无为之为，执无象之象，万物恃生而不有，百姓日用而不知。"②即发挥"无为"之道，虽是无为却可无所不为，百姓将在不知不觉中得到教化。

对徐铉而言，勤行道的坛馆，经常是供奉道教神仙的宫观。徐铉在道观碑记中经常谈论神仙，如认为供奉三清的三清观为"神仙之宅"。③又认为"神之命受于天，天之造始于道"，因此需要"申画福乡，聿崇仙馆"。④在《应圣宫碑铭》称："建清宫，应真符。废而兴，神之扶。宫既成，道既行。校三官，朝百灵。"⑤因此，建坛馆以勤行道，实际上是在坛馆中供奉神仙。

综上所述，可将徐铉的政治思想加以概括："道"居于天地之上，为万物之所本；君主要实践道，需在宫观坛壝秉持诚孝之心，遵循一定的科诫，供奉代表道的神仙。如此，君主的一切作为，将自然而然地合于道，施政作为就能实践尧舜周孔的礼乐刑政。因此，"道"的本质虽是"无为"，施于外事却能够"无不为"，百姓将自然而然地受到教

---

① 《徐公文集》，卷13，《宣州开元观重建中三门记》，第4a—4b页。
② 《徐公文集》，卷12，《茅山紫阳观碑铭》，第1b页。
③ 《徐公文集》，卷10，《筠州清江县重修三清观记》，第18a页。
④ 《徐公文集》，卷25，《大宋凤翔府新建上济太平宫碑铭有序》，第6b页。
⑤ 《徐公文集》，卷26，《洪州西山重建应圣宫碑铭并序》，第7b页。又如卷10，《重修筠州祈仙观记》："筠州祈仙观者，东晋黄真君上升之地，因为道馆。"（第16a—16b页）；卷12，《池州重建紫极宫碑铭》："池州紫极宫者，本东晋之普明观也。……窦真人飞升之所。"（第6a页）

化,政治也将臻于合理的秩序。① 在下一章我们会看到,徐铉这样的政治思想,与天书时代的道教统治理念若合符节。

根据上述,便不难理解徐铉为何以唐玄宗崇奉道教的时期为理想政治典范。首先,来自徐铉对南"唐"的认同。唐朝奉老子为圣祖玄元皇帝。南唐自视为唐朝的延续,②因此也供奉玄元皇帝。南唐中主(943—961 在位)曾说:"江北文人不及江南才子多。"听了他的话,臣子王仲连回答:"陛下圣祖玄元皇帝降于亳州真元县,文宣王出于兖州曲阜县,亦不为少矣。"③从王仲连的回答可看出,南唐政权视圣祖玄元皇帝为始祖,玄元老子因此得到南唐人的尊崇。徐铉在李后主墓志铭中,提到:"皇天眷祐,锡祚于唐,……江淮之地,独奉长安。"④可见入宋后,徐铉仍声称江南继承了唐朝的正统。

更关键的是,玄宗崇道的作为与徐铉的理念相合。唐玄宗在开元末、天宝年间对老子的崇拜到达前所未有的高度。除了下令诸州建立玄元皇帝庙,又给玄元皇帝庙改名,如西京改太清宫,东京改太微宫,诸州改紫极宫,并选配道士,赠赐庄园。又制作玄元皇帝神像,颁布天下,二月玄元降生日,诸州需设祭祀。⑤ 这些作为,正符合徐铉以宫观"勤行"道的方式。

徐铉文集中,处处流露对玄宗时代的向往。如说:"开元中,尊崇至道,伸严祀典",⑥可见"尊道"离不开"祀典";在听霓裳羽衣曲时称

---

① 此政治思想自然不是徐铉独创,而应看作是徐铉对儒家经典、道教文本的诠释。

② 见〔日〕竺沙雅章著,方建新译:《宋朝的太祖和太宗——变革时期的帝王》(杭州:浙江大学出版社,2006 年),第 89 页。

③ 郑文宝:《江表志》,收入傅璇琮等编:《五代史书汇编 玖》(杭州:杭州出版社,2004 年),卷中,第 5084 页。

④ 《徐公文集》,卷 29,《吴王陇公墓志铭并序》,第 1b 页。

⑤ 卿希泰:《简明中国道教史》,第 62—67 页。

⑥ 徐铉:《庐山九天使者庙张灵官记》,收入〔清〕董诰等编:《全唐文》(北京:中华书局,1983 年),卷 883,第 9226a 页。

"此是开元太平曲"。① 基于道为体、儒为用的观念，徐铉认为儒教"兴于武德，盛于贞观，极于开元，理自然也"。② 玄宗一朝被徐铉认为是儒教最盛的时代。

徐铉之所以向往唐玄宗的时代，除了玄宗的作为符合徐铉的政治理念，彼此间还有道教圣地的联结——茅山。根据学者考证，玄宗天宝时期最推崇的道教派别为茅山道派，茅山著名道士司马承祯、李含光，都深得玄宗礼敬。③ 茅山位于南唐国都金陵附近，长期居处金陵的徐铉，与茅山道派多有接触，而留下许多碑记诗文。④ 徐铉作《茅山紫阳观碑铭》，提到唐玄宗对"玄靖先生"李含光的"尊师重道"，并在其指引下修建茅山道馆、整理道教经典。⑤ 而徐铉学道的对象即是茅山道派的第十九代宗师王栖霞，⑥徐铉自称"夙承教义"。⑦ 所作《复三茅禁山记》，描述王栖霞来茅山建方坛、造高亭，使此地"复如开元、天宝之岁矣"。⑧ 通过茅山道派的联结，玄宗对徐铉而言有颇为亲近的联结。⑨

---

① 《徐公文集》，卷 5，《又听霓裳羽衣曲送陈君》，第 15a—15b 页。

② 《徐公文集》，卷 13，《宣州泾县文宣王庙记》，第 1b 页。

③ 汪桂平：《唐玄宗与茅山道》，《世界宗教研究》1995 年第 2 期（北京），第 63—71 页；卿希泰：《简明中国道教史》，第 64 页；钟国发：《茅山道教上清宗》（台北：东大图书公司，2003 年），第 123—126 页。

④ 如《徐公文集》，卷 2，《张员外好茅山风景求为句容令作此颂》，第 10a—10b 页；卷 4，《宿茅山寄舍弟》，第 6b 页；卷 12，《茅山紫阳观碑铭》，第 1a—6a 页；卷 12，《唐故道门威仪玄博大师贞素先生王君之碑》，第 8b—11a 页；卷 13，《复三茅禁山记》，第 2b—4a 页。

⑤ 《徐公文集》，卷 12，《茅山紫阳观碑铭》，第 2b 页。

⑥ 〔元〕刘大彬：《茅山志》，收入〔明〕张宇初、邵以正、张国祥编纂：《正统道藏》第 9 册（台北：新文丰出版公司，1985 年，据上海涵芬楼本影印），卷 11，《上清品二·第十九代宗师》，第 177b 页。

⑦ 《徐公文集》，卷 12，《唐故道门威仪玄博大师贞素先生王君之碑》，第 10b—11a 页。

⑧ 《徐公文集》，卷 13，《复三茅禁山记》，第 3a 页。

⑨ 圣祖的降神者王中正在入京前，曾在汀州、南康军、茅山、和州、信州活动，并自称在茅山见到赵姓道人（即圣祖）。见《长编》，卷 71，大中祥符二年二月，第 1593—1594 页。这些地区全都在过去南唐统治的江南地区，显示圣祖的身份与江南一带的道教有很深的渊源。

如第一章所述,徐铉晚年贬于邠州。此处离长安附近的骊山不
远;玄宗华清宫"降圣阁"建于此山,即玄宗宣称见到玄元皇帝降神之
处。到了生命尽头,徐铉仍念念不忘玄宗朝的盛世,而写下《骊山灵
泉观碑》:认为玄宗之德在于"孝惟奉先,仁不忘本";玄宗实践孝心
的地方在"华清宫",凭借至孝之诚,乃得玄元皇帝亲自接见,并授予
灵符,而得享"太平之运五十斯年"。[①] 而后文锋一转,言及宋朝的兴
盛,各种祥瑞事迹都集应,三秦地区的父老、百姓也期待皇帝亲临,期
许重现开元盛世。铭文中再次重申,"河图""真符""云盖""芝房",都
要"归功圣祖",而这是玄宗"孝思不匮"所致。[②] 尔后,宋真宗的西祀,
正应和了徐铉所谓三秦父老的望幸之心;而赵氏圣祖、天书、从中央
到地方兴建宫观等作为,也都呼应徐铉所期盼的重现玄宗之太平
景象。

总之,鉴于安史之乱,唐玄宗的崇道举措,很少受后世推崇,徐铉
却是少数例外。这至少有三个层次的原因。第一,徐铉来自南唐政
权,南唐自认延续唐朝,故而继续崇奉玄元圣祖;第二,徐铉师从茅山
道士王栖霞,而与礼敬茅山道士的唐玄宗有进一步的联结;第三,徐
铉的政治理念是以至孝之心,配合道教宫观实践"道",这在崇奉圣祖
老子的玄宗朝得到实践。

徐铉在世时,虽然没有获得太宗的信任,但他崇奉道教的政治理
念,显然与太宗"端拱"以后追求清静无为的政治理念,以及真宗景德
以后讲求"太平无为"之治相契合。[③] 以下扼要说明,太宗、真宗二帝

---

① 唐玄宗统治其实只有四十五年,公元 712—756 年。徐铉所述唐玄宗事迹实际上
多发生于天宝年间,但多数时候徐铉只称颂开元,可能是天宝末的大乱,使徐铉对于天宝
是否可称为盛世有所疑虑,从而笼统地以开元代称唐玄宗的统治。

② 《徐公文集》,卷 26,《骊山灵泉观碑》,第 7b—10a 页。

③ 值得注意的是,道教是五代时期南方不少国家论证统治正当性的主要思想资源。
除了自认承袭唐朝的南唐外,前蜀、闽国亦然。参见 Franciscus Verellen, "Liturgy (转下页)

如何在追求太平之治的目标下，越来越青睐道教统治，从而为徐铉的政治理念创造了潜在的舞台。

学界对太宗奉佛、道教，虽已有不少讨论，但似乎较少注意当中的转变。笔者认为，大致以端拱元年为界，太宗在此之前颇为重佛，后期对道教的崇奉则明显加深。检阅黄启江和汪圣铎先生对太宗奉佛的梳理，可以发现，这些活动十之八九发生在太平兴国和雍熙年间。① 《长编》叙述太宗"素崇尚释教"也系在太平兴国七年。② 太宗前期奉佛的同时，虽未冷落道教，但此时太宗建造的道教宫观，不是因为神灵降神，就是因方士的请求而建，并非太宗主动发起。③ 大致而言，太宗前期对佛教的热衷超过道教。

如第一章提及，端拱改元，标示着太宗统治策略的转向，以武力收复燕云的政策被放弃，"端拱"寄托着走向"无为"之治的最终目标。在此政策转向下，强调无为而治的道教，更容易受到君主的青睐。端拱年间，太宗对道教兴趣的增长已引人注目。端拱二年四月，太宗向宰执说"人君节俭为宗"，若是亲近飞禽走兽，为《真诰》所不许，朕常

（接上页）and Sovereignty: The Role of Taoist Ritual in the Foundation of the Shu Kingdom (907 - 925)," *Asia Major*, Third Series 2.1 (1989, Princeton), pp. 59 - 78；徐晓望：《闽国史》（台中：五南出版社，1997年），第24—26，310—318页。但除了本书谈论的南唐徐铉到真宗崇道的发展线索外，其他南方地区的道教派别是否对北宋前期君主崇道发生影响或启示？在没有更多证据下，只能先持保留态度。

　　① 黄启江：《北宋佛教史论稿》（台北：台湾商务印书馆，1997年），第31—67页；汪圣铎：《宋代政教关系研究》（北京：人民出版社，2010年），第8—18页。当然，崇佛在太宗后期并未中断，如译经的持续，但崇佛的突出性远不如太宗前期。其中太宗朝两次普度僧侣，一在太平兴国七年九月，宋、辽战事休止之际，普度诏书开头便说："朕方隆教法，用福邦家"，见《长编》，卷23，太平兴国七年九月己丑，第527页；第二回在雍熙北伐失败后，见《长编》，卷27，雍熙三年十月，第624页。两次普度都在宋、辽大战结束后不久，应该不是巧合，而是为超度因战乱而丧命的冤魂。

　　② 《长编》，卷23，太平兴国七年六月，第523页。

　　③ 包括太平兴国二年的凤翔府上清太平宫，太平兴国七年舒州灵仙观，与太平兴国八年太一宫。见汪圣铎：《宋代政教关系研究》，第18—35页。

以为戒也"。① 《真诰》为南朝陶弘景（456—536）隐居茅山时所著，之后成为道教上清派最重要的经典之一。② 可见此时太宗已经将《真诰》视为自律的根据。同年十二月，太宗认为自己的尊号"应运统天睿文英武大圣至明广孝"太过夸大，经过一番波折，最后太宗只允许称"法天崇道"。③ "法天崇道"的"道"，恐怕不是儒家之道，而是道家之道。再如第一章提及，端拱到淳化初年，太宗下令徐铉和王禹偁校订道藏，同样显示太宗的道教兴趣。

太宗后期兴建的上清宫，更是在祥符年间的崇道活动中发挥重要作用。端拱元年，太宗表示将以过去太祖赏赐给自己的财物建上清宫，以"为百姓请福"，但一度因为劳民伤财而停罢，"后岁余，内设道场，与道士言及之"，才再度开工，并于至道元年正月完工。其规模总一千二百四十二区，成为当时最大的宫观。④ 值得注意的是，此上清宫与真宗的玉清昭应宫相同，供奉道教最高神"三清""玉皇"。⑤ 上清宫作为太宗的遗产，对真宗而言，有着不可低估的影响力。真宗不时到此求雨，⑥祥符年间也经常在此举办与圣节、圣祖有关的道教祈福道场，可说是除了玉清昭应宫外最重要的京城宫观。⑦ 祥符之礼以

① 《长编》，卷30，端拱二年四月戊戌，第680页。

② 参见葛兆光：《屈服史及其他：六朝隋唐道教的思想史研究》（北京：生活·读书·新知三联书店，2003年），第171页。

③ 《长编》，卷30，端拱二年十二月庚申，第692页。

④ 《长编》，卷37，至道元年正月丙辰，第806页。

⑤ 《宋会要辑稿》，补编·上清储祥宫之22b。

⑥ 见《宋会要辑稿》，礼18之2、6、8。据《宋会要》不完全的统计，真宗亲临上清宫至少十二次，且集中在景德四年以后。见《宋会要辑稿》，礼52之5。

⑦ 祥符元年十二月，下诏次年天庆节前七日，于上清宫建道场，次年正月天庆节，百官上香于上清宫。见《宋会要辑稿》，礼57之8—9。祥符三年八月，将用于祀汾阴的三脊茅，"遣内侍赍置上清宫严洁处"。见《宋会要辑稿》，礼28之44。祥符五年十月，圣祖降，真宗为表示恭谢，"幸上清宫、景德寺、玉清昭应宫"。见《宋会要辑稿》，礼25之50。祥符四年天祺节，下诏宰臣、亲王于上清宫行香。八年六月，玉清昭应宫已经完成，天祺节在昭应宫建黄箓道场一月，而"上清宫道场仍旧排设"。见《宋会要辑稿》，礼57之30。可见在玉清昭应宫完成前，都是在上清宫建道场，足见其重要性。

玉帝为最高神，亦是整合了太宗的政治遗产。[1]

如本章第一节所述，景德年间，真宗君臣开始谋求太平无为之政。此时，道士成了真宗咨询政治的对象。景德二年，真宗召见道士贺兰栖真，并称此次访谈的目的是："思得有道之人，访以无为之理。"[2]景德四年，在封列子为冲虚至德真人的诏令中说："允资众妙之言，以助无为之化。"[3]可见真宗此时已着意于"无为"之法。

因此，当真宗渴望将赵宋带往"无为"的政治理想时，徐铉崇道的理念便更具魅力。不过，徐铉于淳化三年过世，下距大中祥符元年已有十五六年之久，徐铉的政治理念不可能"影响"祥符时代。"事事慕效唐明皇"的祥符礼仪，之所以融合徐铉的政治理念，还须借其门人故旧的运用。

第四节 徐铉-王钦若派文士： 祥符时代的主导者

大中祥符时代上距唐玄宗已超过两百五十年，即便君主在太平之后，渴望讲求无为之政，天书时代对唐玄宗诸多崇道作为的仿效，仍显得颇不寻常。当我们企图追寻更直接有力的联系，就不得不注意主事者与南"唐"的深刻渊源，以及他们属于徐铉派文士的身份。

---

① 学者讨论真宗对玉皇的崇奉，多半追溯至太宗初年建造的凤翔府上清太平宫，这或许是由于张守真为"翊圣"黑杀将军神的故事牵涉太宗的即位，而引起学者高度关注。相关研究很多，此不备举。如汪圣铎对太宗崇道的讨论，凤翔太平宫所占篇幅即远过于其他宫观。见汪圣铎：《宋代政教关系研究》，第18—25页。这个追溯无疑是有道理的，由于黑杀将军自称奉玉帝命而降神，因此上清太平宫崇奉的最高神即为玉帝。而玉帝曾帮助太宗即位的神迹，也让太宗父子对玉帝有较高的青睐。

② 《宋大诏令集》，卷223，《召河阳济源道士贺兰栖真诏》，第861页。

③ 《宋大诏令集》，卷135，《列子追号冲虚至德真人诏》，第473页。

本节分析哪些人物主导了祥符时代的神道礼仪,以说明天书时代对唐玄宗的仿效,乃出自徐铉后学对徐铉政治理念的灵活运用。

学界一般认为,"五鬼"[①]是大中祥符神道礼仪的幕后操手,然而,五鬼实可分为礼仪派和财政派,其中礼仪派由徐铉派文士所构成,他们才是神道礼仪的主要构思者与推动者。《长编》将"五鬼"之称记录于大中祥符五年(1012):

> 钦若与刘承珪、陈彭年、林特及谓等交通,踪迹诡异,时论谓之"五鬼"。[②]

不过,此条史料只说五人"交通",并未指明五人主导祥符礼仪。以下通过分析五人的仕宦经历,讨论他们各自在祥符礼仪中占据的位置。

首先看陈彭年。陈彭年的父亲陈省躬,在南唐时即与徐铉兄弟友善。[③]陈彭年所作徐铉文集序,自言:"越在幼年,即承训导。通家之旧,与文举以攸同;入室之知,方子渊而岂异!"[④]可见陈、徐两家为世交,陈彭年自幼即师从徐铉。在第一章论及的徐铉南唐故旧中,陈彭年虽属后辈,但与众人关系密切。如与潘慎修交情甚笃,潘慎修病危,便托陈彭年草遗奏。[⑤]真宗即位之初,陈彭年本在地方任通判,景德元年,翰林学士朱昂推荐陈彭年试馆职,时任崇文院检讨的杜镐、刁衎又大力推荐陈彭年,称他"幼在江左,已为名流所重",因此建议

---

① 用"五鬼"来指称结党的士大夫,并非开始于北宋,南唐中主时,冯延巳、冯延鲁、魏岑、陈觉、查文徽五人已被称作"五鬼"。见《南唐书》,卷21,《党羽传下》,第5394页。

② 《长编》,卷78,大中祥符五年九月,第1788页。

③ 〔宋〕龙衮:《江南野史》,收入傅璇琮等编:《五代史书汇编　玖》(杭州:杭州出版社,2004年),卷7,《陈省躬》,第5202页。

④ 陈彭年:《故散骑常侍东海徐公集序》,《徐公文集》,第4a页。

⑤ 《长编》,卷59,景德二年正月,第1307页。

不需考校，直接任命陈彭年入馆职。① 所谓"名流"，应包括他们的老师徐铉。真宗接受建议，于是陈彭年与杜、刁同任崇文院检讨，为清要馆职。② 此后，徐铉年长的门生杜镐与年少的门生陈彭年，在景德末到祥符前期，长期共事于真宗朝成立的龙图阁。③

王钦若的祖父和父亲，都是南唐旧臣。其父在南唐以明经登第，与杜镐同榜，当时科举取士人数寡少，同年之间的关系较容易亲笃。王钦若父早逝，其祖入宋后，一直担任幕职州县小官。钦若祖在冀州任判官时，正好太宗北伐，王钦若至行在献《平晋赋》。④ 第一章提及，随太宗北征的文士，只有徐铉为江南人，而王钦若又是杜镐同年之子，很可能徐铉已对王钦若留下印象。但王钦若于淳化三年登第时，徐铉已经外贬，两人实际有何往来难以知晓。

考察王钦若的人际网络，不难看出他与不少徐铉后学关系密切。王钦若与徐铉派文士中第一位执政大臣张洎联姻，他将女儿许配给张洎长孙。王钦若登第后，只为选人，于地方任小官。对王钦若仕途有关键性助益的，是太宗末年舒雅的推荐，使王钦若得以"特改秘书郎"，成为京官。⑤ 大中祥符二年，王钦若已为执政，此时舒雅正掌管舒州灵仙观，王钦若推荐他"淡于荣利"，于是舒雅回京任直昭文馆。⑥ 此外，与王钦若"亲厚"的高绅亦为江南人，⑦且也与徐

---

① 《玉壶清话》，卷8，第163页。
② 《宋史》，卷287，《陈彭年》，第9962页。
③ 陈彭年任于龙图阁从景德四年到大中祥符五年；杜镐则从景德二年任至大中祥符六年。见《长编》，卷66，景德四年七月，第1474页；卷61，景德二年十一月戊申，第1373页；卷79，大中祥符五年闰十月，第1803页；卷81，大中祥符六年九月，第1849页。
④ 〔宋〕夏竦：《文庄集》，收入《文渊阁四库全书》（台北：台湾商务印书馆，1983年），卷28，《赠太师中书令冀国王公（钦若）行状》，第9—10页。
⑤ 《文庄集》，卷28，《赠太师中书令冀国王公（钦若）行状》，第9—11页。
⑥ 《长编》，卷71，大中祥符二年，第1591页。
⑦ 《长编》，卷87，大中祥符九年八月庚子，第2008页。

铉相识。高绅在太宗朝登第后,要到南荆县赴任,徐铉为他写赠序。[1]
而王钦若与陈彭年在祥符时期长期合作,更为学界共知。总之,不论
就王钦若的家世背景或交游网络来看,他都与徐铉的江南故旧群关
系密切。

　　王钦若与陈彭年的思想背景也都颇具道教色彩。徐铉入宋后所
写《邢州紫极宫老君殿记》,乃为掌此道观的女道士陈体元所作,陈体
元正是陈彭年父陈省躬之妹,徐铉称陈氏"积善之报,宜生仙才"。[2]
王钦若好神仙事,史有明文,墓志指他"常练气于朝霞,期脱屣于尘
世",透露王钦若渴望成仙。[3]《长编》作者李焘即认为王钦若主导的
天书、祠祭运动,来自素所蓄积的道教信仰。[4]

　　至于五鬼中的丁谓与林特(951—1023),在神道礼仪中主要负责
财政管理。丁谓是苏州人,苏州过去为吴越统治范围。景德二年五
月,丁谓任权三司使,成为财政官僚。封禅之前,真宗问丁谓国家财
政,丁谓回答"大计固有余矣"。祥符二年二月,升任三司使,祥符五
年九月,成为参知政事。[5]林特为南唐降臣,曾谒南唐中主李璟
(916—961),而任兰台校书郎之官。[6]但其早年的活动缺少其他资
料,也看不出与徐铉派文士是否往来。林特于景德元年已为盐铁副

----

① 《徐公文集》,卷24,《送高绅之官序》,第165页。

② 《徐公文集》,卷28,《邢州紫极宫老君殿记》,第3a—4b页。

③ 《文庄集》,卷29,《王公(钦若)墓志铭并序》,第18页。

④ 《长编》,卷88,大中祥符九年十一月,第2030页。王钦若对道教的熟悉,亦见
Michel Soymié, "La politique religieuse des empereurs Taizong et Zhenzong des Song,"
Annuaire. École Pratique des Hautes Études (1974—1975, Paris), pp. 961 - 964。

⑤ 参见王瑞来:《宰相故事:士大夫政治下的权力场》(北京:中华书局,2010年),第
193—248页。丁谓的人际网络颇为复杂,参见张其凡:《寇准与丁谓斗争事实考述》,收入
氏著:《宋代人物论稿》,第186—220页。

⑥ 《宋史》,卷283,《林特》,第9564页。

使,长期任丁谓下属,祥符五年九月,丁谓升任参政,林特成为权三司使。[1] 丁谓与林特关系亲密,据称林特"善附会,故丁谓始终善特"。[2] 可以说,从景德到祥符前半期,丁谓与林特的主要贡献在主持财政。宦官刘承珪(951—1016)为楚州人。据学人研究,刘承珪也颇具理财能力。至迟在景德四年,刘承珪回到内藏库,善于理财的他,配合在三司的丁谓等人,为真宗的神道礼仪活动提供财力支持。[3]

以上讨论了五鬼在祥符年间的职务,要言之,尽管丁谓、林特、刘承珪也被视为"五鬼"成员,但他们在祥符前半期担任财政官僚,难以认为他们是神道礼仪的幕后操手。以下进一步讨论徐铉派文士主导祥符神道活动的相关记载。

除了王钦若以外,杜镐与陈彭年在祥符天书时代也扮演了重要角色。王钦若以"城下之盟"诋毁寇准的一条史料,为学界熟知。在这条史料中,真宗听取了两个人的意见,其一即王钦若。王钦若向真宗说:"天瑞安可必得,前代盖有以人力为之。……陛下谓河图、洛书果有此乎? 圣人以神道设教耳。"其二是杜镐。该史料称"它日晚,幸秘阁,惟杜镐方直宿"。[4] 真宗问杜镐河图洛书是怎么回事,杜镐回答:"此圣人以神道设教耳。"[5]这条史料透露两个信息:其一,天书的理论来自谶纬思想中的"河图洛书";其二,王钦若和杜镐共同促成此

---

[1] 《长编》,卷58,景德元年十月,第1279页;卷78,大中祥符五年九月己丑,第1778页。

[2] 《长编》,卷93,天禧三年六月,第2153页。

[3] 丁义珏:《北宋前期的宦官:立足于制度史的考察》(北京:北京大学历史学系博士学位论文,2013年),第102—105页。

[4] 王化雨指出,君主对每日是谁直宿绝非不知,真宗夜对杜镐其实是有意为之。见王化雨:《宋朝君臣的夜对》,《四川大学学报(哲学社会科学版)》2010年第3期(成都),第52—61页。王化雨又指出,陈彭年、杜镐长年任职龙图阁,需夜晚直宿,真宗故能经常"夜对"两人,王钦若景德初罢参政后,除资政殿大学士,亦须夜晚直宿,能方便真宗夜对其意见。见王化雨:《面圣:宋代奏对活动研究》,第138—139页。

[5] 《长编》,卷67,景德四年十一月庚辰,第1506—1507页。

事,且他们的贡献是在思想理论方面。《东都事略》杜镐本传,也述及王钦若和杜镐认为河图洛书为圣人神道设教的说法,并加上这一句:

> 议者谓祥瑞事启自钦若而成于(杜)镐云。①

同样说明,在宋人的认知中,祥符神道礼仪的构想来自王钦若与杜镐二人。

王钦若与杜镐参与神道礼仪的记载,亦见于写作于仁宗朝的国史孙奭本传。据载:

> (大中祥符元年六月)天书复降泰山,帝以亲受符命,遂议封禅,作礼乐。王钦若、陈尧叟、丁谓、杜镐、陈彭年皆以经义左右附和。由是天下争言符瑞矣。②

被点名的五人中,就有王钦若、陈彭年、杜镐三人属于徐铉派文士。如前所言,丁谓主要负责财政。他们在祥符礼仪中扮演的角色,不能一概而论。③

---

① 《东都事略》,卷46,《杜镐》,第3b页。

② 《长编》,卷74,大中祥符三年十二月,第1699页。

③ 至于陈尧叟,既非江南士大夫,也非"五鬼"之一。他是四川利州路阆州人。他虽然支持神道礼仪,且长期与王钦若共事于枢密院,但目前看不到任何陈尧叟与王钦若等人交好的史实记录。与陈尧叟关系密切的应是以种放为代表的北方道派。真宗时,种放多次来朝,与其"有旧",时为执政的陈尧叟,常为真宗传话给种放,种放在终南山时,亦与陈尧叟不时唱和。见《长编》,卷52,咸平五年九月己酉,第1151页;卷67,景德四年十月甲辰,第1496页;卷73,大中祥符三年正月,第1652页。种放的道教思想,也与江南道派有所不同,他们虽然学习服气辟谷之术,但不信羽化飞升之事。观其与真宗的往来,也多讨论如何为政,而不谈神仙之事。见《长编》,卷52,咸平五年九月戊申,第1151页;卷85,大中祥符八年十一月,第1956页。何忠礼认为种放积极参与大中祥符时代的神道设教运动。何忠礼:《论"隐士"种放其人》,《文史》2012年第4期(北京),第187—196页。不过,祥符时候的圣祖、天书事件,恐非时来时往的种放所能操纵。

　　杜镐应是徐铉之后，被认为最熟知礼仪的老儒，他也因此得到真宗的倚重。景德元年，杜镐随真宗幸澶渊，负责行进时的礼仪事宜。真宗回京之前，先派杜镐回去负责准备迎驾的礼仪。然而，真宗回程遇到懿德皇太后（941—975）祭日是否可以举乐的问题，竟因少了杜镐而不知如何是好，于是只好派快马追问杜镐，杜镐也立刻引经据典加以回复。[①] 大中祥符三年（1010），真宗亲口对宰执说："该洽之士，如杜镐者亦少。"又说："镐虽老，手不释卷。"[②]此年任龙图阁学士的杜镐已经七十二龄，超过退休之龄，但仍十分得真宗重视。

　　除了王钦若与杜镐，陈彭年的角色也相当关键。祥符元年"起居详定所"设立，陈彭年为负责人，此机构的职责即为主导祥符大礼的进行。当时因陈彭年修起居注，故而在起居院置详定所，足见起居详定所的设立乃配合陈彭年原本的职务。祥符六年，真宗在盛赞陈彭年精详典礼后提到：

　　　　详定所事无大小，皆俟彭年裁制而后定，此一司不可废也。[③]

可见陈彭年长期主持详定所。从真宗的话也可见，当时有人讨论详定所的存废，于是该年八月改名为礼仪院，似有正名的用意。并命陈彭年和赵安仁（957—1018）为知礼仪院，但不久赵安仁即去职。[④]

　　以上的分析显示，在祥符时代的神道礼仪中，三位徐铉后学杜

---

　　① 《长编》，卷58，景德元年十二月戊戌，第1297页；《玉壶清话》，卷8，第163页。
　　② 《长编》，卷73，大中祥符三年五月丁未，第1672—1673页。《涑水记闻》记载一则趣事：真宗"重礼杜镐"，一日，将自己喝到一半的酒封存，送到龙图阁赏赐杜镐，杜镐喜出望外，原本"素不饮"的他，立刻将剩余的酒一饮而尽，没想到因此昏厥。真宗知道后立刻到龙图阁探望，并且"自调药饮之"。见《涑水记闻》，卷6，《真宗重礼杜镐》，第124页。姑不论这则趣事是否如实，即便只是传闻，也反映了时人对真宗"重礼杜镐"的认识。
　　③ 《长编》，卷80，大中祥符六年六月，第1831页。
　　④ 《长编》，卷81，大中祥符六年八月，第1845页。

镐、陈彭年、王钦若扮演着最为关键的角色。① 与太宗不同,真宗对入宋已久的江南降臣显然不再猜忌,他采纳了这几位徐铉派文士的礼仪观点,造就了处处仿效唐玄宗的祥符时代。

天禧元年正月,神道礼仪活动推向高潮,真宗奉上玉皇、圣祖册宝。同年十一月,江西洪州人胡克顺上呈刊刻出版的徐铉文集。② 两件事看似毫不相关,实际上却有值得玩味之处。胡克顺在《进徐骑省文集表》提到:

> 窃见故散骑常侍徐铉杰出江表,夙负重名,逮事天朝,荐升近列,特受先皇之顾遇,颇为后进之宗师。文律高深,学术精博,辞惟尚要,思在无邪,克著一家之言,盖处诸公之右。……每思编缉,尤惧舛伪。数年前,故参知政事陈彭年因臣屡言,成臣夙志,假以全本,并兹冠篇。乃募工人肇形镂板,竹简更写,无愧于前修;绎几回观,愿留于睿览。……天禧元年十一月日三司户部判官、朝散大夫、行尚书都官员外郎、上护军臣胡克顺上表。③

可见胡克顺从陈彭年手中获得徐铉文集,才得以完成刊刻的心愿。特别提到"因臣屡言",透露陈彭年对刊刻文集一事有所顾虑。从王钦若与陈彭年的共同门人晏殊(991—1055)所作徐铉文集后序可

---

① 另一可注意的角色是王中正。他曾在南康军从事商业活动,后于茅山学习道术,并得刘承珪引荐给真宗,而为真宗传达"神人"之语。见《长编》,卷71,大中祥符二年二月,第1593—1594页。王中正的角色充满了神秘性,他对祥符礼仪有何影响,难以深究。但就仿效唐玄宗的一连串礼仪而言,王中正似不可能具备足够的理论知识。

② 胡克顺为江西洪州胡氏家族的成员。胡家与徐铉关系密切。见《徐公文集》,卷26,《洪州奉新县重建阆皇观铭碑并序》,第3a—5b页。

③ 胡克顺:《进徐骑省文集表》,《徐公文集》,序,第1a—2b页。

知，①早在祥符九年（1016）以前，胡克顺已将徐铉文集"镂板流行"，②
但直到神道礼仪大功告成的天禧元年才上呈真宗。如前节所述，徐
铉文集中对道教统治理念的阐述，与真宗祥符时代的作为若合符节。
真宗崇道的统治理念，在下一章还将继续探讨。

　　总之，基于两点事实，笔者认为徐铉的政治理念，为祥符神道礼
仪的关键思想来源之一：其一，由于唐玄宗晚年爆发安史之乱，推崇
玄宗道教作为的言论并不多见，这使祥符时代"事事慕效唐明皇"显
得很不寻常，而徐铉正是唐玄宗的积极崇拜者。其二，主导祥符神道
礼仪的三位主要人物，王钦若、杜镐、陈彭年，皆为徐铉派文士。除非
认为这些仅是巧合，否则有理由相信，他们采纳、运用了徐铉思想。
对徐铉门生故旧而言，徐铉思想是他们亲近可取的资源，当他们成功
说服真宗在祥符时期仿效唐明皇的作为，他们也为自身争取到与北
方文士并驾齐驱的政治地位。

第五节　祥符年间谶纬与
道教的融合

　　天书时代的思想、理论依据，除了仿效唐玄宗时代之外，谶纬思
想也扮演着关键角色。那么，这两种思想资源如何融为一体？本节
将进一步分析，徐铉派文士如何将谶纬与道教神仙理念融合，打造既
根据多重理论，又别具特点的天书时代。

---

　　①　晏殊从学陈彭年、王钦若，见《长编》，卷60，景德二年五月，第1341页；《茅山志》，
卷25，晏殊《茅山五云观记》，第265a页。后者为朝廷为王钦若在茅山立五云观，庆历二年
晏殊为之作记，记中提到："（晏）殊夙以文翰游公（王钦若）馆宇。"
　　②　晏殊：《后序》，《徐公文集》，附录，第9a页。

一、王钦若与赵安仁的祭礼之争

真宗朝国家祭礼对唐玄宗遗产的仿效，在祥符以前已见端倪。咸平四年三月，秘阁校理杜镐上奏，请求将九宫贵神"太一"从中祀提到大祀。[①] 杜镐所持的论据有三：第一，他引《史记·封禅书》，称："天神贵者曰太一，太一之佐曰五帝。"足见五帝的地位次于太一，但如今五帝为大祠，太一却仅是中祠。第二，九宫贵神太一"所主风雨、霜雪、雷雹、疾疫之事"。意为太一能左右天地之气，对于天晴雨阴至为重要。第三，唐玄宗天宝中，"述九宫贵神次昊天上帝，类于天地神祇。玄宗、肃宗皆尝亲祀"。以唐玄宗对九宫贵神太一的重视来佐证其重要性。此后，唐文宗将太一降为中祀。此时经杜镐争取，真宗下令史馆、礼院加以讨论，最后同意杜镐的请求。[②]

从杜镐请求升太一为大祀来看，他与他的老师徐铉，都同样重视唐玄宗时代的祭礼遗产。据学者研究，太一在汉武帝时成为最高天神，之后被吸纳入谶纬文献，并与九宫占卜法结合，[③] 被认为是天上的中宫大帝、北极星。郑玄注《易纬乾凿度》说："太乙，北辰之神明也。"[④] 天宝三载(744)，唐玄宗在崇奉道教的背景下，听从术士苏嘉庆之言，使太一成为仅次于昊天上帝的大祀。[⑤] 故杜镐此次建议，在实质上恢复了唐玄宗天宝年间的太一祭礼。

如前节所述，景德年间，真宗君臣开始积极制造太平舆论。此时

---

①　国家祭祀依祭祀等级分为大祀、中祀、小祀，参见朱溢：《唐至北宋时期的大祀、中祀和小祀》，《清华学报》新 39 卷第 2 期(新竹，2009 年)，第 287—324 页。

②　《宋会要辑稿》，礼 12 之 15；《太常因革礼》，卷 48，《吉礼二十·有司春夕祀九宫贵神》，第 2a—3b 页。

③　见顾颉刚：《三皇考》，第 1—253 页。

④　见徐兴无：《谶纬文献与汉代文化建构》，第 51 页。

⑤　吴丽娱：《论九宫祭祀与道教崇拜》，《唐研究》第 9 卷(北京：北京大学出版社，2003 年)，第 283—314 页。

真宗对礼仪的重视也更为凸出。据称"上（真宗）既罢兵，垂意典礼"。①《礼记·乐记》言："王者功成作乐，治定制礼。"②"罢兵"与"垂意典礼"之间，并非仅是前后关系，而是根据经典而来的因果逻辑。因此，以武功平定外患后，帝王将以制礼作乐进行文治。这便为掌握儒教祭礼知识的文士创造发挥的舞台。

正是在景德年间，王钦若在祭礼上的见解，获得了真宗认可。王钦若在咸平四年四月，已擢升参知政事，可见他很早便得真宗赏识。③接下来的分析将说明，景德二年，王钦若援引唐玄宗故事，并融合真宗感兴趣的谶纬思想，来调整南郊祭礼，并成功争取到主导礼仪的地位。④

景德二年十一月，真宗举行郊祀祭天大礼，在此之前，真宗下令卤簿使王钦若检讨郊丘神位，王钦若趁此机会提出改革建议。他首先提议："五方帝位板，如灵威仰、赤熛怒，皆是帝名，理当恭避，望下礼官检定。"经礼官检讨后，认为五帝号是"美称，不烦回避"。⑤王钦若提议以避讳的方式，表达对谶纬中五天帝的恭敬，虽未被礼官接受，但礼官以灵威仰等为"美称"的说法，也表达了对五天帝地位的认可。此事件显示，谶纬神学在祭礼中有进一步发挥作用的可能性。

紧接着，王钦若提出了数项调整南郊祭坛各神所在龛位的建议。限于篇幅，此处仅讨论其中最重要的课题：天皇大帝和北极星从第

---

① 《长编》，卷63，景德三年八月，第1415页。
② 《礼记注疏》，卷37，《礼记》，第670a—670b页。
③ 王瑞来：《宰相故事：士大夫政治下的权力场》，第129—189页。
④ 吴铮强、杜正贞：《北宋南郊神位变革与玉皇祀典的构建》，《历史研究》2011年第5期（北京），第47—58页，认为真宗景德郊祀神位改革是对太宗"上清太平宫"所建构神谱的回应，足以动摇国家祀典的儒教性质。笔者认为，景德二年的改革，并未明显带入道教思想。要解答景德二年南郊祭礼的改革，仍应从谶纬学或经典注疏中来探讨。
⑤ 《长编》，卷61，景德二年九月，第1361页。

二龛上升到第一龛,并说明两者如何源自谶纬文献中的神学观。

首先,须对天皇大帝和北极星作一说明。根据顾颉刚(1893—1980)的研究,天皇大帝最先来自《甘公星经》,谶纬文献将之吸纳。《春秋合诚图》:"天皇大帝,北辰星也,……居紫宫中。"《春秋佐助期》:"紫宫,天皇耀魄宝之所理也。"换言之,在谶纬文献中,天皇大帝耀魄宝被等同于北极星。《周礼·大宗伯》疏文引郑玄注《尔雅·释天》言:

> 天皇,北辰耀魄宝,又云昊天上帝,又名大一常居。以其尊大,故有数名。[1]

于是,经过郑玄的注释,谶纬中的天皇大帝、北极星,与儒家的最高天神昊天上帝画上了等号。

经过了中古时期,谶纬受到批判,在唐代的郊祀礼中,昊天上帝独尊,天皇大帝、太一、北极星在多数时候无法与昊天上帝获得相同规格的祭祀。[2] 此情形延续到王钦若受命检讨神位之际。王钦若奏称:

> 五帝为天神之佐,今五帝在第一龛,天皇大帝在第二龛,与六甲、岳渎之类同处;北极,众星所拱,今与尚书、大理之类接席。……卑主尊臣,未见其便。……望令司天监众官参验闻奏。[3]

---

[1]　顾颉刚:《三皇考》,第108、186页。
[2]　顾颉刚:《三皇考》,第186—187页;其中牟涉郑玄礼与王肃礼之争,参见杨晋龙:《神圣与圣统——郑玄王肃"感生说"异解探义》,《中国文哲研究集刊》第3期(1993年,台北),第487—526页。
[3]　《太常因革礼》,卷30,《吉礼二·冬至祀昊天上帝于圜丘二》,第1—2页。

即希望将天皇大帝与北极星提升到至少与灵威仰等五天帝相同的位阶。真宗下令王钦若与礼仪使、太常礼院、司天监集议，但王钦若以自己为提议者为由，主动表示不加入讨论。①

官员们的讨论结果由礼仪使赵安仁提出统整报告，赵安仁引述"崇文院检讨杜镐、司天台史序等"的意见，结论却是否定了王钦若的提议。针对天皇大帝，赵安仁虽然引述郑玄的意见，但却认为："天皇大帝亦名耀魄宝，自是星中之尊，本非天也"，因此"今于圜丘之上祀昊天上帝，坛第二等祀天皇大帝，则尊卑等列确然自殊"。针对北极星，赵安仁指出有《开元礼》与"天宝敕"两种依据，前者制定天皇大帝等神位居第二龛，后者则让天皇大帝等神升居第一龛。唐德宗建中元年（780）依从天宝敕，贞元二年（786）则依从《开元礼》。其中述及贞元二年处，赵安仁引唐代太常卿王玙与博士柳冕等人的意见，认为："开元定礼，垂之不刊。天宝改作，起自权制，此皆方士缪妄之说，非典礼之文。"即天皇大帝与北极星不应升至第一龛。② 换言之，王钦若的建议，是希望改从道教色彩浓厚的"天宝敕"，赵安仁则认为以儒家为本位的《开元礼》有更高的权威性。③

王钦若得知赵安仁的意见后，立刻上疏反驳，认为"今有司但抚故实，不商事宜，信正（贞）元之轻谈，略经史之说论"。④ 王钦若避重就轻地忽略赵安仁依据《开元礼》的主张，而称这是"贞元轻谈"，并认为天宝敕实际上有"经史"依据。于是，王钦若引述《史记·天官书》

---

① 《长编》，卷61，景德二年九月，第1361页。
② 《太常因革礼》，卷30，《吉礼二·冬至祀昊天上帝于圜丘二》，第2—4页。
③ 参见吴丽娱：《论九宫祭祀与道教崇拜》《汉唐盛世的郊祀比较——试析唐玄宗朝国家祭祀中的道教化和神仙崇拜问题》，收入孙家洲、刘后滨主编：《汉唐盛世的历史解读：汉唐盛世学术研讨会论文集》（北京：中国人民大学出版社，2009年），第22—37页；《营造盛世：〈大唐开元礼〉的撰作缘起》，《中国史研究》2005年第3期（北京），第73—94页；《礼用之变：〈大唐开元礼〉行用释疑》，《文史》2005年第2辑（北京），第97—130页。
④ 《太常因革礼》，卷30，《吉礼二·冬至祀昊天上帝于圜丘二》，第4—5页。

《汉书·天文志》《晋书·天文志》,试图论证北极星与天皇大帝的尊贵,又进一步引到郑玄的《周礼》注文:"冬至祭天皇大帝于北极者也,天皇大帝其神曰耀魄宝。"再引北魏孝文帝和隋朝的郊祀,论证天皇大帝在五天帝之上。[①] 总之,王钦若坚称,既然天皇大帝和北极星在天宝年间升为大祀,而且又有"经史"的依据,不应仍在第二龛。王钦若的意见说服了真宗,天皇大帝和北极星如愿升至第一龛。[②]

赵安仁与王钦若的辩论,都引到了时为崇文院检讨的杜镐的意见。从赵安仁的引述中,杜镐等人支持《开元礼》,而反对天宝敕。王钦若的反驳,也提到"杜镐等"引述贞元元年礼部侍郎鲍防等的奏书,认为"天皇大帝及北辰并众星之贵者,天一太一尊于五帝,出于方士谬妄之言",[③]似乎杜镐与王钦若意见相左。不过,赵安仁与王钦若皆非仅引杜镐的意见,而是包含杜镐在内的所有集议者。就前述参与此次讨论的成员尚有"太常礼院"而言,至少还有一到二位官员参与讨论。[④] 更关键的是,若杜镐确引鲍防之言,而认为太一尊于五帝是"方士谬说",则不啻是自驳其咸平四年引天宝敕请升太一为大祀的论点。总之,杜镐在这次论礼中的确切立场为何,限于史料无法得知。但或许可以认为,杜镐不至于在咸平四年、景德二年的论礼中,持截然相反的观点。实际上,在王钦若的争辩中,他提及咸平四年三月,在杜镐建议下被升为大祀的九宫贵神,亦是依据天宝礼制,从而试图说服真宗方士之说、天宝之制未必为非。

这次争论让人感到意外的是,南郊礼仪使赵安仁的建议,是集合

① 《太常因革礼》,卷30,《吉礼二·冬至祀昊天上帝于圜丘二》,第5—6页。
② 《太常因革礼》,卷30,《吉礼二·冬至祀昊天上帝于圜丘二》,第6页。
③ 《太常因革礼》,卷30,《吉礼二·冬至祀昊天上帝于圜丘二》,第4页。
④ 据所见史料,景德年间有三人任职太常礼院:李维、孙奭、孙何。见《长编》,卷57,景德元年闰九月,第1262页,判太常礼院孙何有奏;卷65,景德四年四月甲戌,第1451页,判太常礼院李维有奏;卷67,景德四年十二月,第1513页,同判太常礼院孙奭有奏。

了太常礼院和司天监等人的意见，王钦若只是个人意见，但真宗却选择支持王钦若。具有谶纬性质的天皇大帝与北极星，因为得到经典注疏与史籍的引述，而提供王钦若利用"经史"的权威，作为反驳赵安仁的论据。需注意的是，尽管谶纬文献将天皇大帝等同北极星，但王钦若并未引述这更早的文本，而是引述经典注疏或史籍。这显示谶纬文本本身并非祭礼调整时的权威依据。

赵安仁与王钦若的礼仪争论，其意义不仅在于两人对祭礼的不同诠释，两人更分属不同的政治派别。赵安仁为河南洛阳人，深受宰相王旦器重。景德三年二月从翰林学士升任参知政事，此后长期为王旦副佐，直到祥符五年与王钦若斗争失败才去位。[①] 因此，王钦若在这次祭礼争论中压制赵安仁，对于两派相争与往后祭礼的发展方向，都具重要意义。

观察咸平四年、景德二年杜镐、王钦若提议的几项祭礼改革，可以得知早在祥符礼仪开始前，仿效唐玄宗天宝年间的祭祀礼仪已经展开。真宗在景德二年对王钦若的支持，意味着将包装经注的谶纬思想与天宝祭礼融合的举措，得到了真宗的认可。反之，如果真宗选择支持赵安仁，祥符礼仪是否还会如后来看到的样貌开展，就不无疑问。就此而言，王钦若在景德年间对祭礼的建议，可说是祥符礼仪的前奏。

二、谶纬与道教的融合：天书与圣祖

从真宗统治前期对谶纬符应概念的想望观之，祥符时代进一步利用谶纬思想，便显得不那么突兀，而是一连串相关发展的高潮，而这又帮助真宗回应澶渊之盟后面临的统治正当性之危机。接下来我

---

① 《长编》，卷62，景德三年二月己亥，第1390页；《长编》，卷78，大中祥符五年九月，第1786页。

们将论证,天书和圣祖的身世,利用了谶纬思想中肯定帝王受命的核心概念:五天帝轮流感生为人间帝王,并将获得四灵献上的河图洛书;另一方面,祥符年间对谶纬概念的利用,并非原封不动地照搬,而是以道教神仙体系加以改造。此外,本节也观察当帝王在建构政权正当性时,所利用的是在历史发展中已被质疑的思想资源,作为观众的朝廷士大夫们如何反应。

首先,据《宋会要》,天书下降后,立刻被在场的宰执们以“龙图”“龟书”加以诠释。以王旦为首的宰执们声称:

> 昔龙图授羲,龟书锡禹,非常之应,惟圣主得之。①

显示“龙图”“龟书”是在场的儒家士大夫所能用来界定天降之书的思想资源。过去在诏令中修辞化的河图洛书,此时被以一种真实存在于上古的方式称述。值得注意的是,这句称述并不见于《长编》中同样记录天书降的条目。②

我们虽不可能知道天书确切由谁撰造,但撰造者试图暗示天书可媲美经史中的“龟书”,则明显可见。真宗的天书据称:“辞类《尚书·洪范》、老子《道德经》”,③《道德经》的问题将在下一章讨论,此处单讨论祥符天书“辞类《尚书·洪范》”的意义——祥符天书可媲美大禹获得的洛书。西汉末的刘歆认为,《周易·系辞》中所谓“河图”即伏羲所受八卦,“洛书”即大禹所得《洪范》。④《尚书正义》采用伪孔安国注,认为《洪范》是“天与禹洛出书,神龟负文而出”。⑤ 因此,祥符天

---

① 《宋会要辑稿》,礼51之17。
② 《长编》,卷68,大中祥符元年乙丑,第1519页。
③ 《长编》,卷68,大中祥符元年乙丑,第1519页。
④ 《汉书》,卷27,《五行志上》,第1315页。
⑤ 《尚书注疏》,卷12,《洪范第六》,第168a页。

书在用字遣词上与《洪范》类似，即暗示其神圣性与大禹所得龟书雷同。

　　然而，真宗君臣对于祥符天书并非如谶纬文本中的河图洛书，是由龟、龙等"四灵"献上，并非无所察觉。祥符元年，王钦若授命撰写的《社首坛颂碑》提及："似苍龙之内阙，睹黄素之奇文，岂必元龟负图而出洛，何须赤雀衔书以及丰。"①从"岂必""何须"可见，真宗君臣意识到祥符天书并非由神兽献上，而这可能意味着祥符天书不如上古帝王的河图、洛书。又如东封完成后，百官加阶，当时知升州张咏，献上《谢加阶封表》："载惟灵契，事过于龟龙，方表玄功，理同于三五。……（臣）庶求静治之方，少助无为之化。"②所谓"事过龟龙"，虽是颂赞真宗获得的天书不比龙图、龟书逊色，但仍显示臣僚注意到真宗天书与龟龙献上的图书，在形式上有所不同。无论如何，这都反映谶纬所赋予的河图洛书概念，对真宗君臣构成某种典范意义，以致他们需要对"天降"之书做出解释。

　　事实上，祥符天书已经融合了道教天书的概念。在《改大中祥符元年赦》中，对天书的描述是：

　　　　神告先期，肃清醮于斋坛，天垂宝箓，祗膺景贶。……且详观载籍，眇觌前闻，圣若羲黄，八卦演连山之象；功齐舜禹，九畴浮出洛之文。何凉德之感通，偕昔王之盛美。③

尽管此赦将真宗的天书与伏羲、大禹的河图、洛书相提并论，宣称是

---

　　①　〔宋〕王钦若：《社首坛颂碑》，收入《金石萃编》，卷127，第23页。
　　②　〔宋〕张咏著，张其凡点校：《张乖崖集》（北京：中华书局，2000年），卷10，《谢加阶封表》，第108—109页。
　　③　《宋大诏令集》，卷2，《改大中祥符元年赦》，第6页。

"偕昔王之盛美";不过,所谓"天垂宝箓"融合了道教用语,[1]此与唐玄宗自认获得圣祖老子赐予的"天降"之书,[2]在形式上其实更为接近。

谶纬中的相关知识,由于融入经史之中,对士大夫而言并不陌生,但却不等于他们必然认同其中的概念。时任龙图阁待制的戚纶(954—1021),在真宗宣称获得天书后不久,上奏表示:"臣谨按稽载籍,历考秘文,仰惟帝德之庞鸿,握乾符而临御,见天人之相接,验灵鉴之垂祥。然未睹昭晰炳焕,若今之明著者也。"戚纶显然了解天书背后的文化概念,"然"的转折语,则透露他对祥符天书过于露骨而感到不安。接着,他花了不少篇幅颂赞真宗,表示庆幸自己"获睹嘉祥,为太平之民";最后,他话锋一转,表示:"窃以流俗之人,古今一揆,恐托国朝之嘉瑞,浸生幻惑之狂图。……以人鬼之妖词,乱天书之真旨。"[3]实际上表达了他对天书的怀疑,担忧真宗受到有心人士的欺骗。但当真宗自认获得天书,而天书又关系到政权的正当性建构时,士大夫们即使感到不安,也只能委婉表达。[4]

其次观察祥符时代对"感生论"的利用。祥符元年十一月,封禅结束后,真宗亲自到兖州文宣王庙酌献,并给孔子追加谥号为"玄圣",所依据的就是:"《春秋演孔图》曰:'孔子母梦感黑帝而生,故曰

① 参见〔宋〕张君房编:《云笈七签》,收入《正统道藏》第37册,卷21,《三界宝箓》,第340a—341a页。《云笈七签》编就于真宗祥符年间,学界一般认为,此书反映宋初道教一般的思想状态。

② 见卿希泰:《简明中国道教史》,第72—80页。

③ 《宋朝诸臣奏议》,卷36,戚纶:《上真宗论受天书》,第355页。《长编》,卷68,大中祥符元年四月戊戌,第1532页,也摘录了戚纶的上奏,摘录的内容较《宋朝诸臣奏议》简短,但在质疑天书的部分,全部摘录。不过,《长编》多了此句:"请诏侍大臣,摹写祥符,勒于嘉玉,藏之太庙,别以副本秘于中禁,传示万叶,世世子孙,恭戴天命,无敢怠荒。"显示戚纶在质疑天书之余,仍向真宗表达他对天书的崇敬。

④ 也有少数士大夫对真宗朝天书直言批评,真、仁之际著名儒士孙奭(961—1033)引孔子"天何言哉",质疑真宗的天书。孙奭的批评见《长编》,卷74,大中祥符三年十二月,第1699—1700页;卷81,大中祥符六年十月,第1850—1851页;卷93,天禧三年四月,第2142—2143页。

玄圣。'"①显示在决定孔子谥号时，谶纬文本中的孔子感生说胜过了其他选择。如前提及，就目前可见的史料来看，直接引用谶纬文献的事例并不多见，此次明目张胆地援引谶纬文本于孔子谥号，显示谶纬思想在祥符时代的政治环境中，更明显地浮出台面。

在真宗造作的政治神话中，祥符五年圣祖降临，更是具体而微地用谶纬思想解释大宋皇室的神圣性。《长编》载真宗与圣祖的相见：

> （大中祥符五年十月）戊午，九天司命上卿保生天尊降于延恩殿。先是八日，上梦景德中所睹神人传玉皇之命云："先令汝祖赵某授汝天书，将见汝，如唐朝恭奉玄元皇帝。"……是日，五鼓一筹，……天尊至，冠服如元始天尊。……天尊曰："吾人皇九人中一人也，是赵之始祖。再降，乃轩辕黄帝。凡世所知少典之子，非也。母感电，梦天人，生于寿邱。后唐时，七月一日下降，总治下方，主赵氏之族，今已百年。皇帝善为抚育苍生，无怠前志。"即离坐，乘云而去。②

在这段材料中，圣祖"亲自"向真宗否定了《史记·黄帝本纪》称黄帝为"少典之子"的说法。从圣祖的"自述"可知，祂除了是道教尊神"九天司命上卿保生天尊"，还具有在人间的双重身份：初降为"人皇九人中一人"、再降为母"感电"而降生的轩辕黄帝。对熟读经史的士人而言，上述圣祖的身世绝非创见，其知识即来自儒家经典注疏中所广

---

① 《长编》，卷70，大中祥符元年十一月戊午朔，第1574页。谶纬学发挥《公羊春秋》孔子为"素王"之说，而认为孔子母感应五帝中的黑帝而生孔子。参见周予同：《纬谶中的孔圣与他的门徒》，第83—109页。

② 《长编》，卷79，大中祥符五年十月戊午，第1797—1798页；又见《宋会要辑稿》，礼51之6。此外，圣祖还有泰山神、茅山神等身份。参见朱永清：《神格与政治：赵宋圣祖崇拜新论》，《宁夏师范学院学报》第40卷第8期（2019年，固原），第69—76页。

泛征引的谶纬文本。"人皇九人中一人"的说法,至少出现在《洛书摘亡辟》《春秋命历序》等谶纬,①并得《周礼注疏·序》征引;②母"感电"而生黄帝,则出现于《河图握拒记》《诗含神雾》等谶纬文本,③并得《周易正义·系辞》《尚书正义序》引用。④

　　然而,就圣祖曾经"感生"为黄帝而言,祥符时代在利用谶纬概念时,也引入道教神仙系统加以改造。依照谶纬学五天帝感生说,圣祖在天上的身份应是黄色的天帝"含枢纽",但圣祖显然不采此天神身份,而是化身为道教天尊。换言之,圣祖在"天上"是道教尊神,在远古"人间"的身份才是依据谶纬的古史观。真宗曾明白表示,他要以唐代崇奉老子玄元圣祖的方式来崇奉赵宋圣祖。大中祥符五年,真宗与赵氏圣祖见面前夕:

> 　　上梦景德中所睹神人传玉皇之命云:"先令汝祖赵某授汝天书,将见汝,如唐朝恭奉玄元皇帝。"⑤

明白说出崇奉宋朝圣祖的背后,是以唐朝圣祖为仿效对象。即便如此,真宗在圣祖降临后的第三天,仍向辅臣自许:"礼乐交举,儒术化成。"⑥显示真宗并不认为圣祖的降临及其道教尊神的身份,与儒术有

---

① 《洛书摘亡辟》:"人皇兄弟九人,别长九州岛离艮;地精女出,为之后。"见《太平御览》,卷135,《皇亲部一·人皇后》,第783b—784a页。又见卷78,《皇王部三·人皇》,引《春秋命历序》,第492页。

② 《斗机》云:"'所谓人皇九头,兄弟九人,别长九州岛者也。'是政教君臣起自人皇之世,至伏羲因之。"见《周礼注疏》,《序》,第3a页。《斗机》应即《春秋运斗枢》。

③ 《河图握拒记》:"黄帝名轩,北斗黄神之精,母,地祇之女附宝,之郊野,大电绕斗枢星,耀感附宝,生轩,胸文曰:黄帝子。"《诗含神雾》曰:"大电绕枢,照郊野,感附宝,生黄帝。"见《太平御览》,卷79,《皇王部四·黄帝轩辕氏》,第497a页。

④ 《周易正义》,卷8,《系辞下》,第167a页;《尚书正义·序》,第6b页。

⑤ 《长编》,卷79,大中祥符五年十月戊午,第1797页。

⑥ 《长编》,卷79,大中祥符五年十月辛酉,第1798—1799页。

任何扞格。

　　事实上，谶纬的知识文本，正好是儒家思想与道教思想的重叠领域。不但儒家经典注疏大量援引谶纬文本，道教文本也吸收了大量谶纬学。[①] 这解释了为什么祥符中期下降的圣祖有此复杂的身份。综观祥符时代神道大礼的进展过程，前期以儒教（东封祭天、西祀祭地）为主，圣祖降临后，真宗转向遵奉圣祖与圣祖母的活动，[②] 显示圣祖降临事件，对于引导祥符后期尊崇道教神灵具有关键性。[③] 圣祖在人间（人皇九人中一人）与天上（九天司命上卿保生天尊）的身份区别，即为祥符礼仪的发展方向搭建了桥梁。

　　总之，天书与圣祖背后依据的思想资源，皆显示祥符时代一方面利用谶纬思想，另一方面又以道教天神观加以改造。这使祥符时代对谶纬思想的利用，既有别于崇奉谶纬的东汉，亦不同于崇奉老子圣祖的唐代。这种既融合大量传统思想资源，又加以改造、整并的方式，凸显了真宗君臣所展演的天书时代，若非是一场超越前古的盛世，便是一个容易破碎的谎言。

结　　语

　　封禅之后，如何当一位太平天子？这个问题充满了各种可能性，也为朝堂上的文士提供发挥的舞台。当宋真宗自认成为有"德"之

---

　　① 参见萧登福：《谶纬与道教》（台北：文津出版社，2000 年），第 198—213 页。从作者的讨论可知，道经在吸收谶纬学的同时，也做了幅度颇大的推演或添加，与祥符时代所利用的谶纬有明显不同。

　　② 参见张其凡：《宋真宗"天书封祀"闹剧之剖析》，第 144—196 页。

　　③ 杜乐：《宋真宗朝中后期"神圣运动"研究》，指出以祥符五年为界，之前是儒主道辅，之后则转为尊崇道教，第 24 页。

君,并渴望带领赵宋走向"太平无为"之治时,道教的统治理念便更容易得到君主的青睐。徐铉崇拜唐玄宗儒道合一的政治理念,即为君主在宣示太平之后,提供一套强化政权正当性的方针。徐铉派文士中的三位人物:王钦若、杜镐、陈彭年,援引徐铉的政治理念,并获得了真宗的采纳,使祥符礼仪鲜明地仿效唐玄宗崇道的诸多作为。不过,祥符时代的思想资源,并非仅来自唐玄宗崇道的作为,而还融入了谶纬思想。祥符时代的天书与圣祖,便融合了谶纬与道教的元素。这显示,谶纬学在宋初并未全然失去魅力,而是在儒家经典注疏的大量引用下,随时可能还魂。

从太宗到真宗朝南、北文士的互动来看,原本在太宗朝占据绝对优势的北方文士,到了真宗朝,不得不与前南唐文士平起平坐。北方文士李昉、王祜(王旦父),南方文士徐铉、张洎等在太宗朝曾经颇为友好。但与他们关系密切的下一代政治人物——真宗朝以寇准、王旦为首的一派北士,与以王钦若、陈彭年为首的一派南士,却展开了激烈的权力斗争。[①] 这显示两方相争,最关键处并非南北地域之别,而是因为真宗采纳了南方文士的政治理念,并给予南士足以与北士抗衡的政治地位,从而瓜分了北士的从政空间,双方的权力竞争乃不可避免。而真宗也在南、北文士的"异论相搅"中,更加掌控皇权的权威性。[②]

---

① 学界对祥符时代王旦、王钦若两派士大夫之间的政争有详细的研究,参见 Ho, *Politics and factionalism*, pp. 160 - 264;刘静贞:《北宋前期皇帝和他们的权力》,第126—141页;邓小南:《祖宗之法——北宋前期政治述论》,第311—339页;张其凡:《宋代人物论稿》,第221—263页;王瑞来:《宰相故事:士大夫政治下的权力场》,第102—128页。

② 真宗以"异论相搅,即各不敢为非"来解释为何任用寇准,见《长编》,卷213,熙宁三年(1070)七月,第5169页。这虽出自熙宁间曾公亮的追述,但真宗确实并用南、北士,而使"异论相搅"。

第三章 天书时代
——统治模式与政治文化

前　言

　　大中祥符元年正月，真宗获得降于皇城承天门的第一封天书，从此开启了天书统治的时代。① 天书时代祭神礼仪的展开过程中，有一自成逻辑的发展顺序。这可从天禧元年正月六日，真宗下令公开宣读天书的诏令中来认识。诏令首先提到获得天书（秘箓、珍图）之后，在恭敬小心的供奉天书下，真宗进行东封泰山（祥符元年十月）、西祀汾阴（祥符四年二月），接着圣祖降临（祥符五年十月），且向真宗自述"仙源"；之后，真宗到曲里太清宫朝谒老子（祥符七年正月），而后又同天下臣庶恭上玉皇尊号（祥符八年正月）。天禧元年开春，则与天下臣庶恭上玉皇、圣祖圣号、宝册，在奉天书行此大礼的同时，改元天禧。最后表示，将宣读天书，以"共守建中之道，愈钦皇极之规"。而这些神道礼仪带给赵宋的效应，则是"时万时亿之祥""厚福咸怀""福

　　① 学人的研究指出，天书不仅是为封禅背书，终真宗一朝，天书都十分受到重视。见 Christian Lamouroux, "Rites, espaces et finance. La recomposition de la souveraineté dans le Chine du 11e siècle," *Annales. Histoire, Sciences Sociales* 51. 2 (1996, Cambridge), pp. 275 - 305；张其凡：《宋真宗"天书封祀"闹剧之剖析》，第 144—196 页；杜乐：《宋真宗朝中后期"神圣运动"研究》，第 55—63 页。但真宗终祥符之世都重视天书的原因，则仍须进一步探究。

赆来同,感悦交集"。① 认为借由祭祀天地、神祇之礼,即能得厚福。这深刻显露了祥符时代宗教统治的思维本质。

上章所述的道教与谶纬思想,固然构成天书时代的思想资源,但我们尚未解答,大中祥符时代一系列的神道礼仪,究竟蕴含着怎样的统治思维与逻辑? 真宗君臣为何认为完成这些典礼,能够保证赵宋的太平统治? 当真宗君臣认真展演这一套奉神大典,天书时代又如何改变宋朝的政治文化? 这些课题便是本章关注的核心。

承天门天书的内容,实际上已具体而微地概括了祥符时期的统治思维。首先,这封天书"辞类《尚书·洪范》、老子《道德经》",内容的要旨则是:

> 始言上能以至孝至道绍世,次谕以清净简俭,终述世祚延永之意。②

细读这段文字,可以认为:"孝"与"道"是统治的精神与理念,③"清净简俭"是统治的原则或方法,效用则是赵宋国祚的永远延续。这封天书传达的概念,对于理解祥符时代的统治逻辑至为关键。

本章首先探讨天书在祥符时代的关键位置——天书被真宗视为道教神仙对他的指导,依照天书的指示,他便能依"神道"而"设教";其次,分析天书时代的统治理念:在"孝"的精神中,真宗举行了东封与西祀;而对"道"的崇拜,则进一步引领真宗向往长生不死,并建立凌驾于儒教之上的道教神仙统治。再者,探讨真宗如何改变自己的

---

① 《宋会要辑稿》,礼51之16。
② 《长编》,卷68,大中祥符元年正月乙丑,第1519页。
③ 天书对孝与道的强调,呼应了前章讨论徐铉道教统治理念中,"孝心充乎内,必道气应乎外"的观点。

统治风格，他不再是谦虚自言"德薄"的君主，而是在与天地、神灵交通的过程中，自视为人间的神圣领导者、臣民的导师，并肩负教化臣民的责任。再次，将分析祥符时代如何制造一股特殊的政治文化：真宗被视为受到神仙福佑的圣君，不仅能够免于灾异天谴，还不断获得各地献上的祥瑞，士人们也争先恐后地撰写歌诵真宗非凡统治的美文。这些发展，使天书时代的神道活动夹带着广泛的影响力，不仅中央朝臣参与其中，帝国各个角落亦被卷入这场幻美的盛世。

第一节　天书："太平"后的统治指导

学者论大中祥符时代，多认为天书是真宗"神道设教"之方。这样的印象来自"城下之盟"一段有名的史料：王钦若与杜镐先后以"圣人以神道设教"评论河图、洛书的作用。意指"天书"即是神道设教。此段史料出自北宋中后期苏辙（1039—1112）和刘邠（1022—1088）之笔，该如何解读，第五章将进一步探究。不过，这至少反映在宋人的理解中，天书是真宗用以神道设教之方。因此，若能了解汉唐以来的儒家经典注疏如何诠释"神道设教"，便可更准确地探索，如何用神道设教的概念，来理解天书在祥符时代的作用。

十二经注疏在北宋前三朝居于经典诠释的主导地位，因此，我们首先看经典注疏如何解释"神道设教"。《周易·观卦》经文说：

> 观天之神道，而四时不忒。圣人以神道设教，而天下服矣。

注文解释：

> 神则无形者也,不见天之使四时,而四时不忒。不见圣人使
> 百姓,而百姓自服也。

疏文则发挥道:

> 神道者,微妙无方,理不可知,目不可见,不知所以然而然,
> 谓之神道。……天既不言而行,不为而成,圣人法则天之神道,
> 本身自行善,垂化于人,不假言语教戒,不须威刑恐逼,在下自然
> 观化服从。故云天下服矣。[1]

从本经、注、疏的诠释可以看出,神道设教阐述的是"圣人法天"的统治之术。天之所以能让四时顺布,在于一股神秘的力量,即所谓"神道"。此神秘力量超越凡人的理解,不可知亦不可见。圣人需效法这股自然而然的力量进行统治,便能使"天下服""百姓自服""自然观化服从"。意指百姓将在圣君的统治下,自然而然地感化、服从。

就神道设教乃为"圣人法天"而论,"天书"作为真宗宣示太平后的政治指导,可说是名副其实的圣人法天。不过,此"神道"并非如经典疏文所说的"理不可知,目不可见",而是采纳了谶纬中具象化的河图洛书,不仅有文字,而且阐述了统治理念。换言之,祥符时代的神道设教,意指真宗依照天书的指示,对赵宋进行近乎宗教性的神圣统治。

应注意的是,祥符元年真宗共获得三封天书,而真宗应对三封天书的方式迥然有异。祥符元年正月三日的承天门天书,被真宗刻意地当众宣布。原本王旦建议"启封之际,宜屏左右",但真宗认为:"所

---

[1]　《周易注疏》,卷3,《观》,第60a页。

云屏人以启封，虽神人云勿泄天机，朕以上天所赆，当与众共之。"①这封天书的大意如前言所述，指出了统治的精神（孝、道）、方法（清净简俭）与效用（世祚延永）。这封指导性的文字，也在真宗的坚持下公开宣读。

第二封天书于祥符元年四月一日降于大内中功德阁，真宗对这封天书采取秘而不宣的方式。天禧元年正月，真宗才在宣读天书时将之公布，并建"天祺节"加以庆祝。建节诏令提及："自钦承于中禁，唯密奉于清场。"②可见这封天书亦有重要意义。

第三封天书则于祥符元年六月六日，降于泰山。真宗为这封天书举行了盛大的迎接典礼，并且在百官面前加以宣读。③ 此天书的内容较为简短：

> 汝崇孝奉吾，育民广福。锡尔嘉瑞，黎庶咸知。秘守斯言，善解吾意。国祚延永，寿历遐岁。④

这封天书同样强调了"孝"，并且以圣祖作为第一人称，要求真宗以诚孝之心侍奉自己，并承诺赵宋将进行稳定永久的统治，真宗也将获得长寿。我们无法论断真宗是否相信天书是神灵赐予，或是君臣共同伪造，但可以确定真宗知晓如何分别对待三封天书。

令人好奇的是，相较于第一、第三封天书立刻被真宗公开宣读，同在祥符元年下降的功德阁天书，为何直到天禧元年才被公开？可

---

① 《宋会要辑稿》，礼51之16—17。关于真宗获得第一封天书的记录，《宋会要辑稿》的记载比《长编》更为完整，因此本文以引《宋会要辑稿》为主。
② 《宋大诏令集》，卷144，《立天祺节诏》，第524页。
③ 迎泰山天书的过程见方诚峰：《祥瑞与北宋徽宗朝的政治文化》，《中华文史论丛》2011年第4期（上海），第215—253页。
④ 《宋会要辑稿》，瑞异1之32。

能因素是此天书具体指导着神道礼仪活动的流程大纲。这样的推测首先在于祥符时代的各项大礼，都是"奉天书行事"，显示天书对祥符时代的指导，并不单在精神纲领，而还与具体的大礼联结。王钦若的门生晏殊，在庆历二年（1042）为供奉王钦若的茅山五云观作记，便提到："至如检玉分邸、瘗缯睢壤，近甸巡豫，嘉坛衮对，咸遵秘篆，聿彰勤任。"[1]显示祥符年间的大礼，皆是遵照天书的指示。其次，真宗对各项大礼都已有预见，祥符三年八月一日，真宗在首肯河中父老和文武官员请求西祀的御札中，表示西祀"久属朕怀""深符宿意"；[2]祥符六年八月一日，真宗在亲祠亳州太清宫诏令中，也表示"允契素怀"。[3]其三，就功德阁天书公布的时间点来看，正是在各项大礼都已完成之际。以宣读天书的方式让功德阁天书面世，乃因此时"天机"已经实现，原本被秘守的功德阁天书，才终于被公开，以显示真宗顺利完成了圣祖的指示。如果这个推论可以成立，则祥符时代的幕后主导者不仅制作了三封天书，更得在适当的时间点，鼓动地方上的父老到汴

---

① 《茅山志》，卷 25，晏殊：《茅山五云观记》，第 264a 页。又据学人研究，真宗东封、西祀、谒太清宫、上玉皇、圣祖圣号宝册，都是奉天书行事，因而有天书仪卫使、同仪卫使、仪卫副使、扶持使的设立。见杜乐：《宋真宗朝中后期"神圣运动"研究》，第 55—63 页。此外，祥符五年十月圣祖降，闰十月真宗举行告庙仪式，王旦建议："东封、汾阴告庙日，皆奉天书，所以表奉符行事。今兹告庙，天书重于举动，望不出内。"见《长编》，卷 79，大中祥符五年闰十月丁卯，第 1800 页。从王旦的意见可知，东封西祀之所以要天书随侍，是为了表达这是奉天之命行事。真宗虽然同意告庙不奉天书，但在十一月于朝元殿恭谢玉皇，真宗依然"奉天书行事"。见《长编》，卷 75，大中祥符四年二月辛酉，第 1711 页。与前言引述的宣读天书诏令对照，诏令中提及的各项大礼，皆是奉天书而行。凡此都暗示着，这几项大礼被写在天书中。

② 《宋会要辑稿》，礼 28 之 41。

③ 《宋大诏令集》，卷 123，《亲祠亳州太清宫回日恭谢天地诏》，第 423—424 页。如果功德阁天书确实写下了真宗将要举行的大礼，这便也意味着，除了功德阁天书所记，不会再有其他礼仪活动排入行程。如祥符六年正月，知苏州苏国华上言请求真宗谒灵仙观，但真宗"诏谕止之"。《长编》，卷 80，大中祥符六年正月，第 1815—1816 页。真宗下诏西祀后，命陈尧叟到河中府准备相关事宜，当时有河中府民巨沼呈上"灵宝真文"，陈尧叟令中使奉之入献，但此天书并未获得如泰山天书般高规格的迎奉，此后也未再被提及。见《长编》，卷 74，大中祥符三年十月庚戌，第 1691 页。

京进行大礼的请愿，才能让真宗以为天书的指示皆一一实现。

　　总之，天书的重要性必须从其与奉神礼仪的关系寻求理解。可以认为，三封天书指导了祥符时代的施政精神，很可能也指示着各项重大的奉神之礼。反过来说，所谓天书的"指导"与"指示"，其实是安排这些礼仪活动的王钦若一派，运用河图洛书的概念，宣称这是依照"天命"行事，使奉神礼仪具备无可挑战的正当性，而避开不同派别士大夫的抗议，并借此稳固政权。简言之，真宗的"神道设教"，即君主依照天书的指示，有步骤地完成各项典礼，天神则允诺赵宋国祚延永，获得长久稳定的统治。

第二节　孝治：东封、西祀与圣祖降神

　　当承天门天书与泰山天书都强调"孝"的概念，并承诺赵宋"世祚延永"，我们不禁要问"孝"与"治"有何关联？而孝的精神感情，又如何与礼仪活动结合？这即是本节所欲回答的问题。本节首先讨论儒家经典《孝经》中的"孝治"理念，其次观察祥符神道活动的前半部：东封、西祀与圣祖降临，如何操作此概念。

　　儒家经典中的"孝治"思想，主要体现于《孝经》。太宗和真宗都十分重视《孝经》。淳化三年十月，秘书监李至请求将太宗的千字文刻石，但太宗认为千字文"词理无可取"，而"《孝经》乃百行之本，朕当自为书之，令勒于碑阴"。① 真宗则曾自言，光是在东宫时，就"讲《尚书》凡七遍，《论语》《孝经》亦皆数四"。②

　　对"家天下"的帝国而言，《孝经》将"孝"与"治"的概念联结，有助

---

① 《长编》，卷33，淳化三年十月癸亥，第739—740页。
② 《长编》，卷72，大中祥符二年九月，第1635页。

于合理化现世君主的统治权威。例如,《孝治章第八》探讨君主如何借由祭祀天、地、祖宗以达太平:

> 故生则亲安之,祭则鬼享之,是以天下和平,灾害不生,祸乱不作。故明王之以孝治天下也如此。[①]

唐玄宗的注解认为:"上敬下欢,存安没享,人用和睦,以致太平,则灾害祸乱无因而起。"[②]将侍奉祖宗与"致太平"联结。事实上,相较于"生则亲安之",《孝经》更重视"祭则鬼享之"。紧接着的《圣治章第九》便提及:"孝莫大于严父,严父莫大于配天,则周公其人也。昔者周公郊祀后稷以配天,宗祀文王于明堂以配上帝,是以四海之内各以其职来祭。夫圣人之德又何以加于孝乎!"[③]这段话是历代南郊、明堂大礼祭天配飨的重要依据,认为对天子而言,尊严其父最大的孝行就是在祭天之时,以父或祖宗配飨天或上帝。

真宗咸平年间,由邢昺(932—1010)领衔,重新整理了唐玄宗时代元行冲(653—729)的《孝经》疏文,[④]因此,疏文大体可以视为宋初儒臣认可的《孝经》诠释。《孝经》疏文对"孝治"也提出诠释。在《孝治章第八》,针对经文"昔者明王之以孝治天下也,……故得万国之欢

---

①　《孝经注疏》,收入〔清〕阮元审定,〔清〕卢宣旬校:《重刊宋本十三经注疏附校勘记》,《孝治章第八》,第34b 页。

②　《孝经注疏》,《孝治章第八》,第34b 页。

③　《孝经注疏》,《孝治章第八》,第36b 页。

④　关于唐玄宗的《孝经》注与儒臣元行冲的疏文,参见朱海:《唐玄宗〈御注孝经〉发微》,《魏晋南北朝隋唐史资料》第十九辑(2002 年,武汉),第99—108 页;朱海:《唐玄宗御注〈孝经〉考》,《魏晋南北朝隋唐史资料》第二十辑(2003 年,武汉),第124—135 页;陈一凤:《论唐玄宗注孝经的原因》,《长春师范学院学报(人文社会科学版)》第24 卷第6 期(2005 年,长春),第39—42 页;罗圣堡:《汉宋〈孝经〉学论考》(台北:台湾大学中国文学系硕士学位论文,2010 年),第147—154 页。

心，以事其先王"，疏文认为："言明王以孝为理，则诸侯以下化而行之者。"①在《广要道章第十二》，针对"教民亲爱，莫善于孝"，疏文这样发挥：

> 君欲教民亲于君而爱之者，莫善于身自行孝也。君能行孝，则民效之，皆亲爱其君。②

认为君主行孝，则人民亦必从之；而人民的孝，不仅表现在敬爱父母，更在于敬爱君主。

徐复观以批判的角度论"孝治"：

> 就天子的地位来说，"爱敬尽于事亲，而德教加于百姓"，便缺少许多政治上的实际设施，而认为自己行孝便可以治天下，绝没有这样便宜的事情。所以《孝经》才是孝治派。……孔孟论政治，总是为了人民；而《孝经》则变成为了统治者的祖宗。③

虽然对孝治思想不以为然，但也一针见血地指出，在《孝经》的统治理念中，确实存在君主崇奉祖宗便能天下太平的思维。

甘怀真则更为同情式地理解孝治思想背后的理念依据。甘怀真分析《礼记》的《祭统》《祭义》《郊特牲》和《孝经》，指出基于"气化宇宙论"，天、地、人（圣人）是由一气化成，借由祭祀能使圣人与天、地应

---

① 《孝经注疏》，《孝治章第八》，第 33a—34b 页。
② 《孝经注疏》，《广要道章第十二》，第 43b 页。
③ 徐复观：《中国孝道思想的形成、演变及其在历史中的诸问题》，收入氏著：《中国思想史论集》四版，第 155—200 页。

酬，回到宇宙原始的状态，即所谓"报本返始"。在郊祀祭礼的进行中，"孝"的情感与伦理，是在世的君主与过世的祖先进行联结的关键。由于天子身为万民之"本"，天子祭祀便是代表万民，借此仪式联结现有的秩序与原初的状态。因此，天子只要执行合宜的国家祭祀，就能够与天地进行应酬、交流，进而安定宇宙秩序，人民也会自然地生存于阴阳调和的道德环境。①

同样阐述孝治理论，且对祥符祭礼具指导意义的文本，是《孝经·感应章》，经文为：

> 子曰：昔者明王事父孝，故事天明，事母孝，故事地察，长幼顺，故上下治。天地明察，神明彰矣。……宗庙致敬，鬼神著矣。孝悌之至，通于神明，光于四海，无所不通。

认为天子事天、事地之道，要从事父、事母开始，如此才能"天地明察""神明彰"。所谓"神明彰"，注文认为：

> 事天地能明察，则神感至诚而降福佑，故曰彰也。

针对"宗庙致敬，鬼神著矣"，注文认为：

> 事宗庙能尽敬，则祖考来格，享于克诚，故曰著也。

疏文则进一步解释"格"：

---

① 甘怀真：《秦汉的"天下"政体——以郊祀礼改革为中心》，《新史学》第 16 卷第 4 期（2005 年，台北），第 13—56 页。

　　　　　　至也，言事宗庙能恭敬，则祖考之神来格。①

可见祭天地的效用，在于神降福佑；事宗庙到达极致，则能使祖先降
灵。以下便分析真宗如何依凭"天地明察"的概念，以实践孝治的
理想。

　　承天门天书赞许真宗能以"至孝至道绍世"，观察真宗的"孝"，突
出地表现在追思太宗上。可从两方面观察：第一是咸平二年，真宗
于启圣院建立太宗神御殿。真宗首次朝拜时，"瞻仰号咽，哀动左
右"，之后，真宗下令今后每年正月都行朝拜太宗神御之礼。② 第二是
真宗不时召见近臣一起观看太宗墨迹，这项活动从真宗即位到祥符
末，都持续不绝。③ 杨亿回忆龙图阁建立后，真宗"频召近臣观览（太
宗墨迹）称叹"；又亲自撰写《太宗圣文神笔颂》，并将之刻碑，以印本
分赐近臣。④ 真宗频繁而持续地向臣子公开展示对皇考的孝思，恐怕
不只是单纯的孺慕之情；从孝治的思想观之，真宗对孝的展示，乃是
帝王统治不可或缺的环节。

　　因此，天书对真宗孝的肯定，并让他获得到泰山祭天的许可证，
对真宗而言即是"事父孝，故事天明"。东封后，王钦若受命撰写的
《社首坛颂碑》言及：

----

　　① 《孝经注疏》，《感应章第十六》，第 51a—52a 页。
　　② 《长编》，卷 45，咸平二年九月甲午，第 962—963 页。祥符三年，又定拜太宗神御
殿"如飨庙之礼"。见《长编》，卷 73，大中祥符三年正月壬戌，第 1651 页。有关宋代的神御
殿，见山内弘一：《北宋时代の神御殿と景灵宫》，《东方学》第 70 辑（1985 年，东京），第
46—60 页。相较于太庙供奉木主，神御殿奉安太宗圣容，更容易引起孝子的孝思。
　　③ 相关史料很多，可见《长编》，卷 45，咸平二年七月甲辰，第 957 页；卷 50，咸平四年
十一月丁亥，第 1088—1089 页；卷 59，景德二年四月戊戌，第 1329 页；卷 82，大中祥符七年
三月乙未，第 1867 页；卷 86，大中祥符九年二月癸卯，第 1974 页。以及《玉海》，卷 33，《景
德大清楼观太宗圣制御书》《祥符太宗御札》《祥符内出太宗书御制》《祥符太宗镂文红管
笔》，第 24a—26a 页。
　　④ 《杨文公谈苑》，第 38 页。

夫感人心而致和平，莫先于孝，兴王道而致雅颂，无尚于仁。……孝德著矣，仁声洽矣，积是纯懿，发为茂功，则巨礼之行，殊祯之应，由天意也，非人力也。[①]

即是认为君主的仁孝，有兴致太平之效，故而得行封禅巨礼，所谓"殊祯"应即指天书，且称这都是天意所感而致。

不过，儒家经典几乎没有提及封禅礼的具体细节，因此在礼仪制定上，真宗君臣广泛吸收了汉唐君主的封禅经验。如前章所论，祥符时代的具体作为，多有模仿唐玄宗之处。祥符元年，主掌详定所的陈彭年在与孙奭辩论三脊茅时提到："封禅之礼，前史不备，开元之制，最为详悉。"[②]此外，真宗的封禅礼为"九宫贵神"的主神"太一"设立独立祭坛，并由摄中书令王旦向真宗跪称："天赐皇帝太一神策，周而复始，永绥兆人。"[③]这同样是照搬唐玄宗封禅的仪式，而对天神太一的重视，最早又是由汉武帝开启。[④]总之，在封禅典礼上，唐玄宗和汉武帝的作为，成为真宗君臣的重要参照。

祥符四年二月，真宗到汾阴祭地，检视真宗在此前后的做为，他刻意提升了对生母元德皇后的崇奉。汾阴祭地之礼，即是在"事母孝，故事地察"的概念中进行。

真宗共两次到西京洛阳谒陵，一次在东封之前的景德四年正月，

---

① 王钦若：《社首坛颂碑》，收入《金石萃编》，卷127，第32页。
② 《宋会要辑稿》，礼22之7。
③ 《长编》，卷70，大中祥符元年十月辛亥，第1571页。
④ 汉武帝受到方士的影响，在封禅礼中以太一为上帝而主祭之，学者已有详论。见顾颉刚：《三皇考》，收入《顾颉刚古史论文集》第三册，第59—65页；顾颉刚：《秦汉的方士与儒生》（上海：上海古籍出版社，2005年），第5—17页；刘屹：《敬天与崇道——中古经教道教形成的思想史背景》（北京：中华书局，2005年），第162—185页。唐玄宗封禅与武帝的异同，见吴丽娱：《汉唐盛世的郊祀比较——试析唐玄宗朝国家祭祀中的道教化和神仙崇拜问题》，收入黄正建主编：《中晚唐社会与政治研究》（北京：中国社会科学出版社，2006年），第196页。

一次在祥符四年三月西祀回程途中，都亲自到其生母元德皇太后陵奠献。景德三年八月下诏谒陵，明确指出目的为"式展孝恭"。[①] 真宗亲自奠献的祖宗，除了宣祖、太祖、太宗陵外，还加上元德皇太后。真宗生母已经得到比去世不久的明德皇太后更高规格的祭拜。朝拜过程中"上每至陵寝，望门而哭"，朝拜完毕后，本可打道回府，礼官也说没有辞行之礼，但真宗还是再次返回陵寝，"感慕哀切，未忍遽去"。[②] 祥符四年西祀回程的谒陵，过程与景德四年相仿，真宗亲自祭拜宣祖、太祖、太宗与元德皇太后，"奠献悲泣，感动左右"。[③] 真宗对父、母的孝思，显然不是个人私下进行，而是在百官相随的谒陵礼仪中公开展演。

朝臣自然也清楚真宗亟欲"事母孝"的心理。西祀回程途中，礼仪使王钦若上奏，请真宗回京躬谒太庙毕后，亲诣元德太后庙祭拜，[④] 真宗下诏中书门下与礼官讨论，讨论的结果以"为礼之经，本于致孝，化民之道，始于奉先"为由，请求真宗"车驾亲谢元德皇太后庙，如太庙之仪"。[⑤] 在西祀汾阴强调虔诚事母的气氛中，王钦若的建议与中书门下的附和可谓体察上意；"化民之道，始于奉先"，则不啻是孝治思想的换句话说。真宗回到汴京后，不但亲谒太庙、元德太后庙，又"谒启圣院太宗神御殿、普安院元德皇太后圣容"，[⑥] 将事父、事母的孝思进一步提升。

---

　　① 《宋大诏令集》，卷118，《天禧三年有事南郊制》，第402页。

　　② 《长编》，卷75，景德四年正月丁卯，第1443—1444页。

　　③ 《长编》，卷75，大中祥符四年三月丙申，第1717页。

　　④ 《长编》，卷75，大中祥符四年三月丙申，第1717页。西祀汾阴前后，是否将元德皇太后附于太宗庙室的问题也被提出。具体过程学者已有详述。见赵冬梅：《先帝皇后与今上生母——试论皇太后在北宋政治文化中的涵义》，收入张希清等主编，《10—13世纪中国文化的碰撞与融合》（上海：上海人民出版社，2006年），第388—407页；朱溢：《事邦国之神祇：唐至北宋吉礼变迁研究》（上海：上海古籍出版社，2014年），第214—216页。

　　⑤ 《太常因革礼》，卷73，《新礼六·亲谢宗庙》，第3a—4a页。

　　⑥ 《长编》，卷75，大中祥符四年四月辛亥，第1718页。

正是在"事母孝"的作为中，真宗进行了祭地之礼。太平之后封禅泰山以祭天，经过经典注疏的阐发，尚可称于典有据。但太平之后如何祭地却成为问题。选择到汾阴祭地，亦是采取了唐玄宗与汉武帝的历史经验。祥符三年八月，真宗在解释为何到汾阴祭地时，称这是"元鼎新祠，开元藏事"，①分别指汉武帝和唐玄宗的西祀。② 早在明令西祀前，真宗就令陈彭年"讨寻历代修废后土故事"。③ 于是，陈彭年主持的详定所指出"汉武帝、宣帝、元帝，后汉光武、唐明皇"曾祀汾阴，希望比照东封前向前代封禅君主致敬之例，于西祀"前七日祀于雎下"。④

祥符三年八月一日，即真宗西祀汾阴前，曾内出御札，明确指出这项典礼与"事母孝"的关联：

> 王者膺箓受图，保邦纂极，必竭诚于明察，期浸福于苍黔。……且以汾河之曲，素严后土之祠，……陟封乔岬，已展于告虔；祗谷柔祇，理当于亲祭。爰举岁巡之典，式申母事之诚。⑤

所谓"竭诚于明察"，正是对《孝经》"天地明察"的引用。因此，真宗宣称封禅事天之后，应该亲自祭祀后土，而祭地之礼，又是在"事母孝"的概念下举行。王旦受命撰写的《祀汾阴坛颂并序》亦称祀汾阴："意

---

① 《宋会要辑稿》，礼 28 之 42。

② 王旦的《祀汾阴坛颂并序》也提到汉武帝与唐玄宗故事："汉元鼎中，始建严祠，式新明制，从马谈、宽舒之议，屡崇于祕祀；唐开元际，克甄坠典，践修厥猷，览张说、萧嵩之言，亟兴于逸礼。"收入〔明〕李侃修，〔明〕胡谧纂：《(成化)山西通志》（民国二十二年〔1933〕景钞明成化十一年〔1475〕刻本），卷 14，第 88a 页。

③ 《长编》，卷 74，大中祥符三年八月丁未朔，第 1681—1682 页。

④ 《宋会要辑稿》，礼 28 之 46。

⑤ 《宋会要辑稿》，礼 28 之 41—42。

在奉母仪,祷年谷而已。"①此后,"天地明察"的概念经常受强调,此不备举。②

真宗基于孝心的展示,不时破坏前例,提高致孝的规格。如祥符元年真宗决定于封禅后,为太祖、太宗加上谥号,并命宰相王旦撰写谥议。王旦认为依唐故事,这是丞郎或太常的职责,但真宗认为:"尊奉祖宗,岂拘常例? 特命辅臣,以申朕之孝思也。"③可见真宗刻意超越前例,以示孝心。④ 祥符三年十二月,真宗又下令以后谒太庙,从由正门入改为由东偏门入,理由是:"方尊事祖宗,当自贬屈。"⑤可见真宗为了凸显致孝之意,不时突破惯例。

从上述的讨论可知,东封、西祀背后蕴藏的统治概念,即为《孝经》:"事父孝,故事天明,事母孝,故事地察,……天地明察,神明彰矣。"因此,真宗对祖宗,尤其是太宗、元德皇太后的致孝行为,实与东封、西祀结合:唯有尽孝于父,封禅礼才能顺利地举行;唯有尽孝于母,西祀才得以圆满完成。在这整套流程完毕后,真宗将获得更上层楼的太平之治——"神明彰"。《孝经》接续于"神明彰"后的,是对天子尽孝宗庙的进一步申述:"宗庙致敬,鬼神著矣。"经过注疏的阐发,如前述,"鬼神著矣"被诠释为祖先的降临,这解释了为什么圣祖降神

---

① 王旦:《祀汾阴坛颂并序》,《(成化)山西通志》,卷14,第88a页。
② 其他如祥符三年五月,真宗答群臣请西祀的诏令就提到自己"岂忘明察之训",见《宋大诏令集》,卷117,《答群臣请亲祠汾阴表诏》,第398页。天禧元年二月,真宗上圣祖母宝册,册文提到"勒封云岱,展事汾脽,既明察以交修,复休祺而荐至",可说是"天地明察,神明彰矣"的换句话说。见《宋会要辑稿》,礼51之10—11。
③ 《长编》,卷69,大中祥符元年六月甲午,第1548页。
④ 刘静贞:《北宋前期皇帝和他们的权力》,第213—216页,所整理的太祖到真宗尊号,可以看到,祥符元年太祖的谥号,从原本的"英武圣文神德",增为"启运立极英武文神德玄功大孝";太宗从原本的"神功圣德文武",增为"至仁应道神功圣德文武大明广孝",谥号皆以"孝"结尾,自非偶然。辅臣历次为真宗所上尊号,也无一例外地以"孝"结尾,都透露孝治之意。
⑤ 《长编》,卷74,大中祥符三年十二月甲寅,第1696页。

发生在东封西祀后的祥符五年十月。圣祖降临后三天，真宗对辅臣说：

> 朕获绍先业，谨遵圣训，礼乐交举，儒术化成。①

在真宗的理解中，大礼的进行与圣祖降格，都是依据"儒术"而行，效用不外乎"化成"。

真宗朝诸多谈及圣祖降的诏令，都阐述着大礼的完成将进一步完善统治。除前言提及的宣读天书诏，又如天禧元年正月一日所上玉皇大帝册文：

> 向以干戈倒载，符瑞交臻，荐告休期，叠颁秘篆。云岱之岳，纪号而勤崇；河汾之丘，省方而报本。承仙宗之降格，述宝训之开先。由是盛则隆兴，纯禧纷委，嘉生并育，善气弥充，俗还于醇和，路盈于雅颂。岂云寡昧，能致于升平；盖自顾怀，茂彰于保佑。②

册文阐述真宗在获得天书"秘篆"之后，得以举行东封、西祀，随后则有圣祖降，"降格"的叙述方式，呼应《孝经》注所言"事宗庙能尽敬，则祖考来格"。而从"由是"的用语，可知真宗君臣将太平景象归功于天书下降后的礼仪活动。此即"孝治"思维的具体展现：通过天子行孝奉天地，太平之政将更加完满。③

---

① 《长编》，卷79，大中祥符五年十月辛酉，第1798—1799页。
② 《宋会要辑稿》，礼51之9—10。
③ 检视真宗朝相关诏令，类似思维者尚有不少，此再举一例。祥符八年真宗上玉皇尊号，赦文论之："自申锡秘文，交修盛则，升紫烟于云岱，瘗黄玉于魏脽，降欷驭于杳冥，述璇源于悠永。以至黍稷丰楙，疆场谧清，景风甘雨以应期，肆伐濯征而咸息。鸿藻纯懿，焕乎而可观。"见《宋大诏令集》，卷136，《申告上圣号赦文》，第478页。"以至"一词，也显示将风调雨顺归功于东封、西祀、圣祖降。

　　总之，在"孝治"的统治思维下，东封、西祀与圣祖降神背后，蕴含着一套君主交通天地的逻辑：真宗以事父、事母为基础，以求在更高规格的祭天、祭地之礼中达到"明察"之功效。成果是召唤到祖宗的最高位阶——"圣祖来格"。基于对"孝治"概念的遵循，"天地明察"之后，真宗君臣坚称他们的太平统治更加臻于完善。至于在典礼操办上，真宗君臣一方面吸收汉唐的历史经验，特别是唐玄宗与汉武帝时期；另一方面又随时以"孝"之名加以变通。这使真宗的太平之政，虽自认是"儒术化成"，实际上却高度遵循君主的意志与汉唐的历史经验。

第三节　崇"无为"之"道"

　　真宗君臣对经术、谶纬、道教的利用与糅合，集中体现于祥符五年十月降临的圣祖：就圣祖面见真宗而言，乃是真宗在"天地明察"后"祖考来格"，真宗也以"儒术化成"加以认定；而就圣祖自言为人皇九人中一人、曾"感生"为黄帝而论，则融入了谶纬思想；如若完全依照谶纬学，圣祖应该是五天帝中的黄帝含枢纽，但圣祖为道教尊神"九天司命上卿保生天尊"，谶纬学的天神体系被代换成道教系统。[①]

　　真宗的神道设教深具道教色彩为学界共识。但真宗对道教神灵：九天司命、老子、玉帝的崇奉，为何衔接在东封西祀之后？这与承天门天书强调的"道"有何联系？真宗崇道的统治逻辑为何？仍有

---

　　① 　五德终始之说，虽然为帝王的天命背书，但也暗示了天命不永，终将因另一德运的兴起而被取代。见顾颉刚：《五德终始说下的政治与历史》，收入《顾颉刚古史论文集》第三册，第313—314页。考量天书所祝愿的"世祚延永"，取消五天帝轮流感生的谶纬神学，淡化圣祖的德运的归属，或非无意之举。

探讨的空间。本节分析真宗在祭天地之礼后，进一步尊崇道教神仙背后的统治逻辑，以及在此思维下，真宗对长生不死的渴望。笔者将指出，从儒家本位立场的士大夫角度来看，真宗的崇道，不啻是对儒教统治的破坏与否定。

一、道教凌驾儒教

圣祖降临之后，祥符大礼的方向从祭"有为"的天地，转向崇奉象征"无为"的道教神仙。祥符五年闰十月，真宗下诏将奉上圣祖母尊号，制书阐释了"道"与"天地"的关联：

> 大道之始，实本于混元；二仪之生，肇从于太极。伊先天之孕粹，由太电以发祥。灵感诞昭，仙缘斯启。[①]

要了解文中对"混元""二仪""太极"的论述，必须从《周易·系辞》入手。《周易·系辞》言：

> 易有太极，是生两仪。

王弼(226—249)的注解为：

> 夫有必始于无，故太极生两仪也。太极者，无称之称，不可得而名，取有之所极，况之太极者也。

疏文进一步解释：

---

① 《宋会要辑稿》，礼51之6。

太极谓天地未分之前，元气混而为一，即是太初、太一也。
故老子云："道生一"，即此太极是也。又谓混元既分，即有天地，
故曰太极生两仪。即老子云："一生二"也。不言天地，而言两仪
者，指其物体下与四象相对，故曰两仪，谓两体容仪也。①

对读经典本文与注疏的诠释可知，基于"有必始于无"的概念，天、地
二仪处于"有"的阶段，在此之前则是天地生成前"无"的"混元"状态，
即所谓太极、太初、太一，或老子所说的"道生一"。《系辞》又说："一
阴一阳之谓道""形而上者谓之道"，②故疏文以"道"解太极，应即来自
对《系辞》文本的理解。祥符五年上圣祖母圣号制书所谓："大道之
始，实本于混元；二仪之生，肇从于太极"，即是对《周易·系辞》及注
疏的精要概括。

承天门天书不仅强调"道"，而且"辞类老子《道德经》"。《道德
经》中有"无名天地之始，有名万物之母"③"有物混成，先天地生"④之
句，正与《周易·系辞》中太极先于天地的概念相通。真宗在宣示太
平之后，所行的"无为而治"，正体现于崇奉"无"状态的道，是从祭祀
"有"的天地两仪，溯源于"无"之"道"，可谓是一宇宙秩序观。换言
之，真宗的"无为而治"，根本的意思并非无所作为，而是崇奉最根本、
原始的"道"。

《周易·系辞》中的太极，或疏文引述《道德经》中的"道"，属于天
地、万物的根本，是抽象的原理原则，偏向道家之道。⑤ 然就真宗的奉
上圣祖母尊号制书来看，此处的道，已经完全人格化，属于神仙道教

---

① 《周易正义》，卷7，《系辞上》，第156b—157a页。
② 《周易正义》，卷7，《系辞上》，第148a、158a页。
③ 〔周〕李耳撰，〔曹魏〕王弼注：《道德经》，清乾隆敕刻武英殿聚珍本，第1a页。
④ 《道德经》，第24b页。
⑤ 见傅勤家：《中国道教史》（上海：上海书店，1984年），第31—33页。

之道。卿希泰对道家与道教崇奉的"道"之差异，有清楚说明：

> 道教的基本信仰也是"道"。……"道"是天地万物之源，因而作为"道"的化身的太上老君也就成为混沌之祖宗、天地之父母、阴阳之主宰、万神之帝君。说明哲学家老子和哲学范畴的"道"，在道教中已被神话为天上的神，因此，信道也就变成了信神。[1]

祥符礼仪的幕后推手王钦若奉命撰写的《社首坛颂碑》，对"道"的表述即是：

> 道莫大于奉明神，政莫隆于兴茂典。[2]

可见王钦若将奉神视作崇道最要紧的事，而奉神又和茂典对举，意为以盛大的典礼奉神。因此，尽管在天书时代的诏令表述中，"道"仍保持《周易·系辞》中先天地的抽象概念，但真宗实际上崇奉的是道教人格化的神仙，而带有浓厚的奉神祈福意味。

依此检视真宗奉圣祖、老子、玉帝的相关诏令，可以清晰辨识出对三者的崇奉皆是在"崇道"的理念下进行，三位神灵也是居天地之先、之上的尊神。真宗的统治逻辑也从"法天"上升到"崇道"。

首先，真宗君臣十分强调圣祖的"先天"性。祥符五年闰十月，上圣祖尊号的制书写道："先天者大道，总众妙以为宗；无方者至神，感

---

① 卿希泰：《道教的源与流》，收入氏著：《道教文化新探》（四川：四川人民出版社，1988 年），第 30—39 页。亦见刘屹：《敬天与崇道——中古经教道教形成的思想史背景》，第 330—332 页。

② 王钦若：《社首坛颂碑》，收入王昶：《金石萃编》，卷 127，第 25 页。

精衷而斯应。"①将"大道"与"至神"对举,显示真宗君臣认为圣祖是道的化身,且是先于天地的人格化之道。圣祖降临时,自言于后唐某年七月一日下降,真宗即将此日定为"先天节"。② 祥符八年(1015)十月,王钦若编成《圣祖事迹》十二卷,真宗赐名"先天记"。③ 天禧元年正月上圣祖圣号宝册,开宗明义地说:"洪惟圣祖,降自先天。"④在在强调了圣祖先于天地的性质。

其次,祥符七年真宗朝谒太清宫老子,同样以"崇道"的名义进行。祥符六年八月,真宗下诏谒太清宫的诏令提到:"窃思三才之始,是谓道尊;百化之先,允推教父。"⑤所谓"三才"即天、地、人,道是三才的本始,而老子又是道的教父。从太清宫回汴京途中,真宗将亳州圣祖殿改称鸿庆宫的诏令中,便以"访道之游"形容这次的出巡。⑥ 因此,朝谒老子的意义并非致意前朝圣祖,而是对道教尊神的致敬,⑦亦是在崇"道"的理念下而进行。

真宗崇奉玉皇,也强调这是对"道"的遵奉。祥符二年四月,真宗下令今后公私文字提及玉皇必须平阙,⑧其诏令第一句话便是"朕钦崇至道";⑨祥符七年九月,真宗下令隔年元旦上玉皇尊号,诏令提及:"穹昊盖高,允昭于下济;妙道为大,实著于强名。……伏维玉皇大帝

① 《宋会要辑稿》,礼5之7。
② 《长编》,卷79,大中祥符五年闰十月,第1801页。
③ 《长编》,卷85,大中祥符八年十月乙巳,第1954页。
④ 《宋会要辑稿》,礼51之10。
⑤ 《宋大诏令集》,卷123,《亲祠亳州太清宫回日恭谢天地诏》,第423页。
⑥ 《宋大诏令集》,卷143,《建鸿庆宫诏》,第517页。
⑦ 道教的最高神祇"三清"——元始天尊、太上老君、太上道君,在唐后期形成,皆是象征无为的"道"的三位尊神,其中太上老君即为老子的神格化。见福永光司:《昊天上帝と天皇大帝と元始天尊——儒教の最高神と道教の最高神》,收入氏著:《道教思想史研究》(东京:岩波书店,1987年),第123—155页;钟国发:《道教神灵谱系简论》,《传统中国研究集刊》第1辑(上海:上海人民出版社,2006年),第57—81页。
⑧ 《长编》,卷71,大中祥符二年四月癸卯,第1604页。
⑨ 《宋大诏令集》,卷135,《公私文字言玉皇者并须平阙诏》,第473—474页。

宅尊紫宙,制治清都,居二仪之先,为万物之主。"①可见玉帝同样是
"先"于天地的人格化之"道"。

　　真宗的崇道,虽然是在圣祖降临后才成为祥符大礼的主轴,但以
"道"作为统治的最高理念,实则早已设定。供奉玉帝的玉清昭应宫
从祥符元年四月即开始修建。修建昭应宫的诏令提到:"宜于京城择
地,依道教建宫,以'昭应'为名",所谓"道教",意思应是依"道"设
"教"。②此道也非抽象的玄理,而是道教经典中的"玉清"境。南朝陶
弘景的《真灵位业图》将神灵按等级分为七种境界,最高一阶即玉清
境。玉清境的主神为玉皇道君和高上玉帝,其他尚有几十位道君,都
清净无为,"不与下界相关"。唐中期以后,七阶境界的说法被三清境
取代,即玉清、上清、太清,玉清成为道教神灵系统中的最高境界。③
这也可见,真宗的崇道,一开始就设定要供奉道教经典中的最高
境界。

　　真宗崇道的目的是通过交通神灵,为赵宋谋求更多的福祐;而具
体的崇道之方,则是兴建宫观以奉神,这呼应了第二章提及的徐铉的
政治理念:兴建宫观以勤行"道"。就兴建崇奉玉帝的玉清昭应宫来
说,诏令声称:"上穹降鉴,元命锡符,特就神京,创兹秘宇。……俾太
紫之圆方,介蒸黎于仁寿。"④可见真宗为玉帝在人间建造雄伟的玉清
境宫殿,而期待玉帝以福佑百姓仁寿的方式回报。再看祥符二年下

---

①　《宋会要辑稿》,礼 51 之 8。

②　刘屹《敬天与崇道——中古经教道教形成的思想史背景》指出:"古人所说的'道
教',最初指周孔、老庄、佛陀这样的圣人所说的真理(道)对人教化(教)。"(第 7 页)

③　见钟国发:《茅山道教上清宗》,第 108—109 页;钟国发:《道教神灵谱系简论》,第
57—81 页。玉清作为最高境界,在《太平御览》所引用道书中获得印证,如《太真科》:"玉皇
谱录有百八道君,群仙随业以补其职,三善道者圣真仙也,上品曰圣,中品曰真,下品曰仙,
三清之闲,各有正位。圣登玉清,真登上清,仙登太清。"见《太平御览》,卷 659,《道部一·
道》,第 3073a 页。又引《太上飞行羽书》:"玉清则上清之高真,上清则太清之高神,太清则
飞仙之高灵。"见《太平御览》,卷 677,《道部十九·舆辇》,第 3149a 页。

④　《宋大诏令集》,卷 179,《加号玉清昭应宫诏》,第 647 页。

令各州建天庆观诏令，同样是希望：

> 率土溥天，冀福祥之咸被；灵坛仙观，俾兴作以攸宜。[1]

希望借着兴建宫观，事奉尊神而致福。总之，兴建道教最高阶的"玉清"昭应宫，与遍布全国的天庆观，皆是真宗希望获得更高更广的神灵福佑。

　　然而，真宗兴建道教宫观的祈福方式，导致儒教的祭天礼仪与道教宫观发生整并。祥符七年规模宏大的玉清昭应宫完成，祥符九年，供奉圣祖的景灵宫建成。[2] 真宗分别下诏，今后皇帝行各种亲祀大礼，皆要在前二日于玉清昭应宫、景灵宫行荐献之礼。[3] 事实上，早在祥符七年二月，真宗谒太清宫回京，在恭谢天地于东郊的前二日，已在玉清昭应宫行荐献之礼。[4] 天禧元年举行上玉皇、圣祖宝册之礼，也分别在玉清昭应宫、景灵宫行大礼，十天后才奉天书合祭天地于南郊。[5] 此后一直到仁宗天圣五年（1027），南郊祭天前二日，皇帝都亲自荐献昭应宫和景灵宫。[6] 这所呈现的涵义是："道"在"天地"之先。玉帝与圣祖在礼仪中居先的位置，意味着儒教的昊天上帝失去了最

---

[1]　《宋会要辑稿》，礼 5 之 18。而此诏另一版本可见《宋大诏令集》，卷 179，《令州府军监关县无宫观处建天庆观诏》，第 647 页。

[2]　有关景灵宫与太庙的关系，参见 Hiu Yu Cheung, *Empowered by Ancestors: Controversy over the Imperial Temple in Song China (960 - 1279)* (Hong Kong: Hong Kong University Press, 2021), pp. 45 - 47。

[3]　《太常因革礼》，卷 74，《新礼七·荐献玉清昭应宫》，第 1a 页；卷 74，《新礼七·荐献景灵宫》，第 9b 页。亦见朱溢：《事邦国之神祇》，第 124—131 页。

[4]　《长编》，卷 82，大中祥符七年二月庚午、壬申，第 1865 页。"恭谢礼"为真宗所创。参见〔日〕山内弘一：《北宋の国家と玉皇——新礼恭謝天地を中心に》，《東方學》第 62 辑（1981 年，东京），第 83—97 页。

[5]　《长编》，卷 89，天禧元年正月辛亥，第 2036 页。

[6]　《太常因革礼》，卷 31，《吉礼三·冬至祀昊天上帝于圜丘三》，第 1b—2b 页。这将在第五章进一步论及。

高天神的地位。① 对以儒教为统治本位的士大夫而言,道教神仙凌驾于儒教昊天之上,不啻是破坏了儒教作为最高统治的理念。

二、真宗求仙

过去学者多半认为,真宗对道教的崇奉,带有明确的政治目的,并未如汉武帝或唐玄宗那样流于追求长生不死。然而,这样的认识恐怕是仁宗朝以后史官刻意隐讳。在道教思想中,"道"是人格化的神仙,道教最核心的追求即是长生成仙。② 真宗由崇道而求仙,实乃顺理成章之事。若仔细爬梳,仍能从不少蛛丝马迹看出,真宗追求长生不仅不是秘密,当时还为人尽皆知之事。

最明显的痕迹,即是祥符元年的泰山天书,承诺只要真宗尽孝圣祖,便能"国祚延永,寿历遐岁",③这与唐玄宗获得圣祖老子天书写有"天下太平,圣寿无疆"如出一辙,④都是由圣祖承诺政治上的太平与君主个人的长寿。王珪作夏竦(985—1051)神道碑,便暗指真宗欲作

---

① 学者多半认为,真宗的玉皇上帝与儒教的昊天上帝为一体两面。如山内弘一:《北宋の国家と玉皇》,第83—97页。此论点的证据之一是天禧元年上玉皇大天帝圣号宝册的礼仪"如祀昊天上帝之仪"。见《宋会要辑稿》,礼51之10。但就"道"的先天性认定而言,笔者认为真宗并未将玉皇上帝等同昊天上帝,而是在昊天上帝之上。更何况,真宗下诏皇帝亲祭之礼前二日必须荐献玉清昭应宫,之后才祭象征天的昊天上帝,亦显示玉帝并未被等同于昊天上帝。事实上,在崇玉帝的热情中,昊天上帝似受到冷落,祥符八年七月,中书门下奏:"每岁祀昊天上帝及飨太庙,旧例非宰相及参知政事摄事,近岁多遣他官,虑乖严重之旨,请复举旧例。"见《长编》,卷85,大中祥符八年七月乙亥,第1942页。此处的"祀昊天上帝及飨太庙",乃指非皇帝亲祀的有司摄事,可见"近岁"对昊天上帝的祭祀有规格下降的现象,而另一方面则是对玉帝的崇奉节节升高。这也说明玉帝不同于昊天。徽宗政和六年,才下诏:"玉皇大天帝、昊天上帝主宰万化,名殊实同,而昔之论者析而言之,不能致一,故于徽称,阙而未备。……恭上尊号曰'太上开天执符御历含真体道昊天玉皇上帝'。"见《宋会要辑稿》,礼51之11。但也可见在此之前两者"不能致一"。

② 见卿希泰:《道教与中国传统文化》(福建:福建人民出版社,1990年),第20—34页。

③ 《长编》,卷69,大中祥符元年六月,第1550页。

④ 《旧唐书》,卷24,《礼仪四·释奠》,第926页。

神山以求仙：

> 江淮发运使李溥又欲致海上巨石于会灵池中为三神山，跨
> 阁道以几遇神仙之属。①

意为李溥欲移巨石至汴京会灵池，造三座仙山，借此让真宗与神仙接
触。可能是欲以此作为真宗成仙升天之处。②

另一显示真宗欲求长生的事例，则是祥符六年六月十一日，真宗
先是要求天下臣民在供奉圣祖的先天、降圣节互相赠送"延寿带、续
命缕、保生酒"。十五日，中书、枢密院上奏，请许群臣上保生酒给皇
帝，真宗批允。二十六日，中书、亲王、节度使又请在先天节进金缕延
寿带、金丝续命缕各一两给真宗。③ 此后，类似的活动年年进行，直到
真宗过世后的天圣元年(1023)五月，太常礼院才请求"先天、降圣节，
延寿带、续命缕，欲望并住进奉"，得到批准。④ 天圣七年(1029)玉清
昭应宫火灾，唯一残存的是"长生、崇寿殿"，⑤亦透露真宗的长生
追求。

真宗至少在晚年，服食号称可长生之药。《真宗实录》指出，天禧
年间，宦官周怀政为了博取真宗宠信，"日进药饵"。⑥ 天禧三年
(1019)，女道士王道真献"枸杞树"给真宗，宣称："愿至尊采撷服饵，

---

① 〔宋〕王珪：《华阳集》，收入《文渊阁四库全书》(台北：台湾商务印书馆，1983年)，
卷47，《夏文庄公竦神道碑铭》，第7b—8a页。

② 神道碑紧接着说此事因夏竦的阻止而停罢，但恐为溢美。夏竦原有批评祥瑞之
论，据称因此受到王旦的赏识，但后来也迎合时局，而受王钦若提拔。见《长编》，卷83，大
中祥符七年十一月己酉，第1904页；卷103，天圣三年七月壬寅，第2385—2386页。

③ 《宋会要辑稿》，礼57之33。

④ 《宋会要辑稿》，礼57之30。

⑤ 《宋会要辑稿》，瑞异2之33。

⑥ 《长编》，卷93，天禧三年六月甲午，第2149页。

用资上寿。"①这些号称可长生的药,不无可能便是导致真宗晚年卧病的因素。在真宗欲求长生的脉络下,我们便可理解,为什么尽管真宗只有一子,仍然"大臣莫敢言建储"。② 这是由于,请求立皇太子,不啻意味请命者不相信真宗可以长生。

真宗不仅自身欲求长生成仙,在他所想象的先天仙境中,太祖与太宗都已成为追随圣祖的神仙。圣祖降临时,陪同圣祖的有六位真仙,"六人皆秉圭,四人仙衣,二人通天冠、绛纱袍"。③ "通天冠、降纱袍"是宋代皇帝时常穿着的服饰。④ 朱熹曾谈论此事,认为:"二人通天冠,绛纱袍,乃是太祖、太宗,暗地设在里,不敢明言。"⑤此外,据《宋会要辑稿》,祥符五年,真宗向辅臣展示太宗的笔墨真迹时,竟说"太宗所用笔,亦与人间不同",⑥透露真宗认为太宗已入仙境。《长编》同样记录此事,但"亦与人间不同"一句,已被李焘删除。⑦ 同年,真宗下令铸造玉皇、圣祖、太祖、太宗圣像,安置于玉清昭应宫,暗示三位祖灵同在玉帝所在的玉清境。⑧ 总之,在崇先天之道的理念下,真宗认为赵宋两位祖宗都已成仙,并期待自己也将成仙。

从孙奭的批评,更可见真宗追求长生在当时并非秘密。真宗在位期间,臣僚多半不敢批评真宗求仙,孙奭是少数的例外。天禧三年,寇准与周怀政伪造新的天书(详后文),时为知河阳县的孙奭,提出尖锐的批评:

---

① 《长编》,卷91,天禧二年四月戊寅,第2108页。
② 《长编》,卷92,天禧二年八月丁酉,第2121页。
③ 《长编》,卷79,大中祥符五年十月八日,第1798页。
④ 见《长编》,卷2,建隆二年五月癸亥朔,第44页;《长编》,卷33,淳化三年正月丙申朔,第733页。
⑤ 〔宋〕黎靖德编,王星贤点校:《朱子语类》(北京:中华书局,1986年),卷107,《朱子四·内任·宁宗朝》,第2661页。
⑥ 《宋会要辑稿》,崇儒6之5。
⑦ 《长编》,卷79,大中祥符五年十一月丙辰,第1806页。
⑧ 《宋会要辑稿》,礼51之3。

　　唐明皇得灵宝符、上清护国经、宝券，皆王钦、田同秀等所为，明皇不能显戮，怵于邪说，自谓德实动天，神必福我。夫老君，圣人也，傥实降语，固宜不妄。而唐自安、史乱离，乘舆播越，两都荡覆，四海沸腾，岂天下太平乎？明皇虽仅得归阙，复为李辅国劫迁，卒以馁终，岂圣寿无疆、长生久视乎？[①]

孙奭批评唐明皇误信田同秀等人假老子之名伪造天书，隐射真宗的天书与圣祖；明皇最后既未获太平也无长寿，则暗示真宗也无法获得太平或长生。表面上批评唐明皇，实则句句针对真宗。

　　尽管真宗追求长生成仙的史料保留得不多，但从上述的数条史料，依然明确显示真宗在天书的"许诺"下，期待自己将长生不死。从朝廷臣僚每年向真宗献上延寿带等物品，以及孙奭的批评亦可知，真宗追求长生在当时是众人皆知之事。不过，真宗于五十五岁过世，他的长生愿望，遭到无情的否定。

第四节　如导师般的君主：天书时代的君臣关系

　　以上对"孝治"与"崇道"的讨论，皆是探讨真宗侍奉天地、神仙背后的统治理念。当真宗以极恭敬的心礼神，且自视为可以长生不死的帝王时，他所期待的君臣关系是否有所变化？这牵涉天书时代统治思想不可或缺的一环：皇极大中。此概念不但塑造了属于真宗朝的君臣关系，也影响了这个时代的政治文化。本节首先指出，在"大

---

① 《长编》，卷93，天禧三年四月，第2142—2143页。

中"思想的指导下，真宗自居为天下臣民的导师；其次探讨当真宗自认为神圣君主，君臣在面对天灾时有何反应，他们如何改变以灾异为天谴的传统诠释；最后探讨王旦一派士大夫，如何适应天书时代的政治逻辑，从而与王钦若一派展开权力的竞逐。

一、《尚书·洪范》的"大中"统治理念

"皇极大中"出自《尚书·洪范》。[①]《洪范》全篇共分为九章，或以"九畴""九类"称之。[②] 最关键的是居中的第五畴"皇极"，《洪范》本经以"无偏无陂""无偏无党"来形容皇极，伪孔安国注为"大中之道"。[③]因此，"皇极"与"大中"在士大夫的语汇中，经常可互训。疏文进一步阐释："凡行不迂僻则谓之中，《中庸》所谓从容中道，《论语》允执其中皆谓此也。"[④]我们或可将大中理解为"合乎道理"。但在具体作为上，如何可算大中，却存在很大的解释空间。

《尚书正义》指《洪范》为大禹治国之大典，"从之则治，违之则乱"。[⑤] 因此，《洪范》在儒家的治国理念中，占有极重要的地位。宋初士大夫的奏疏，即经常援引大中之概念。如咸平二年，京东转运副使

---

① 顾颉刚、刘起釪对《洪范》思想有扼要的说明："宣扬一套源自上帝意志的神权政治论，强调按照'于帝其训'建立一个至高无上的统治准则——'皇极'。……君主谨守这'皇极'，不可违背上帝所安排的'彝伦'，要遵循'天人感应'之道，注意君主自身的'五事'（第二畴），以引起'休征'而避免'咎征'（第八畴），君主向上请示神意的手段，是'卜''筮'（第七畴）；向下统治人民的手段是刚克、柔克、作威、作福，即利用'六极'作威、'五福'作福（第九畴）。这种种手段，是赤裸裸的神权统治和暴力统治，丝毫没有用其他的统治术，如道德说教之类作为辅助手段。"见顾颉刚、刘起釪：《尚书校释译论》（北京：中华书局，2005年），第1207页。这个诠释与《尚书正义》十分接近。

② 九畴：初一曰五行，次二曰敬用五事，次三曰农用八政，次四曰协用五纪，次五曰建用皇极，次六曰乂用三德，次七曰明用稽疑，次八曰念用庶征，次九曰向用五福、威用六极。见《尚书注疏》，卷12，《洪范第六》，第168b页。

③ 对伪《古文尚书》及伪孔安国传的扼要叙述，可见周予同原著，朱维铮编：《群经通论》，第16—19页。

④ 《尚书注疏》，卷12，《洪范第六》，第172a页。

⑤ 《尚书注疏》，卷12，《洪范第六》，第186b页。

朱台符上疏，对农政、养兵、亲民官等提出建言，在文末请真宗："建皇极之道，树太平之基。……端拱而无为，垂子孙之诒谋，光祖宗之大业，岂不休哉！"①将皇极、太平、端拱、无为接连称述。② 不过，士大夫在奏章中提及皇极大中，往往没有具体指涉，似乎不管是什么建议，都可以自命为大中之道。

　　如第二章所论，《尚书·洪范》被视为大禹获得的龟书，故而承天门天书辞类《尚书·洪范》，意味着真宗天书可媲美大禹的龟书。天书时代也因此特别强调《洪范》的核心思想：大中。景德四年十一月，真宗梦见神人告知要降《大中祥符》天书三篇，"大中"已被设定为天书的核心概念。真宗获得承天门天书后，以王旦为首的宰执，向真宗说这是"上帝所以申锡秘检，示治国大中之道"。③ 真宗随即改元"大中祥符"，也昭示着以大中思想为统治依归。

　　检视祥符时期对大中的阐述，可见其与《尚书正义》的诠释有不全一致之处。祥符时代的"大中"被解读为"清净"。祥符元年，真宗告诉辅臣，昨日宫禁中遣散一百二十人，并说这是：

　　　　朕方敦尚清静以治天下，符大中之训焉。④

同年又下诏要求宗室、近臣节省用度，出发点是："穹昊眷怀，灵符昭

---

　　① 《长编》，卷44，咸平二年闰三月，第940页。

　　② 类似例子尚多，如端拱元年，直史馆罗处约的上疏。见《长编》，卷29，端拱元年十二月，第661—662页。咸平五年南郊前，《请上真宗尊号表》，提及："王者懋建大中，载稽古训，握河洛之秘纪。"见《武夷新集》，卷13，《请加尊号第四表》，第24b页。咸平年间，宋白撰写的《修相国寺碑》，叙述真宗曾向侍臣说："人熙有庆，时汔小康，行大中之道，吾无间然。"宋白：《修相国寺碑》，收入〔清〕李同亨：《（顺治）祥符县志》（清顺治十八年〔1661〕刻本），卷6，第26页。

　　③ 《宋会要辑稿》，礼51之16—17。

　　④ 《长编》，卷69，大中祥符元年五月甲申，第1546页。

锡。载伸大中之道,宜师清净之风。"①"大中"与"清净"连称,显示两者的互训。这从祥符元年的《出京朝官诫词》《幕职州县官诫词》也可看出,两文的结构用语雷同,且在文末,前者要求"用叶大中之道",后者则要求"布予清静之风",②显示两者的相通性。认为"清净"符合"大中之道",已是将儒家经典与道家思想融合。

不过,将大中解为清净,并不代表真宗君臣抛弃了汉唐注疏的经典诠释。《尚书·洪范》注、疏所诠释的君主形象,简言之是"君主法天,臣民法君",要求君主作臣民的导师。天书时代的真宗,便自诩、扮演这样的圣君角色。

先论"君主法天"。《洪范》疏文强调"天"的主导地位。认为君主施政,"顺天布政,则得大中",③亦即君主若顺天而行,便是行大中之道。而君主是否确行大中,也由"天"来监督、检核,人君有善政,将使风调雨顺,即所谓"休征"、人君行恶,将使风雨失序,即所谓"咎征",君主自身也将因施政的良窳得到加诸己身的"五福"或"六极"。④《洪范》疏文可说是在汉唐天人感应的思维下所作的阐述。但君主如何法天?真宗借由崇奉、遵循"天书"的指示,可说是对君主法天的一种诠释与实践。

再就"臣民法君"而论。意指天子对臣民的统治,亦如天对君主的指导,皆是作为法则的秩序中轴。⑤臣民事君,就如天子事天。检

---

① 《宋大诏令集》,卷 199,《禁进奉物不得销金线文绣诏》,第 734 页。学者已注意到,真宗十分强调节省,见汪圣铎:《宋真宗》(长春:吉林文史出版社,1996 年),第 156—157 页。

② 《宋大诏令集》,卷 191,《出京朝官诫词》,第 700 页;《幕职州县官诫词》,第 701 页。

③ 《尚书注疏》,卷 12,《洪范》,第 169a 页。

④ 所谓五福,为第九畴的"寿、富、康宁、攸好德、考终命";六极为"凶短折、疾、忧、贫、恶、弱"。见《尚书注疏》,卷 12,《洪范第六》,第 178b—179a 页。

⑤ 见甘怀真:《〈大唐开元礼〉中的天神观》,收入氏著:《皇权、礼仪与经典诠释:中国古代政治史研究》,第 186 页。

视《洪范》注疏所诠释的君主角色，相当强调君主应教化臣民。第二畴"五事"要求君主做到"貌恭、言从、视明、听聪、思睿"，疏文认为如此一来：

> 下从上则国治，故人主言必从，其国可以治也。……此言人主行其小而致其大，皆是人主之事也。①

即只要君主能行五事，臣子便会效法、跟从君主。第五畴皇极，疏文进一步强调：

> 人君为民之主，当大自立其有中之道，以施教于民，当先敬用五事，以敛聚五福之道。用此为教，布与众民，使众民慕而行之，在上能教如此，惟是其众民皆效上所为，无不于汝人君取其中道而行，积久渐以成性，乃更与汝人君以安中之道，言皆化也。②

认为君主能行五事，获得天所赐的五福，便能让人民效慕。反覆申述的，是君主的"教"，与人民的"效"，并在"积久成性"后，达到"化"民的成果。

在《洪范》疏文的诠释下，君主不但是统治者，更是圣人。天监督君主，就像君主监督臣民。君臣关系也不仅是权力关系，君主还如同导师一般，须教化臣民。就此，"无偏无陂"的皇极大中，与其说是对君主为政的期待，不如说是用来形容如圣人般的君主永远是正确的，就如天一般位于真理的高度。

---

① 《尚书注疏》，卷12，《洪范第六》，第170b页。
② 《尚书注疏》，卷12，《洪范第六》，第172b页。

　　不过,君主对臣民的"教"如何进行? 一方面君主似乎只要能"敬用五事",则臣民自然会效法;另一方面,疏文也并未排斥君主运用任何媒介来教化臣民。刘静贞指出真宗在祥符年间运用大量的御制文诰以进行精神式的领导。[①] 就祥符时期的统治而言,真宗似乎将此"教"操作为借由文章教化臣民。

　　与真宗相比,太宗的君主权威绝不逊色。不过,太宗朝的君臣关系是较为纯粹的权力关系,如第一章提及,一旦灾异严重化,宰执便可能遭到求治心切的太宗切责。太宗对儒家经典则抱持着学习的心态,太宗自言,在"听政之暇,日阅经史",[②]也曾说:"朕他无所欲,但喜读书,多见古今成败,善者从之,不善者改之。"[③]并不以教导臣子的姿态自处。

　　至于从皇子时就反覆阅读经典的真宗,对经术的掌握与理解,有着比太宗高得多的自信。其中,真宗阅读《尚书》的次数,远多过其他儒家经典。[④] 自大中祥符起,真宗恪守《洪范》对君主的期待,开始以导师的姿态教导臣民。以祥符元年真宗撰写的《出京朝官诫词》为例:

　　　　昨以祥符昭锡,灵命惟新,示治国之宏规,表自天之景福。仰膺丕贶,思儆具僚。汝等委质策名,莅官从政,宜罄公忠之节,用符慎简之心。察俗者直清而无私,临民者惠绥而勿扰,决狱讼

---

　　① 刘静贞:《北宋前期皇帝和他们的权力》,第 131—137 页。
　　② 〔宋〕范祖禹:《帝学》,收入《文渊阁四库全书》(台北:台湾商务印书馆,1983 年),卷 3,《太宗至仁应道神功圣德文武睿烈大明广孝皇帝》,第 3b 页。
　　③ 《玉海》,卷 33,《圣文·澶化新校御书圣翰赞》,第 15b—16a 页。
　　④ 真宗的老师邢昺"在东宫及内庭侍讲,说《孝经》《礼记》者二,《论语》十,《书》十三,《易》二,《诗》《左氏春秋》各一,据传疏敷绎之外,多引时事为喻"。《长编》,卷 73,大中祥符三年六月,第 1675 页。真宗曾自言,自己在东宫时,就"讲《尚书》凡七遍,《论语》《孝经》亦皆数四"。《长编》,卷 72,大中祥符二年八月,第 1635 页。

者务于平允,掌财赋者戒于烦苛。体予恫隐之心,用叶大中之
道。各加砥励,无冒宪章。①

真宗表示天书告诉自己治国的方法,因此也对臣僚提出警诫。表露
的正是"君主法天、臣民法君"的思维。细味其中的语气,"汝等""宜
馨""用符""体予",真宗就像是一个苦口婆心的导师,教导臣民该如
何尽忠职守,最后要臣僚也能协和大中之道。此思维与《洪范》疏文
"君有大中,民亦有大中,言从君化也"若合符节。同一年,真宗作有
《藉饬中外官诏》《幕职州县官诫词》,同样是以导师的姿态,告诫臣僚
忠于己职。②

　　尽管从理想上,真宗想要教育的对象包含所有臣民,但在现实
上,宰执与其他近臣由于与皇帝接触频繁,成为真宗最常"教化"的对
象。真宗不时将自己的为政心得告诉宰辅。如祥符五年十月,圣祖
降临后三天,真宗以《崇儒术论》《为君难为臣不易论》展示给王旦等
人;③祥符八年四月,招辅臣阅读自己写的《皇王帝霸》《五臣》等论,期
间臣僚就阅读心得赋诗,并得到真宗赏赐的衣带、器币;④天禧元年二
月,又召辅臣到龙图阁观看自己上百篇的论著。⑤ 显然在辅政大臣面
前,真宗亦以教化者自居。

　　官僚如何应对以导师自居的君主呢? 既然真宗如此热衷于教化
臣子,臣僚也只好扮演受教的模样。祥符五年真宗展示《崇儒术论》
《为君难为臣不易论》,陈彭年称颂道:"陛下圣言精诣,足使天下知

① 《宋大诏令集》,卷191,《出京朝官诫词》,第701页。
② 《宋大诏令集》,卷191,《诫饬中外官诏》,第700页。
③ 《长编》,卷79,大中祥符五年十月辛酉,第1798—1799页。
④ 《长编》,卷85,大中祥符八年十二月己亥,第1960页。
⑤ 《长编》,卷89,天禧元年二月,第2041页。

训。"之后王旦等人又请将二论付国子监刻石。[①] 国子监进一步请求将太宗和真宗的御书建阁收藏，并于七年三月完工。文武百官更上表请求到国子监观看，[②]营造百官争睹君主大作的景象。祥符八年十二月，真宗将《陈书诗并注》赐辅臣，王旦等人称颂真宗深刻理解经典，声称真宗的文章都是"化人垂世之作"，因此，"今文章典雅，搢绅稽古，皆圣训所及也"。[③] 通过臣僚的反覆歌颂，也让真宗沉浸在自己成功教化臣民的良好感受中。天禧年间，真宗的身心状况每况愈下，但仍不时找辅臣观看自己的论著，辅臣对真宗的恭维也不敢稍有减少。天禧四年（1020），以丁谓为首的宰辅，宣称"圣制广大，宜有宣布，请镂板以传不朽"。[④] 紧接着便建立"天章阁"收藏真宗论著，又请求将时政记中圣美之事编为圣政录。[⑤]

就如天对君主的绝对权威，君主对臣僚也应该掌握绝对权力。《洪范》第六畴提到："臣无有作福、作威、玉食"，疏文阐释为：

> 惟君作福，得专赏人也；惟君作威，得专罚人也；惟君玉食，得备珍食也。为臣无得有作福、作威、玉食。言政当一统，权不可分也。[⑥]

强调君主应该绝对掌握皇权，以及君主对臣僚居高临下的姿态。真宗对自己的权力确实颇为敏感。真宗表面上与宰辅关系融洽，背地里却派皇城司打探宰辅的一举一动，宰辅的私人交游，也都在真宗的

---

① 《长编》，卷79，大中祥符五年十月辛酉，第1798—1799页。
② 《玉海》，卷33，《圣文·祥符国子监御书阁》，第26a—26b页。
③ 《长编》，卷85，大中祥符八年十二月己亥，第1960页。
④ 《长编》，卷96，天禧四年十一月，第2221—2222页。
⑤ 《长编》，卷96，天禧四年十一月壬戌，第2222页。
⑥ 《尚书注疏》，卷12，《洪范第六》，第174a页。

掌握之中。① 真宗虽然宠信王钦若，但王钦若于祥符七年四月遭到罢任枢密使，原因即是真宗怀疑王钦若等枢密院长官侵犯了自己的皇权，真宗对宰相向敏中抱怨："以爵赏之柄高下为己任，近位如此，朕须束手也。"②王旦曾表示"上意稍忤，即蹐跼不能自容"，③丁谓也曾说："居帝王左右，奏覆公事，慎不可触机，系于宸断，所贵行事归功恩于主上耳。"④从真宗宰辅对事君之道的见解，可见天书时代的君臣关系，与仁宗以后的君臣关系有很大的差异。

综合上述，天书所强调的"皇极大中"，至少有三层意义，而这三层意义又彼此关联。第一，这是向经典中的"洛书"看齐，暗示着真宗的天书与《洪范》有同等的地位，都是君主的法天为政之法；第二，这是赵宋宣示太平后，对统治方针的界定，大中与清净的互训，意味在政治上重视守成多于改革的面向；第三，君主法天正如臣僚法君，君主不但掌握绝对的权力，且必须教化臣民，祥符以后，真宗以导师自居的姿态即根源于此。

二、太平之下的灾异诠释

天书时代的真宗，不仅宣称王朝进入太平无为的统治，亦在交通天地神灵的过程中，自居为臣民导师。理论上，受到上天福佑的君主，不仅能够经常获得各种祥瑞，赵宋也将在天地和气中，灾害不生、风调雨顺。然而，赵宋实际上依然面临各种天灾，有些天灾更是规模

---

① 〔宋〕王素：《文正王公遗事》（郑州：大象出版社，2003 年），收入《全宋笔记》第一编："公（宰相王旦）每休暇，多与二府往还，寇莱公（准）出镇幽，宿私第。翌朝，上顾公曰：'昨日知有客甚欢，朝廷无事，大臣和睦，诚可喜也。'"（第 191 页）真宗表面上说"大臣和睦"，实际上是间接告诉王旦，自己知道他与寇准的往来。
② 《长编》，卷 82，大中祥符七年六月乙亥，第 1883 页。
③ 《长编》，卷 90，天禧元年九月，第 2078 页。
④ 丁谓：《丁晋公谈录》，第 1—2 页。

大到君臣无法视而不见。在此情况下,真宗如何自圆其说? 难道奉神甚诚的真宗,依然会受到上天惩罚吗? 本小节探讨在太平的自况下,真宗君臣如何应对、诠释灾异的发生。

祥符年间第一场震撼真宗的大灾异,是八年(1015)四月荣王元俨宫殿火灾,大火延烧到左藏库、崇文院、秘阁。以王旦为首的宰辅集团立即表示"虑政令赏罚,有所不当耳。臣等备位宰辅,天灾如此,谨当罢斥"。[①] 可见王旦等人的第一反应是将火灾视为天谴,原因则是政令有缺失。真宗在惊惧之余,听从王旦的意见,下诏令文武百官上疏言事。然而,真宗紧接着便下令严处造成火灾的相关人等,试图把火灾定位成人为疏失。[②] 真宗看了朝臣的应诏上奏,认为"皆止寻常事务",接着批评一些奏章"挟情属意,词近捭阖者,殊不知矫伪易辨"。[③] 姿态颇高。于是,真宗所做的仅是大赦天下,借此感召和气,[④]而未从事任何政务改革。从君臣在火灾发生后的反应来看,他们原本下意识地认为火灾是天谴,但长期自认太平、自居导师的真宗,在惊魂甫定之后,便倾向将火灾定位成人为疏失,并以大赦感召和气。

不久,祥符九年到天禧元年爆发了严重的蝗旱灾,真宗采行的对策并非推诚悔过,而是建道场,向道教神灵祈祷。据《长编》记载,河北都转运使李士衡首先上报蝗灾,但他表示"河北螟虫多不入田亩",

---

① 《长编》,卷84,大中祥符八年四月壬申,第1927页。又见《宋大诏令集》,卷152,《荣王宫火延烧殿庭求直言诏》,第565页。

② 真宗下令将肇事者"凌迟处死,知情人处斩,余并等第决配"。王旦得知后说:"始失火时,陛下以罪己诏天下,而臣等皆上章待罪。今乃过为杀戮,恐失前诏意也。且火虽有迹,宁知非天谴邪!"《长编》,卷84,大中祥符八年五月辛巳朔,第1928页。从王旦的话,可知真宗试图否定这场火灾为天谴。

③ 《长编》,卷85,大中祥符八年八月己丑,第1945页。此时有判三司都磨勘司王膺应诏上奏,却被以"辞理荒谬,有乖诏意"为由,外放为道州通判。见《长编》,卷84,大中祥符八年四月戊寅,第1927页。不论王膺是否"辞理荒谬",他惨遭外贬,将挫折其他朝臣批评时政的勇气。

④ 《长编》,卷85,大中祥符八年闰六月己卯,第1935页。

并将之归因于"妖不胜德"。① 真宗得知蝗灾后，立即要求"辅臣诣玉清昭应宫、景灵宫、会灵观建道场以祷之"，②不久又遣官"祀九宫贵神"，③试图以祈神化解灾异。此时，派出察访地方的中使回报"蝗不为灾"，王旦便说："可见陛下轸忧至深，祈祷尽礼。"④之后，在宴请宰辅席间，王旦等人又称已下令减免赋税，"天灾流行，从古所有，陛下精祈恳至，减膳蔬食，臣等备位宰辅，岂胜惭惧！"⑤可见在真宗自认为有德之君、神圣导师的情况下，臣僚们也用恭维之语向真宗表示精诚祈祷，灾荒便能消解。

真宗面对大蝗灾的另一对策，是将灾异的发生，归因于臣僚并未全然臣服于自己的教化，以致恶政破坏了太平统治。真宗于祥符九年七月撰写的《诫励臣寮及子弟诏》，以严厉口吻，警告臣僚若"忘公徇私，为蠹滋甚，傥遵常宪，当真严诛，尚表好生，俾投荒裔"，又指责臣僚子弟"擅肆营求，诈谋受纳，其弊尤甚，在法曷容！"⑥真宗的严厉态度，是为了掩饰内心的不安，或的确认为臣僚没有尽忠职守，自然不可能得到明确的答案。可以确定的是，真宗确实如《洪范》中描述的君主那样"作威"，严格地考核臣僚。

不过，真宗心中其实不敢完全排除灾异是天谴的可能。面对漫天而来的蝗虫，真宗承认自己"夙夜惊惧"，并下令检讨茶盐法是否过于峻刻。真宗次相向敏中向真宗表示："天时灾沴，抑有常数。今陛

---

① 《长编》，卷87，大中祥符九年六月甲申，第1995页。
② 《长编》，卷87，大中祥符九年六月癸巳，第1996页。
③ 《长编》，卷87，大中祥符九年七月癸亥，第2001页。
④ 《长编》，卷87，大中祥符九年七月己巳，第2002页。
⑤ 《长编》，卷87，大中祥符九年八月丁亥，第2006页。
⑥ 《宋大诏令集》，卷192，《诫励臣寮及子弟诏》，第703页。天禧四年四月的《诫饬中外诏》，真宗的态度依旧十分严厉，开头说："国家抚御寰区，务臻于嘉靖，修明纪律，用协于大中"，对臣僚的训诫是："傥弗遵于诫谕，尚辄纵于逾违，彝章具存，严谴何逭。"《宋大诏令集》，卷192，《诫饬中外诏》，第703—704页。几乎已是威胁的语气。

下劳谦克己，孜孜旰昃，苟邦政人事无所阙失，则天灾流行亦无累于圣德。"①宣称蝗旱灾的发生是"常数"，因此"无累圣德"。宰辅的论述可说是在认定"太平"的前提下，将灾异诠释为天之常数。天禧年间的异常天象，真宗也以祈祷的方式应对。如天禧二年（1018）六月出现彗星，真宗诣玉清昭应宫、开宝寺舍利塔焚香，结果当晚彗星消失，"宰臣奉表称贺"。② 天禧五年（1021）七月，司天监预测将有日蚀，于是真宗"避正殿，命中使诣宫观、寺院及坊市道场祈祷"，结果日蚀的程度比预期低，司天监称这是"圣德广大"，次日宰臣率领百官俸表称贺。③

总之，观察祥符八年的火灾与天禧元年的蝗灾，不难看出以灾异为天谴的概念虽然并非毫无作用，但以导师、圣人自居的真宗，并不愿接受臣僚的谏言，而是更乐意见到天灾被界定为"常数"，或人为疏失。在这样的论述模式下，真宗君臣即使内心惴惴不安，所能做的也仅是更频繁地祷告或大赦。这使灾异的发生，不仅无法转换成政治改革的动力，还推动着臣僚对真宗献上更多的恭维之语。

三、从配合到迎合：王旦派士大夫对神道礼仪的参与

至此，本章已勾勒了一个迥然不同于天书出现前的君臣关系，在

---

① 《长编》，卷89，天禧元年二月癸巳，第2044—2045页。小岛毅认为宋代士大夫多半主张灾异为天谴，但也注意到，并非所有士大夫都认同此说。真宗天禧年间，次相向敏中就向真宗表示天灾为"常数"，并非天谴，作者也略微提及向敏中的意见未必反映他对天人感应说的批判，而是与天书降临后，歌功颂德之声占据主流舆论有关。〔日〕小岛毅：《宋學の形成と展開》（东京：创文社，1999年），第6—21页；小岛毅：《宋代天谴论的政治理念》，收入〔日〕沟口雄三、小岛毅主编，孙歌等译：《中国的思维世界》（南京：江苏人民出版社，2006年），第281—342页。

② 《宋会要辑稿》，瑞异2之8。

③ 《宋会要辑稿》，瑞异2之1。

天书的时代，真宗以导师自居，臣僚被期待扮演服从与受教的角色。对长年担任宰相的王旦而言，他是否能适应这样的大臣角色？他又如何与主导祥符天书的王钦若一派文士竞争？本节将探讨以王旦为首的北方文士集团，如何面对接踵而来的奉神活动，从而更深入地了解祥符时期的君臣关系与文臣间的权力竞逐。

学界对王旦的评价大致而言颇为正面。一般认为，王旦虽然无力改变与天书相关的运动，但至少牵制了王钦若等"小人"。他虽然每逢大礼都奉天书而行，但始终怏怏不乐。然而，考量王旦在祥符年间始终稳居首相，以及真宗对宰辅居高临下的态度，王旦等人对神道礼仪的参与和态度，应仍有进一步讨论的空间。学界对王旦与王钦若集团的斗争，已有详细的研究，[①]本节不重复前人所论，而是将讨论重点放在以王旦为首的政治人物，如何应对祥符到天禧年间的神道礼仪活动。

在此须界定本节所讨论的王旦派政治人物。王旦的交游圈，学者已有详尽的研究。本节讨论的范围，仅限于与王旦交好的宰辅与翰林学士，他们是王旦派士大夫中最有权势的一群。包括苏易简、李沆、寇准、向敏中、赵安仁、王曾（978—1038）、杨亿、李宗谔（946—1012），其中许多人是太平兴国五年进士。[②] 前六位任至宰辅，后两位自景德到祥符六年担任翰林学士。[③] 其中寇准与王旦两人既合作又有竞争，但始终维持友好，王旦去世前，仍向真宗推荐寇准接任相位。[④]

王旦派士大夫与第一章论及李昉派北方文士，有相当密切的关

---

① Ho, *Politics and factionalism*, pp. 160—264；王瑞来：《宰相故事：士大夫政治下的权力场》，第 102—128 页。

② Ho, *Politics and factionalism*, pp. 42—48, 193 - 202.

③ 王瑞来：《宰相故事：士大夫政治下的权力场》，第 255 页。

④ Ho, *Politics and factionalism*, pp. 221 - 229.

联。除了苏易简在第一章已提及外，李宗谔为李昉子，王旦为王祜子，杨亿为杨徽之从孙，向敏中为张去华侄。他们事实上是宋初绵延两代的核心文士。

王旦交游圈与王钦若一派南方文士有一明显不同的特色，即前者中的多数成员都信仰佛教。[1] 景德年间，杭州西湖僧人省常组织白莲社，邀请朝中权要参加，参与者包括苏易简、宋白、向敏中、王旦、张去华、李至、王禹偁，可说是包括了李昉-王旦两代人物的重要成员。[2] 结社的举动，有助于加强此团体的内聚力。其中，杨亿虽不在入社名单中，但他也同样信佛。杨亿的《杨文公谈苑》，记录南唐中主曾嘲笑徐铉不懂佛理，更讥讽徐铉为了搜罗神怪故事而因私害公。[3] 相较于北宋笔记乐谈徐铉博学的各种趣闻（见第一章第五节），《杨文公谈苑》是唯一描述徐铉负面形象的文本。徐铉极为少见的负面形象出自杨亿之口，恐怕不是偶然。杨亿不认同徐铉崇道排佛或是重要因素，其后学王钦若与陈彭年对杨亿"深害之，益加潛毁"，亦应为重要原因。[4]

检视描述王旦不乐天书的史料，可发现相关记载多半来自后世的笔记，尤其关键的文本是其子王素（1007—1073）的《文正王公遗事》。如记载东封西祀后，二府与真宗共同观看新编成的《符瑞录》时，王旦表示"臣两为大祀使，奉符瑞者，一一非臣自睹"。[5] 李焘已经

---

① Ho, *Politics and factionalism*, pp. 284 - 285.

② 见祝尚书：《宋初西湖白莲社考论》，收入氏著：《宋代文学探讨集》（郑州：大象出版社，2007年），第409—418页。

③ 杨亿提到，南唐中主以"佛经有深义"，要求徐铉读《楞严经》，但徐铉告诉中主此书太难读，自己读不懂，中主"哂之，后尝与近臣通佛理者说以为笑"。又说徐铉"专搜求神怪之事"，主持科举时，选人如果见不到这位大儒，只要自称有神怪事相告，便得见，并且"因以私祷，罔不遂其请"。见《杨文公谈苑》，第80页。

④ 《长编》，卷80，大中祥符六年六月，第1829页。

⑤ 《文正王公遗事》，第179页。

注意到"恐《遗事录》未可全信"。① 事实上，《文正王公遗事》并非王素对其父亲的切身观察。王素自述父亲在世时，自己年纪尚小，成年后才"或闻于搢绅，或传于亲友，或得之故吏，或存诸遗稿"。② 不难想见，不论是王旦故旧在人子面前谈论其父，或王素笔下的父亲形象，都会使《遗事录》的文本性质倾向美化王旦的形象。

就李焘在《长编》中较常征引的实录、会要来说，确实可以看到王旦与神道礼仪存有某种距离感。如真宗决定封禅后，王旦请求依南郊故事任命五使，但真宗认为："升中大礼五使之职，当于中书、枢密院以班次领之。"参政冯拯（958—1023）也认为不妥，真宗便说："大臣为之，盖重祀事也。"③祥符三年，真宗令陈尧叟撰写《后土庙颂》，王旦表示："《东封泰山铭》是御制御书，此铭非臣下可为。"真宗的回应是："朕更不属文，尧叟未有文字，不必如此。"似乎对王旦的提议颇为不悦，于是王旦、王钦若、陈尧叟分别被派写《祀汾阴坛颂》《朝觐坛颂》《亲谒后土庙颂》。④ 祥符五年十月，真宗告知宰辅圣祖降临，王旦说："陛下款奉上真，亲承宝训，兹歹殊异，简册所无。"⑤设想此场景，真宗突然告知圣祖降临，恐怕让王旦十分惊讶，所谓"简册所无"是恭维还是暗示着内心的怀疑，也只有当事人清楚。总之，即使王旦不认同奉神活动，他所表现的方式也十分委婉。

即便王旦集团的成员对各种神迹感到难以置信，他们也无法置身奉神礼仪之外。这是由于，真宗要求宰辅大臣与翰林学士参与神

---

① 李焘此言注于祥符七年六月王钦若罢枢密一条。《遗事录》记载王旦严厉斥责王钦若，但此时王旦正外出至兖州景灵宫。见《长编》，卷82，大中祥符七年六月乙亥，第1883页。

② 《文正王公遗事》，第178页。

③ 《长编》，卷68，大中祥符元年四月乙未，第1531页。

④ 《宋会要辑稿》，礼28之46—47。

⑤ 《宋会要辑稿》，礼51之6。

道礼仪。如规定宰辅每年到内殿朝拜天书,[①]担任大礼五使和天书使,[②]让宰执们在神圣而繁复的典礼中,感受虔诚礼神之意。其次是让宰执担任玉清昭应宫、景灵宫、会灵观使,[③]首相王旦是当然的玉清昭应宫使。再者是外派宰执负责大礼的准备工作,"封禅经度制置使"由知枢密院事王钦若与参知政事赵安仁担任,[④]"汾阴经度制置使"则由知枢密院事陈尧叟和翰林学士李宗谔担任。[⑤]总之,宰执们不可能置身于大礼与奉神活动之外。

此外,尚有两类与神道礼仪相关的工作,往往任命执政、两制与馆阁学士担任。其一是详定各大礼的仪注。在东封、西祀、奉五岳、奉天尊仪制,王旦集团的成员,包括李宗谔、杨亿、王曾,都未缺席,而必须与杜镐、陈彭年合作。[⑥]其次是与礼仪活动相关的各类文字。诏令部分自然是由翰林学士担任,祥符前期任翰林学士的李宗谔与杨亿,必须执笔奉神大礼的相关诏令。[⑦]其他如奉神的玉册、玉牒文、各次大礼结束后的赞颂文,宰执、两制等文臣也是当然的受命人选。[⑧]

---

① 《长编》,卷71,大中祥符二年正月丁巳朔,第1587页。

② 杜乐:《宋真宗朝中后期"神圣运动"研究》,第60—62页。

③ 汪圣铎:《宋代政教关系研究》,第596—598页。

④ 《长编》,卷68,大中祥符元年四月乙未,第1531页。

⑤ 《长编》,卷74,大中祥符三年八月戊申,第1682页。

⑥ 封禅仪注由翰林学士晁迥、李宗谔、杨亿、龙图阁直学士杜镐、待制陈彭年与太常礼院详定,见《长编》,卷68,大中祥符元年四月乙未,第1531页。祀汾阴仪注由翰林学士晁迥、杨亿、龙图阁学士杜镐、直学士陈彭年、知制诰王曾与太常礼院详定,见《长编》,卷74,大中祥符三年八月庚戌,第1683页;奉五岳帝仪注由翰林学士李宗谔、龙图阁直学士陈彭年与礼官详定,见《长编》,卷75,大中祥符四年五月乙未,第1722页;奉天尊仪制由参知政事丁谓、翰林学士李宗谔、龙图阁直学士陈彭年与太常礼院详定,见《长编》,卷79,大中祥符五年十月,第1798页。

⑦ 王瑞来:《宰相故事:士大夫政治下的权力场》,第255页。如祥符元年杨亿负责撰写真宗答应封禅的诏令,文中有"不为神仙,不为奢侈",而被真宗以"朕不欲斥言前代帝王"为由,要求修改,见《长编》,卷69,大中祥符元年四月乙未,第1530—1531页。

⑧ 《长编》,卷69,大中祥符元年五月丙寅,第1543—1544页;《宋会要辑稿》,礼22之2;《宋会要辑稿》,礼28之46—47;《宋会要辑稿》,礼51之6。

通过各类文字的撰写，真宗的近臣一方面必须了解神道礼仪的意义，另一方面也宣传了真宗的统治思维。

值得注意的是，随着南、北文士权力斗争加剧，王旦集团对神道礼仪的参与度也更加深化。祥符五年九月，与王旦交好的赵安仁罢参政，王旦本想推荐李宗谔继任，结果真宗用了丁谓，王钦若则是影响这些人事布局的关键人物。[①] 过了一个月，圣祖降临。不论这场人事更动是否与迎接圣祖的到来有关，都让王旦集团意识到，若不积极参与奉神大礼，他们随时可能在权力竞逐中失去职位。

祥符后半期，奉神大礼道教化的程度加深，在信仰上较偏佛教的王旦派文士参与神道活动的态度反而转趋积极。田况指出：

> 章圣祥符中行封祀之礼，兴造宫观以崇符瑞。时王旦作相，迎合其事，议者或非之。旦谓人曰："自古帝王或驰骋田猎，或淫流声色，今主上崇真奉道，为亿兆祈福，不犹愈于田猎声色之惑邪？"[②]

可见至少在部分士大夫的印象中，王旦并非如其子王素所言，始终与神道礼仪保持疏离或抗拒，而是主动迎合。从祥符时代王旦稳坐宰相一位来看，田况的叙事恐怕更为接近实情。

检视王旦在祥符后期的实际作为，确实显示他积极制造各种崇奉圣祖、崇拜真宗的活动。祥符六年五月，国子监新修御阁，王旦奏称"八日、九日、十日、十一日、十二日，圣像船有鹤徊翔"。[③] 六月以王旦、向敏中为首的中书门下，请求将"御制《大中祥符颂》《真游颂》《圣

---

① 王瑞来：《宰相故事：士大夫政治下的权力场》，第 153—156 页。
② 《儒林公议》，卷下，第 35a 页。
③ 《长编》，卷 80，大中祥符六年五月辛丑，李焘注引《降圣记》，第 1825 页。

祖临降记》赐天下道藏"。① 祥符七年五月,王旦受命到兖州视察景灵宫的修建,主动表示希望到邻近的会真宫、东岳庙、真君观行礼。② 显示王旦向真宗展现他对神道礼仪的支持。

与王旦"素厚善"的杨亿,也在经历仕途挫折后,向真宗展示他对神道礼仪的积极性。祥符六年六月,杨亿因为擅离职守,罢任翰林学士,陈彭年则接任翰林学士,史称"及宗谔卒,亿病退,则彭年专文翰之任矣"。③ 王钦若一派的势力有所上升。外放的杨亿经此挫折,加强了他迎合神道活动的态度。祥符七年八月,杨亿请求入朝,真宗问王旦:"或言其好窃议朝政,何也?"王旦立即向真宗表示杨亿绝无窃议朝政,但真宗仍不允许杨亿回朝,而是让他知汝州。④ 祥符八年八月,杨亿也加入了发掘祥瑞的行列,他上奏真宗称:"部内秋稼甚盛,粟一本至四十穗,麻一本至九百角。"真宗览奏后似乎相当满意,向辅臣说:"亿之词笔冠映当世,后学皆慕之。"⑤田况在其笔记中,则记录杨亿在汝州"得绿毛龟,表献称瑞",并因此得回中央任秘书监。为了进一步展现诚意,杨亿向真宗"贡章愿遍谒玉清诸宫",田况对杨亿这些举动的评论是"始混和于时辈矣"。⑥

祥符后半,王旦集团不仅迎合神道礼仪,他们更试图从王钦若一派手中,争夺礼仪活动的主导权。这可借由三项指标来观察。第一,控制圣祖的降神者王中正,这意味着掌握圣祖与真宗的沟通中介;第二,主持礼仪院,这意味掌握神道礼仪的权威认定;第三,控制天书。天书指导了真宗的施政方向,掌握天书等于掌控政策走向。以下从

---

① 《长编》,卷80,大中祥符六年六月,第1830页。
② 《长编》,卷82,大中祥符七年五月,第1875页。
③ 《长编》,卷89,天禧元年二月,第2046—2047页。
④ 《长编》,卷83,大中祥符七年八月,第1891页。
⑤ 《长编》,卷85,大中祥符八年八月庚寅,第1945页。
⑥ 《儒林公议》,卷上,第21a—121b页。

这三方面讨论王旦集团如何争取神道礼仪的主导权。

首先是掌控王中正。如学人论及，五鬼之一的刘承规负责王中正与真宗之间的联系，刘承规于祥符六年七月过世后，另一内侍（时任入内押班）周怀政取代了刘承规，成为王中正的接待者。①祥符后半期，周怀政深入参与了神道礼仪：祥符七年五月，真宗下令模刻天书奉安于玉清昭应宫，周任督监；②十二月，又任玉清昭应宫都监；③祥符八年正月，周怀政专门负责"玉皇圣号册文赴朝元殿后幄刊刻"；④祥符九年十月，王中正过世，也由周怀政负责护丧。⑤史称他"日侍内廷，权任尤盛"。

相较于刘承规与王钦若一派交好，周怀政则与王旦、寇准关系较近。周怀政于天禧四年联合寇准伪造天书，为学界共知。观察周怀政在祥符时期的人际往来，他与王旦亦有所交集。祥符七年五月到七月，王旦奉命到兖州景灵宫视察，周怀政同行。⑥据王素《遗事录》，周怀政"或乘间请见"，但王旦从不单独面见周怀政，"后周以事败，议者方谓公远虑，不涉嫌忌之间"。⑦细究王素的笔法，想要给读者的暗示是周怀政与王旦的互动都是前者主动，但从另一方面来看，也证实了两人确有往来。王旦与周怀政一同视察兖州圣祖与圣祖母宫观，亦显示王旦一派在神道礼仪中的参与度有所提升。

其二是入主主导神道礼仪的礼仪院。祥符元年成立详定所，由陈彭年主掌，祥符六年八月，陈彭年外任亳州，准备谒太清宫事宜。

---

① 杜乐：《宋真宗朝中后期"神圣运动"研究》，第64—67页。

② 《长编》，卷82，大中祥符七年五月乙未，第1875页。

③ 《长编》，卷83，大中祥符七年十一月己酉，第1903页。

④ 《长编》，卷84，大中祥符八年正月戊戌，第1914页。

⑤ 《长编》，卷88，大中祥符九年十月，第2021页。

⑥ 《长编》，卷83，大中祥符七年七月戊申，第1890页。

⑦ 《文正王公遗事》，第187页。

此时,详定所改名为礼仪院,由陈彭年与赵安仁同知。[①] 新成立的礼仪院独立于原本的体制之外,"祠祭所用有未合礼者,悉令裁定。……诸司职务相涉者,咸得统焉"。[②] 可以指挥与礼仪相涉的各个单位,权力甚大。陈彭年外任期间,赵安仁应是礼仪院的实际负责人。祥符七年二月,谒太清宫礼结束后,赵安仁遭到罢任,由参政丁谓判礼仪院,陈彭年知礼仪院,"余官悉罢,止命谓及彭年二人",可见王钦若一派将亲近王旦的赵安仁排除,夺回礼仪院的主导权。对王钦若来说,若没有陈彭年在整个祥符时代主导、安排着奉神礼仪,对大礼的掌控就不可能完整。

就在奉神大礼即将大功告成之际,王钦若一派对礼仪院的掌控出现破洞。祥符九年五月,朝廷正紧锣密鼓地准备隔年为玉皇、圣祖上圣号宝册,此时丁谓罢政,陈彭年成为参知政事,依照礼仪院过去由参政判院的惯例,陈彭年自然继续主掌礼仪院。然而,此时秘书监杨亿成为知院,两人也因此分任参详仪制修奉宝册使与副使。杨亿入礼仪院,显示王旦集团终于握有礼仪的部分主导权。天禧元年正月,崇奉玉帝的大礼进行到一半,陈彭年突然中风,隔月去世。[③] 此时王钦若暂时担任判院,奉玉皇、圣祖册宝是神道礼仪的最高潮,王钦若自然无法坐视此刻在礼仪制定上弃守。三月,碍于旧例,王钦若以判礼仪院一向由参政担任请辞,此时参政为王曾、张知白,皆与王钦若不合,结果真宗下诏依旧让王钦若判礼仪院,[④]这才勉强维持住王钦若一派对礼仪的主导权。然而,失去了陈彭年,王钦若如失右臂,王钦若必须与王旦一派共同掌握礼仪院。

---

① 《长编》,卷81,大中祥符六年八月,第1845页。
② 《长编》,卷82,大中祥符七年二月,第1866页。
③ 《长编》,卷89,天禧元年二月,第2046页。
④ 《宋会要辑稿》,职官22之24。

　　第三是制造出新的天书。天禧元年八月，王旦因为重病解除了
宰相之职，王钦若终于荣任宰相，但表面风光之下，却是危机的开始。
"五鬼"早已分崩离析，更关键的是，三封天书公开宣读，显示神道礼
仪已演完最后一幕。王钦若的宰相之位，与其说是期待他继续辅佐
真宗，不如说是答谢他十年来成功执行天书计划。正如学者论及，祥
符九年到天禧元年的蝗旱灾，对真宗造成相当大的打击，这与同时进
行的向玉帝、圣祖献上册宝的活动形成强烈对比。内心不安的真宗，
在完成天书指示的所有神道礼仪后，下一步该何去何从？此时，知永
兴军寇准，入内副都知周怀政，巡检、领阶州刺史朱能，联手策划的乾
祐天书，[1]便应放在此情境中来理解。

　　据李焘的考证，天禧三年八月为乾祐天书颁下的大赦诏令，经过
仁宗朝史家的篡改，李焘从诸州编的建隆以来赦文中找到原文，并且
慎重地抄录于《长编》。赦文提到：

> 储精渊妙，敷化醇酿。刿惟咸、镐之区，是为神明之奥，名山
> 之内，福地在焉。载严曲密之都，式仁鸿蒙之驾，清心昭格，璇极
> 鉴观。由兹鹑首之封，荐锡龙绨之检。谕朕以辅德，勖朕以爱
> 民。告临降之先期，述延洪之景祐；介子孙于千亿，保宗稷于大
> 宁。而又乃顾皇储，继颁宝命，昭其仁孝之志，示以报应之祥。
> 斋庄载披，惕厉弥至。考诸册牒，允谓殊尤。昔燧皇握机，但有
> 苍渠之刻；虞舜负扆，止观河渚之文。岂若祚乃菲躬，庆及元嗣，
> 膺兹繁祉，实冠皇图。[2]

赦文透露两个重要信息。第一，所谓"载严曲密之都，式仁鸿蒙之驾，

---

①　详细过程参见汪圣铎：《宋真宗》，第267—281页。

②　《长编》，卷94，天禧三年八月丁亥，第2163页。

清心昭格,璇极鉴观",表示圣祖在永兴军终南山道观降神。即朱能"于终南山修道观,与殿直刘益辈造符命,托神灵,言国家休咎,或臧否大臣"。[①] 显示在乾祐天书降临之前,周怀政和朱能已经制造多次降神活动,朱能也递补了王中正沟通圣祖神灵的位置。乾祐天书迎接入京后,真宗召近臣到真游殿朝拜此天书。[②] 真游殿即祥符五年圣祖面见真宗之处。此时危机感甚重的王钦若,十分不满朱能在终南山的降神活动,因此向真宗"屡言其妄,复密陈规谏"。[③] 此时祥符天书早已演完最后一出,王钦若对新天书的诋毁,导致他"恩遇浸衰"。[④] 当寇准风光地迎乾祐天书入朝后不到两个月,王钦若罢相,寇准成功入相。

第二个信息是,乾祐天书特别关注天禧二年八月刚立的皇太子。所谓"乃顾皇储,继颁宝命,昭其仁孝之志,示以报应之祥",有了天书的加持,太子的地位便更加牢固。乾祐天书如何提及皇太子,不得而详,不过,这与寇准任相后,联合周怀政令太子监国,后又发动政变欲让太子即位,应有一定的关联。[⑤] 对真宗而言,天书就是玉皇、圣祖的指令,一旦天书暗示应由太子监国甚至继位,真宗便只能依从。

---

① 《长编》,卷93,天禧三年三月,第2141—2142页。在此之前,周怀政援引朱能为御药使,据李焘引真宗实录:"初,周怀政以上崇禋祀,遂与妖人朱能辈伪造灵命,冀图恩宠,且日进药饵。"显示此时朱能已经与皇帝建立亲近的关系。见《长编》,卷93,天禧三年六月甲午,第2149页。

② 《长编》,卷93,天禧三年四月壬寅,第2144页。

③ 《长编》,卷93,天禧三年六月甲午,第2149页。出自李焘注中引《真宗实录》,李焘虽然认为实录是为王钦若讳,但王钦若极力反对朱能制造降神活动应为实情。

④ 《长编》,卷93,天禧三年六月甲午,第2149页。

⑤ 天禧四年初,真宗已经重病,便与周怀政商让太子监国,周告知寇准,寇准令重任翰林学士的杨亿草奏,寇酒后泄露机密,遭到罢政。但此事为真宗认可,因此寇准的罪责只在泄露机密,故罢任后仍为太子太傅,真宗"待寇准者犹如故",见《长编》,卷96,天禧四年七月,第2208页。寇准地位的稳固,多半也源自他与新天书的关系。直到七月周怀政密谋政变,伪造天书被揭露,寇准才遭到远贬。细节参见 Ho, *Politics and factionalism*, pp. 230-264。

观察王旦派士大夫在祥符到天禧年间的动向，前期在真宗的命令下，配合礼仪活动的进行，祥符五年、六年的人事变动中，王旦一派遭遇重大挫折，此后，他们对神道活动的参与渐趋积极，在此过程中，他们逐渐掌握王钦若一派主导奉神礼仪的几个关键：代圣祖立言，入主礼仪院，制造新的天书。最终，他们从奉神之礼的被动地位转为主动，成功从王钦若手中夺取政权。从寇准等人制造新天书的举措来看，他们不仅没有真正奉真宗为神圣导师，反而充分利用天书时代的政治逻辑，以换取政治权力。

第五节　全体动员：向地方延伸的真宗崇拜

天书时代自居为导师的真宗，不仅热衷于教化朝廷上的臣僚，更试图教化天下臣民，并将更广大的群众卷入奉神活动。见诸史实，天书时代引起的震动，不局限于中央，而是在帝国遍地开花，许多地方臣僚更是主动"发现"祥瑞，献给真宗，以为自己赢得仕途上的升迁。本节首先讨论真宗君臣如何在制度规定上，将地方官卷入天书活动；其次则讨论帝国从上而下对真宗的崇拜运动；在此过程中，士人们制作了大量颂美时政的骈文，而这正构成古文运动发生的背景。

一、奉神活动

真宗欲使天下臣僚皆参与奉神活动的具体作为之一，便是建立五大圣节，并举行相应的活动。首先是为三封天书各建一个节庆：天庆、天贶、天祯节，其次是为圣祖的诞辰与降临建先天、降圣节。其中，天祯节为天禧元年功德阁天书颁布后才定立。这五大节日除了中央建道场祈福外,又规定诸州军亦须建道场祈福。具体规定如表3-1。可见祥符五年圣祖降临后,地方州军在五大圣节前后,超过二十天必须建道场祈福,若考虑建道场前的准备工作,则天书时代的地方官为这些圣节活动应耗费不少物资与心力。此外,真宗又规定天下臣民在先天与降圣节:"以延寿带、续命缕、保生酒更相赠遗,著于令式。"王旦等宰执恭维真宗此举是"非惟昭示崇奉,盖欲福及万民也"。[1] 显示真宗试图在奉神祈福的过程中,让全体臣民共享长寿的福泽。

表3-1 五大圣节道场规格

节　名	时　　间	缘　由	道　场　规　格[2]
天庆节	正月初三	天书降承天门	两京、诸州,前七日建道场设醮
天贶节	六月六日	天书降泰山	令诸州皆设醮(一日)
先天节	七月一日	圣祖诞	两京、诸州,前七日建道场设醮
降圣节	十月二十四日	圣祖降	两京、诸州,前七日建道场设醮
天祯节	四月一日	天书降功德阁	同天贶节[3]

　　竖立在各天庆观详述天书、圣祖事迹的碑刻,同样显示中央的奉神活动延伸至地方。大中祥符二年十月,真宗下令各府州军监县,"内有全无宫观处",需建道观一所,并赐额天庆观,建道观的目的则是:"冀福祥之咸被"。[4] 按此诏规定,若该府、州或县已有宫观,便不

---

① 《宋会要辑稿》,礼57之30。
② 《长编》,卷70,大中祥符元年十一月,第1578页;《宋会要辑稿》,礼57之28—29;《长编》,卷79,大中祥符五年闰十月,第1801页;《宋会要辑稿》,礼57之30。
③ 《宋会要辑稿》,礼57之29。
④ 《宋会要辑稿》,礼5之18。

需再建。但见诸宋代方志，至少在府州军的层级皆建有天庆观，远至海南岛亦不例外。苏轼（1037—1101）在北宋末谪居昌化军（今海南岛），即曾游览此地的天庆观。① 祥符五年圣祖降临后，又下令各府州军于天庆观建圣祖殿。② 祥符八年，礼仪院请求在各州天庆观"刻建置敕文、事迹"。③《山右石刻丛编》完整收录了河东路宪州天庆观所立碑刻。内文记录了天庆、天贶、先天、降圣节的休假天数、开道场天数、禁屠宰、刑罚天数。碑阴则刻有《建天庆观敕》与《圣祖殿敕》。④ 宪州在北宋为中州，地理位置偏远。即便如此，宪州仍奉行了刻石立碑的诏令。位于边境的河北西路安肃军，也发现立有相同碑刻。此地在民国时期属徐水县。民国时期编纂的《徐水县新志》，不仅记录此地在祥符八年立有此碑，方志编者更认为此碑"书法秀劲，姿态如生"，且"石质坚润，刻工精致"。⑤ 此碑今日仍可见，照片附于本章末尾。此外，宋末编纂的《咸淳毗陵志》，也显示常州天庆观有大中祥符八年所立碑。⑥ 总之，这些竖立在天庆观的碑刻，乃当时精心雕刻之作，供往来经过的士人了解地方政府在各节日应奉行的道教祈福活动。

真宗君臣又以各种规定强化地方官在执行奉神活动时的参与度与虔诚度。祥符六年，王钦若为了保证地方官员虔心礼神，要求"诸州官吏每天庆、先天、降圣三大节建道场，散斋致斋如大祀之制"。⑦

---

① 〔宋〕苏轼撰，王松龄点校：《东坡志林》（北京：中华书局，1981 年），《信道智法说》，第 63—64 页。

② 《长编》，卷 79，大中祥符五年闰十月癸酉，第 1801 页。

③ 《宋会要辑稿》，礼 5 之 19。

④ 《山右石刻丛编》，卷 12，《天庆观碑》，第 17b—20a 页。

⑤ 刘鸿书：《迁移天庆观宋碑记》，收入刘延昌修，刘鸿书纂：《（民国）徐水县新志》（上海：上海书店出版社，2006 年，据民国二十一年〔1932〕铅印本影印），卷 12，第 52 页。

⑥ 〔宋〕史能之：《咸淳毗陵志》，收入《宋元方志丛刊》（北京：中华书局，1990 年），卷 29，《碑碣》，第 3201a 页。

⑦ 《长编》，卷 81，大中祥符六年九月丁巳，第 1849 页。

即要求官员依照"大祀"这一最为慎重的斋戒仪式，执行道场祈福活动。[1] 此外，祥符八年真宗上玉皇尊号、天禧元年上玉皇宝册，也要求州军建道场祈福，甚至要求"臣庶家悉置香台，上香望拜，官司检察之"。[2] 试图让所有臣民都参与这场盛典。祥符八年又规定转运使、提点刑狱使在巡视地方时，必须朝拜天庆观圣祖殿；地方官员除了在各节朝拜圣祖殿外，还要"每到任、得替，并先诣观朝谒及辞"。[3] 这意味着官员在一年的任期内，必须多次到圣祖殿进行朝拜。

值得注意的是，并非所有的奉神活动皆为中央主事者所订立。在上有所好的情况下，许多奉神活动实际上是在官员的建议下逐步堆栈起来。如祥符二年，真宗下令天贶节休假一日，隔月，枢密直学士刘琮请求在天贶节这日"望令诸司皆设醮"。这意味着中央所有的官僚机构皆须建道场祈福。[4] 祥符四年，中央下令天贶节在京禁屠宰，随后殿中丞欧阳彪加码请求"诸路并禁屠宰"。[5] 祥符八年，江淮转运使曹谷称："天庆观圣祖殿将成，虑臣僚不知道家典礼，每因朝谒，多入正门驰骤，乞并令门外下马。"[6] 天禧元年五月，知明州刘绰又建议增加朔、望日朝拜圣祖殿。[7] 这些臣僚的建议显示，天书时代各地愈趋繁复的奉神活动，不仅由于中央主事者的规定，还在于部分中央与地方臣僚的附和。

当奉神活动在全国各地举行，不少地方官员为了展现自己诚心

---

[1]　参见朱溢：《事邦国之神祇：唐至北宋吉礼变迁研究》，第 44—47 页。

[2]　《长编》，卷 84，大中祥符八年正月壬午朔，第 1911 页；《长编》，卷 89，天禧元年正月辛丑，第 2036 页。

[3]　《宋会要辑稿》，礼 5 之 18。宋代官方对天庆观的优待，及官员在固定节庆需朝拜天庆观，都持续到南宋。见汪圣铎：《宋代政教关系研究》，第 634—641 页。

[4]　《宋会要辑稿》，礼 57 之 28。

[5]　《宋会要辑稿》，礼 57 之 30。

[6]　《宋会要辑稿》，礼 5 之 19。

[7]　《长编》，卷 89，天禧元年五月戊午，第 2061 页。

礼神而得到回应，纷纷"发掘"祥瑞，献上中央。天书时代"群臣数奏祥瑞"①已为学界共知。此处仅以广南西路为例，略示天书时代祥瑞在各地出现的广度。祥符年间，广西昭州在天庆观落成之后，出现三样祥瑞："芝草生，祥光见，莲花生并头"，于是知州请人画图献上中央；时任校书郎的傅鹰，作《三瑞图颂》。② 可见地方献上祥瑞后，中央文士便以颂赞之文加以诠释。再如天禧元年，广西贵州、昭州天庆观皆出现甘露。③ 显示即便偏远如广西，地方官亦参与发掘祥瑞的运动。

二、颂美文风的流行

伴随各地献上祥瑞的，是点缀真宗太平之政的歌颂时君、时政、时瑞的文风。本小节进一步探讨，祥符以后颂美时政的文风如何形成，以及此文风形成后对政治的影响，以呈现属于天书时代的政治文化。

大中祥符元年以后，在举国沉浸于太平已致的气氛下，朝臣上疏批评时政的空间被大幅限缩。祥符元年原本要举行制举，但执政认为即将封禅，"将告成功于天下，不当复访人以得失，遂报罢"。④ 可见访问得失，被认为是不合时宜。祥符三年，度支判官曹谷建议内外群臣上奏言事，必须检附过去相关法令，以便说明建议事项如何可行。此建议获得批准。⑤ 但这也在客观上增加了朝臣言事的难度。朝臣批评时政的频率降低，也就在表面上更合理化无为统治，并塑造太平

---

① 《长编》，卷 74，大中祥符三年十二月，第 1702 页。
② 〔明〕林富修，〔明〕黄佐纂：《(嘉靖)广西通志》(明嘉靖十年〔1531〕刻本)，卷 40，第 6a 页。
③ 《宋史》，卷 65，《甘露》，第 1428 页。
④ 《儒林公议》，卷下，第 20b 页。《宋会要辑稿》，选举 10 之 15。
⑤ 《长编》，卷 73，大中祥符三年五月丁亥，第 1671 页。

的景象。

　　真宗晚年，由于天灾的发生，曾表现出虚心求谏的态度，但实际效用十分有限。祥符九年到天禧元年大蝗灾期间，真宗向宰相提到有人批评自己"鲜纳谏诤"，但他对这项批评不以为然，认为"群臣言事，朕每虚怀听受"。① 真宗为此在天禧元年二月置谏官、御史各六员。然实际除受人数却远不足额。② 部分因素可能在于真宗要求谏官"所选尤须谨厚端雅识大体者，至于比周浮薄，朕不取焉"。③ 当皇帝以居高临下的态度干涉台谏官的选择，则台谏官员数不足，或难以真正直言，也就不难想见。此时鲁宗道（966—1029）担任左正言，他曾上奏提醒真宗留意亲民官的选择，但真宗看过之后的反应是："谏官供职，颇亦用心，但以朝廷无他事可言，故止及此尔。"④一方面认为鲁宗道论及"急务"，却又说所言不过如此，更称当时朝廷并没有什么缺失能够上谏。实际上，对于较积极言事的鲁宗道，真宗"颇厌其数"。⑤ 真宗既然自认是太平之政下的圣君，他自然无法接受臣僚指出缺政，更难以真正虚心求谏。

　　相对于文臣批评时政的空间大幅降低，歌颂时政的文字则在君臣互动中，吹出一股潮流。其中，王旦底下、以杨亿为首的一派文士的文字起到示范作用。相较于王钦若等徐铉派文士主要负责操办礼仪，杨亿派文士则负责撰写与大礼相关的制诰。根据宋祁所撰石中立（972—1049）墓志铭：⑥

---

① 《长编》，卷89，天禧元年二月丁丑，第2040页。
② 刁忠民：《宋代台谏制度研究》（成都：巴蜀书社，1999年），第5—6，91—92页。
③ 《长编》，卷89，天禧元年二月丁丑，第2040页。
④ 《长编》，卷90，天禧元年六月丙子，第2068—2069页。
⑤ 《长编》，卷91，天禧二年三月甲寅，第2104页。
⑥ 石中立为石熙载子，第一章提及，石熙载亦为李昉派文士。因此，石熙载与石中立亦是绵延两代的李昉-王旦派文士中的成员。

　　咸平三年(1000)以殿中直集贤院。真宗既获元符，遂上泰
山、瘗汾阳，表刻金石以明德意。公为作声诗，那然以告成功者
数十篇。既奏御，益知名。天子好文学，而虢略杨亿以雄浑奥
衍，革五代之弊。公与中山刘筠、颍川陈越，推而肆之，故天下靡
然变风。朝廷每有论次，公常在选。①

这段文字显示，石中立在馆阁时，由于撰作数十篇歌颂东封、西祀的
文章，而受到真宗赏识。此时主盟文坛的杨亿，在石中立、刘筠、陈越
(973—1012)等人的呼应下，成为天书时代的文章作手，影响所及，
"天下靡然变风"。范仲淹撰写的《杨文公写真赞》亦指出杨亿文字在
天书时代的影响力：

　　在真宗朝，荐当清近，终翰林学士、工部侍郎。公以斯文为
己任，繇是东封、西祀之仪，修史修书之局，皆归大手，为皇家之
盛典。②

这段文字显示，在范仲淹心目中，杨亿文字的影响力，并非由于景德
年间他与刘筠、钱惟演(977—1034)所唱和的《西昆酬唱集》，而是在
天书时代为真宗太平之政所撰作的官方文字。

　　一则事例颇可看出杨亿派文士在颂赞文字的撰写上，深受真宗
赏识。祥符二年，真宗与馆阁之士聚会，参与者包括编修《册府元龟》
的刘筠、陈从易(966—1031)。陈从易是王钦若赏识的文士。③　席间，

---

① 〔宋〕宋祁：《景文集》(台北：艺文印书馆，1969年，据清乾隆敕刻武英殿聚珍本影
印)，卷59，《石太傅墓志铭》，第7a页。
② 《范仲淹全集》，卷8，《杨文公写真赞》，第167页。
③ 《长编》，卷98，乾兴元年正月，第2268页。

真宗表示："从易辈屡进文字,可令赋瑞雪歌、祀汾阴诗。"于是,在场文士各自撰写《瑞雪赋》《祀汾阴诗》,真宗经过一番品评后,表示刘筠的文字最佳。[①] 馆阁之士在真宗面前撰诗、赋的过程仿佛一场作文比赛,原本经常献上颂赞之文的陈从易,经过真宗的再评价,被认为不如刘筠。类似的活动使文士们在竞争之中,力求文字上的华美雕琢,以博取真宗的青睐。

如前节提及,杨亿为王旦派士大夫的成员之一。此外,刘筠、陈越等人亦为王旦所提拔。在真宗的太平之政下,宰执经常必须为各种大礼或祥瑞之象上书向皇帝称贺,这使宰执必须撰写大量的"表""赞"。宰执自然不可能独力完成,原本负责此务的中书舍人又多领他职,于是宰相王旦"择馆阁官,得盛度、路振、刘筠、陈越、夏竦、宋绶分撰表奏"。[②] 由此可见,王旦一派文士在祥符年间制礼的位置上,虽不能与王钦若、陈彭年相比,但王旦底下集结了一帮以杨亿为首的文士,为真宗太平之政进行颂赞,而获得可与王钦若等人媲美的地位。

杨亿派文士虽是天书时代的文章作手,但他们绝非唯一为真宗献上颂赞的臣僚,此时许多士大夫,甚至一般士人都积极参与颂赞活动,许多人因此获得升迁或美职。张皋墓志铭为我们揭露了天书时代撰写颂赞文字的实际效益:

> 景德四年,年甫十八,举进士,辞章杰异时辈。……于时朝廷尊瑞命、修礼文,从官及儒学之士率献赋颂以称上德,其华润典美,布于人诵者,盖才一二。公虽齿以缺秩卑,而常得预焉,由

① 《宋会要辑稿》,职官7之13—14。
② 《宋会要辑稿》,仪制7之1;《长编》,卷81,大中祥符六年八月壬申,第1845页。

是天子知其名，擢为著作佐郎，诸（公）皆欲出其门下。①

这段文字显示，身处天书时代的士大夫们，争先恐后地撰写颂赞真宗圣德的赋颂。由于数量庞大，能受到真宗赏识的只是少数，张皋因为是文章能手，而被拔擢为著作佐郎，他也因此获得后辈的尊崇，可说是名、利兼得。又如祖士衡在天书时代"屡奏赋颂，每篇称善，真宗皇帝由是益器之"。杨亿也向刘筠称赞祖士衡："辞学日新又日新，孔子所谓后生可畏者。"②又如陈彭年的弟子晏殊，在祥符九年献上景灵宫、会灵观二赋，而"特铭迁秩"。③凡此可见，只要能够撰写精彩的颂赞文字，便可能得到升迁的机会，并获得时人的推崇。

在时势所趋下，天书时代的范仲淹（989—1052），也撰写了相当多的赞颂性赋颂。④如《穷神知化赋》巧妙地诠释了天书时代的统治概念：

> 惟神也感而遂通，惟化也变在其中，究明神而未昧，知至化而无穷。通幽洞微，极万物盛衰之变；钩深致远，明二仪生育之功。大《易》格言，先圣微旨。神则不知不识，化则无终无始。……岂不以化之布也，无党无偏，神之理也，自然而然。亦犹究彼灵蓍，审万象而无失，推兹妙律，测四时而周愆。……以此观天，通乾道而明矣，以斯设教，助人文而用之。是以圣人德

---

① 〔宋〕尹洙：《河南先生文集》，收入《四部丛刊正编》（台北：台湾商务印书馆，1979年），卷17，《张公墓志铭并序》，第6b页。

② 〔宋〕祖无择：《祖公墓志铭》，见曾枣庄、刘琳主编《全宋文》（上海：上海辞书出版社；合肥：安徽教育出版社，2006年），第43册，第345—347页。

③ 《玉海》，卷100，《郊祀·祥符景灵宫颂》，第21b页。

④ 《范仲淹全集》共收有三卷赋，其中多半是歌颂时政、时君，如卷1有《老人星赋》《老子犹龙赋》《礼义为器赋》；别集卷2有《铸剑戟为农器赋（天下无事，兵器销偃）》《从谏如流赋》。

合乾坤，道通昼夜，法至神而有要，臻大道而多暇，有以见秉尧智，以无为而民自化。①

这段文字颂赞的对象是"神"与"圣人"，所谓圣人，指的当然是皇帝。文中的神"明二仪生育之功"，且符合"大《易》格言"，应和了祥符时代所界定的先天之道。"无党无偏、自然而然"，又呼应了皇极大中与神道设教的理念。而圣人与神感通，得以观天、设教，并进行无为之治，则与祥符后真宗的统治理念全然吻合。范仲淹此赋可谓紧扣祥符时代的统治概念。类似的文字，当然不会只有范仲淹撰作，可以想见，通过朝野文士的诗赋撰写，士大夫们实际上不断地学习、重述、散布、宣传着真宗的统治理念。

即便是未有功名的士人也有机会借着赞美时政而得官。据称"东封及祀汾阴时献文者，多试业得官"。②此外，真宗在东封、西祀、谒太清宫都开设"服勤词学科"。其中祥符四年的考试题目《礼以承天道赋》《神以知来诗》《何以为大道之序论》，③不外乎是希望应试者为此时的政治理念进行颂赞与背书。服勤辞学科录取人数虽不多，却有示范作用。

尤有甚者，地方官也在地方上挖掘擅长写诗赋、颂美时政的士人。益州有士人任玠"大集生徒，讲说六经"。凌策（957—1018）在祥符末知益州，向中央推荐任玠，任玠"进《龙图纪圣诗》一千韵"，而得任汝州团练推官，其子也获得一官。④又如仁宗朝名臣孙抃（996—

---

① 《范仲淹全集》别集，卷2，《穷神知化赋》，第487—488页。
② 〔元〕马端临：《文献通考》（台北：台湾商务印书馆，1987年），卷33，《选举考六·贤良方正》，第314b页。
③ 《宋会要辑稿》，选举7之11—12。
④ 〔宋〕黄休复撰，赵维国整理：《茅亭客话》，收入《全宋笔记》第二编（郑州：大象出版社，2006年），卷10，《壬先生》，第78页。

1064)，在天书时代同样颂美时政。他因为"作《祥符宫赋》五千余言"，知州凌策"将荐于朝，以其年少而止"。[①] 虽然孙抃未能因此入仕，但同样反映在利禄的诱惑下，地方士人也致力于颂赞诗赋的撰写。

从以上的讨论可知，上从宰执、两制，下到一般士人，都在太平的旗帜下撰写歌诵真宗与时政的文字。在士人们的彼此竞争下，形成一股看似牢不可破的颂美文风。被认为是古文运动要员的穆修对此有深刻的描述：

> 盖古道息绝，不行于时已久。今世士子，习尚浅近，非章句声偶之辞不置耳目，浮轨滥辙，相迹而奔，靡有异途焉。其间独敢以古文语者，则与语怪者同也，众又排诟之、罪毁之，不目以为迂，则指以为惑，谓之背时远名，阔于富贵。先进则莫有誉之者，同侪则莫有附之者。……噫！仁义忠正之士，岂独多出于古，而鲜出于今哉！亦由时风众势，驱迁溺染之，使不得从乎道也。……夫学乎古者，所以为道；文乎今者，所以为名。道者仁义之谓也，名者爵禄之谓也。[②]

穆修指出，章句声偶之辞的风行，乃是时势所趋。当众人都致力赞美时政，要反其道而行，不但前辈不敢推荐，同侪也不赏识。可见撰写章句声偶之词，不但与"爵禄"紧密联结，也关系到文士在群体中的价值声望。在此情况下，要想置身于颂美文风之外，几乎不可能。

综合上述，在仁宗朝古文运动风行前，所谓西昆体的流行，乃是

---

① 《苏魏公文集》，卷 63，《太子少傅孙公行状》，第 1b—2a 页。
② 〔宋〕穆修：《河南穆公集》，收入《四部丛刊正编》(台北：台湾商务印书馆，1979年)，卷 2，《答乔适书》，第 1a—2a 页。

指其讲究用典、雕琢的文字风格,符合天书时代太平之政的需求。[1]
真宗太平盛世的营造,绝非只有杨亿等中央官员参与,撰写颂赞诗赋
几乎成了一种文人"运动",而这项运动,因为利禄的诱惑与声望的加
持,成为一股相当强势的风潮,也成为评价士人价值声望的判准。当
文人致力颂美时政,并渴望在众人竞争中脱颖而出,除了讲求文字华
美外,也必须致力于理解祥符年间的统治思维。有理由相信,通过近
乎比赛化的文字竞逐,多数文士也传播了祥符时代的统治理念。尽
管,这不等同于士人们相信这些理念。当自诩为圣人的真宗过世,所
谓"太平"逐渐显露破绽后,雕琢的颂美文将无可避免地受到挑战。

结　语

祥符时代的天书奉神活动,不仅融合了儒家经典、谶纬与道教思
想,其展开的过程更体现了天书时代宗教统治的理念与思维。真宗
在天书的指导下,根据"孝治"的儒家经典概念,先是以侍父、侍母之
孝,展开东封祭天之礼,与西祀祭地之仪,并"因此"召唤到赵宋祖先
圣祖的降临。此后,天书时代从祭天、地升级为崇奉"先天"之神——
圣祖和玉帝。这样的发展,意味着儒教昊天上帝不再是最高统治神,
道教"先天"之神,才是最高主宰者。当真宗规定地方州军在五大圣
节建道场祈福,更显示道教近乎全面性地取代了儒教统治。换言之,
天书时代的神道设教,是真宗在告天太平之后,欲凭借象征"无为之

---

① 杨亿等人在景德年间所编的《西昆酬唱集》,实际上不乏政治批判意识,《西昆酬唱集》有《汉武》《明皇》两组诗,对汉武帝和唐玄宗颇有批评,见〔宋〕杨亿编,王仲荦注:《西昆酬唱集注》(北京:中华书局,1980 年),第 41、101 页。西昆体的兴盛与其作者、文风参见曾枣庄:《论西昆体》(高雄:复文图书出版社,1993 年);张明华:《西昆体研究》(北京:人民出版社,2010 年)。

道"的道教神仙维系天地秩序，本质上是以宗教进行统治的宇宙观。

　　天书时代的奉神礼仪，在真宗试图强化赵宋统治之正当性的同时，也炮制了一股从中央蔓延至地方的政治文化。当真宗诚心崇奉天、地、道教神仙，他也自诩为符合"大中"统治的圣君，应得到臣民的尊崇与效法。真宗于是积极教化、训诫天下臣民，并接受臣民的颂赞。为了让天下臣民皆能接受教化，并参与天书时代的奉神活动，真宗君臣将奉神活动以制度规定的方式推广到地方州军；地方官员为了展现自己的诚心奉神、侍君，也不断通过发掘祥瑞、撰写歌颂文字，来为天书时代锦上添花。天书时代的士人仿佛参与了一场全国性的作文竞赛，真宗则是最高裁判，给予优秀的作者加官升职。

　　总结祥符时代的"太平无为"之政，应包含相互联动的两层意义。第一，太平的到来，意味着先天之神肯定赵宋的统治，帝国理论上不再有严峻的政治问题需要改革。第二，太平之后，真宗对"无为"的崇奉，并非意味君主万事不为，而是君主必须崇奉、仿效先于天、地的"无为"道教尊神，如此便能凭借自身绝对中心的地位，来教导天下臣民。此时，臣民仅需建道观、开道场，颂赞时政，听从真宗教导，便可获得先天之神的庇佑。

　　然而，隐藏在"太平"气氛下的，是士人心中逐渐累积的不安与焦虑。崇奉先天之神的活动，使道教凌驾于儒教，成为统治天下的主流意识形态，儒教统治则遭到降格甚至否定；当真宗以神圣的导师自居，所有天灾都不再被解读为天对君主的警告，这便限缩了政治革新的发声空间。乾兴元年（1022），真宗在病中以五十五岁之龄过世，暴露这位"圣君"并未长生，甚至连长寿都称不上。不过，这并不等同天书时代建立的"太平无为"意识形态与相应的政治文化便自动土崩瓦解。下两章将继续分析，仁宗前期的臣僚，如何在与皇权的斡旋中，逐渐改变祥符以来形成的各种政治文化。

附图：徐水县天庆观碑

（浙江大学历史学院博士后研究员何天白摄）

图一

图二

下篇

历史中的古文运动

国家祥符中，民风豫而泰，操笔之士，率以藻丽为胜。惟秘阁石曼卿与穆参军伯长自任以古道，作之文必经实，不放于世。

——苏舜钦：《苏学士文集·石曼卿诗集叙》

第四章　"太平"的丧失

——仁宗前期政治文化的转变

前　言

从后设的立场观看天书时代的政治文化,我们可能假定真宗的政治遗产,将随着他的过世而消散,因为我们不认为这些怪力乱神之作,会被下一个统治时代所继承。然而,对继体之君——仁宗,以及仁宗年幼时主掌朝政的刘太后而言,更自然的反应却是:守护真宗的政治遗产。"太平"之治既是真宗所认定的成就,刘太后与仁宗在情感上和理论上,都不可能对此加以否定,在政务的实际操作上,他们也希望保持、维系这样的"太平"政治模式于不坠。这不仅关系到他们是否为成功的继任者,也关系到刘太后与仁宗的皇权正当性。这股来自皇权的力量,使得天书时代的政治文化,并未随着真宗过世而人亡政息。

不过,从朝臣的角度来看,真宗的过世,确实使天书时代的政治逻辑出现重大矛盾与破绽。这是因为,不仅自视圣君、效法先天之神的真宗,没有获得理论上的长生,年幼继位的仁宗,亦无法适时递补真宗撰写御制文诰,"教导"臣民的任务。尽管如此,天书时代的政治文化仍未立即破产。过去,许多士大夫与士人在被动或主动的情况下,卷入天书时代的各种活动;在参与神道礼仪与撰写歌颂真宗的文章的过程中，他们不仅熟悉、浸淫在天书时代的政治话语中，也成为天书时代的参与者与受惠者。然而，当举国上下都沉浸在太平无为的颂赞当中，不安的情绪与对帝国前景的焦虑，也在他们心中逐渐累积。这种矛盾的情绪，使仁宗统治初期的朝臣，特别是在真宗朝已经仕宦的朝臣，既想拆解天书时代的政治文化，又无法以一种直言不讳的方式批评天书时代。

因此，仁宗统治前期的政治过程，可视为赵宋君臣认知转变的过程：从天书时代的太平无为意识形态，转变为庆历改革时期承认赵宋百病丛生、必须进行大有为的改革。在这痛苦的转变期，皇权与士大夫之间，进行了一场又一场的政治斡旋。天书时代的政治文化，在此权力斡旋的推拉过程中，才逐步而崎岖地崩解。赵宋士大夫也由此开启了在中国历史上甚具意义的一段历史——庆历改革、古文运动、疑经思想，皆在此政治过程中应运而生。

本章将焦点集中在仁宗统治前期的朝堂，分析刘太后、仁宗在维护真宗太平之政的统治形态时，如何遭遇朝臣的挑战。这些挑战者既包含学界熟悉的范仲淹及其政治盟友，也包含过去相对受到学者忽视的杨亿派文士与孙奭派儒者。孙、杨两股政治势力，在仁宗朝的政治影响力不仅不下于范仲淹集团，更是改变天书时代政治文化的主要力量。正是在不同政治势力的交锋与斗争中，太平无为的意识形态逐渐破产，政治改革最终成为君臣的共识。

第一节　残存的"太平"——刘太后主政期

本节探讨刘太后主政时期——天圣元年至明道二年（1023—

1033)，天书时代的政治文化如何遭遇朝臣的挑战，以及刘太后如何在与宰执的权力斡旋中，坚持"太平"仍未丧失。本节将指出，在刘太后过世前，天书时代的政治文化：太平无为的意识形态、限缩谏言、鼓励祥瑞与颂赞之文、从中央到地方的道场设置等，尽管与真宗统治时期相比，受到程度不等的删减或削弱，但仍以残缺的形态保留下来。

一、"太平"的持守与纳谏的再论述

对刘太后与仁宗而言，"太平"是实是虚并非最重要的问题，持守真宗所打造的太平无为统治模式，才更为要紧。他们作为真宗皇权的继承者，维护真宗的政治遗产，无疑是他们巩固权力的基础。从刘太后对祥瑞的态度，以及天圣年间朝臣的上奏可知，此时君臣仍预设太平为既定事实。天圣三年(1025)，汉州德阳县均渠乡有人发现刻有"天下太平"四字的木块，上呈之后，中央特地将均渠乡改名为太平乡。[①] 显示中央欢迎此祥瑞。天圣六年(1028)，益州又上异花，仁宗称此花为"太平瑞圣花"。[②] 亦显示君主乐于见到象征太平的祥瑞。[③]

---

① 《长编》，卷103，天圣三年四月癸酉，第2379页。
② 《长编》，卷106，天圣六年十一月，第2485页。
③ 不过，自视太平的论述，较少出现在诏令之中。这是由于，以君主为第一人称的诏令，通常对于统治成就的称述较为自谦。检视刘太后主政期的诏令，即很少有太平自况。如天圣九年诏令自认"虽致小康"。见《宋大诏令集》，卷192，《诫谕内外官诏》，第705页。天圣十年(1031)恭谢天地前书则说"罔敢自逸。期臻太和"，将太平以未来式描述。见《宋大诏令集》，卷123，《恭谢天地于大安殿谒太庙赦天下改明道元年制》，第424页。即便是真宗在接受封禅的相关诏令中，也以小康自况。如《太常因革礼》，卷90，《庙议二·加上太祖太宗尊谥》："国朝会要：大中祥符元年六月诏曰……肆朕寡昧，获奉宗祧，恭膺累洽之祥，迄致小康之理。"（第1a页）《宋大诏令集》，卷3，《宰相等表上尊号不允批答》，祥符元年六月："朕荷天地之眷怀，绍祖宗之丕构，罔敢自逸，讫此小康。"（第12页）值得注意的是，至真宗统治末期的天禧年间，真宗已在诏令中以太平自许。如《宋大诏令集》，卷152，《蝗旱后赦天下制》，天禧二年四月："朕仰膺灵命……虽臻和平，罔敢暇逸。"（第565页）卷152，《彗灭赦天下制》："朕躬承骏命，……守二圣之成宪，竞竞业业，臻乎治平，何尝不钦翼百神，敦崇至道。"（第566页）卷118，《天禧三年有事南郊制》："朕以菲德……封岱展仪，含生被泽，承平斯久。"（第402页）

　　天圣年间，刘太后与仁宗也不时要求两制三馆臣僚为各种祥瑞赋诗作颂。如天圣元年，"芝生天安殿柱"，仁宗招来辅臣一同观看，并接受辅臣的贺表，隔天，更是下令百官前来观看。[①] 天圣四年（1026），刘太后与仁宗又将"双头牡丹芍药花图"展示给辅臣，并令三馆学士就此祥瑞图作诗赋。[②] 天圣六年，陈州献上"瑞麦图"，君主照例要求两制馆阁之士赋诗。[③] 刘太后统治末年，仍曾要求"两制三馆赋后苑诸殿亭牡丹歌诗"，随后由执政晏殊所上《进两制三馆牡丹歌诗状》，提到这样的活动是"匪太平之特盛，岂荣遇之及兹"，参与赋诗的臣僚则包含"两制并侍讲学士、龙图阁待制，自章得象（978—1048）以下十三人，三馆秘阁自康孝基已下二十七人"，总共作诗高达"一百四十首"。[④] 这些围绕祥瑞的吟诗作赋活动，与真宗统治时代如出一辙：地方献上祥瑞图、君主公布、臣僚品赏、文士作诗赋颂赞。背后象征着真宗的太平统治得到延续，故而天神经常赐予祥瑞加以肯定。而这些中央最有才学的士大夫，也无可避免地耗费心力在这些颂赞诗赋上。

　　然而，当皇权掌握在身为女性的太后与年纪尚幼的皇帝手中时，天书时代所炮制的政治文化，仍不免受到朝臣的挑战。刘静贞指出，刘太后统治前期，权力受到宰执的压制；借着与宦官、外戚合作，才在天圣七、八年，得以真正掌握大权。[⑤] 因此，尽管此时仁宗朝臣仍不敢

---

①　《玉海》，卷197，《祥瑞》，第49页。

②　《玉海》，卷197，《祥瑞》，第50a页。

③　《玉海》，卷197，《祥瑞》，第16页。

④　〔宋〕吕祖谦：《宋文鉴》，收入《文渊阁四库全书》（台北：台湾商务印书馆，1983年），卷63，《进两制三馆牡丹歌诗状》，第13a—14a页。

⑤　刘静贞：《北宋前期皇帝和他们的权力》，第170—174页。邓小南则讨论仁宗初年的宰相丁谓、王曾如何借制度限制刘太后的权力。见邓小南：《祖宗之法——北宋前期政治述论》，第340—352页。张晓宇则从礼仪的角度，分析天圣、明道年间，刘太后如何逐步制定向天子看齐的礼仪制度。见张晓宇：《从"变唐之礼"到"章献新仪"——北宋前期"新礼"问题与〈太常因革礼〉》，《汉学研究》第37卷第1期（2019年，台北），第39—81页。

否定太平,但仁宗甫即位,立刻出现要求补足谏员的呼声。天圣元年四月,曹修古被命为监察御史,孔延鲁、刘随(971—1035)为左正言。[1]不过,在君臣认为太平依旧的前题下,如何为君主纳谏寻求合理性?此时,我们见到臣僚们对"太平"与"纳谏"的关系,提出有别于真宗时代的诠释。如新任谏官刘随的上奏,将唐太宗与唐玄宗的太平都归因于纳谏,并把唐玄宗的败乱归因于太平日久而拒谏;接着,刘随声称真宗在太平之下仍然乐谏,而把拒谏的过失推给"贼臣"丁谓。最后,刘随总结认为"今……天下又安,可谓治矣。然治不忘乱,安不忘危,盖乱必生于治,危必生于安"。[2]如此一来,刘随一方面避开了太平之后无须谏言的逻辑,另一方面则在肯定太平依然的前提下,借着诠释太平与纳谏的关系,为谏官争取上言的空间。但刘随又说:"今之所切,在于纳谏,其余守常安静可也。"[3]既要求君主听谏官的意见,又认为其余可以安静,岂非自相矛盾?这也显示,在太平仍受肯定下,纳谏有理论上难以突破之处。

天圣前期,仍为低阶官的范仲淹也对太平与纳谏的关系提出诠释。[4]在天圣五年的《上执政书》,范仲淹有意识地论述"太平":

> 自我宋之有天下也,经之营之,长之言之,以至于太平,累圣之功,岂不大哉!然否极者泰,泰极者否,天下之理,如循环焉。惟圣人设卦观象,穷则变,变则通,通则久。非知变者,其能久

① 《长编》,卷100,天圣元年四月丁巳,第2321页;卷101,天圣元年八月乙巳,第2331页。

② 《宋朝诸臣奏议》,卷51,刘随:《上仁宗论当今所切在于纳谏》,第554—555页。

③ 《长编》,卷105,天圣五年九月癸丑,第2438页。

④ 天圣三年在《奏上时务书》中,范仲淹提出多项建议,其中论选馆阁之才说:"我国家累圣求理,而致太平,大约纲纪,法象唐室。以臣观之,宜法唐兴之时,不宜法唐衰之后。"后文更提到君主应纳谏官、御史之言。见《范仲淹全集》,卷9,《奏上时务书》,第199—201页。

乎！此圣人作《易》之大旨，以授于理天下者也，岂徒然哉！今朝廷久无忧矣，天下久太平矣，兵久弗用矣，士曾未教矣，中外方奢侈矣，百姓反困穷矣。朝廷无忧，则苦言难入；天下久平，则倚伏可畏。……昔曹参守萧何之规，以天下久乱，与人息肩，而不敢有为者，权也；今天下久平，修理政教，制作礼乐，以防微杜渐者，道也。[①]

相较于刘随以例证的方式论述太平之时仍应纳谏，范仲淹则将论述提升到理论层次。他引《易经》"变则通，通则久"，作为太平之下更应居安思危的理论依据，希望能突破"苦言难入"的困境。由于这是给执政的上奏，范仲淹特别指出此时的赵宋不同于西汉初年萧规曹随之际，显示范仲淹认为不应再延续真宗朝的做法，而是应调整作为、修理政教。

范仲淹与刘随的上奏，都可见他们的论述仍以"太平"为既定事实，与此同时，他们又希望突破太平之下无需上谏的逻辑困境。相较于刘随将纳谏视为保持太平的方法，范仲淹此奏已指出"变"的必要性。但无论如何，刘随与范仲淹的奏议，都反映天圣年间不论是中央朝堂或士大夫们，都仍以太平自认，亦以保持既定政策为基本论调，改革的声音还非常微弱。

挨诸天圣年间的政局，君主必须纳谏的政治理念尽管没有消失，但谏官确实难以施展拳脚。天圣七年三月，王曾担任首相末期，下诏百官在五日一起居时进行转对，"极言时政阙失如旧仪"。[②] 王曾为王

---

① 《范仲淹全集》，卷9，《上执政书》，第211—212页。
② 《长编》，卷107，天圣七年三月癸未，第2504页。

且派士大夫的要员。① 下文将会陆续提到，王曾对天圣年间改变天书时代的政治文化，发挥了重要影响力。此时他下令百官极言上谏，亦是相关作为之一。但不久王曾便因为玉清昭应宫失火而罢任。隔年九月，已是吕夷简（979—1044）为首相，他停罢了百官转对的诏令，据说是"自复转对，言事者颇众，大臣不悦也，故复罢之"。② 天圣末，刘太后的权势已经颇为稳固，但新兴士大夫不断在还政问题与礼仪问题上挑战刘太后。③ 在此情况下，罢废转对、抱持太平无为的意识形态，反而成为刘太后阻挡朝臣谏言的策略。

二、天谴或常数——天人关系的争议

与太平意识形态相配合的，是君主面对灾异时的态度。天圣年间，刘太后依然采行灾异为常数、人为疏失的论调，而非上天对君主施政缺失的警告。这不仅是真宗统治以来太平意识形态下的逻辑发展，更是君主拒绝纳谏、持守皇权的策略。

前引范仲淹天圣五年的《上执政书》，亦批评了君相应对灾异的方式：

> 土木之兴，久为大蠹。或谓土木之费，出于内帑，……太祖皇帝以来，深思远虑，聚之积之，为军国急难之备，非谄神佞佛之资也。国家祈天永命之道，岂在兹乎！……伏闻京师去岁大水，今岁大疫，四方闻之，莫不大忧，天之有以戒也，岂徒然乎！……

---

① 见 Ho, *Politics and factionalism*, pp. 209‑210；王丽亚：《论王曾》（济南：山东师范大学专门史硕士学位论文，2008 年），第 94—96 页。

② 《长编》，卷 109，天圣八年九月丙辰，第 2543 页。

③ 刘静贞：《北宋前期皇帝和他们的权力》，第 173—177 页；邓小南：《祖宗之法——北宋前期政治述略》，第 356—362 页。

不独恐惧其心，必使修省其政，国家之德尚可隆，天下之道尚可
行也。傥弗惧于心，弗修于政，渐盈于祸，渐绝于天，则国家四海
将如何哉？或国家之灾，由历数之定，非政教之出。若如所论，
则夏禹九畴之书果妖言耶？岂欲弃而焚之乎？苟天下有善则归
诸己，天下有祸则归诸天，岂圣朝之用心？愿黜术士之言，奉先
王之训，必不谬矣，必无过矣。[1]

范仲淹的批评，清晰呈现了两套面对灾异时的思维：其一是真宗祥
符以后采取的应天策略，宣称天灾是常数，与政教无关，可以通过祈
神奉佛而化解，大兴土木正是为了取悦神灵以得庇护。范仲淹则反
驳，大兴土木、供奉神佛并非"祈天永命"之道，而是"术士之言"，言下
之意是祈神应天并不能维持太平。其二则是范仲淹赞同的修德应天
之论，即以恐惧之心面对天灾，以此行善政，则"国家之德尚可隆"。[2]
并认为恐惧修德是符合《洪范》九畴的"先王之训"。这显示范仲淹希
望将灾异重新界定为天谴，以达到改革时政的目的。从范仲淹的上
奏可见，以灾异为常数的论调，从祥符时代延续到了天圣年间。

许多证据显示，刘太后主政期间，向神灵祈祷确为应对灾异的主
流方式。天圣六年，发生星变，刘太后"命辅臣分诣寺观禳祈"，又命
"僧道袷禳于文德殿"，这引起殿中侍御史李纮的上谏：

文德殿布政会朝之位，每灾异辄聚缁黄赞呗于间，何以示
中外？[3]

---

① 《范仲淹全集》，卷9，《上执政书》，第224—227页。
② 包弼德指出，范仲淹主张政府更积极有为，反对"无为"之政，见 Peter K. Bol,
"This Culture of Ours": Intellectual Transitions in T'ang and Sung China（Stanford：
Stanford University Press, 1992），p. 170。
③ 《长编》，卷106，天圣六年四月戊子，第2471页。

可见灾异发生后,刘太后与仁宗的通常反应便是进行各种祈祷活动。① 而当灾异过于严重,则进行大赦。如天圣七年三月,尽管已经祈晴,但水灾仍未减缓,仁宗向辅臣表示:"此必政事未当天心也",提到了"政事"的阙漏,但紧接着竟表示"赦不欲数,然舍是无以召和气",②可见仁宗并不积极讲究政事之缺,而是将大赦当成召和气的方针。

然而,至少在刘太后统治晚期,已有臣僚尝试将灾异定义为天谴,并以此挑战刘太后的权威。天圣七年六月,一把大火几乎烧尽了玉清昭应宫,刘太后将昭应宫守卫付御史台惩处时,特别向御史中丞王曙(963—1034)表示:"此人火,非天灾,必戮守卫者。"王曙则引经据典反对重修昭应宫,并说:"灾变之来,若有警者,愿除其地,罢诸祷祠,以应天变。"③不但要求将各类祈祷罢省,更声称这是"天变"。但王曙的意见也反映刘太后在火灾后,依然广建祈福道场。明道元年(1032)八月,大内发生严重火灾,刘太后不得已下诏群臣言事,④但紧接着又发布大赦令。大内修缮完工后,十一月举行恭谢天地之礼,又再次大赦。⑤ 另一方面,则下令严惩不谨火事的后宫人员。对此,权知开封府程琳表示"此殆天灾,不可以罪人",监察御史蒋堂也说:"火

---

① 还可以找到许多实例,如天圣四年"幸玉清昭应宫、开宝寺、景灵宫祈雪。……上精意以祷,命毋作乐"。见《长编》,卷104,天圣四年十二月壬午,第2427—2428页。再如天圣八年,河北水灾,仁宗向辅臣表示:"闻有龙堰于海口,故水壅而不泄,可遣官致祭。"见《长编》,卷106,天圣六年八月乙丑,第2478页。

② 《长编》,卷107,天圣七年三月丙戌,第2506页。此时刘太后虽然是实际上的统治者,但仁宗仍然维持真宗晚年的只日朝,见周佳:《北宋中央日常政务运行研究》,第88—93页。因此在《长编》天圣时期,仍可经常看到仁宗与宰执的对谈。

③ 《河南先生文集》,卷12,《赠太保中书令文康王公神道碑铭并序》,第12a—12b页;《长编》,卷108,天圣七年七月乙丑,第2519页。

④ 《长编》,卷111,明道元年八月,第2587页。

⑤ 《长编》,卷111,明道元年八月丁卯,第2588页;《长编》,卷111,明道元年十一月甲戌,第2591页。

起无迹，安知非天意。"从而主张仁宗应该"修德应变"。殿中丞滕宗谅、秘书丞刘越也认为火灾"虽缘人事，实系天时"，认为此次火灾"近在禁掖，诚愿修政以御之"。尔后又上书请刘太后还政，但未获得回应。①

　　不难看出，刘太后统治时期，中央朝堂并未根本改变真宗以来的应天模式，刘太后依然倾向将灾异定义为人为疏失；但越来越多的言论将灾异定位成天灾，要求君主修德，进行政治改革的言论也已出现在朝堂上，并带有压制刘太后权力的意图。

三、王曾与天圣年间神道礼仪的删削

　　从前两节的讨论可知，不论是在太平的认定上，或是在应对灾异的态度上，刘太后主政期都延续了真宗祥符以来的政治文化，朝臣尽管试图挑战，但成效有限。相较之下，天书时代遍地开花的神道礼仪，则在真宗过世不久，便遭到删减。本小节探讨刘太后主政期，天书时代的神道礼仪如何在君臣的权力斡旋中遭到破坏；同时也将指出，相较于真宗以道教为统治理念，刘太后则更为青睐佛教的祈福方式，而这至少在理念上破坏了真宗对无为之道的崇奉。

　　真宗从中央到地方建立起的奉神活动，在天圣前期遭到严重破坏。② 其中，王旦派士大夫王曾，扮演着关键性角色。王曾为咸平五年状元，他不仅获得寇准、王旦赏识，更是真宗前期宰相李沆的乘龙快婿。王曾于祥符二年曾谏修玉清昭应宫，祥符六年任翰林学士，祥符九年升任参政，后在天禧元年王钦若任相后不久，因辞让会灵观使

---

① 《长编》，卷111，明道元年八月丁卯，第2588页。
② 汪圣铎对仁宗前期崇道的降温与持续，已有详细的说明。见汪圣铎：《宋代政教关系研究》，第79—87页。不过，本节将此问题放在天圣年间刘太后代表的皇权与相权之间的竞争来探讨，并分析奉神活动的限缩与发展，及在统治策略上的意义，与汪氏侧重点有所不同。

而失去执政之位。天禧三年，寇准凭借假造新天书而任相，隔年王曾亦重回参政之位，并于乾兴元年真宗过世后升至宰相，直至天圣七年才因玉清昭应宫烧毁而罢相。[1] 由此可见，王曾作为王旦派的当然成员，其政治影响力在真宗末至仁宗前期达到顶峰。

乾兴元年六月，丁谓倒台后，冯拯、王曾并相，此时宰相的权力仍不是五日一垂帘的刘太后所能比拟。[2] 天圣元年二月，以财政困难为理由，冯拯首先拿中央道场开刀。原本五大节加上真宗诞节、本命三元都由中央八宫观一同设醮，此时改为轮流设醮，又将大醮的花费从二千四百贯减为一千二百贯。接着，又下令检讨地方醮场，除了二十一个府州维持原规定，另有六十四府州在供品上大加删减，其他较小州则完全取消。在宰辅权盛的形势下，刘太后只好表示："此先帝意也，会寝疾，不果行。"[3]原本规定五大节天下赐宴，这时也改为设醮府州持续，不设醮府州则取消。[4] 可见在真宗过世一年左右，从中央到地方的道场在次数和规模上已大为减省。祥符以来所建立的各州道场，乃是为了敬神祈福，以维系太平瑞象。因此，天圣初年对圣节道场的删减，本质上也破坏了天书时代的统治理念。

与圣节道场删削相呼应的，是礼仪院的罢废。如第三章提及，礼仪院是天书时代的重要机构，不仅独立于体制之外，更有指挥相关业务单位的权限。天圣元年四月，在枢密副使张士逊（964—1049）的建议下，罢废了礼仪院。原知礼仪院晏殊和冯元（975—1037），改任判太常礼院。[5] 太常礼院隶属于中书门下，需要遵行既定的规则章程。这项制度更革意味着神道礼仪的重要性降低。

---

① 王丽亚：《论王曾》，第18—65页。
② 周佳：《北宋中央日常政务运行研究》，第85—87页。
③ 《长编》，卷100，天圣元年二月，第2317页。
④ 《长编》，卷100，天圣元年三月己巳，第2318页。
⑤ 《宋会要辑稿》，职官22之24，又见《长编》，卷100，天圣元年四月，第2320页。

　　如前节提及，刘太后统治期间，依然采取祈神的方式应对灾异。因此，奉神之礼的削减，意味着赵宋不再如过去般虔敬奉神，理论上将严重损及神灵对赵宋的庇佑。这解释了天圣元年八月，刘太后为何及时秘密召回知江宁府王钦若，"辅臣皆不与闻"。当时冯拯已老病，王钦若入见后六天，冯拯罢相，王钦若受命为首相。①王钦若在乾兴元年知江宁府时，结识茅山道士朱自英，天圣二年（1024），宰相王钦若招来朱自英，②隔年朱自英回到茅山，为刘太后举行受上清派道箓的盛大典礼。③刘太后成为道徒，象征性地显示她对道教的认同。

　　王钦若为相期间，确实试图维持甚至恢复天书时代的神道礼仪。然而，没有强而有力的皇权在背后支撑，加上次相王曾与王钦若大相径庭的政治态度，复相后的王钦若不再如过去般权盛，据称"同列往往驳议"。④王曾弟王皞撰《文正公言行录》记载，王钦若再相，"尝为宫观钦奉之礼疏怠不若昔时，屡以为言"，显示王钦若对于神道礼仪

---

　　①　《长编》，卷101，天圣元年八月，第2332页；《长编》，卷101，天圣元年九月丙寅，第2333页。

　　②　《茅山志》，卷25，晏殊：《茅山五云观记》："乾兴壬戌岁，分符秣陵。……隐士朱自英者，肥遁中岩，载更年所，公乐其素约，宛若石友。还朝秉钧之再岁，以其名闻，召至都下。宴语绁绎，异于常伦。"（第264b页）

　　③　中央派出多位内侍与道士来到茅山崇禧宫操办刘太后入道之礼。《茅山志》，卷25，《宋天圣皇太后受上清箓记》："皇宋应运之四叶，圣君在宥之三年，圣母皇太后刘氏……先遣中使赍密词诣南岳，致告于紫虚元君，默允冥旨。续命入内内侍省西头供奉官臣康从政、入内内侍省内侍殿头匀当御药院臣江德用，并韶右街副道录、知玉清昭应宫事、同管勾左右街教门公事、冲真大师赐紫臣李知损，左街都监寿宁观住持明真大师臣石知章，玉清昭应宫副道直岁宣教大师赐紫臣周遂良，玉清昭应宫住持冲妙大师赐紫臣皇甫希及、玉清昭应宫同住持冲格大师赐紫臣薛清和等，同责青词黄素，一行礼信，就江宁府茅山崇禧观开建上清黄坛，预启玉录道场七昼夜，散日设醮三百六十分位，依科传度讫，别设谢恩道场三昼夜，设阓山道士女冠大斋一中，投送金龙玉简、金环玉鱼于华阳洞、燕洞、金山水府，于以告盟七圣，于以致诚九清，伸授受之仪，罄师资之礼。……时天圣三年甲子岁四月戊午朔，二十三日庚辰谨记。临坛保举上清大洞法师臣张绍英、临坛监度上清大洞法师茅山道正真寂大师臣蒋元吉、临坛度师上清大洞宗师赐紫臣朱自英。"（第262a—263b页）

　　④　《长编》，卷101，天圣元年九月丙寅，第2333页。

的删削感到不满,企图加以恢复。但王曾向刘太后说:"今但遵典礼,不须过当。"二相相争的结果是"冀公(王钦若)赧然而退,自是不言"。① 检视王钦若为相期间(天圣元年九月到三年十一月),神道礼仪仍有缩减。二年六月,罢天庆、天祺、天贶、先天、降圣节宫观燃灯。② 天圣三年七月,王钦若因疑似收贿,遭到王旦女婿韩亿攻击,声望受挫。③ 到了九月,仁宗突然向宰辅表示,各处名山洞府投金龙玉简处开启道场,④颇为烦扰,应该停罢,王曾附和地说:"今后务从简省,实为至当。"⑤总之,王钦若为相期间,奉神礼仪仍有减省,但相较于冯拯为首相期间,此时删减神道活动的进程放慢了速度。

王钦若于天圣三年去世后,王曾成为首相,删削奉神活动的脚步又加快起来。原本只罢投龙活动的道场祈福,天圣四年十二月,将投龙处缩减为二十处,"余悉罢之"。⑥ 同月"罢天庆等五节上清宫立班"。⑦ 天圣五年,罢兖州知州于天贶节到三百里外的乾元观朝拜。⑧ 下节我们还将提及,天圣五年,与杨亿齐名的刘筠,在担任南郊礼仪使期间,请求取消在南郊前朝享玉清昭应宫,获得批准。这些礼仪变

---

① 《长编》,卷 102,天圣二年六月壬申,第 2358—2359 页。

② 《长编》,卷 102,天圣二年六月壬申,第 2358 页。

③ 王钦若过去曾举荐过的吴植,试图贿赂王钦若未遂,事情揭露后,侍御史知杂事韩亿"穷治",且"案钦若缪举之罪"。刘太后虽下令不追究王钦若,但这件事似乎还是伤害了王钦若的威望。见《长编》,卷 103,天圣三年七月辛巳,第 2384 页。又见苏舜钦:《苏学士集》,收入《四部丛刊正编》(台北:台湾商务印书馆,1979 年),卷 16,《太保韩公行状》,第 3b 页。李焘引司马光和江修复的说法:"及吴植事败,太后颇解体,同列稍侵之,钦若邑邑以没。"但王钦若过世时,仍得到高规格的待遇,"国朝以来,宰相恤恩,未有钦若比者",见《长编》,卷 103,天圣三年十一月戊申,第 2393 页。

④ 投金龙简也是道教的祈福活动,见张泽洪:《道教斋醮科仪研究》(成都:巴蜀书社,1999 年),第三章第三节,"投龙简仪",第 185—194 页。

⑤ 《宋会要辑稿》,礼 18 之 8。

⑥ 《长编》,卷 104,天圣四年十二月辛巳,第 2427 页。又见〔宋〕范镇撰,汝沛点校:《东斋记事》(北京:中华书局,1980 年),卷 1,第 4—5 页。

⑦ 《长编》,卷 104,天圣四年十二月,第 2428 页。

⑧ 《长编》,卷 105,天圣五年三月癸卯,第 2437 页。

更，除了减少投龙简处，都不涉及经费的简省，因而更具象征意义。道教祈福活动的项目、密度与广度，与祥符时代相较大为缩减，这代表"崇道"不再像真宗朝那样得到严格遵奉。

　　不过，只要祈神仍是应灾的主要模式，刘太后就不会眼睁睁地看着宰执对奉神礼仪日削月删。如果天圣前期各类道教礼仪的删减象征着宰执群对皇权的限制，那么随着天圣后期刘太后权力的增长，修建寺、观奉神也越来越频繁。

　　至迟在天圣五年，刘太后开始积极修建寺、观。据称：

　　　　时方崇建塔庙，议营金阁，费不可胜计。①

在此前后，刘太后至少修建了景德寺（天圣五年六月）、灵顺庙（天圣五年八月）、西太一宫（天圣六年九月）、孝慈寺。② 与真宗相较，刘太后虽也兴建道教宫观，但她更感兴趣的是兴建佛寺。③ 仁宗曾向宰辅解释："比建慈孝寺，盖以荐福先帝；及太一宫，为民祈禳"，并下诏："今后京城之内，除添修已成宫观寺院产外，更不得创起土木修造。"④透露此时兴建寺观似乎引起一些反弹声浪。

　　天圣七年六月，玉清昭应宫遭大火焚毁。玉清昭应宫是真宗崇道最重要的象征性建筑，刘太后不由得悲从中来，向宰执暗示有意重修。⑤ 但遭宰执、台谏一致反对。经过二十多天的争论，刘太后下令

---

① 《长编》，卷105，天圣五年八月，第2445页。
② 见汪圣铎：《宋代政教关系研究》，第83—90页。
③ 汪圣铎指出，刘太后比真宗更青睐佛教，不只修道观，也大修佛寺，见汪圣铎：《宋代政教关系研究》，第87—92页。
④ 《宋大诏令集》，卷179，《赐中书门下不得创起土木修造诏》，第648页。
⑤ 《长编》，卷108，天圣七年六月，第2515页。

不再重修,也下令日后宰执不再兼宫观使。[1] 不过,时为首相的王曾为玉清昭应宫烧毁罢相,使刘太后去除了一个权力绊脚石。[2] 权势日盛的刘太后,实际上并未停止修建其他寺观。天圣八年(1030),刘太后兴建西京会圣宫,[3]同时又为修建太一宫和洪福等院,下令在陕西采买九万多条木材,[4]于此前后又在舒州兴建山谷寺。[5] 而这些只是留有记录的修建项目。

另一方面,刘太后也继续兴建神御殿。神御殿通常设置于佛寺或道观内,供奉过世皇帝的画像或塑像,而别于太庙所供奉的木主。根据山内弘一的整理,[6]真宗、刘太后主政期兴建神御殿数列如表4-1。足见刘太后主政的十二年间,兴建神御殿数不下于真宗,延续了真宗追念先帝的形式。真宗是刘太后权力正当性的来源,当刘太后的权力面临宰辅的压抑与挑战,通过兴建、朝拜真宗神御殿,自有助于强化刘太后权力的正当性。

表4-1 真宗、刘太后主政期兴建神御殿数

	真 宗	刘太后(天圣、明道)
太祖神御殿	5	2
太宗神御殿	6	2
真宗神御殿		10

---

① 《宋大诏令集》,卷179,《不修玉清昭应宫诏》,第648页;卷161,《政事十四·官制二·罢宫观使诏》,第611页。

② 刘静贞:《北宋前期皇帝和他们的权力》,第173页。

③ 汪圣铎:《宋代政教关系研究》,第84页。

④ 《长编》,卷109,天圣八年三月,第2537页。

⑤ 《长编》,卷113,明道二年八月丙申,第2631页。

⑥ 山内弘一:《北宋时代の神御殿と景灵宫》,第46—60页。

四、小结

总结上述，刘太后主政期间，天书时代的政治文化得到皇权的维护。当君主依然认定"太平"为既有成就，臣僚也不得不以"太平"作为前提来论述，天书时代的政治文化便获得延续的基础。在太平的认知下，君主持续欢迎臣僚对祥瑞进行颂赞，也继续将灾异视为常数或人为疏失，更理所当然的借由祈神化解灾异，而非采纳谏言，更不可能进行政治改革。

天书时代因太平而崇无为之道的统治理念，在刘太后统治末年再次获得强调。明道二年(1033)二月，即刘太后去世前一个月，举行了籍田大礼，并为太后、仁宗加上尊号。其中仁宗的尊号"睿圣文武体天法道仁明孝德皇帝"，与天圣二年圣号相较，多了"体天法道"四字，册文对此解释为：

> 若乃高明居上，阴骘在下，陛下恭己南面，含气蒙福，神道设教，不言而信，不曰体天乎？希夷之域，清净为宗，陛下虚中观妙，执象抱一，无为而治，不令而行，不曰法道乎？[1]

所谓"阴骘"出自《尚书·洪范》，伪孔注解释为"天不言而默定下民"，[2]呼应文中称仁宗"神道设教"能够不言而治。此外，将"法道"解为"希夷之域，清净为宗"，则此"道"绝非儒家之道，而是道教神仙之道。凡此都强调了无为而治的统治理念。

不过，天圣年间对祥符时代政治文化的保存与延续，实际上是以不完整的变体残存下来。最直接的因素是，不论是年幼即位的仁宗，

---

① 《宋会要辑稿》，礼49之12。
② 《尚书注疏》，卷12，《洪范》，第167b页。

或辅政的刘太后,都不可能像真宗那样撰写教导臣僚百姓的文告,这使天书时代的政治文化,失去了强而有力的皇权支撑。天圣前期宰执大力删削道教奉神活动,则破坏了真宗在全国布下的道教祈福网络,玉清昭应宫的烧毁,更是动摇了真宗对象征先天、无为的最高尊神玉帝的崇奉。臣僚对太平之下仍需纳谏的论述,也挑战了皇权——刘太后的威信。天圣后期,权力日渐稳固的刘太后不断大兴土木,建造佛寺、道观,但这不断引起宰执与臣僚的批评,并重新将灾异诠释为天谴,从而挑战了女主的权力正当性。

我们也发现,在女主与臣僚间的权力斡旋与冲突下,真宗的政治遗产实际上成为刘太后抵制臣僚的利器。刘太后得以声称太平依旧,以肯定自身统治的正当性,并否定政治改革的必要。而对女主日渐忌惮的臣僚,则更加意识到他们必须推倒真宗以来的太平无为之策。仁宗亲政后,立刻掀起革除各种刘太后之政的要求,其中一项便是"罢创修寺观"。[①] 往后仁宗朝士大夫对真宗以来政治文化的批评,将进一步引发儒学与政治上的双重变革。

第二节 承认"太平"已失——仁宗亲政到庆历改革

天书时代太平崇道的意识形态,不仅是真宗的政治遗产,也成为仁宗统治前期,刘太后用来抗衡臣僚挑战的政治资源。对有意改变天书时代政治文化的宰执与臣僚而言,"太平"俨然成为政治改革的绊脚石。但要否定祥符以来从中央深入到地方的太平论述,并非易

---

① 《长编》,卷112,明道二年四月,第2611页。

事，特别是从皇权的角度，要继体之君承认自己并未守住先帝的政治
成就，更非理所当然。从这样的政治脉络来考察，庆历改革的发生便
别具意义：象征着仁宗承认皇考的太平之治，在自己手中丧失，同时
也象征天书时代的政治文化走到了尽头。本节探讨仁宗亲政到庆历
改革的政治过程。

一、范仲淹集团之外的政治要角——孙奭派与杨亿派文士

　　学界在探讨仁宗朝的政治史时，多半将焦点放在范仲淹集团。
根据漆侠的考证，所谓"范仲淹集团"系指庆历年间支持范仲淹进行
改革的一群士大夫。[①] 包括范仲淹、杜衍(978—1057)、韩琦、富弼、欧
阳修、蔡襄(1012—1067)、余靖(1000—1064)、尹洙、苏舜钦、石介、孙
复、胡瑗(993—1059)、孙沔(996—1066)。范仲淹及其政治上的支持
者，固然是了解仁宗朝政治史的关键群体，但绝非唯一要角。事实
上，在南宋逐渐形成的宋史"宏喻"(Grand Allegory)史观中，庆历时
期与范仲淹集团的重要性被大为高估。[②] 这使范仲淹及其政治支持
者获得高密度的关注，却也导致仁宗朝其他派别士大夫的重要性遭
到低估，从而遮蔽了仁宗朝政治史与儒学史的复杂性。[③]

　　对仁宗而言，除了宰执外，为仁宗讲解儒家经典的侍讲，以及代

---

　　① 见漆侠：《范仲淹集团与庆历新政——读欧阳修〈朋党论〉书后》，《历史研究》1992
年第 3 期(北京)，第 126—140 页。

　　② Hartman, *The Making of Song Dynasty History* 书中多处提到南宋形成的"宏
喻"史观，将庆历时期描述为仁宗实践太祖仁政的理想治世。例如，李焘《长编》记载庆历
改革的 13 卷中，引用了 117 个奏议，其中 106 项来自庆历改革的支持者；尽管改革有明显
的反对力量，李焘却连一个反对者的奏议都没有引用。见 Hartman, *The Making of Song
Dynasty History*, p. 90。

　　③ Lamouroux 讨论仁宗统治前 20 年，朝堂士大夫对各类史籍的编纂，如何为他们开
辟议政的空间，其所涉及的士大夫群体，也远超过范仲淹及其支持者。见 Christian
Lamouroux, "Song Renzong's Court Landscape: Historical Writing and the Creation of a
New Political Sphere (1022 - 1042)," *Journal of Song-Yuan Studies* 42 (2012,
Berkeley), pp. 45 - 93。

王者出令的翰林学士,亦是他熟悉、亲近的官僚。考察仁宗统治前期的侍讲官员与翰林学士,可发现这两种类型的职务长期被两派士大夫占据——孙奭派与杨亿派士大夫。两派士大夫不仅亲身参与过天书时代,其成员更在仁宗朝升任宰执,是真、仁之际政治文化转变的亲身参与者。本节首先考察两派士大夫的成员及其人际网络,后文则将陆续说明,他们在仁宗统治前期的重要性,绝不下于范仲淹集团。

姜鹏在《北宋经筵与宋学的兴起》已详细分析了孙奭派侍讲的成员。他指出,在仁宗统治前期,担任侍讲的冯元、贾昌朝(998—1065)、赵希言、王宗道、杨安国(?—1060)、赵师民(988—1057),都与孙奭有很深的渊源,他们或是孙奭的学生,或是得到孙奭的赏识与举荐。他们的讲经风格是恪守汉唐章句注疏,与仁宗朝兴起的疑经、疑传之风正好对立。[①] 因此,这派士大夫亦可称之为"孙奭后学"。

根据姜鹏的考证,将孙奭派讲官担任侍讲的时期列如表4-2。[②] 从姜鹏的整理可看出,孙奭派讲官在皇祐以前几乎占据了侍讲的职位。他们不但属于同一人际网络,也有相似的讲经风格。他们能长期占据侍讲之职,不仅在于仁宗的信任,也在于此群体颇具排他意识。例如,庆历二年,时为御史中丞兼侍讲的贾昌朝,弹劾此群体之外的侍讲林瑀,理由是他所言"不经"。林瑀罢侍讲后,由另一位孙奭派儒者赵师民取而代之。[③] 又如庆历四年(1044),仁宗有意命孙复担任迩英阁祗候说书,杨安国以孙复讲说多异先儒为由,打消了仁宗的

---

① 姜鹏:《北宋经筵与宋学的兴起》(上海:上海古籍出版社,2013年),第129—134页。

② 姜鹏:《北宋经筵与宋学的兴起》,第90—96页。其中杨安国虽然任侍讲到嘉祐五年,但在至和元年,已因衰老向仁宗乞归,仁宗赐给他五十万钱,"仍听大寒暑毋入谒"。见《长编》,卷177,至和元年十月辛亥,第4287页。则此后杨安国入讲的频率,应该已经大为减少。

③ 《长编》,卷135,庆历二年二月丙戌,第3223—3224页。

念头。① 可见孙奭派侍讲颇有意识地掌控着仁宗的经学教育。

表 4-2　孙奭派讲官任侍讲时期

姓　　名	担任侍讲期间
孙　奭	乾兴元年至天圣九年
冯　元	乾兴元年至明道二年、景祐二年到景祐四年
贾昌朝	景祐元年到庆历三年，皇祐元年、四年、五年
赵希言	景祐元年到庆历三年
王宗道	景祐元年到宝元二年
杨安国	景祐元年到嘉祐五年
赵师民	庆历二年到皇祐五年
王　洙②	康定元年到嘉祐二年

　　如第二章与第三章提及，祥符、天禧时期，孙奭是在朝野一片歌颂之声中，极少数敢于批评真宗的士大夫。他不仅批评真宗"事事慕效唐

---

①　《长编》，卷 148，庆历四年四月壬申，第 3609 页。

②　姜鹏提到于康定元年开始在经筵任职十八年的王洙，也是遵循汉唐注疏的传统儒士。见姜鹏：《北宋经筵与宋学的兴起》，第 132 页。姜书并未提及他与孙奭系讲官的关系，但王洙与孙奭派侍讲应亦关系不浅。王洙在少年举进士时，与郭稹同保，有人告发郭稹正服祖母丧，依法王洙要连坐，考官想给王洙通融的机会，让他另保他人，但王洙坚持与郭稹同保，于是与郭稹一起失去了考试资格。见〔宋〕欧阳修：《欧阳文忠公全集》，收入《四部丛刊初编》(台北：台湾商务印书馆，1967 年)，《居士集》卷 31，《翰林侍读侍讲学士王公墓志铭》，第 12a—12b 页。这件往事被欧阳修记入王洙墓志铭中，透露王洙与郭稹不同一般的友谊。而郭稹是与孙奭关系亲近的门人，孙奭曾推荐郭稹任侍讲，但不果。见姜鹏：《北宋经筵与宋学的兴起》，第 130—131 页。我们虽然找不到王洙与孙奭的关系，但从王洙与郭稹的友谊，则可确定王洙与孙奭门人有所往来。王洙所以能长期担任侍讲，至少是得到他的同僚——孙奭派讲官的认可。蔡涵墨则指出王洙是庆历改革的支持者，见 Hartman, *The Making of Song Dynasty History*, pp. 28-29；显示王洙的人际网络与这两个士大夫群体重叠。

明皇",更质疑天禧天书的真实性,以及真宗追求长生的可行性。因此,孙奭后学对天书时代政治文化的态度便不难预测。在下一节我们将继续分析,此群体如何在仁宗统治前期,适时地改变祥符以来的文化遗产。

相较于孙奭系讲官以经师名世,杨亿派文士则是真、仁之际最著名的文学之士。第三章提到,杨亿与刘筠、陈越、李宗谔、石中立为一互相唱和的交游圈,也是祥符以来"雅颂之音"的高级作手。其中李宗谔、杨亿、陈越在真宗朝已经去世,刘筠、石中立则在天圣年间仍颇有影响力。此外,宋绶与章得象亦为仁宗朝具影响力的杨亿派文士。[①] 刘筠、石中立、宋绶、章得象四人于仁宗前期长时间担任翰林学士,后三位更曾升任执政,列如表4-3。从四人任职的时间来看,他们经常共事于翰林院,宋绶、章得象、石中立也曾同时执政。其中章得象在翰林长达十二年,在政府长达八年。

表4-3 杨亿派文士

	翰 林 学 士	执 政
刘筠[②]	天禧四年到五年, 乾兴元年十月到十一月, 天圣五年六月到六年八月为承旨	无

① 宋绶为杨徽之外孙,杨徽之为杨亿从祖,因此杨亿与宋绶为表兄弟。杨亿相当赞赏宋绶的文章,"自以为不及也"。见〔宋〕曾巩:《隆平集》,收入《文渊阁四库全书》(台北:台湾商务印书馆,1983年),卷7,《参知政事·宋绶》,第13b页。又见《长编》,卷129,康定元年十二月,第3061—3062页。章得象虽然在仁宗朝才入翰林,但只比杨亿小四岁,且为杨亿表弟。在祥符年间已与杨亿、李宗谔交好,三人经常在李宗谔家游乐。见《长编》,卷119,景祐三年十二月丁卯,第2813页。天禧五年,章得象受到刘筠的推荐而入直史馆。见《宋会要辑稿》,选举31之26。杨亿与章得象家族的通婚,见吴修安:《唐宋之际建州浦城的家族与社会》,《新史学》第29卷第4期(2018年,台北),第1—70页,尤其是第44、45页。
② 《长编》,卷96,天禧四年九月,第2215页;卷97,天禧五年正月乙酉,第2239—2240页;卷99,乾兴元年十月,第2299页;卷99,乾兴元年十一月:"翰林学士刘筠为御史中丞。"(第2300页)卷105,天圣五年六月,第2442页;卷106,天圣六年八月戊寅,第2480页。

续　表

	翰 林 学 士	执　政
宋绶①	天圣五年到天圣七年七月；天圣八年四月到天圣九年十月	明道二年参知政事，景祐四年罢；康定元年知枢密院改参知政事，十二月于任上过世。
章得象②	天圣四年五月迁翰林学士，景祐二年加承旨	景祐三年十二月执政，宝元元年三月拜相，庆历五年三月罢相。
石中立③	景祐元年为翰林学士，不久加承旨	景祐四年四月参知政事，宝元元年三月罢。

　　如第三章提及，杨亿尽管是天书时代的文学作手，但他并非天书时代的衷心支持者；祥符后期，杨亿为了回到中央，才积极向真宗输诚。后文将继续考察杨亿派文士在仁宗朝的政治动向，我们将看到，他们或许称不上是积极主动的改革者，但仍在一些关键的时刻，试图调整真宗的政治遗产。

　　杨亿派文士作为官方诏令的执笔人物，孙奭派儒者则是仁宗的经学老师，两群体皆长期盘踞中央，又在朝堂上各司其职，这使得他们较不易产生职位竞争上的冲突。从一些线索来看，杨亿派与孙奭派学者似乎关系良好。孙奭门生冯元在天禧四年八月能成为太子右

---

　　①　《长编》，卷105，天圣五年二月癸酉，第2436页；卷108，天圣七年七月乙丑，第2519页；卷109，天圣八年四月癸未，第2538页；卷110，天圣九年十月己卯，第2567页；卷129，康定元年十二月，第3061—3062页。

　　②　《长编》，卷103，天圣三年三月，第2378页；卷104，天圣四年五月丁丑，第2406页；卷104，天圣四年五月己未，第2726页；卷119，景祐三年十二月丁卯，第2813页；卷121，宝元元年三月戊戌，第2865页；卷155，庆历五年四月戊申，第3769页。

　　③　《长编》，卷114，景祐元年正月己卯，第2660页；卷120，景祐四年四月，第2827页；卷121，宝元元年三月戊戌，第2864页。又见《景文集》，卷61，《石少师行状》，第19b页。

谕德,即因宰相王旦的推荐。① 如前章所述,杨亿亦属王旦政治集团。天圣五年诏修真宗国史,编修官宋绶、刘筠、陈尧佐(963—1044)一同上奏请求让冯元加入,得到允许。② 三人若非与冯元关系不错,恐怕不会主动要求共事。又如,孙奭系讲官赵师民,曾经得到刘筠与石中立的赏识。③

同样透露杨亿、孙奭派文士关系尚佳的,是影响仁宗朝政局甚巨的宋庠、宋祁兄弟,为两派士大夫共同培植的后起新秀。先看二宋与杨亿派文士的互动。天圣二年刘筠知贡举,宋庠为该榜状元,宋祁也以第十人及第。此次科举因仁宗居丧而无殿试,因此此榜进士与主考官的关系颇为密切。宋庠与宋祁的文集都显示他们相当尊敬刘筠,也持续与刘筠往来。④ 二宋未必曾见过杨亿,但宋庠与杨亿门人黄唐卿友好,并从宋绶子宋敏求处,取得黄唐卿记录的杨亿谈话,宋庠加以整理后,便是今日仍能见到的《杨文公谈苑》。宋庠写的《谈苑序》,推崇宋绶"文采风尚皆一代之宗师"。⑤ 而石中立的行状、墓志

① 《长编》,卷96,天禧四年八月辛卯,第2212页;《景文集》,卷62,《冯侍讲行状》,第9a页。

② 《景文集》,卷62,《冯侍讲行状》:"当是时,天子念先帝盛烈,裁定信书为一王言,故贰卿中山刘公筠,今资政殿学士常山宋公绶,丞相颍川陈公同领史事。已而丞相为开封府浩穰剧三辅,乃罢史官,诸公亟以公请,诏从之。"(第10a页)

③ 〔宋〕石介著,陈植锷点校:《徂徕石先生文集》(北京:中华书局,1984年),卷14,《上王沂公书》:"时故翰林刘承旨(筠)、冯侍讲(元),及今参政公韩(亿)、石(中立)二侍郎同司衡,四公久籍民声誉,特宣置师民坐席俯俯堂下,求一见其标采。"(第166—167页)

④ 〔宋〕宋庠:《元宪集》,清乾隆敕刻武英殿聚珍本(台北:艺文印书馆,1969年),卷35,《送成上人序》,第7b—8b页;《景文集》,卷21,《哭中山公三十韵》,其中提到:"每篇称陆贾,四颂识崔骃(东封西瘗公皆第颂有声)",第10b—11b页;卷50,《座主侍郎书》,宋祁自称"门生",并献上旧诗五十首,第2a—4a页。宋祁曾提到刘筠对他的知遇之恩:"天圣甲子,从乡贡试礼部,故龙图学士刘公叹所试辞赋,大称之朝,以为诸生冠。"见〔宋〕宋祁:《宋景文公笔记》,收入《全宋笔记》第一编(郑州:大象出版社,2003年),卷上,第47页。

⑤ 《元宪集》,卷35,《谈苑序》,第8b—9b页。

铭，以及章得象墓志铭，都由宋祁执笔。^① 凡此可见，二宋与杨亿派文士关系十分密切。此外，二宋与同为天圣二年高第的叶清臣、郑戬（992—1053），也十分友好。其中"属文雅丽"的郑戬为杨亿门生，据说杨亿对郑戬"一面若旧，许以栋辅"，许多前辈愿意结交郑戬，乃"以文公（杨亿）器而扬之也"。^② 四人也都是诗赋、骈文高手，宋庠、宋祁、叶清臣都担任过两制，郑戬则曾任知制诰。^③

再看二宋与孙奭派讲官的关系。宋祁入仕后，任复州观察推官，不久，由于判国子监孙奭的推荐，宋祁得入中央任国子监直讲。^④ 孙奭获得龙图阁学士的头衔，所上谢表即由宋祁代写。^⑤ 孙奭去世后，宋祁更负责行状与墓志铭的撰写，足见他与孙奭的关系十分亲近。宋祁与孙奭派侍讲也有交情，冯元的行状即由宋祁撰写，^⑥宋祁也曾推荐杨安国、赵师民自代，^⑦与贾昌朝私下的通信与慰问，更保留在宋祁文集中。^⑧ 在宋庠文集中，亦保留宋庠代贾昌朝和赵希言所写的孙奭祭文，^⑨可见宋庠也与孙奭派讲官颇有往来。

总之，孙奭与杨亿派士大夫是真宗到仁宗朝堂上不容忽视的政

---

　　① 《景文集》，卷61，《石少师行状》，第18b—20b页；卷59，《文宪章公墓志铭》，第1a—6b页；卷59，《石少傅墓志铭》，第6b—9a页。

　　② 〔宋〕胡宿：《文恭集》（台北：艺文印书馆，1969年，据清乾隆敕刻武英殿聚珍本影印），卷36，《郑公墓志铭》，第5b页。墓志铭提到郑戬与叶清臣为莫逆之交，见第15b页。

　　③ 〔宋〕李埴撰，燕永成校正：《皇宋十朝纲要校正》（北京：中华书局，2013年），卷4，《仁宗》，第158—159页。

　　④ 《宋史》，卷284，《宋祁》，第9593页。宋祁也上了一封恭敬的谢词给孙奭，见《景文集》，卷50，《上侍讲孙贰卿书》，第16b—19a页。

　　⑤ 《景文集》，卷39，《代孙侍郎谢加龙图阁学士表二首》，第15a页。

　　⑥ 《景文集》，卷62，《冯侍讲行状》，第7b—14b页。仁宗曾向宋祁询问孙奭与冯元是否有子孙在朝，宋祁立刻回答："奭子瑜为崇文院检讨，元子谠监内衣库。"见《长编》，卷160，庆历七年四月，第3873页。显示他与孙、冯熟识也为仁宗所了解。

　　⑦ 《景文集》，卷30，《举杨安国自代状》《修撰举赵师民自代状》，第11a—11b页。

　　⑧ 《景文集》，卷50，《上贾安公书》，第12a—13a页；卷51，《上贾相公书》，第13b页。

　　⑨ 《元宪集》，卷34，《祭孙仆射文》："昌朝早以谢材，为僚东序。……希言早岁，进擢左雍。"（第19b—20b页）

治势力。相较于范仲淹在天圣六年底才首次入中央担任低阶文官秘阁校理，[①]孙、杨派士大夫不仅与仁宗的关系更为亲近，也更加位高权重，对仁宗朝政自然有着不可忽视的影响力。因此，若欲更立体、全面地阐述真、仁之际的政治过程，便必须考察孙、杨派士大夫扮演的角色，以及他们与范仲淹及其政治支持者的互动。

二、庆历以前改变君主祭礼的努力

如前节所述，天圣年间冯拯、王曾等宰执，致力于删削祥符以来的神道礼仪，特别是缩减各州军的圣节道场。除此之外，在庆历改革以前，孙奭与杨亿派士大夫更试图改变祥符以来对君主亲祭之礼的规定。[②] 如第三章所论，真宗在祥符后期规定，君主于南郊祭天之礼前，需于玉清昭应宫、景灵宫、太庙三处行礼。这样的祭礼仪式，象征道教之神在儒教昊天上帝之上。这是许多以儒教为本位的士大夫难以认同的。但基于此礼是真宗朝的遗产，景灵宫更牵涉对赵宋始祖（即圣祖）的朝拜，如何在不冒犯皇权的前提下改变此礼，成为仁宗朝士大夫的难题。

天圣五年南郊前，孙奭与刘筠首次尝试改变此礼。此时翰林学士承旨刘筠受命担任南郊礼仪使，他宣称南郊前一天皇帝要到三处行礼，"陟降为劳"，又基于"神道贵静"，建议将荐享昭应宫、景灵宫移到南郊之后。刘筠又补充说："若或以景灵宫如唐朝太清宫为祖庙，即且诣此一宫荐享讫便赴太庙，所有玉清昭应宫候大礼告毕，专行恭谢告答之仪。"刘筠的建议由中书门下交到太常礼院讨论。此时判太

---

① 《长编》，卷106，天圣六年十二月甲子，第2485页。
② 〔日〕吾妻重二：《宋代の景灵宫について——道教祭祀と儒家祭祀の交差》，收入氏著：《宋代思想の研究——儒教・道教・仏教をめぐる考察》（大阪：关西大学出版部，2009年），第259—309页，注意到仁宗朝国家祭祀向儒教回归的倾向。

常礼院正是孙奭。孙奭同样以一日三处行礼"实为烦并"为由，建议将昭应宫行礼移到南郊后。尽管保留了南郊前于景灵宫行礼，但"景灵宫行荐享之礼，如太庙之仪"。实际上是将道教宫观的礼仪儒家化。① 刘筠与孙奭一搭一唱，顺利删除了南郊前行礼昭应宫。南郊前不再于昭应宫行礼，以及于景灵宫行儒家礼，大大削弱了"道"先于"天"的统治概念。②

天圣年间共有三次南郊，分别在二年、五年与八年。天圣二年南郊时正值王钦若为首相，完整执行了南郊前到昭应宫与景灵宫的行礼。五年时王曾为首相，刘筠与孙奭对礼仪的修订能顺利通过，不难理解。天圣八年则处在刘太后的权力高峰期，此时也不见任何修改礼仪的尝试。

下章将论及，景祐年间为古文运动扩展的关键时期。此时在中央朝堂上，孙、杨派士大夫也积极削弱天书时代道教凌驾儒教的大礼。景祐二年（1035）南郊，正值仁宗亲政初期，此时出现一波变祥符之礼的尝试。在大礼进行之前，皇帝与百官都要受誓戒一日。祥符以来规定，百官在大礼前须为荐享景灵宫、太庙、合祭天地，受誓戒各一日（共三日）。天圣五年十一月，仁宗曾为此询问王曾，王曾表示此为"循先朝旧制，请俟他日厘正之"。③ 但天圣八年南郊时，王曾已不

---

① 《太常因革礼》，卷 31，《吉礼三·冬至祀昊天上帝于圜丘三》，第 1b—2a 页。文中并未写出太常礼院的主事者是谁，查阅《长编》可知此时为孙奭判太常礼院，见《长编》，卷 105，天圣五年十月，第 2452 页。

② 天圣五年十月，孙奭与刘筠再度联手恢复郊庙礼礼中的儒家礼仪。先是由判太常礼院孙奭提出太常雅乐"近年制度因循阙漏"，指皇帝亲献时只有作乐，缺少文舞，亚献时缺少武舞。于是下两制讨论，当时两制的最高官员即为承旨刘筠。刘筠等人检阅了仪注，指出"咸平以前"太庙各室都奏本室之舞，"自后仪注"则只登歌而不舞，于是请求依照孙奭请求，"复用真宗咸平以前旧仪"。见《宋会要辑稿》，乐 3 之 6—7。至于咸平以后的仪注为何，刘筠虽并未明言，但应该便是祥符以后的新礼。文舞与武舞都属于儒家礼仪，见张文波：《试论〈周颂〉与先秦诗乐舞一体》，《吉林省教育学院学报》2011 年第 1 期（长春），第 22—23 页。

③ 《长编》，卷 105，天圣五年十一月甲辰，第 2456 页。

在相位。景祐二年王曾复相，正好遇到南郊，八月，要求下太常礼院检讨故事。此时判太常礼院为杨亿派文士翰林学士承旨章得象。[1]讨论结果将受誓戒从三日合并为一日，从而降低了荐享景灵宫的神圣性。

同样在景祐二年南郊前，孙、杨派士大夫尝试改变祥符以来以歌颂天书、圣祖为主题的郊庙乐章。大中祥符元年十二月，真宗以获得天书为由，"别制天书乐章，亲飨圜丘日，以奉禋祀"。[2]可见祥符以后的郊祀乐章充满了对天书的歌颂。祥符五年圣祖降临后，真宗又亲自撰写"荐飨玉皇、圣祖及太祖、太宗乐章总十六篇"。[3]显示崇拜天书、玉帝、圣祖的乐章，成为祥符以后君主祭礼的主题。此情况在景祐二年南郊前有了变化。此时负责编撰乐书的宋祁上《大乐图义》并《杂论》七篇，对郊庙之乐提出多项建议，仁宗下诏送两制详定，此工作落到承旨章得象手上。章得象随后提出的上奏，大为肯定宋祁的议论，建议交付也在编纂乐书的冯元，以将宋祁的见解编入乐书。其中，关于宋祁"请别撰郊庙歌曲"，章得象的意见显得小心翼翼：

> 臣等窃详，太常合用乐章，皆咸平以后选官司缀撰，又有太宗、真宗圣制《朝天》《平晋》二曲及圣祖乐章，铺宣德美，播在乐府。今祁请陛下取三圣实录，摭其武功文德，作为歌诗，别诏近臣略依《生民》《公刘》《猗》《那》《长发》之比，裁属颂声。此则系自圣虑，非外廷敢议。[4]

---

① 《宋会要辑稿》，礼14之27；章得象至少在景祐元年十月以前判太常礼院，见《长编》，卷115，景祐元年十月，第2703页。

② 《宋会要辑稿》，乐3之4—5。

③ 《宋会要辑稿》，乐3之5。

④ 《宋会要辑稿》，乐3之11。

宋祁表面上请求仿照《诗经》中的篇章，重新撰写歌颂祖宗功德的郊庙乐章，实际上却有取代"咸平以后"乐章的实效。所谓咸平以后乐章，自然少不了歌颂天书与圣祖的内容。章得象了解其中的忌讳，因此请求仁宗亲自定案。结果该年南郊，"悉以新乐并圣制及诸臣乐章用之"，[①]可见此次南郊，仁宗与臣僚分撰乐章，取代了祥符以来歌咏天书、圣祖的乐章。

或许因为以上的成果，使孙、杨派士大夫对变祥符之礼感到自信。景祐五年（1038）南郊前，孙奭大力拔擢的天章阁侍讲贾昌朝，以更为直白的儒家本位立场，再度建议改变大礼前朝谒景灵宫。他上奏指出，南郊前所以要谒太庙，是由于必须报告祖宗将要配享祭天，因此是"合于旧典"，但朝享景灵宫"盖沿唐世太清宫故事，有违经典，因可改革"，建议将谒太庙前朝享景灵宫改为南郊礼成后进行，如此才"尊祖事天，礼简诚至"。[②]贾昌朝展现了鲜明的儒教本位立场，直指大礼前朝谒景灵宫"有违经典"。[③]贾昌朝的意见交由礼仪使与太常礼院讨论，他们认为："真宗崇奉灵祖，营建宫观，每行郊祭，必亲荐享"，且仁宗过去五次南郊也都行此礼，否决了贾昌朝的意见。贾昌朝的意见显然过于大胆，要以"经典"直接冲撞"祖宗"，恐怕不是仁宗所能接受的。

总之，观察仁宗庆历以前的礼仪改革，可见杨亿派文士与孙奭派侍讲，经常占据判太常寺或判太常礼院，以及翰林学士（承旨）的职位，他们趁着大礼举行的年份，提出改革建议。他们的建议有共同的方向：改变真宗祥符以来染上道教色彩的仪式，力求更贴近于儒家经典。在提出要求的同时，标举经典中的圣人之法，是他们说服仁宗

---

① 《宋会要辑稿》，乐 2 之 7。
② 《太常因革礼》，卷 32，《吉礼四·冬至祀昊天上帝于圜丘四》，第 1a—1b 页。
③ 参见朱溢：《事邦国之神祇：唐至北宋吉礼变迁研究》，第 124—131 页。朱溢引到南宋杨复的评论，将天圣五年刘筠的建议与景祐五年贾昌朝的建议比较，认为"贾昌朝之说即刘筠之说也。然刘筠之议婉而明，不若贾昌朝之言严而正"。值得参考。

的利器；与此同时，他们也在测试仁宗究竟容许士大夫们改变祥符礼仪到多大的程度，以及如何诠释自己的观点才容易获得接受。显然，若触及圣祖、景灵宫，他们的态度就得更加小心，即使以儒家经典为凭借，也难以撼动具"祖宗"性质的景灵宫。改变"不经"之礼的最大阻力，就是该礼在"祖宗"朝已行之有年，这是能够理直气壮地与儒家经典抗衡的另一价值。

三、"太平"的最后坚守与"修德"论的复苏

改变祥符以来充满道教色彩的祭仪，对于解构天书时代的政治文化具有重要意义。这暗示着太平"无为"的道教统治理念遭到削弱甚至否定。然而，更为根本性解构天书时代政治文化的方式，则是对"太平"的否定。如果仁宗君臣接受、承认太平不再，那么伴随太平的政治作为，包括歌颂祥瑞、歌颂时政、以祈神回应天灾、否定政治改革的需要，都将一一瓦解。本小节即探讨仁宗亲政后到庆历改革间的政治过程。我们将看到，在庆历改革前，朝臣仍经常在说法上，将"太平"视为已然的事实，但另一方面，他们要求仁宗"修德"的言论也甚器尘上。这便意味着政治改革逐渐成为君臣的共识。

如前章所述，真宗在封禅宣示太平之前，已开始自认为有德之君，即便面对祥符末的大蝗灾，真宗仍接受朝臣"妖不胜德"的恭维。相较于真宗的自诩，年幼即位的仁宗则很难以理所当然的态度自认有德。天圣四年，仁宗问辅臣："霖雨为灾，岂朕之不德所致耶？"宰相王曾回答："臣等之责也。"于是上章求退，但未获允。[1] 这显示尽管刘太后与仁宗自认继承真宗的太平统治模式，但对于继体之君而言，他并不十分自信自己是有德之君。

---

① 《长编》，卷104，天圣四年六月壬辰，第2411页。

　　明道二年四月，刘太后去世，仁宗亲政。亲政初，仁宗采取了一系列有别于刘太后统治的政务调整。他首先更换宰辅班底，吕夷简罢相，李迪（971—1047）、张士逊任相，并召回范仲淹等人。[①] 该年七月，仁宗下诏去尊号中"睿圣文武"四字，诏令中称近年来灾异不断，并质疑"岂朕德之不逮？将天时之使然？"于是诏令一方面要求"文武众官直言极谏，朕将亲览"，另一方面也要求中书门下遣官精诚向"天下名山大川、圣贤祠庙"祈福。[②] 这显示修德应天与祈福化解灾异的两种应天模式并存。若考量祥符至天圣，君主鲜少在诏令上谈论修德，则仁宗亲政初的求谏诏令，显示天书时代以来的政治文化出现了变化的端倪。

　　不过，仁宗亲政初，政治上的大规模改革仍非时人共识。欧阳修在写给时为右司谏的范仲淹的信中，提到："今天子躬亲庶政，化理清明，虽为无事，然自千里诏执事而拜是官者，岂不欲闻正议而乐谠言乎？"[③]期待朝廷容纳谠言的热情溢于言表。但此时欧阳修也以"清明无事"形容当前政局，显示即使是后来参与庆历改革的先锋人物，在仁宗亲政初，亦未摆脱长期以来的太平无为之意识形态。

　　仁宗亲政后的求谏之风并未持续很久。明道二年十月，张士逊罢相，吕夷简复相。在景祐四年（1037）四月吕夷简再度罢相前的近四年主政期间，虽先后与李迪、王曾并相，但作风强势，并未在前辈李迪、王曾面前稍自低下。[④] 但这也可见吕夷简得到仁宗足够的支持。

---

① 《长编》，卷112，明道二年四月己未，第2613—2614页。
② 《宋大诏令集》，卷4，《去尊号中睿圣文武字求言诏》，第15页。
③ 《欧阳文忠公全集》，外集卷16，《上范司谏书》，第3a页。
④ 仁宗亲政后，最常遭受的批评是不能独断，凡事委任宰执，见刘静贞：《北宋前期皇帝和他们的权力》，第186—196页；周佳：《北宋中央日常政务运行研究》，第113—117页。吕夷简的主政风格强势，复相后并不把李迪放在眼里，"事颇专制"，见《长编》，卷116，景祐二年二月庚辰，第2723页；景祐元年李迪罢相后，王曾与吕夷简并相，"夷简专决，事不少让，曾不能堪，论议多不合"。见《长编》，卷120，景祐四年四月甲子，第2826—2827页。因此，本文认为吕夷简为相期间主导了当时的政策方针。

此时吕夷简坚持太平依旧，并以此压抑言路。① 明道二年底，发生仁宗废后事件，以孔道辅（985—1039）、范仲淹为首的台谏官联合反对废后，吕夷简向仁宗表示"台谏伏阁请对，非太平美事"，仁宗于是将台谏官悉数贬逐。② 清晰地表现出以太平之名行拒谏之实的态度。

吕夷简主政期间，应对灾异的方式，也坚持了真宗以来的思维。景祐元年（1034）八月出现彗星，仁宗大赦天下。③ 以大赦应天，是天禧以来经常的应灾对策。④ 景祐二年十一月南郊，李迪已去相，吕夷简成为首相，他五次上表，将仁宗亲政初一度删减的尊号，从八字增为十四字。尊号册文赞美仁宗：

> 臣等闻……以盛德居上者，必有盛德之事尊之。……功由号显，号以德隆。……讲求希阔，则躬执黛耜，修耕籍之仪；屏绝玩好，虔巩祠祀，……鄙申韩之法，非取繁华；宗黄老之言，务专清净。……把损徽名，寅畏灵谴，协气旋应，上瑞聿臻。惟德动天，其应如响。⑤

册文盛赞仁宗为有德之君，此有德之君，自然不需在政务上进行改革，而是以礼奉神、尊黄老清净之言。又称先前一减尊号就"协气旋应"，如今将尊号增加到比过去更多的字数，以彰显仁宗圣德。

---

① 吕中在《大事记讲义》中评论"此夷简入相之初，而国论为之一变也"。见〔宋〕吕中：《大事记讲义》，收入《文渊阁四库全书》（台北：台湾商务印书馆，1983 年），卷 9，《仁宗皇帝》，第 8b 页。

② 《长编》，卷 113，明道二年十二月乙卯，第 2648 页。

③ 《宋大诏令集》，卷 152，《星变赦天下诏》，第 568 页。

④ 根据郭艳艳的统计，北宋真宗与仁宗大赦加德音的次数分别是 39 次和 44 次，在整个宋代仅次于徽宗。而因灾异发布赦令则分别是 5 和 10 次，徽宗 6 次。见郭艳艳：《宋代赦书研究》（开封：河南大学中国古代史博士学位论文，2011 年），第 20—21 页。若以赦令颁布的密度而言，真宗朝应该远超过仁宗朝，仁宗统治前期也高于后期。

⑤ 《宋会要辑稿》，礼 49 之 15。

　　然而，景祐年间的政治局势已与祥符、天圣时期大为不同。下一章指出，景祐年间，古文运动已在士大夫之间风起云涌，当越来越多的士大夫以阐扬儒家圣人之道的热情批判时政，朝堂仍颂赞仁宗为有德之君、行清净之政，不啻与正在进行的古文运动形成巨大反差。①此时，坚持太平之政的吕夷简，不仅无法帮助仁宗获得士大夫的歌颂，反而面临越来越多的挑战与批评。

　　例如，景祐元年十二月，监察御史里行孙沔连上两奏，对言路闭塞提出抗议。第一奏提到"自道辅、仲淹被黜之后，庞籍（988—1063）、范讽置对已来，凡在搢绅，尽思缄默。……岂有至圣，犹忌危言"。②孙沔在第二奏中，批评景祐年间仁宗和吕夷简还继续持守太平无为的意识形态：

　　　　泊庄献上仙，万机独断，躬亲大政，励精为理。……比及周岁，颇异曩时。……累岁已来，和气犹郁，水旱相荐，虫螟屡生，粟麦不登，田畴几废。……正当不足之时，岂曰无为之化？不可谓时无兵革，乃号太平；政奉简书，便为端拱。窃恐祸生所忽，亡有其存；渐至陵夷，将无逸豫。有唐天宝，可谓覆车。③

孙沔认为，现在不过外无战事，内行既定之制，实际上却是百病丛生；主政者却宣称赵宋依旧"太平""无为""端拱"。最后更以天书时代仿效的唐玄宗天宝时期为戒。孙沔的奏疏，也从反面印证吕夷简仍以

――――――――――

　　① 当然，吕夷简当政期绝非一无所为，例如注意到兵农之政，只是以仁宗名义要求执政条列相关法令的诏令，开头仍声称："天下承平久矣，四夷和附，兵革不试。"见《长编》，卷114，景祐元年正月甲戌，第2660页。显见在说法上，仍需肯定太平为既定事实。
　　② 《长编》，卷115，景祐元年十二月，第2710页。
　　③ 《长编》，卷115，景祐元年十二月，第2711页。

太平宰相自居。结果,孙沔遭贬责监永州酒税。①

景祐二年底,范仲淹被召回任权知开封府,他并未因吕夷简过去的打压而默不敢言。范仲淹利用权知开封府在前殿奏事的权限,"每对上言夷简恢邪不忠",甚至以王莽(45 B. C. E. —23)、董卓(134—192)加以比喻。范仲淹因此遭贬逐,但紧接着就引来尹洙、余靖、欧阳修的声援,其中尹洙提到"陛下自专政以来,三逐言事者矣,若习以为常,不甚重惜,则恐书于卷册,亏玷太平之治"。②尹洙此论利用了朝廷对太平的认定,声称太平之下不应有言者受逐。但吕夷简仍然以朋党之名将声援范仲淹者全部贬窜,并下令禁止越职言事。范仲淹后来在写给吕夷简的信中,回忆景祐年间"朝廷方属太平,不喜生事。仲淹于搢绅中独如妖言,情既龃龉,词乃暌戾,至有忤天子、大臣之威"。③理论上,太平之下无事可言,但吕夷简此时则必须靠赤裸裸的权力压抑言路。

景祐年间,除了范仲淹外,也有更多的臣僚批评祈神的应天方式,并主张仁宗应正视"修德"的必要性。景祐三年(1036)七月,太平兴国寺火灾,朝廷正讨论重修,时为崇政殿说书的贾昌朝引《周易·震卦·象辞》:"洊雷震,君子以恐惧修省。"主张这次火灾是"天示谴告",不应修缮,如此才能表达仁宗"畏天戒、爱人力"之意。据《长编》称仁宗被贾昌朝说服,不再重修兴国寺。④贾昌朝"恐惧修省"的说法,与修德的概念雷同,只是避开"德"字,能避免暗示仁宗德有不足的意味。

---

① 《长编》,卷115,景祐元年十二月,第2712页。
② 《儒林公议》,第21b—24a页;《长编》,卷118,景祐三年五月,第2783—2787页。
③ 《范仲淹全集》,续补卷2,《上吕相公书》,第799—800页,范仲淹写此信时,正值李元昊叛变后,范仲淹受命负责边事。
④ 《长编》,卷119,景祐三年七月辛丑,第2797页。

　　太平兴国寺虽未重修，但宝相禅院正在进行扩建。时为左司谏的韩琦上奏，称仁宗下诏停修兴国寺是"重天戒而爱民力"，但"罢兴国而营宝相，……臣又虑违陛下重天戒、爱民力之本意"。[①] 以类似贾昌朝的用语来劝谏扩建另一佛寺。此时，保庆杨太后对创修寺观的兴趣也不减于刘太后，同年创修的延宁观与泗州普济院都是杨太后出资兴修。因此，当台谏出言劝谏，仁宗表示："此太后奁中物尔。谏官、御史欲邀名耶？"[②]景祐年间反对兴修寺观引来"邀名"的质疑，反映此时朝臣更加理所当然地质疑修寺观的必要性。

　　从上述可知，景祐年间吕夷简当政时期，中央朝廷坚守的太平无为意识形态，与士大夫们前仆后继的批评声浪，形成一股张力。长久以来，许多士大夫对于天书时代以来的政治文化，已感到相当不满。此时，他们不仅反对仁宗修建寺观，亦开始要求仁宗正视天谴，并对政务提出批评。这显示景祐年间的政治局势已与天禧、天圣年间颇为不同。然而，从吕夷简坚持太平依旧，且能够任相数年，足见延续真宗以来的政策方针仍得到仁宗的认可；即便是吕夷简的批评者，如范仲淹与尹洙，此时也仍将"太平"当作既成事实加以论述。这显示欲瓦解真宗以来的政治文化，尚有一段路要走。

　　景祐四年四月，吕夷简罢相。没有这位坚守太平、清静的宰相主政，批判祈神应天的声浪更加高涨，士大夫直言要求仁宗"修德"以应天变的言论，更明显地浮出台面。其中，范仲淹的支持者与孙奭、杨亿派士大夫，都扮演重要的角色。

　　首先看时任谏官的韩琦上奏。景祐四年五月，韩琦上言：

　　　　臣去岁中不晓禁忌，尝进狂瞽，以谓上穹谴告，惟增修德政

①　《宋朝诸臣奏议》，卷128，韩琦：《上仁宗乞罢宝相禅院创建殿宇》，第1408页。
②　《长编》，卷119，景祐三年七月，第2795、2797页。

可以除患而致福;若礼神宥过,即伸禳谢,殆非方册所载消伏灾
眚之义。前奏粗悉,不敢烦述。今又闻金芝产于化成殿柱,率诏
近列咸睹嘉事。臣窃以春秋之法,但纪灾异,至于祥瑞略而不
书,岂不以君于人者,阅瑞牒则意安,睹灾符则心惧,意之安则其
政怠,心之惧则其德修,圣人垂诚之深,其旨斯在。[①]

韩琦的上奏透露,此时仁宗仍然不时招来群臣观看祥瑞,并接受群臣
的祝贺。但此时仁宗面对的,已非像真宗朝那样众口一辞的歌颂,谏
官们开始直言上谏。韩琦便主张应该将灾异视为天谴,并以修德政
来除患,而不应仅是"礼神宥过",言下之意是批评祥符以来祈神消灾
的应灾之法。韩琦更主张祥瑞不值得记录,以免人君怠惰,而应该更
慎重地面对天灾,如此才符合"春秋之法""圣人垂诚"。景祐四年底,
韩琦更引用"应天以实不以文",[②]在奏书中再度概括了两种应天之
法。所谓"文",即指行之有年的大赦与祈祷。韩琦认为,以文应天终
将无效,灾异持续发生就是最好的证明;所谓"实",则是"惧灾思政",
并认为后者才是"修德除患之本"。[③]

　　除了韩琦之外,二宋及其友人,亦为朝堂上反对祈神、主张修德
应天的重要力量。时为知制诰的宋庠,认为"灾异之来所以戒政事",
开寺观祈福,"非所以应天也"。[④] 宋庠的好友直史馆叶清臣也上疏,
认为灾变量见,"必有下失民望,上戾天意,故垂戒以启迪清衷。而陛

　　① 《宋朝诸臣奏议》,卷36,韩琦:《上仁宗论金芝》,第357页。
　　② 查"应天以实不以文"之句,可发现西汉王嘉与唐朝马周都曾引用,他们所谓"实",
都是强调君主应该施行善政,所谓"文"则有较大的诠释空间。见《汉书》,卷45,《蒯伍江息
夫传》,第2184页;《旧唐书》,卷74,《马周》,第2617页。
　　③ 《长编》,卷120,景祐四年十二月,第2841—2842页。韩琦类似的上奏,又见《宋
朝诸臣奏议》,卷38,韩琦:《上仁宗论众星流散月入南斗》,第377—378页。
　　④ 《华阳集》,卷36,《宋元献公神道碑》,第12b页;《长编》,卷120,景祐四年十月癸
酉,第2837页。

下泰然，不以为异，徒使内侍走四方，治佛事，治道科，非所谓消伏之实也"。① 同样认为祈祷礼神无助于消除灾异。

宋祁对时政的批评，更带有明确的儒家本位立场。景祐五年正月，直史馆、同知礼院宋祁上奏：

> 至乱之世不能绝祥，甚治之代不能无咎。僻君以祥自泰，故益侈而趋亡；贤主以咎修德，故愈畏而蒙祉。则祥无必庆，咎无固凶，视销伏之如何耳。……陛下奉承郊丘，岁丰月洁，当蒙介福，翻至大异，何哉？……今变眚日著，中外暴闻，而罪己之问不形于诏书，思患之谋不留于询逮。委远天戒，虚而未答，逾时越月，群下默然。间者但引缁黄晨斋夕呗，修不经之细祀，塞可惧之大变，人且未信，天胡可欺？②

宋祁的上奏主张，君主应该见祥瑞而不自泰，见灾异则应修德。他又认为仁宗行儒教郊丘之礼，便可得到福佑；没能得到福佑，乃因未能回应天谴，既无下诏罪己，也无防患未然的谋略，而只是作佛道法事这样的"不经之细祀"。宋祁以"不经"批评佛道法事，显示其儒教本位立场。③

景祐五年正月，即宋祁上奏后不久，仁宗终于以灾异屡见下诏求言。诏令明白以"天谴"表述最近的灾异，并明确要求臣僚把言事的

---

① 《长编》，卷120，景祐四年十二月，第2844页。
② 《景文集》，卷27，《请下罪己诏并求直言疏》，第1a—3b页；此奏《长编》亦收录删节过后的版本，见《长编》，卷121，宝元元年正月，第2849—2851页。
③ 宋祁类似的意见还见于宝元二年十一月，上著名的三冗三费奏，其中三费之一即是"道场斋醮，无日不有"，主其事者以祀奉祖宗、为民祈福为由，以阻止士大夫的劝谏，宋祁认为仁宗"上事天地宗庙，次事社稷百神"，即儒家祭天地之礼，已足以"竦明德于天极，介多福于黔庶"，而道场斋醮不过使"国家抱虚以考祥，小人诬神而获利"。显示宋祁以其儒家本位立场，否定祈神应天。见《长编》，卷125，宝元二年十一月，第2943页。

重点放在皇帝、大臣、政务上的各种问题。并强调这次求言皇帝会亲自览阅,"固非虚饰"。① 此次求言收到不少回响,《长编》在该月摘录了监在京店宅务苏舜钦、直史馆宋祁、某上封者、直史馆苏绅、直史馆叶清臣、校书郎张方平(1007—1091)、御史中丞张观的奏疏,而这些应只是其中的一小部分。其中苏舜钦的上奏,认为国家缺政"众臣莫敢为陛下言者,唯天丁宁以告陛下",朝廷若未针对弊政有切实的作为,则是"应天不以诚,安民不以实",将无法救当前的弊乱。②

不久,更首度出现谏官攻去宰相的事例。由于"灾异仍见",景祐五年二月,时为左司谏的韩琦上奏批评宰相王随、陈尧佐,质疑仁宗怎能"以祖宗八十年太平之业,坐付庸臣,恣其隳坏乎?"③随后韩琦持续上奏弹劾王随和陈尧佐,隔月,两人都遭罢相。④ 不过,从韩琦"八十年太平之业"的说法来看,即使许多臣僚要求仁宗修德应天,长期以来以"太平"为已然的表述方式,仍未被抛弃。

景祐、宝元年间的灾异与臣僚接二连三修德应天的论奏,对仁宗产生了明显的影响。景祐五年(即宝元元年,1038)六月,司天少监指后年正月一日将有日食,为"人君尤忌"之事,请求移闰以避日食。仁宗表示同意,参政程琳却认为"陛下乾纲之道或有所亏而致,惟修德政可以免",仁宗回应道:"卿言极是,朕亦思之,不如自责,可以答天变。"⑤显示主张仁宗应该修德的声音,已不仅是谏官或应诏上封者的意见,而还出现在宰执口中,且得仁宗认可。不过,这段对话出自《长编》引张唐英(1029—1071)《仁宗政要》,对仁宗从谏如流的态度可能

① 《长编》,卷121,宝元元年正月丙午,第2851页。景祐五年十一月南郊才改元为宝元。

② 《长编》,卷121,宝元元年正月乙卯,第2852页。

③ 《长编》,卷121,宝元元年三月戊戌,第2863页。

④ 《长编》,卷121,宝元元年三月戊戌,第2864—2865页。

⑤ 《长编》,卷122,宝元元年六月戊子,第2874页。

有美化之嫌。但程琳主张修德应天，与仁宗选择接受此论，仍可见在景祐末，仁宗君臣对以修德应灾异的方式，已比过去更有共识。

宝元元年十二月，西夏李元昊称帝，给赵宋带来巨大的震撼。但即便如此，以"太平"描述现况的提法仍未被抛弃。宝元二年（1039）五月，天章阁侍讲贾昌朝罗列了当前种种弊政，并认为：

> 今西夏僭狂，出师命将，以遗朝廷之忧。臣窃谓此固不足虑，而国家用度素广，储蓄不厚，民力颇困，是则可忧。……宋受命八十载，可谓治平矣。然节爱之术有所未至，边陲虽宁而兵备不省，徭役虽简而农务不笃，外厚币聘而内丰廪给，自余虚用冗费，难以悉数。……天下太平已久，而财不藏于国，又不在于民，傥有水旱频仍之灾，军戎调度之急，计将安出哉！①

可见即使西面战事爆发，贾昌朝依旧称"太平已久"，他所表述的太平，似乎并不与战事爆发相冲突。但贾昌朝同时也罗列诸多弊端，内政问题甚至比外患更严重。在此论述下，所谓"太平"已是与内忧外患并存。

同年九月，直集贤院富弼提出应对李元昊叛变的八项建议，其中第六点反对中书、枢密院以金钱贿赂李元昊的政策，提及："岂我太平之世，天下一统，偶有小丑辄滋背畔，稽之典策，自存讨御，而执事者不为良画，遽劝陛下行乱秦末世之事乎？"②富弼利用了长期以来的太平之名，反驳二府消极的做法。富弼的言论同样显示，西部战事并未让君臣放弃太平的认定。

宝元、康定期间（1038—1041），尽管赵宋君臣仍未否定"太平"，

---

① 《长编》，卷123，宝元二年五月癸卯，第2905—2906页。

② 《长编》，卷124，宝元二年九月，第2923页。

但在面对灾异时,要求仁宗修德应变的言论越来越成为朝臣的共识。宝元三年(1040)二月,以灾异不断,改元"康定",诏书之末称"尚虑政体或疵,言路犹壅。嘉与内外臣庶,参图阙遗,其悉上封,以辅不逮"。① 表示希望开言路以明政阙。隔月,出现"大风昼暝",晚上又有"黑气长数丈"。仁宗次日下诏中外言政务之失。诏令表示:"载惟眚异之来,深原谴告之自,虔修应实,所冀格和。"②结果"上书者甚众",为了能够一一省视,知谏院富弼建议选知制诰两人,置局中书。③ 足见此次求言的认真态度。不过,下诏求言后四天,仁宗发布减轻诸道府州罪囚的德音,透露以赦令召和气的做法,未被放弃。④

尽管吕夷简的罢相和李元昊称帝,都有利于广开言路,修德也成为越来越常见的论述,但在"太平"未被否定的情况下,仁宗对于察纳雅言、改革政务,实际上并未全心接受。仁宗虽迫于灾异与外患而数次下诏求言,但仍有"今之言事者……朕甚恶之"的抱怨。⑤ 康定元年(1040)五月,仁宗用林瑀为天章阁侍讲,更显示仁宗在心理上抗拒修德应天的策略。如前述,景祐末灾异数见,韩琦、宋祁等人趁此大唱修德论,国子监直讲林瑀却主张"灾异皆有常数,不足忧",林瑀并撰书阐发《周易》,但"大抵皆诡谀之词,缘饰以阴阳,上大好之"。⑥ 对仁宗而言,接受灾异为天谴,不啻要他不断面对己德不足,林瑀以灾异为"常数"的论调,则帮助仁宗在逐渐强势的天谴修德论中,安慰自己并未丧失真宗的太平之业。直到庆历二年,林瑀才因贾昌朝的攻击,

---

① 《宋大诏令集》,卷2,《改康定元年及尊号去宝元二字诏》,第7页。
② 《宋大诏令集》,卷153,《大风求言诏》,第569页。
③ 《长编》,卷126,康定元年三月,第2993页。
④ 《宋大诏令集》,卷153,《大风诸道德音》,第569页。
⑤ 《长编》,卷124,宝元二年九月乙巳,完整的言论是:"今言事者,或潜毁大臣,扬君过以钓虚名,不能补益时政,恐浸成俗,朕甚恶之。"(第2924页)
⑥ 《长编》,卷127,康定元年五月,第3015页。

失去侍讲之职。① 宝元、康定年间，西边战事如火如荼，"太平"到底还存不存在，不仅是士大夫的质疑，也是仁宗内心的焦虑；如果他承认灾异是天谴，实际上便暗示着他失去了真宗苦心经营的太平成就。

以"太平"为既定事实的提法，在庆历改革前夕才终于破灭。康定元年五月，老病的宰相张士逊再度被韩琦攻去，吕夷简第三度复相，肩负起内忧外患的局面。② 此时的政治形势已经不容吕夷简再压制言路。西边战事正如火如荼，境内盗贼亦蜂起，加上庆历二年二月，契丹遣使求关南地更震撼了宋朝。③ 令人讶异的是，即便面临内外交困的局面，庆历初期仍有臣僚以太平称述现况。庆历二年正月，范仲淹上疏说："臣窃惟国家太平日久，而一旦西戎背德，陵犯边鄙，公卿大夫争进计策，而未能副陛下忧边之心。"④庆历三年(1043)二月又说："国家太平日久，将不知兵，兵不习战，而致不利也。非中国事力不敌四夷，非今之军士不逮古者，盖太平忘战之弊尔。"⑤又如庆历二年五月，张方平上奏说："伏以天下承平为岁深远，而国用不赡，民力益困。"⑥不过，范仲淹与张方平奏疏中的太平，全然不见美好景象，反而成为问题的来源。这样的论述，已带有否定太平的意味。

庆历三年三、四月间拔擢的宰执、谏官，构成推动庆历改革期间的"范仲淹集团"。⑦ 此时，谏官取得莫大的发言权，能够每日面对奏事。⑧ 正是在他们的言论中，抛弃了长期视太平为已然的说法，在奏

---

①　司马光：《涑水纪闻》，卷4，《林瑀以术数待仁宗》，第64页。记载林瑀因指太宗、真宗即位非乾卦而冒犯了仁宗。

②　《长编》，卷127，康定元年五月，第3010页。

③　对于庆历改革前局势的描写，可见刘子健：《欧阳修的治学与从政》，第161—162页。

④　《长编》，卷135，庆历二年正月，第3216—3217页。

⑤　《长编》，卷139，庆历三年二月乙卯，第3353页。

⑥　《长编》，卷136，庆历二年五月，第3247—3248页。

⑦　见漆侠：《范仲淹集团与庆历新政》，第126—140页。

⑧　周佳：《北宋中央日常政务运行研究》，第334—337页。

章中不再讳言赵宋已经面临败亡。① 该年四月，朝廷任命范仲淹、韩琦为枢密副使，此时任翰林侍读学士的富弼声称：

> 天下之人皆谓朝廷进用大臣，常如此日，则太平不难致也。②

五月，枢密副使韩琦上疏，提出八项"救弊之术"，认为若得施行，

> 则纲纪渐振而太平可期，二敌岂足为国之患哉！③

将这样的言论放在祥符以来的政治文化来检视，其意义在于"太平"终于从"已然"倒退为"未然"。

正是在"太平"被朝臣以未来式提及之时，仁宗以更为肯定的语气，强调修德的必要性。庆历三年五月，仁宗以旱灾到大相国寺、会灵观祈雨，这是过去通常的做法，但仁宗并不以此为足，他引罪责己之余，又向宰相说："天灾流行，亦朕躬无德所致。"以肯定的语气自认无德，接着又说："民间疾苦，须当省察，有以利天下者，必行之。卿等更宜公共访求，以答天意。"④时为枢密副使的范仲淹上奏表示：

---

① 如与韩琦长期在西边共事的尹洙，于庆历二年九月上言："陛下延访边事，容纳直言，……然未闻以宗庙为忧、危亡为惧，此贱臣所以感愤于邑而不已也。……惟深察秦、隋恶闻忠言所以亡，远法汉主不讳危乱所以存。"见《长编》，卷137，庆历二年闰九月壬午，第3296—3297页。尹洙对于几乎没有人敢指出宋朝已面临危亡，感到愤慨不平，希望仁宗能够不以危亡为讳。又如庆历三年八月，谏官欧阳修上疏："国家纲纪隳颓，政令宽弛，赏罚不立，善恶不分，体弱势危，可忧可惧。……臣恐上下因循，日过一日，国家政令转弱，盗贼威势转强，使畏贼者多，向国者少，天下之势，从此去矣。"见《长编》，卷142，庆历三年八月，第3419—3420页。尖锐地直指赵宋已经濒临危亡。

② 《长编》，卷140，庆历三年四月甲辰，第3363页。
③ 《长编》，卷141，庆历三年五月甲午，第3414页。
④ 《宋会要辑稿》，礼18之9。

> 臣亲闻德音，谓屡有灾异，当修德以及民，并诏臣等谨省刑法。[①]

可见范仲淹亲耳面闻仁宗表示修德及民的意愿，此时仁宗不再以一体均沾的赦令应对，而是要求执政大臣定出确实的刑政改革之策。

九月，仁宗开天章阁，要宰执提出革弊之政，范仲淹随即上了著名的《条陈十事疏》，奏疏开篇对赵宋现况的描述是：

> 我国家革五代之乱，富有四海，垂八十年，纲纪制度，日削月侵，官壅于下，民困于外，疆埸不靖，寇盗横炽，不可不更张以救之。[②]

如前文所述，范仲淹在庆历三年以前，亦经常在奏议中以太平称述赵宋现况，此时，他终于改变太平"已久"的表述方式。其中"抑侥幸"一条，更认为弊端的来源在于：

> 真宗皇帝以太平之乐与臣下共庆，恩意渐广。[③]

范仲淹这样的叙述，是将太平视为真宗个人的主观认定，而非客观存在的前提。而在所谓"纲纪制度，日削月侵"的认识下，太平显然已成为过去式。同月，升任枢密副使富弼也有奏，认为赵宋现在面临西北外患与境内盗贼，君臣若能同心协力，"或致小康"，若不赶紧进行政

---

① 《长编》，卷141，庆历三年五月辛巳，第3377页。
② 《长编》，卷143，庆历三年九月，第3431页。
③ 《长编》，卷143，庆历三年九月，第3434页。

务改革,五代败亡的命运将随时重现。① 言下之意是目前连小康亦未达到。十二月,澧州上刻有"太平之道"的瑞木,立刻引来欧阳修的论奏:

> 凡与边庭连接,无一处无事,……以臣视之,乃是四海骚然,万物失所,实未见太平之象。②

更是对"太平"给予直接的否定。

庆历四年四月,西夏终于称臣,更因不满契丹收取赵宋岁币,而与契丹发生战事。③ 外患的平定,并未使好不容易放弃的太平论述得到复原。庆历五年(1045)正月,枢密副使韩琦警告:"朝廷已封册夏国,又契丹以西征回来告,当此之时,若便谓太平无事,则后必有大忧者三;若以前日之患而虑及经远,则后必有大利者一。"④枢密副使吴育也说:"今夏人纳款,契丹请盟,朝廷为息肩之计则可,未足恃以为安也。"⑤似乎担心仁宗又将自认太平。庆历五年为南郊年,宰执依照惯例请加上尊号,仁宗并未应允,在《不许上尊号诏》中说:

> 朕惟皇帝之号,称谓已极,浮文溢美,抑又何加。况今百度缺然,五纪⑥或沴。⑦

---

① 《长编》,卷143,庆历三年九月,第3452—3453页。
② 《长编》,卷145,庆历三年十二月,第3516—3517页。
③ 陶晋生:《宋辽关系史研究》,第59—95页。
④ 《长编》,卷154,庆历五年正月丙子,第3737页。
⑤ 《长编》,卷154,庆历五年正月,第3741—3742页。
⑥ 指岁、月、日、星辰、历数。《尚书注疏》,卷12,《洪范》:"五纪;一曰岁,二曰月,三曰日,四曰星辰,五曰历数。"(第171b页)
⑦ 《宋大诏令集》,卷4,《不许上尊号诏》,第16页。

一反过去以尊号彰显帝王圣德，认为尊号不过是"浮文溢美"，并承认存在各种弊端，相应的上天也有灾异之象。至此，仁宗已明确承认太平已逝。

综合上述，仁宗统治前期以太平为既定成就的"提法"，是在一连串的内忧外患之下，才终于破灭。这显示真宗祥符以来的太平论述，具有强韧的固着性。不仅刘太后与仁宗欲坚持、守护太平，对时局不满的朝臣们，也在很长的一段时间内，习惯性地将太平描述为现况。直至庆历改革前期，"太平"才终于被以未然的方式提及。太平的"提法"从已然转变为未然的意义在于，这是对天书时代以来政治文化的全盘否定：当太平不在，祥瑞的出现与朝臣的恭维，便不再理所当然；灾异的发生便不是常数，而是上天对君主的警告；君主也从有德之君，退化为有待修德的君主。"太平"在说法上的被抛弃，又必然引起做法上的改变。当仁宗承认没能维持真宗的太平之业，他亟需做的，便是通过政治改革以修德，以重新将赵宋带回太平的境地。总之，经历了漫长的拉锯与论述上的调整后，仁宗君臣才明确否定太平，于是才有庆历改革。

四、庆历改革中孙、杨派士大夫与范仲淹集团的斗争

从前节的讨论可知，仁宗前期在朝堂上冲撞祥符以来政治文化的士大夫，既包括范仲淹及其支持者（范仲淹、韩琦、富弼、欧阳修），也包括孙奭、杨亿派士大夫（贾昌朝、宋庠、宋祁、叶清臣）。孙、杨派士大夫长期担任侍讲与翰林学士等职务，与仁宗的亲近程度，更在范仲淹集团之上。理论上，孙、杨派士大夫应该更有机会主导仁宗朝的政治改革。那么，当太平的旗帜被打倒，为什么是由范仲淹集团主持庆历改革？孙、杨派士大夫在改革中又扮演什么角色？本小节将庆历改革的发生，放在仁宗前期的政治斗争中加以考察，以进一步厘清

仁宗统治前期的政治过程。

从庆历元年(1241)的政局来看,孙、杨派士大夫本应是政治改革的当然主力。在吕夷简于康定元年复相前,章得象已任宰相。此外,庆历元年时,宋庠为参知政事,郑戬为枢密副使,叶清臣为三司使,宋祁为天章阁待制。他们"趣向既同,权势亦盛,时人谓之四友"。[①] 他们可说是吕夷简之外最重要的政治势力。

不同于其他执政在首相吕夷简面前总是唯唯诺诺,二宋等人"锐于作事",颇受仁宗青睐的宋庠更不时和吕夷简发生争论。此时,范仲淹为陕西经略安抚副使,因为擅自烧毁李元昊出语不逊的奏书,引起朝中大臣的议论。宋庠以为吕夷简会趁此机会打击范仲淹,因此率先向仁宗表示:"范仲淹可斩。"这立刻引来一向支持范仲淹的枢密副使杜衍的反对,吕夷简竟表示同意杜衍,这使宋庠相当尴尬。[②] 这次事件透露宋庠对范仲淹颇有敌意,[③]而吕夷简则与范、宋二派皆不睦。庆历元年五月,宋庠、叶清臣、郑戬被吕夷简扣上朋党之名,遭到外放。[④]

宋庠等人的失势,正好为范仲淹等人开辟了主政中央的机会。庆历三年三月,贾昌朝虽早一步升为参知政事,紧接着,富弼、韩琦、范仲淹亦被命为执政大臣,从而奠定了庆历改革时期的执政班底。换言之,宋庠等人若非遭到吕夷简的打压,庆历改革的历史恐怕会

---

① 《儒林公议》,卷下,第 35a—35b 页。

② 《涑水记闻》,卷 8,《吕夷简不念旧恶》,第 162 页。

③ 景祐三年范仲淹因攻击吕夷简而遭贬,并引起欧阳修对谏官高若讷的不满与严词批评。见刘子健:《欧阳修的治学与从政》,第 144—146 页。高若讷亦是天圣二年进士,宋祁曾在自己的笔记中提到"予友高敏之",见《宋景文公笔记》,卷中,第 51 页。其墓志铭也由宋祁撰写,宋祁笔下的高若讷,是"数见上言得失"的优秀谏官,见《景文集》,卷 60,《高观文墓志铭》,第 1a—6a 页。两派不合,在范仲淹受贬事件中可能已经种下。

④ 《长编》,卷 132,庆历元年五月庚午,第 3127 页。外放的四人是宋庠、郑戬、叶清臣、吴遵路,其中吴遵路原本权知开封府,与叶清臣交好。外放的四人中,并不包含宋祁,此时宋祁为天章阁待制,并未居于要职。

改写。

不过，庆历改革期间，章得象与贾昌朝分别为宰相与参政，显示孙、杨派士大夫仍在朝堂上占据重要力量。[①] 庆历改革期间的人事斗争，前辈学者已论之甚详。[②] 此处笔者只想指出，打击范仲淹集团的主力即来自孙、杨派士大夫。庆历四年十一月的奏邸之狱，御史中丞王拱辰（1012—1085），连同年初被派往渭州勘查水洛城的鱼周询，弹劾苏舜钦擅卖故纸为宴。宴会中，集贤校理王益柔（1015—1086）有"醉卧北极遣帝扶，周公孔子驱为奴"的诗句，于是"宋祁、张方平又助之，力言益柔作傲歌，罪当诛"，实际上是借着打击王益柔，来动摇曾推荐他的范仲淹。可见宋祁也加入了打击范仲淹集团的行列。而"章得象无所可否，贾昌朝阴主拱辰等议"。于是参加宴会的众人皆遭贬逐，苏舜钦更遭到除名勒停的重惩。[③]

奏邸狱后，仁宗下诏戒朋党，此时已自请守边的范仲淹上奏请罢参政。此时章得象落井下石，建议仁宗先拒绝范仲淹的辞免，若范仲淹接受，便是"挟诈要君"；另一方面又指使右正言钱明逸批评枢密副使富弼更张纪纲、纷扰国经。[④] 于是仁宗下诏罢范仲淹、富弼执政，杜衍亦随之罢相，贾昌朝则从参政升为次相。空出的参政之位，章得象建议用翰林学士宋祁，但仁宗决定再用先前被吕夷简外放的宋庠。[⑤] 自此，在围绕庆历改革的人事斗争中，孙、杨派士大夫已明显占据

---

① 苏象先回忆祖父苏绅，在"宝元、康定、庆历间为侍从"时，曾上奏批评："章某无重望，贾某太专宠。"应即指章得象与贾昌朝。从苏绅的批评，也可见仁宗相当重视贾昌朝。见〔宋〕苏象先：《丞相魏公谭训》，收入《四部丛刊三编》（台北：台湾商务印书馆，1966年），卷2，《家世》，第1页。

② 刘子健：《欧阳修的治学与从政》，第171—181页。亦参见刘伯骥：《宋代政教史》（台北：中华书局，1971年），第63—65页。

③ 《长编》，卷153，庆历四年十一月甲子，第3715—3717页。

④ 《长编》，卷154，庆历五年正月乙酉，第3740—3741页。

⑤ 《长编》，卷154，庆历五年正月丙戌，第3741—3742页。

上风。

此后,孙、杨派士大夫仍不时找机会打击范仲淹集团。庆历五年七月,董士廉告发尹洙擅自挪用公使钱,殿中侍御史刘湜调查后,将尹洙追两官勒停,"湜颇傅致重法,盖希执政意也"。[1] 八月又发生打压欧阳修的张甥案,贾昌朝为幕后主导。[2] 庆历七年(1047)四月,侍讲杨安国利用为仁宗讲经的场合,批评范仲淹过去提拔的几位转运使行事过于苛刻,导致这些人遭贬逐。[3]

换言之,庆历改革的失败,实际上是孙、杨派士大夫与范仲淹集团斗争的结果。孙、杨派士大夫在此次斗争中大获全胜:章得象稳居宰相之位,贾昌朝升任次相,宋庠则被召回,重任执政;范仲淹集团则悉数遭到贬责。孙、杨派士大夫本即长期盘踞在仁宗朝堂,庆历三年,范仲淹集团突然闯入中央,大刀阔斧地主导了改革,自然引起更早执政的贾昌朝与章得象等人的不满,双方在权力上的竞逐乃不可避免,最终导致了范仲淹集团与庆历改革的溃散。

第三节 仁宗统治后期的政治策略

庆历改革的失败,固然可以看作是长期位居朝堂之上的孙、杨派士大夫对范仲淹集团的打压,但若范仲淹集团能获得仁宗坚定的支持,改革未必不能持续。然而,范仲淹的《十事疏》对真宗朝以来或明或暗的批评,触动了仁宗身为人子的敏感神经。对仁宗而言,承认太平已失,并不等同于否定真宗之政。揆诸史实,正因为仁宗渴望恢复

---

[1] 《长编》,卷 156,庆历五年七月辛丑,第 3788 页。
[2] 刘子健:《欧阳修的治学与从政》,第 210—214 页。
[3] 《长编》,卷 160,庆历七年四月己酉,第 3869—3870 页。

真宗朝的太平荣景，他才在承认太平不再的现实下，更加强调君主应修德。这两方面构成了仁宗统治后期的施政方向。

一、“奉真考业”——重新重视真宗的统治遗产

对仁宗统治后期政策方针有重要影响的是仁宗“奉真考业”的宣示，这可能来源于仁宗越来越意识到庆历改革者对真宗之政或明或暗的批评。[①] 庆历三年九月，范仲淹在《条陈十事疏》中，主张复祖宗旧制，隐约暗示当前的许多弊政，都是在真宗朝种下。《十事疏》开头称：“我国家革五代之乱，富有四海，垂八十年，纲纪制度，日削月侵。……臣敢约前代帝王之道，求今朝祖宗之烈，采其可行者条奏。”指宋朝经过了革五代之乱、祖宗之烈的向上发展，之后则纲纪制度日削月侵，隐含赵宋八十年的统治不断走下坡。在第一条“明黜陟”提到：“我祖宗朝，文武百官，皆无磨勘之例，……今文资三年一迁，武职五年一迁，谓之磨勘。不限内外，不问劳逸，贤不肖并进。”第二条“抑侥幸”谈任子之弊，称：“未闻每岁有自荐子弟者。祖宗之朝，亦不过此。自真宗皇帝以太平之乐与臣下共庆，恩意渐广。”[②]可见范仲淹宣称要恢复的“祖宗”之政，是指太祖、太宗二朝，而真宗朝则是弊政的源头。范仲淹在庆历四年七月的一次上奏，更指称：“如其德衰政暴，兆民怨叛，故灾异之出，多成祸变。……臣窃观自祥符年后，以至今日，火不炎上之灾，已十数度。”[③]明示祥符以后“德衰”，以致火灾不断。这些批评真宗统治的论点，听在人子仁宗耳中，恐怕有些刺耳。

---

① 早在天圣年间，仁宗已对改变真宗朝政的做法感到疑虑。天圣四年九月，任命夏竦等人删定祥符七年以来的编敕，仁宗问宰辅：“或谓先朝诏令不可轻改，信然乎？”王曾回答：“此憸人惑上之言也。”见《长编》，卷104，天圣四年九月壬申，第2423页。王曾原本即不认同祥符之政，在仁宗朝主政期间，更是多次改革祥符之礼，这次针对编敕的君臣对谈，可见王曾试图说服仁宗改变真宗之政不足为虑。

② 《长编》，卷143，庆历三年九月，第3431—3434页。

③ 《长编》，卷151，庆历四年七月丙戌，第3671页。

庆历四年，当内忧外患渐次缓和，仁宗不免对改革引起的纷扰渐生反感。另一方面，庆历新政陆续推行后，仁宗并未感到因"修德"而消灾，相反地，灾异仍不断传来。庆历四年六月，仁宗向辅臣感叹："方岁旱而飞蝗滋甚，百姓何罪而罹此！默祷上帝，愿归咎于眇躬。"[1]此时，支持改革的士大夫，将灾异的发生诠释为对继续改革政务的提示。[2]但水能载舟亦能覆舟，当新政陆续推行，灾异依旧不断，仁宗不免担忧新政是否并非善政，以致所修之德并未获得上天的肯定；从反对范仲淹的士大夫的角度看来，庆历四年的天灾，正可诠释为新政不得民心。可惜，李焘《长编》仅引述改革者的意见，而不见反对改革者的看法。

孙、杨派士大夫在与范仲淹集团的斗争中节节胜利，正是看准了仁宗厌倦庆历改革的心理趋向。《东轩笔录》这样解释奏邸之狱：

> 仁宗临朝，叹以轻薄少年，不足为台阁之重。宰相探其旨，

---

① 《长编》，卷150，庆历四年六月甲寅，第3638页。

② 侯道儒指出，庆历四年六月的天灾与火灾，引起支持范仲淹改革的蔡襄、余靖、孙甫等谏官连上五奏，他们借助灾异坚持仁宗改革的决心，并要求仁宗换掉不适任的宰辅。然而，灾异的持续发生，实际上动摇了仁宗支持改革的决心。见 Skonicki, "Employing the Right Kind of Men," pp. 39-98. 侯道儒较着重于改革派士大夫借灾异要求替换不适任宰执，本文则较着重改革派士大夫对修政事的强调，因此仍举数条史料以见：其一是开宝寺灵感塔火灾，仁宗下诏僧众作威仪迎接塔中舍利，且有重修之意。谏官蔡襄与孙甫数次上奏，认为奉佛无法致福；致太平之道必须靠"教化刑政修举"；天灾是为警戒仁宗，希望仁宗"修人事以报之"，若仍坚持修缮塔寺，"是以人力而拒天意也"。见〔宋〕蔡襄：《莆阳居士蔡公文集》，收入《北京图书馆古籍珍本丛刊》第86册（北京：书目文献社，1988年），卷26，《乞罢迎舍利一》《乞罢迎舍利二》《乞罢迎舍利三》《乞罢修开宝寺塔》，第243—244页。其二是谏官余靖之奏，同样主张"帝王行事，但能勤俭修德"，自从西边用兵以来，国家财政空虚，民间十室九空，"如其不恤民病，广事浮费，奉佛求福，非所望于当今"。见《长编》，卷150，庆历四年六月丁未，第3633页。其三是蔡襄与余靖共同上奏，称"伏念灾变之来，实由人事政治阙失"，如今内乱外患不断，灾变又频数，"盖天意必欲朝廷大修人事以救其患，乃可变危为安也"。见《莆阳居士蔡公文集》，卷26，《言灾异三》，第241b—242b页；《长编》，卷150，庆历四年六月，第3655—3657页。

自是务引用老成。①

所谓"轻薄"与"老成"，是相对主观的政治修辞，实际上透露仁宗逐渐不满范仲淹主导的改革，这才使反对改革的宰相（不外乎是章得象与贾昌朝），能够利用仁宗心理上的变化，而引用所谓老成之士。

逐一驱逐范仲淹党的同时，我们也看到仁宗不寻常地推尊真宗之政。庆历四年三月，庆历新政仍在陆续推行，此时，仁宗在迩英阁经筵的场合，突然拿出御书十三轴，上面写着三十五事，其中前四项是：

> 一曰遵祖宗训，二曰奉真考业，三曰祖宗艰难，不敢有坠，四曰真宗爱民，孝思感噎。②

仁宗将"祖宗"与"真考"相对，似乎暗示着他并不同意范仲淹主张复祖宗旧制、革真宗之政的理念。当时在场的丁度（990—1053）、曾公亮（999—1078）、杨安国、王洙表示要将仁宗的三十五事加以注释，不久完成。仁宗看过后，挑选其中六事，"付中书、枢密院令奉行之"。③挑中的六事是否包括尊崇真宗的第二、第四条，不得而知，但仁宗此时特意表达推崇真宗之政，显然与庆历改革的精神背道而驰，要两府奉行的举动，也显示仁宗试图指导政策的进行方向。数月之后，范仲淹与富弼就自请守边，离开主政中央的位置。④

---

① 《东轩笔录》，卷4，第42页。
② 《长编》，卷147，庆历四年三月己卯，第3565—3566页。
③ 《长编》，卷147，庆历四年三月丙戌，第3567页。
④ 范仲淹于四年六月以参知政事为陕西、河东路宣抚使。见《长编》，卷150，庆历四年六月，第3636页；富弼于八月以枢密副使为河北宣抚使，见《长编》，卷151，庆历四年八月甲午，第3674页。

庆历四年十一月，奏邸之狱发生后，"奉真考业"更积极推行。仁宗下诏诫朋党，批评改革中设立的按察使"未益治平之风，反成多僻之暴。……朕疾夫为国生事之徒，背公死党之俗"，并认为"当求大中之道，渐至清静之源"。① 如第三章提及，大中、清静乃祥符之政的核心概念。次月，仁宗重新颁发真宗在祥符初年写给文、武官员各七条的诫敕，诏令告诫天下官员"自今后以来，务革前失，聿追新图，以圣考七条，更相诲勖"。② 仁宗的这些举动，清晰表达了他对反真宗之政的抗拒。

庆历七年南郊前，仁宗下令为真宗增加谥号，进一步表达了他尊崇真宗之政的意向。此事交由两制与太常礼院讨论，随后以翰林学士张方平为代表所上的增谥奏疏，对真宗祥符年间举行的礼仪活动，做了精确的描述，包括东封、西祀、谒太清宫，及获得天书，也对真宗清静无为的统治理念加以颂赞。③ 原本"文明武定章圣元孝"的谥号，在这次的增谥中成为"膺符稽古成功让德文明武定章圣元孝"，④所增加的"膺符稽古成功让德"突出了真宗天书与致太平的功业。仁宗亲政以来，天书长久遭到刻意的遗忘，谥号以获得天书作为开头，可说是颇不寻常。谥号议定后，仁宗诏来近臣观看自己亲手写的真宗加谥版位，并在臣僚面前"亲跪设，再拜涕泣"，⑤表现他对真宗的孝思。

总之，庆历四年以后，仁宗颇为刻意地肯定真宗的统治与功业，

---

① 《宋大诏令集》，卷193，《诫饬在位诏》，第708—709页。

② 《宋大诏令集》，卷193，《诫百官举行真宗文武七条诏》，第709页。

③ 《宋大诏令集》，卷141，《真宗增谥奏》："恭以先帝奄宅八区，……西土怀德以称藩，朔漠畏威而讲好。……乃登岱宗而荐成，禅云亭而继号，汾脽分美报之典，涡曲举顺动之行，协气旁流，象物昭格。礼交乐举，咸秩于弥文。乾符坤珍，荐蒙于上瑞，高拱而覃清净之教，渊默而臻治定之风。可谓昭受珍图而顺考古道，元功克成而盛德能让者矣。"（第507页）不过，此《真宗增谥奏》并未提及真宗对圣祖和玉帝尊崇。

④ 《宋会要辑稿》，礼58之33—34。

⑤ 《长编》，卷161，庆历七年八月丙寅，第3885页。

并且以臣僚能看到与感受到的方式加以彰显。长期以来，各派士大夫或明或暗地试图改变祥符之礼、之政，范仲淹的庆历改革更是以改变祥符以来的弊政为诉求，反而激发了仁宗维护真宗遗产的愿望。特别是庆历以后"太平"破灭，仁宗"奉真考业"的宣示，也是告诉自己必须恢复从前的太平荣景，这同时也保证了真宗的统治遗产不可能被全然推翻。这点在下一章还将提及。

二、修德论的持续

尽管仁宗重新强调遵奉真宗之政的必要性，但这更多是对真宗之政与统治成就的尊崇与向往，而非仁宗欲坚持太平无为的意识形态。分析仁宗统治后期君臣对政治现况的认知，可以清楚得知，他们皆承认"太平"已失，仁宗必须重新修德以致太平。与此伴随的，即是仁宗统治后期与天书时代相当不同的政治文化。

检视仁宗统治后期的臣僚奏疏，尽管此时外无战事，但太平再度成为必须"致"的目标。如庆历八年（1048）八月，仁宗向监察御史陈旭引述谏官张昪的话：

> 顷论张尧佐事，（张昪）云："陛下勤身克己，欲致太平，奈何以一妇人坏之乎？"[1]

同样的话，也可以用"国家太平已久，奈何以一妇人坏之乎"来表述。但此时谏官直指太平是仁宗所欲致，并被仁宗转述。显示"致"太平成为君臣的共识。[2] 皇祐三年（1051）十月，知谏院吴奎（1011—1068）

---

[1] 《长编》，卷165，庆历八年八月丁丑，第3963页。"妇人"指张美人，后封张贵妃，去世后追封张皇后。张尧佐为张美人父尧封之兄。

[2] 《长编》，卷179，至和二年四月，第4332页。

言:"自明堂下诏,杜绝内降,忠贤莫不增气,群小莫不革心。愿陛下谨守前书,……如是,则太平之风有望于兹矣。"①再如至和二年(1055)四月知谏院范镇(1007—1088)言:"今诚能立经制,省官与兵,节土木之费,使民足食,陛下高拱深居而太平可坐致,顾陛下责任大臣何如尔!"②这些将太平视为须努力以致的提法,显然不同于仁宗统治前期朝臣以太平为既成事实的言论。

既然仁宗君臣皆认为太平未致,相应于此,仁宗便须持续修德、改良政务,以求得上天的肯定。这表现在仁宗明确认为灾异为上天对自己的警告。庆历六年(1046)二月,司天监向仁宗报告将有日蚀,仁宗对辅臣说:"日食之咎,盖天所以谴告人君,愿罪归朕躬,而无及臣庶也。"③以肯定的语气将灾异视为天谴。六月,仁宗更以带有思想性的话语阐述他对灾异的看法,认为君主随时都该"修警",而灾异是天对人君的提醒,更应该恐惧修德。④皇祐以后,仁宗依然经常以修德自期。如皇祐四年(1052),仁宗与侍讲讨论《尚书·洪范》第二"敬用五事"时,仁宗说到:

> 人君奉天在于修德,夙夜兢兢戒慎于未形,尚恐不至,必俟天有谴告然后修德,此岂畏天之道也。⑤

同样表示,君主随时都应修德奉天,而非只在灾异时恐惧修省。皇祐

---

① 《长编》,卷171,皇祐三年十月甲午,第4112页。

② 《长编》,卷179,至和二年四月,第4332页。尚有其他例子,如知郓州庞籍改知永兴军,经过汴京面见仁宗时,主张仁宗既然任富弼、文彦博为相,就应该用之不疑:"若以一人言进之,未几又以一人言疑之,臣恐太平之功,未易猝致也。"《长编》,卷180,至和二年六月,第4354页。

③ 《长编》,卷158,庆历六年二月癸丑,第3820页。

④ 《长编》,卷158,庆历六年六月癸亥,第3831页。

⑤ 《帝学》,卷6,《仁宗体天法道极功全德神文圣武濬哲明孝皇帝下》,第4a页。

六年（1054）三月改元至和的诏令中表示：“思致治平，而王泽未孚，治道多阙……寻灾异之攸兴，缘政教之所起。永思厥咎，在予一人，德不能绥，理有未烛。”①亦可见仁宗明确地将灾异看成是己德不足所致。

因此，庆历改革的失败，本质上并非仁宗不欲改革政务，而是仁宗对范仲淹及其支持者的不满，仁宗依然认为“修德”在于政务改革，或施行善政。仁宗统治后期，仍不时可见仁宗革新政务的企图。庆历七年三月，仁宗以大旱下诏，诏令称：“朕思灾变之来，不由他致，盖朕不敏于德，不明于政，号令弗信，听纳失中。……中外文武臣僚。并许实封言当世切务。”②诏令没有提到祈祷之事，更没有发布赦令，而是以颇为严厉的话语自责，并以广听各方意见的方式应对。庆历八年，仁宗召近臣到龙图阁与天章阁参观三朝瑞物。此时仁宗突然出手诏赐辅臣，称自己继承祖宗大业，渴望求治，但过去西面用兵，四方骚动，如今经用不给，员多缺少，牧宰、将帅未必称职，要求辅臣针对这些问题提出具体改革方案。紧接着，仁宗又要翰林学士、三司使、知开封府、御史中丞也提出意见。③数日后，又要求知制诰、待制、谏官、御史也提出革弊方案。④足见仁宗想要有所作为的热切。可以想见，仁宗收到许多奏疏，不过，此时并未见如庆历改革般密集地颁布新政。

皇祐以后，因灾异求言仍是仁宗“以实应天”的对策。皇祐元年（1049）二月，彗星见于东方，相较于景祐元年仁宗以大赦应对，此时除了不御正殿、简省常膳，又要“中外臣僚极言当世切务”。⑤四年十

---

①　《宋会要辑稿》，礼 54 之 9。
②　《宋大诏令集》，卷 153，《大旱责躬避殿减膳许中外言事诏》，第 569 页。
③　《长编》，卷 163，庆历八年三月甲寅，第 3922 页。
④　《长编》，卷 163，庆历八年三月癸亥，第 3935 页。
⑤　《长编》，卷 166，皇祐元年二月丁卯，第 3983 页。

月,仁宗又向辅臣说,近日上书言政事之失者少,"岂非言路壅塞所致乎?"于是要求负责接受臣僚奏章的相关部门"毋得辄有阻留"。① 这些求言诏书,正是学者们对仁宗朝谏官活跃、言事风气日盛的印象之由来。

再将关注视角移到朝臣的论述。庆历以后,当君主将修德视为应行之事,此时朝臣要求仁宗修德的提法,也以一种理所当然的论述方式呈现。庆历六年九月,侍御史知杂事梅挚以水灾不断,认为:"陛下宜责躬修德,以回上帝之眷祐。"接着提出数项建议。梅挚直指仁宗应该自责、修德的言论,并未触怒仁宗,仁宗反而称赞:"梅挚言事有体",并给予升官。② 至和元年(1054)四月,殿中侍御史吕景初指天文异象"此天意诚人君之深也",接着对边事提出意见。③ 至和二年三月,范镇称大风逆气"皆所以觉悟人君也,修人事以应天变,则灾异可为福祥也"。接着要求仁宗尽快决定宰相陈执中(991—1059)的去留。④ 嘉祐六年(1061),判尚书礼部司马光(1019—1086)认为日蚀发生时,"君人者尤宜侧身戒惧,忧念社稷"。⑤ 不难看出,此时祈神应天不再是朝臣需要对抗的政治思维,他们对灾异修德、修政的论述,亦已非抱着"说服"仁宗的口吻,而是以想当然耳的论调呈现,而有修辞化的倾向。

尽管修德论将仁宗的施政重心从礼神转向人事,但如何算是成功的修德,存在颇大的诠释空间。在一定程度上,修德论成为朝臣发挥己见的利器。其中最明显的事例或许是嘉祐年间劝谏仁宗

---

① 《长编》,卷173,皇祐四年十月庚寅,第4176页。
② 《长编》,卷159,庆历六年九月,第3846页。
③ 《长编》,卷176,至和元年四月,第4260页。
④ 《长编》,卷176,至和二年三月辛巳,第4325—4326页。
⑤ 《长编》,卷193,嘉祐六年六月,第4672—4673页。

立嗣。① 此外，宰府的人选也常与修德应天挂勾。仁宗统治后期，言官们更频繁地引灾异之说，攻击他们认为不适任的宰相。如庆历八年，言官数次论枢密使夏竦奸邪，某日正好遇到京师无云而震，仁宗大为恐惧，于是仁宗召来翰林学士张方平，说："夏竦奸邪，以致天变如此，亟草制出之。"②换言之，当仁宗相信灾异是天谴，灾异的发生就为朝臣言事创造了越来越大的空间。

须提及的是，士大夫申述见灾修德，以及仁宗接受修德论，并不代表他们从此拒绝祈神礼佛。见诸史实，祈神庇佑从来没有消失过。即便是批评真宗以来奉神应天的士大夫，也有重视祈神的一面。庆历三年，范仲淹以关西大旱，奏请仁宗派人到西岳庙祈雨，并指出留守西岳庙的尽是老年，"在国家崇奉五岳之意，似非严谨"。③ 庆历四年，欧阳修也以江淮之间盗贼、天灾不断，请求仁宗派一二使臣"分诣江、淮名山，祈祷雨泽"。④ 皇祐元年，韩琦知定州，因久旱不雨，祈祷无应，韩琦上奏表示"若出自圣怀，祷于天地山川，宜获嘉泽"，于是仁宗派遣秘阁校理张子思前往祈雨。⑤ 由此可见，他们在仁宗统治前期批评祈神，本质上并非针对祈神本身，而是针对只凭祈神就可动天的思维模式，反对的是不思革新政务的无为之政。如果仁宗在灾异发生、祈祷神灵护佑的同时，也重视广纳言路、改革弊政，祈神就不再是

---

　① 《长编》，卷182，嘉祐元年(1056)六月，范镇上奏，第4416页；卷183，嘉祐元年七月，欧阳修上奏，第4424—4425页；卷183，知制诰吴奎、殿中侍御史吕景初上奏，第4427—4428页；卷183，嘉祐元年八月，司马光上奏、范镇数奏，第4430—4434页。

　② 《长编》，卷164，庆历八年五月辛酉，第3951页。

　③ 《范仲淹全集·范文正公政府奏议》，卷上，《奏乞差官陕西祈雨》，第574页。

　④ 《长编》，卷147，庆历四年三月，第3555页。

　⑤ 《长编》，卷167，皇祐元年七月丙申，第4006页。此年韩琦撰写了《重修北岳庙记》，文中仍推崇真宗的东封西祀，与崇奉五岳，认为这是真宗"盖爱民之意深，则报神之礼重"。足见他对真宗的应天思维十分了解。见〔宋〕韩琦：《安阳集》，收入《北京图书馆古籍珍本丛刊》第85册(北京：书目文献社，1988年)，卷21，《定州重修北岳庙记》，第324a—325a页。

朝臣需要反对的行为。

尽管礼神与修德可以并存，但在未太平的前提下，修德为主，礼神为辅才是士大夫可以接受的应天方式。因此，反对仁宗继续像父祖那样投入大量资财兴修寺观，仍是士大夫常见的论调。如至和二年（1055），翰林学士欧阳修认为往年七宫观、二寺塔火灾，乃"天意厌土木之华侈，为陛下惜国力民财，谴戒丁宁，前后非一。陛下与其广兴土木以事神，不若畏惧天戒而修省"。[①] 欧阳修将寺观陆续发生火灾解释为天意不欲赵宋大兴土木，而是希望仁宗因灾异而恐惧修省。在此诠释下，奉神的重要性就退居其次了。

在反对大兴土木成为主流声浪下，仁宗统治后期，虽仍有兴修寺观，但规模远小于真宗朝。皇祐五年（1053）正月，供奉五岳的会灵观着火，谏官贾黯立刻请罢修缮。[②] 仁宗虽接受灾异修德论，又必须"奉真考业"，于是他在旧址西偏建造一殿祀奉五岳，命名为"奉神殿"，乃取真宗《奉神述》一文篇名。同年六月，重修完毕，改名为集禧观。[③] 集禧观在半年内就修造完工，在规模上与真宗朝动辄修建数年的宫观自不可同日而语。类似的例子还有太宗朝修建的上清宫，于庆历三年遭火灾，剩下寿星殿独存，于是改建为寿星观，后又在其中建真宗神御殿为永崇殿。[④] 从上清宫到寿星观，规模应该也大为缩小。

当"太平"成为过去式或未来式，伴随君主恐惧修德的另一面向，是对祥瑞的质疑与压抑。庆历三年底，欧阳修批评地方上呈刻有"太平之道"的瑞木后，仁宗下诏此后祥瑞无得进献。[⑤] 仁宗此诏并不等于他不渴望获得祥瑞，但在太平已失、己德不足的前提下，出现祥瑞

---

① 《长编》，卷180，至和二年七月，第4361页。
② 《长编》，卷174，皇祐五年正月丁巳，第4192页。
③ 《长编》，卷174，皇祐五年六月丙戌，第4213页。
④ 《长编》，卷195，嘉祐六年十一月癸亥，第4730页。
⑤ 《长编》，卷145，庆历三年十二月，第3516—3517页。

的合理性与正当性，也遭到质疑。皇祐三年五月，仍有眉州彭山县献上瑞麦图，仁宗认为："朕尝禁四方献瑞，今麦秀如此，可谓真瑞矣。"①认为在朝廷并未鼓励祥瑞上报下，瑞麦图应该不假。这样的说法也透露，下诏禁献祥瑞后，祥瑞的奏报数量确实有所减少。隔月，又有无为军献上芝草三百五十本，仁宗表示："朕以丰年为瑞，贤臣为宝，至于草木虫鱼之异，焉足尚哉！"于是仁宗重申了禁令。②可见仁宗对祥瑞的态度带有务实的成分，前月喜见瑞麦图，部分原因在于这是丰年的象征，但对于无关乎百姓温饱的芝草，则表现出拒绝的态度，③这便有遏止祥瑞上呈的作用。

皇祐五年，王安石作《芝阁记》，申论真宗与仁宗朝祥瑞多寡的背后因素：

> 祥符时，封泰山以文天下之平，四方以芝来告者万数，其大吏则天子赐书以宠嘉之，小吏若民辄锡金帛。……至今上即位，谦让不德，自大臣不敢言封禅，诏有司以祥瑞告者皆勿纳，于是神奇之产销藏委翳于蒿藜榛莽之间，而山农野老不复知其为瑞也。则知因一时之好恶，而能成天下之风俗，况于行先王之治哉！④

王安石指出，真宗朝芝草之瑞众多，仁宗朝寡少，实际上是上有所好下必从之。真宗朝献上祥瑞将得利禄，这使天下芝草都被"辨识"甚

---

① 《长编》，卷170，皇祐三年五月辛亥，第4091页。
② 《长编》，卷170，皇祐三年六月丁亥，第4093页。
③ 嘉祐三年（1058），仁宗与近臣观看河南府进献芝草，但仁宗告诉近臣："今日嘉雪，大滋宿麦，其瑞大胜芝草也。"见《长编》，卷188，嘉祐三年十二月壬子，第4538页。
④ 〔宋〕王安石：《临川集》，收入《四部丛刊正编》（台北：台湾商务印书馆，1979年），卷82，《芝阁记》，第8b—9a页。

至"诠释"出来,仁宗拒绝祥瑞的态度,使得就算真有芝草,地方也不加注意。

总之,尽管庆历改革失败了,仁宗统治后期,在承认太平已是过去式后,仁宗更感到需要加紧修德,以不失真宗之业。这使仁宗在灾异发生时,倾向广纳群臣意见,改革弊政的意图亦从未消失;灾异的发生也不断为朝臣制造直指君主缺失、申述己见的机会,朝臣的言事空间也因此大为拓宽。至此,天书时代的政治文化已一一瓦解:君主不再是有德之君,而是需恐惧修德;祥瑞的出现亦非君德所致,朝臣们不再频繁举行颂赞祥瑞的活动,反而否定祥瑞的存在。这使赵宋的统治,走出了天书时代的太平无为意识形态,变法改革的企图也在群臣的论政中不断地酝酿出来。

结　语

真宗精心炮制的天书时代,在仁宗统治前期,尽管遭到朝臣接续不断的挑战,仍固执而崎岖地残存下来。不令人意外地,真宗皇权的继承者——刘太后与仁宗,渴望守护真宗的太平统治模式,这一方面出自他们对真宗的情感,另一方面也出自刘太后与仁宗欲肯定自身统治的正当性,他们既不可能否定真宗的太平成就,更不乐意承认太平在自己主政时丧失。从现实的政治斡旋来看,坚持太平依旧,为刘太后与仁宗抵挡甚至压抑来自朝臣对政治的批判。

我们惊讶地看到,祥符以来以"太平"描述现况的政治话语,直到内忧外患已经相当严峻的庆历三年才被推倒。即使像范仲淹这样庆历改革的代表人物,也长期在奏章中将太平表述为已然,只能借着太平已"久"的说法,指出弊病的存在。但,若仍守着"太平"这样的提法，无论臣僚的政治批评如何深刻，都会使改革的动力大打折扣。换言之，"太平"作为真宗的遗产，拖延、阻碍了时政的改革。对像吕夷简这样的宰相而言，"太平"又是可以利用的资源，支持君主抱守太平，一方面意味着他是成功辅佐君主的宰相，另一方面也遏止臣僚的谏言动摇他们的权位。

因此，将庆历改革放在天书时代朝臣所抱持的"太平"意识形态的脉络中来理解，改革尽管昙花一现，却具有划时代的意义。庆历改革象征着赵宋统治策略的转向。当天书时代的根本前提——太平，遭到否定，所有支撑此意识形态的论述与作为，都逐一瓦解。当太平不再是君臣的共通语言，仁宗从此必须认真面对灾异为天谴的诠释，并在察纳雅言以修德的过程中，重新谋求太平；相应的，祥瑞遭到压抑，朝堂不再被歌颂之声充满，取而代之的是朝臣对朝政的批判与论谏。不过，在修德与政治改革的方向上，仁宗与部分士大夫有着认知上的分歧。对仁宗而言，他承认自己丧失真宗的太平成就，而思在"奉真考业"的前提下加以恢复；但从范仲淹集团或孙、杨派士大夫的角度来看，真宗时代的政治文化与政治举措本身即是需要批判的对象。正是这个差距，导致仁宗对庆历改革渐生不满之情。

回到仁宗统治前期的朝堂，范仲淹集团绝非唯一瓦解天书时代的贡献者，甚至未必是最重要的批判者。他们受仁宗重视的程度，远比不上后世史家对他们的关注，而正是这些关注遮蔽了其他同时代人物的贡献。从本章的考察来看，王旦尽管在天禧元年过世，但他所拔擢的士大夫，包含王曾与杨亿派文士，与孙奭派讲官共同构成了仁宗统治前期改变天书时代政治文化的主要力量。孙奭、杨亿派士大夫与仁宗关系亲近，而能够长期盘踞中央高职，他们更是亲身经历从真宗到仁宗朝的政治过程。他们的前辈，如杨亿或王旦，尽管曾在真宗朝迎合时政、歌颂太平，但到了仁宗前期，他们不仅在关键时期提出改变祥符之礼的建议；在论述语言上，更不时表现出鲜明的儒家本位立场，以冲撞祥符时代的道教统治理念。他们要求仁宗修德应天的言论，亦与范仲淹及其政治盟友无所区别。是故，孙、杨派士大夫在庆历改革中，对范仲淹集团的打压，本质上是此士大夫群体对自身权力的维护，而非改革与保守派的区别。

第五章　历史中的古文运动

——政治过程与历史叙事的形塑

前言：古文运动的"典范叙事"

　　从文学史的角度，唐宋古文运动经常被视为一整体性的发展，唐宋八大家的成就更是无可置疑，其中欧阳修被认为是宋代古文运动的指标人物；但从历史学的角度来看，唐宋古文运动实由几个不同的历史时期所组成，各时期皆有其独特的政治文化脉络。一般认为，北宋古文运动分为两个阶段。首先是宋初柳开的提倡，其次是宋仁宗朝范仲淹、欧阳修、尹洙、石介等人的后继。介于两阶段之间的反动力量，则是以杨亿为首的西昆体华丽之文。学者也指出，古文运动不仅是文学运动，同时也是儒学运动。因为提倡古文的学者，强调文章必须本于六经，以阐发三代儒家圣人之道。[①] 何寄澎对宋代古文运动有扼要的总结："文以明道，本于六经，求于政教。"[②] 而这样的阐发，又是用来作为施政的理念或方法。用余英时先生的话来说，即是古文运动带有强烈的"得君行道"与"重建秩序"的政治目的。[③]

---

　　① 参见前言的研究回顾。

　　② 何寄澎：《北宋的古文运动》，第 28 页。亦见漆侠：《宋学的发展和演变》，第 234—235 页。

　　③ 余英时：《朱熹的历史世界》，第 23—47、290—302 页。

上述对古文运动的理解，引起两重疑惑。第一，参与古文运动的学者，对现有的政治秩序有何不满？如果重建秩序是仁宗朝古文运动的最终目的，那么若能将古文运动放回其政治脉络中加以考察，是否能让我们对宋代古文运动有新的认识？第二，从柳开到杨亿，再到欧阳修，为何能以个人之力，影响时代文风？杨亿官至翰林学士，欧阳修官至执政，且具备过人的文学能力，确实可能有较大的影响力；但柳开仅官至知州，且从未在中央担任官职，则柳开为何能在古文运动的历史中占据重要地位？当我们凸显个人对时代的影响力时，是否也将历史的发展去脉络化？这两个问题显示，我们对宋代古文运动的理解仍存在进一步探讨的空间。

上述对古文运动的理解，最早出现于范仲淹对其政治支持者的推扬。庆历七年，尹洙去世，范仲淹为他写的文集序，对古文运动有如下的阐述：

> 唐贞元、元和之间，韩退之主盟于文，而古道最盛。懿、僖以降，寖及五代，其体薄弱。皇朝柳仲涂起而麾之，髦俊率从焉。仲涂门人能师经探道有文于天下者多矣。洎扬大年以应用之才独步当世，学者刻辞镂意，有希髣髴，未暇及古也。其间甚者专事藻饰，破碎大雅，反谓古道不适于用，废而弗学者久之。洛阳尹师鲁，少有高识，不逐时辈，从穆伯长游，力为古文。而师鲁深于《春秋》，故其文谨严，辞约而理精，章奏疏议，大见风采。士林方耸慕焉，遽得欧阳永叔，从而大振之，由是天下之文一变，而其深有功于道欤！[①]

[①]　《范仲淹全集》，卷8，《尹师鲁河南集序》，第183—184页。由于这条史料至关重要，因此虽然在导论时已经征引，此处仍不避烦琐，再次引述。

范仲淹的叙事，具体而微地呈现学界对古文运动的理解图象。首先是唐代韩愈提倡古文，晚唐五代之间，古文衰落，而后有宋初柳开及其门生的复振，此后又经历杨亿雕琢之文的反动，最后则因尹洙与欧阳修的重倡古文，使"天下之文一变"。文中将杨亿与尹洙的文章对比，前者是"刻辞镂意"的"应用"之文，后者是"深于《春秋》"的"章奏疏议"。第三章论及，杨亿的应用之文，实际上是为真宗天书时代服务的颂美时政文字。[①] 这类文字着重"刻辞""藻饰"。相对而言，乘载儒家圣人之道的古文，则以"章奏疏议"的形式表现，而奏疏又是用来规谏时政。

　　细究范仲淹此序的性质与写作时间，让我们产生诸多疑问。首先，从文本性质来看，范仲淹此篇文章的目的，是为了推荐尹洙之文的"序"。这类文字的目的并非书写信史，而是将焦点放在文集作者，赞扬其文章的价值与影响力。其次，从写作时间来看，此文应作于尹洙去世后、范仲淹过世前，即庆历七年至皇祐四年之间（1047—1052）。尹洙长年在外任官，庆历五年又因擅用公使钱的罪名，被贬为崇信节度副使。[②] 欧阳修在庆历改革时担任谏官，改革失败后，亦在地方任职数年，直到范仲淹去世后二年，才回到中央担任翰林学士。[③] 换言之，范仲淹写作此序时，尹洙、欧阳修是两位仕途并不得意的中层官员，他们是否有可能如范仲淹所言，主导、改变时代文风？其三，从人际关系来看，尹洙与欧阳修皆为范仲淹的政治支持者，范仲淹对支持者的称扬，是否能够客观反映事实？换言之，范仲淹的尹洙文集序，尽管构成后世学者理解古文运动的"典范叙事"，却未必能当作历史事实加以认定。

---

① 见第三章第五节。
② 《长编》，卷156，庆历五年七月辛丑，第3788页。
③ 《长编》，卷177，至和元年九月癸亥，第4279页。

本章将仁宗朝的古文运动放回其发生的政治脉络，一方面还原其复杂的历史，另一面则探讨古文运动"典范叙事"的形塑过程。本章将指出，仁宗朝古文运动的发生，最初的目的是批判真宗的天书时代。因此，厘清古文运动的发展，即是探讨真、仁之际的政治过程。其次，仁宗统治前期，对古文运动发展具有重要贡献的是杨亿派与柳开派文士。这两群士大夫在关键时刻，占据影响决策的政治职位，从而改变了时代文风与政治文化。尽管范仲淹及其支持者在中国文学史上有无可比拟的重要性，但就古文运动在仁宗朝的发展而言，他们的影响力实不如前两群士大夫；但他们的历史叙事，却放大了他们的重要性，并掩盖了杨亿与柳开派文士的贡献。

第一节　从天书时代蜕变出的 古文运动

从真宗到仁宗朝的政治发展，可以分为两个层次。其一是在朝堂政治上，从太平无为的统治意识形态，转变为承认太平已失、君主需进行政治革新以修德，从而催生了庆历改革。这部分是第四章的讨论重点。其二是在思想理念上，仁宗朝士大夫从各个层面，或显或晦地批评真宗的统治理念，从而瓦解天书时代的有效性与影响力。这即是本节所欲探讨的内容。

仁宗朝士大夫对天书时代的批判与讥讽，可分为三个层面。首先，如第三章指出，真宗的统治理念，凭借士人争先恐后地撰作颂美时政的文字，而不断得到颂扬与传播。因此，瓦解天书时代的第一步，即是改变士人撰写文章的流行趋向：从撰作颂美时政的骈文，转变为撰写批判时政的策论，这即是仁宗统治前期，古文运动的主要内涵。其次，"天书"作为真宗统治的指导性文本，于仁宗朝以后，在"城下之盟"笔记故事的描述与渲染下，被视为君臣合谋作伪。最后，真宗对道教的信奉，与对长生不死的追求，也成为仁宗朝士大夫批评的内容。

一、批判颂美之文

仁宗朝士大夫十分清楚真宗的太平之政，是导致祥符以来歌颂式文风弥漫的主因。苏舜钦作《石曼卿诗集叙》称：

> 国家祥符中，民风豫而泰，操笔之士，率以藻丽为胜。惟秘阁石曼卿与穆参军伯长自任以古道，作之文必经实，不放于世。[①]

认为祥符以来藻丽之文盛行，乃时代风气所致。此时仅有少数儒士，如石延年（字曼卿）与穆修，不附和时势，坚持撰写乘载古道的"经实"之文。李觏（1009—1059）在景祐三年写给知开封府范仲淹的信，则有这样的感叹：

> 惟真帝在上，皇天乃眷，太平之根稳贯坤厚，四鄙酣寝，无鸡鸣犬吠之警，法令流畅，罔或牴牾。……不待伟人深智而职事已治。故虽浮华浅陋之辈，率为可用。声律取士，孰不曰宜？学小则易工，利近则可欲。……于戏！学道之无益也如此，夫宜其腐儒小生去本逐末。[②]

---

① 〔宋〕苏舜钦：《苏学士文集》，收入《四部丛刊正编》（台北：台湾商务印书馆，1979年），卷13，《石曼卿诗集叙》，第11b—12a页。

② 〔宋〕李觏著，王国轩点校：《李觏集》（北京：中华书局，2011年），卷27，《上范待制书》，第307—308页。

李觏将真宗以来的太平之政与以声律之文获得名利联结,从而感叹"学道"无益。李觏此信,尽管在说法上肯定真宗的太平之政,但却讽刺这是"浮华浅陋"之辈当道的时代。

相较于苏舜钦与李觏较委婉的表述,石介则相当激烈地批评雕琢颂美的文风。如景祐元年的《与君贶学士书》:

自翰林杨公唱淫辞哇声,变天下正音四十年。①

约写于景祐二年的《怪说中》:

今天下有杨亿之道四十年矣。②

康定元年《赠张绩禹功》:

吁嗟河东没,斯文乃屯否。汩汩三十年,淫哇满人耳。③

"河东"即指柳开。其中四十年的说法,大约是从真宗即位到景祐时期,三十年的说法则是从祥符元年到景祐,后者更为精确。

不过,石介在景祐年间对杨亿的激进批评,更多是出于打击藻丽之文的书写策略。④ 明道二年,石介写信给孙奭派儒士中的赵师民,

---

① 《徂徕石先生文集》,卷15,《与君贶学士书》,第180页。
② 《徂徕石先生文集》,卷5,《怪说中》,第61—63页。
③ 《徂徕石先生文集》,卷2,《赠张绩禹功》,第17页。
④ 《徂徕石先生文集》,卷19,《祥符诏书记》,第219—221页,作于景祐二年,石介引用真宗祥符二年诏令,并将华美浮文归过于杨亿为夺文坛盟主的心机,而将真宗塑造为支持古道的英主。至于真宗支持古道,杨亿的雕刻之文为何还能风行于世,是否存有矛盾,则不是石介关心的问题。对石介而言,将浮艳雕刻之文的风行与真宗的偏好脱钩,有助于仁宗及时人更顺理成章地支持古文。

认为时文之弊：

> 由于朝廷敦好、时俗习尚，渍染积渐，非一朝一夕也。[①]

可见石介清楚认识到，朝廷的好尚才是影响文风的关键。然而，石介这样的修辞技巧，却形塑了杨亿的历史形象——杨亿成为古文运动的反动人物。

石介在其名作《怪说下》，更是清楚指明他对佛老与杨亿的批评，乃是针对时代的弊病：

> 孔子大圣人也，手取唐、虞、禹、汤、文王、武王、周公之道，定以为经，垂于万世矣。尧、舜、禹、汤、文王、武王、周公之道，万世常行不可易之道也。佛、老以妖妄怪诞之教坏乱之，杨亿以淫巧浮伪之言破碎之。吾以攻乎坏乱破碎我圣人之道者，吾非攻佛老与杨亿也。吾学圣人之道，有攻我圣人之道者，吾不可不反攻彼也。[②]

石介强调，他并非反对佛老、杨亿本身，而是反对二者的"妖妄怪诞"与"淫巧浮伪"，破坏了儒家圣人之道。欧阳修作石介墓志铭，更说他：

> 尧、舜、禹、汤、文、武、周公、孔子、孟轲、扬雄、韩愈氏者，未尝一日不诵于口，思与天下之士皆为周孔之徒，以致其君为尧舜

---

① 《徂徕石先生文集》，卷12，《上赵先生书》，第136页。
② 《徂徕石先生文集》，卷5，《怪说下》，第63—64页。

之君,民为尧舜之民,亦未尝一日少忘于心。①

亦可见石介对儒家圣人之道的反覆强调。为什么石介要反覆强调"道"是儒家尧舜等圣人之道?难道"道"有可能不是儒家圣人之道吗?这样的大声疾呼,反映当时有一股以"道"为名的非儒家力量,扩展至朝堂之上,且有凌驾儒家之道的危险。这股力量毫无疑问来自真宗统治后期以"道"为神仙之道,以及刘太后统治期间对佛教的青睐。② 在石介心目中,真宗从中央到地方建立的道教祈福网,正是他所激烈批判的。

相较于《怪说下》对祥符以来的隐射性批评,宝元元年,石介编就的《三朝圣政录》,则委婉但又明确地透露,他无法苟同祥符以来的政治走向。所谓三朝即指太祖、太宗、真宗朝,此录今虽不存,但石介自作序文大加赞扬祥符以前的各项功业,并总结道:

> 太祖作之,太宗述之,真宗继之,太平之业就矣。……观建隆、开宝之平定,兴国、雍熙之乐康,至道、咸平之醇酿,岂复美于夏商周乎?恭惟景祐钦文聪武圣神仁明孝德皇帝陛下,有太祖、太宗、真宗之资,则当法建隆、开宝、兴国、雍熙、至道、咸平之政,以阜万民,以继太平,以丕于三圣之光,以树乎万世之基。③

石介虽也采取赵宋早已太平的标准说法,却在两次提及祖宗圣政时,忽略号称太平的真宗祥符、天禧年间。这显然不是偶然,而是石介表明他并不认同祥符之政,而这又是颂美雕琢之文大行其道的时期。

---

① 《欧阳文忠公全集》,《居士集》卷34,《徂徕石先生墓志铭》,第5b页。
② 参见第三章第三节与第四章第一节。
③ 《徂徕石先生文集》,卷18,《三朝圣政录序》,第209—210页。

石介主张仁宗效法咸平以前之政，"以继太平"，暗示他认为仁宗不应延续祥符以来的为政方式。

细究仁宗前期古文运动参与者的言论，他们所反对的，是天书时代颂美太平之文。如第三章所述，当真宗以导师自居，他也不断鼓励士人撰写歌颂时政的文章；士人在相互竞争下，文风往精雕细琢的方向发展，杨亿则是撰写这类文字的高级作手。但也正因如此，在石介的论述中，杨亿成了箭靶。石介这样的写作策略，是借由冲突与批评扩大文字的影响力，却也将杨亿之文与古文进行对立，从而模糊了颂美之文流行的政治脉络。当范仲淹在尹洙文集序中采纳了这样的叙事，就更加强化了杨亿之文与古文的对立形象。

二、讥讽天书："城下之盟"的故事流传

仁宗时代士大夫对真宗朝的反动与批判，还表现在他们对"天书"的讥讽。第四章提及，仁宗作为真宗的继承者，虽在庆历年间承认自己未能守护太平，但却又对真宗的统治遗产表示肯定与维护。这便使仁宗以降的士大夫，不可能直言不讳地批评真宗与天书。从中国的政治文化而论，士大夫也不倾向直言批评已过世的本朝皇帝，而是将过失归于主政的大臣。

揆诸史实，天圣年间由王曾领衔编纂的《真宗国史》，已经对王钦若及其政治同盟展开批判。如第二章提及，王钦若与陈彭年等人，被视为主导天书时代的"五鬼"。李焘《长编》将"五鬼"之称记录于祥符五年，且形容五人互相交通，"踪迹诡异"。[①] 李焘在此条目下，并未注明出处，按照李焘编纂《长编》的惯例，这代表"五鬼"之称出自《真宗实录》或《国史》。《真宗实录》于天圣二年五月修成，并由时任宰相的

---

① 《长编》，卷78，大中祥符五年九月，第1788页。

王钦若奏上。① 以常理推断，王钦若不会容许《真宗实录》将自己记载为五鬼之一。《真宗国史》则自天圣五年始，由宰相王曾领衔编修，天圣七年王曾卸任宰相后，于天圣八年由宰相吕夷简上奏。② "五鬼"之说可能即是在编《真宗国史》时添入。事实上，天圣七年三月，宋仁宗曾向宰臣说："王钦若久在政府，察其所为，真奸邪也！"王曾则回应："钦若与丁谓、林特、陈彭年、刘承珪时号为'五鬼'，其奸邪险诐之迹，诚如圣谕。"③仁宗与王曾的对答，很有可能便是依据当时正在纂修的《真宗国史》；仁宗对王钦若的评价也显示，《真宗国史》已加入不少不利于王钦若的内容。换言之，王钦若在天圣三年过世后，他的政治形象便遭到王曾等人借编《真宗国史》的机会加以改写。

士大夫们对天书的批评，则以一种更为曲折的方式展现。这鲜明反映在士人的笔记之中。其中最著名、也构成后世对天书事件之基本理解的一则材料，是王钦若的"城下之盟"之说。下面讨论这则材料，以分析仁宗以降的士大夫对天书事件所抱持的态度。

故事的梗概是：王钦若因忌妒在澶渊之盟立下大功的寇准，而向真宗声称澶渊之盟不过是城下之盟，并不值得高兴。真宗反问王钦若如何是好，王钦若便建议利用天书、封禅，以向惧怕鬼神的夷狄宣示天命。从目前可见的北宋笔记，可找到此故事的三个版本。依出现时间先后罗列，可以看出此故事流传的情况。为避免引文烦琐，尽量只征引王钦若与真宗合谋的情节。

此故事今日能见的最早版本出自田况的《儒林公议》，在王钦若以城下之盟批评澶渊之盟后：

① 《长编》，卷 103，天圣二年三月癸卯，第 2353 页。
② 蔡崇榜：《宋代修史制度研究》（台北：文津出版社，1993 年），第 120 页。
③ 《长编》，卷 107，天圣七年三月戊寅，第 2503 页。

上曰："为之奈何？"钦若曰："非天表瑞贶，盛仪毕备，则无以
眘狄人而掩兹丑。"由是上志在奉符瑞，勒功岱岳以夸戎夏。①

而后，司马光的《涑水记闻》引苏颂（1020—1101）语，记载了类似的
故事：

> 苏子容曰："王冀公既以城下之盟短寇莱公于真宗，真宗曰：
> '然则如何可以洗此耻？'冀公曰：'……戎狄之性，畏天而信鬼
> 神，今不若盛为符瑞，引天命以自重，戎狄闻之，庶几不敢轻中
> 国。'上疑未决，因幸秘阁，见杜镐，问之曰：'卿博通坟典，所谓
> 河图、洛书者，果有之乎？'镐曰：'此盖圣人神道设教耳。'上遂
> 决冀公之策，作天书等事。"故世言符瑞之事始于冀公，成于杜
> 镐云。②

此后，此故事又出现于苏辙《龙川别志》，同样是在王钦若提出城下之
盟之说后：

> 真宗愀然不乐曰："为之奈何？"……钦若曰："惟有封禅泰
> 山，可以镇服海内，夸示夷狄。然自古封禅，当得天瑞希世绝伦
> 之事，然后可为也。"既而又曰："天瑞安可必得，前代盖有以人力
> 为之者，惟人主深信而崇奉之，以明示天下，则与天瑞无异矣。"
> 上久之乃可。……然上意犹未决，莫适与筹之者。它日，晚幸秘
> 阁，惟杜镐方直宿。上骤问之曰："古所谓河出图，洛出书，果如
> 何事耶？"镐老儒，不测上旨，谩应曰："此圣人以神道设教耳。"其

---

① 《儒林公议》，卷上，第10a页。
② 《涑水记闻》，卷4，《林瑀以术数待太宗》，第120页。

意适与上意会，上由此意决。[①]

从田况的生卒年来看，这则故事在仁宗统治期间已经出现。田况所记录的早期版本，在情节上也较为简单。比较这三条记录，可以看出越晚出的材料，君臣对话的细节越加露骨。王钦若说服真宗的话，从建议"天表瑞贶"，到明示此瑞是"引天命以自重"，在苏辙的记录中，更进一步指出天瑞是"以人力为之"，天书乃君臣合谋作伪的形象越发凸显。而真宗的反应，也从立即被说服到犹豫再三，从而暗指真宗对伪作天书感到不安。在司马光与苏辙的记录中，杜镐将真宗所迟疑的"河图洛书"，诠释为圣人的神道设教，从而坚定了真宗君臣伪造天书之事。

若要考察真宗与王钦若的对话在多大程度上还原或背离了事实，恐怕是徒劳无功的。但这则故事的书写策略，却准确反映了仁宗以降士大夫对天书事件的态度与看法。故事将天书、封禅放在王钦若与寇准权力斗争的情节中来铺陈，暗示符瑞、封禅、河图洛书，并非天对赵宋之命的肯定，而是真宗遭王钦若欺骗的结果。从故事的不断传衍、添加，也反映仁宗以降的士大夫关心如何理解、反思祥符天书。显然，这则故事透露书写者对天书等事件不以为然，甚至是奚落嘲讽。当读者借由这则故事认识真宗朝的天书，也将认为天书事件是王钦若的个人阴谋。而天书背后的概念：天神赐与象征帝王受命的河图洛书，也在仁宗朝经历了革命性的重新诠释。这点将在本章最后一节讨论。

与"城下之盟"故事将王钦若描绘为与真宗共同伪造天书相对的，是王素试图在记录其父王旦的《文正王公遗事》中，拉开王旦与天

① 〔宋〕苏辙撰，俞宗宪点校：《龙川别志》（北京：中华书局，1982 年），第 72—73 页。

书事件的距离。如第三章提及，《文正王公遗事》描述王旦始终无法苟同天书，且对王钦若等人起到牵制作用；但与王素同时代的田况，在其《儒林公议》则指王旦对天书宫观事"迎合其事，议者或非之"。[①]王素与田况尽管对王旦的角色有着不一致的看法，但他们的写法都反映出，天书与祥符大礼成为令人尴尬、羞报的政治遗产，参与天书的作为，更成为笔记作者调侃、嘲讽的对象。由此可见，相较于真宗朝士大夫主动或被动地歌颂天书时代，天书等事件在仁宗朝经历了历史叙事的反转性重塑。

三、批评长生求仙

仁宗朝士大夫对真宗统治的另一项批评，是真宗对长生的追求。如第三章所述，真宗在崇奉神仙之道的同时，也积极追求长生成仙。孙奭在天禧三年上奏真宗，引唐玄宗天宝大乱为戒，质疑崇奉道教的作为"岂圣寿无疆、长生久视乎"。[②]显示真宗追求长生之事，在真宗统治时期即非秘密。

仁宗朝士大夫也并未遗忘真宗求仙。石介相当推崇孙奭，[③]他在《辨疑》中提到：

> 真宗方崇大老教，迎礼方士。公（孙奭）屡言神仙非实，请以秦始皇、汉武帝为戒。[④]

此处"老教"即指老子道教。从石介的转述可知，除了唐明皇外，秦始

---

① 《儒林公议》，卷下，第 35a 页。
② 《长编》，卷 93，天禧三年四月，第 2142—2143 页。又见第三章第三节。
③ 见《徂徕石先生文集》，卷 15，《上孙少傅书》，第 172—174 页。
④ 《徂徕石先生文集》，卷 9，《释疑》，第 101 页。

皇、汉武帝,也曾被孙奭用来上谏真宗求仙。① 相较于石介的直言,宋祁为孙奭写的行状与墓志铭则较委婉。行状提到:"(真宗)奉太清之祠,公上疏引唐明皇以为言,天子虽喜其意,然谓稽古择善,何常之执,更为《解疑论》以示群臣。"②墓志铭则称:"(孙奭)引唐开元终悼后艰为戒。"③或许由于宋祁作为中央文臣,无法在写法上透露明显的褒贬,但在孙奭行状、墓志铭都提到他引唐玄宗事上谏真宗,仍显示宋祁认为这是评价孙奭时不可或缺的事迹。

孙复是另一位对帝王求仙提出严厉批评的士大夫。出生于淳化三年的孙复,是天书时代的见证者。在孙复仅存的几篇文字中,便有数篇集中批评汉代君臣对怪力乱神之事的爱好,很可能便是针对真宗而发。例如在《董仲舒(179—104 B.C.E.)论》中,孙复认为汉武帝若能够重用董仲舒,"则汉氏之德比隆三代矣,厥后曷有惑于神仙之事、困于征伐之弊哉?"④又如《书贾谊(200—169 B.C.E.)传后》,孙复认为,神怪之事为圣人孔子所不语,贾谊虽有王佐之才,但为了获得文帝的信任,不惜"宣室对鬼神",由此开启了汉世多言神怪的现象。⑤ 此后汉武帝朝的李少君、缪忌、少翁、栾大、公孙弘(199—121 B.C.E.),不断以怪力乱神取悦君主,以致"汉德"遭到破坏。显示孙

---

① 石介另在《辨惑》一文,以秦始皇求为仙、汉武帝求黄金、梁武帝求为佛为例,认为帝王投入大量资源求仙、黄金、求佛,依然不可得,可见无神仙,无黄金术,无佛。见《徂徕石先生文集》,卷8,《辨惑》,第93—94页。石介这样的批评并非无的放矢,真宗皇帝求仙的热情,未必逊色于秦皇、汉武。

② 《景文集》,卷61,《孙仆射行状》,第6a页。

③ 《景文集》,卷58,《仆射孙宣公墓志铭》,第22a页。

④ 〔宋〕孙复:《孙明复小集》,收入《文渊阁四库全书》(台北:台湾商务印书馆,1983年),《董仲舒论》,第10b页。

⑤ 或许并非巧合,陈彭年为徐铉写的文集序,这样赞扬徐铉:"语鬼神之事,归宣室而未期;留封禅之书,卧茂陵而长往。"见陈彭年:《故散骑常侍东海徐公集序》,《徐公文集》,第5b页。这两句话引贾谊的典故,暗示外贬邠州的徐铉若能回到京城,则他对鬼神之道的认识,将有助于封禅活动的进行。陈彭年笔下对"宣室问鬼神"的正面期盼,显然与孙复的批评在立意上大相径庭。这也反映出真、仁之际的历史变化。

复认为，君主一旦采纳了鬼神之事，便会吸引越来越多的臣子投其所好。文末，孙复语重心长地表示"吾惧后世之复有年少才如贾生者，不能以道终始，因少有摧眦而谀辞顺旨，妄言于天子前，以启怪乱之阶也"。① 实际上是忧心赵宋也有像贾谊一般的语怪之臣。在《罪平津》一文，孙复进一步批评汉代言怪之士多以成仙不死诱惑汉武帝，宰相公孙弘竟未出一言劝谏。② 从孙复这几篇文字来看，他显然十分关注汉代君臣的语怪之事。如果注意到孙复年少时代的真宗皇帝也有种种类似行为，则孙复的批评恐怕亦是类似孙奭的谏言，皆为指桑骂槐的以古讽今之论；孙复对贾谊、公孙弘等人的批评，可能也暗指真宗朝的大臣们一味附和，而并未对真宗的求仙之事提出谏言。

除了批评神怪，孙复对"无为"之治的辩论，也颇有针对真宗太平无为的用意。在《无为指上》，孙复认为孔子称虞舜无为而治，并非指他"旷然不为"，因为《尚书·舜典》中分明可见虞舜的许多作为；所谓无为，是指舜接受尧的禅让，尧已经把天下治理得很好，且舜找到禹这样优秀的继承者，因此只需维持唐尧之德即可。③ 在《无为指下》，孙复进一步指出，三代以下的君臣，都忽略了虞舜的"大德"，而将焦点放在虞舜之"无为"，是误解了孔子所谓无为的意思，以致佛老得以将清静无为、因果报应的学说败乱儒家无为的真谛。而无为之政最终又难免流于追求长生成仙，孙复指出：

> 昔秦始、汉武始则惑于虚无清净之说，终则溺于长生神仙之事。④

---

① 《孙明复小集》，《书贾谊传后》，第 15b—16a 页。
② 《孙明复小集》，《罪平津》，第 18a—b 页。
③ 《孙明复小集》，《无为指上》，第 19a—20b 页。
④ 《孙明复小集》，《无为指下》，第 21a—22a 页。

真宗与秦皇、汉武一样，都是既强调虚无清净，又追求长生神仙之事。孙复此论，显然有批评真宗作为的意味。

除了孙复与石介，欧阳修也对求仙之事有诸多批评。[①] 欧阳修在《新唐书》中，提及唐玄宗于天宝元年南郊亲享太庙前，先到玄元皇帝庙朝献，此礼"其后遂以为故事，终唐之世，莫能改也"，因而感叹"为礼可不慎哉！"[②] 亦颇有影射真宗在南郊享太庙前，荐献供奉圣祖的景灵宫之事。

孙奭、石介、孙复、欧阳修都是在仁宗朝的知识界有影响力的士大夫，他们不约而同地批评帝王求仙，恐非巧合，而是针对真宗追求长生成仙而发。只是真宗在世时，孙奭的批评以上谏的形式呈现，真宗去世后，基于批评过世君主的忌讳，他们更多是以史论的方式呈现。对以儒道为本位的士大夫而言，真宗的求仙是在"崇道"的概念下进行，因此，驱逐神仙之道的背后，实则有维护儒道的热情在作用。

四、小结

仁宗朝士大夫对真宗天书时代的批判，是多层次而深刻的，尽管经常是不直接或暗讽的。合并第四章而论，仁宗朝士大夫对华丽文章、求仙之道的批判，与仁宗统治前期朝堂上"太平"的逐渐瓦解，实相呼应，本质上皆是对天书时代的反思与批判。古文运动特别强调"道"是尧舜周孔之道，更是在两方面冲击祥符以来的政治文化：其一，真宗虽然也崇"道"，但此道为神仙无为之道，仁宗朝士大夫强调

---

①　刘子健指出，欧阳修的许多诗文都批评神仙之说。见刘子健：《欧阳修的治学与从政》，第109—110页。欧阳修为唐玄宗天宝九年的《华阳颂》写的跋，也批评玄宗求神仙道家之事，认为"真可笑也"。见《欧阳文忠公集》，《集古录跋尾》卷6，《唐华阳颂》，第7b—8a页。

②　〔宋〕欧阳修：《新唐书》（北京：中华书局，1975年），卷13，《礼乐三·吉礼三》，第337页。

儒家圣人之道，带有批评神仙之道的作用；其二，追求儒家圣人之道，也与雕琢文字、颂美时政的文章精神背道而驰。周孔之道要能应用于世，必须靠士大夫发挥直言不讳的批判精神，指出时政何处未能符合圣人之意。因此，对于文以载道的强调，与天圣到庆历年间逐渐敞开的言路实为同一趋势，士大夫们皆在朝廷仍自认太平的背景下，试图扩展批判时政的空间。

第二节　王曾与杨亿派文士
对古文运动的贡献

过去认为，范仲淹、欧阳修、尹洙等人为古文运动健将，杨亿则被视为古文的反动者。这样的观点从文学作品的角度视之，绝无问题，但从改变真、仁之际的文风而论：从撰写华丽的颂美时政之文，转变为批判时政的古文，则必须将焦点移出范仲淹等人之外。第四章提及，仁宗统治前期，王曾与杨亿派士大夫皆致力于删削天书时代的神道礼仪，与此相呼应的，是他们对天书时代以来颂赞文风的调整与打击。本节所要阐述的是，尽管杨亿是祥符时代颂美之文的高级作手，但在王曾的主导下，此派文士在仁宗统治前期，凭借着他们的政治职位，改变科举考试的录取标准，从而对时代文风的转变做出贡献。

冯志弘的论文细致地讨论了天圣年间科举取士的发展趋向。他指出，科举考试虽考诗、赋、策、论，却以重视辞藻的诗赋优劣为取士标准，最初对此做出改变的，是刘筠于天圣二年知贡举时，以策取叶清臣为高第，史称"以策论升降天下自筠始"。天圣五年正月，同样为刘筠知贡举，朝廷又下诏，科举不得单以诗赋进退等第，需参考策论定优劣。天圣六年朝廷用好古的杨大雅和陈从易为知制诰，标志着改变文风的意向。天圣七年五月又下诏反对浮夸靡曼之文。作者引述欧阳修的说法，认为此诏颁布后风俗大变，欧阳修与尹洙就是在这样的潮流下，于西京作古文。天圣八年命晏殊知贡举，此年年底，晏殊请求在诸科考试中加试策问一道，虽未被接受，但也反映策问重要性的提升。重视策问的意义在于，要求考生在理解经典的同时，也发表对当前政治的意见。①

以下在冯志弘的讨论基础上，结合天圣年间的政局，进一步加以分析。首先，为什么身为西昆派主要作者的刘筠，首先以"策"升降举人？"策"是一种借着援引儒家经旨评判时政的文体，正是鼓吹古文者所重视的。如第三章所论，在祥符之政中，王钦若一派主导了大礼的进程，与此同时，杨亿、刘筠则以撰写颂美性诗赋获得真宗青睐。但杨亿一派文士并不真正认同真宗的太平之政。真宗去世后，刘筠虽没有放弃造就他崇高地位的诗赋，但在随后的第一次科举考试中，以策拔擢叶清臣为第二人及第，似显示刘筠有意识地采取与过去不同的取士标准。② 不过，"以策论升降天下自筠始"的判语，从今日可见材料来看，最早见于曾巩《隆平集》。③《长编》根据实录与国史的说法，称"刘筠得清臣所对策，奇之，故推第二"，④显示刘筠以策取叶清臣，未必是为了改变科举取士标准而刻意做出的举措。无论如何，叶清臣以策取高第而受到瞩目，显示这在当时仍属特例，此事件的影响力也不宜高估。

其二，天圣五年以下诏的方式，明示科举将参考策问以定优劣，

---

① 冯志弘：《北宋古文运动的形成》（上海：上海古籍出版社，2009 年），第五章，"天圣'申诫浮文'诏的背景和意义——兼论北宋古文革新的征兆"，第 148—163 页。

② 陈植锷已经提到，刘筠在景德、祥符时代文辞华丽的作文风格，与他在天圣年间知贡举，以策论升降士人的态度有所不同。见陈植锷：《北宋文化史述论》（北京：中国社会科学出版社，1992 年），第 91—92 页。

③ 《隆平集》，卷 14，《侍从·刘筠》，第 2a 页。

④ 《长编》，卷 102，天圣二年三月癸卯，第 2354 页。

则可能更具意义。此时王钦若已经过世，正逢王曾为首相。天圣五年科举风向的转变，似乎引起一些注目。此时居丧的范仲淹，在给宰执的奏疏中，就提及："今春诏下礼闱，凡修词之人，许存策论，明经之士，特与旌别。天下之望，翕然称是。"对重视策问的政策表示高度认同。①

其三，天圣七年五月，王曾仍为首相，此时以仁宗名义，下诏贡举取士标准应有所转变：

> 朕试天下之士，以言观其趣向。而比来流风之敝，至于会萃
> 小说，磔裂前言，竞为浮夸靡曼之文，无益治道，非所以望于诸生
> 也。礼部其申饬学者，务明先圣之道，以称朕意焉。②

诏令清楚指明，文章应该阐发经典中的圣人之道，目的则是有裨"治道"。这与古文运动强调文章必须发挥圣人治道完全一致。

天圣七年五月的诏令，理论上是针对隔年贡举的取士标准，从而让应考士子在备考方向上有所依循。然而，隔月王曾罢相，此次诏令的实质影响很可能因此减弱。前引冯志弘一文，引晏殊《与富监丞书》，认为晏殊同情韩、柳古文，因此认为由他知天圣八年贡举，即意味着坚持了天圣七年的政策。然而，晏殊的《与富监丞书》应作于时

---

① 《范仲淹全集》，卷9，《上执政书》，第220页。
② 《长编》，卷108，天圣七年五月己未，第2512页。冯志弘引述的天圣七年诏令，则发布于此前半月，见《宋会要辑稿》，选举3之16—17："(天圣)七年正月二日，诏曰：'国家稽古御图，设科取士，务求时隽，以助化源。而褒博之流，习尚为弊，观其著撰，多涉浮华。或磔裂陈言，或会萃小说，好奇者遂成于谲怪，矜巧者专事于雕镂。流宕若兹，雅正何在。属方开于贡部，宜申儆于词场。当念文章所宗，必以理实为要，探典经之旨趣，究作者之楷模，用复温纯，无陷婾薄。庶有裨于国教，期增阐于儒风。咨尔多方，咸体朕意。'"与本文引述的五月诏令主旨雷同，一年中两次下诏，可见此时中央对文风的关注。

间较后的景祐年间，①不能代表他在天圣末年知贡举时的取士标准。当然更不能认为天圣八年以晏殊知贡举，就等同中央支持以策论取士。事实上，从晏殊请求在诸科考试加试策论被拒，隐约可见在天圣八年王曾罢相、刘太后权盛的吕夷简当政时期，中央对文风的态度已与天圣七年不同。如第四章谈及，吕夷简在天圣末主政期，辅佐刘太后持续坚持太平依旧，他们恐怕并不欢迎评论时政的策类文体。

从景祐四年欧阳修写给乐秀才的信中，更反映在整个天圣年间，骈俪的诗赋仍是进士科的决胜关键。他提到：

> 仆少从进士举于有司，学为诗赋，以备程试，凡三举而得第。……仆少孤贫，……姑随世俗作所谓时文者，皆穿蠹经传，移此俪彼，以为浮薄，惟恐不悦于时人。……及得第已来，自以前所为不足以称有司之举，而当长者之知，始大改其为，庶几有立。……天圣中，天子下诏书，敕学者去浮华。其后风俗大变，今时之士大夫所为彬彬有两汉之风矣。②

欧阳修清楚表明，他是在天圣八年进士及第以后，才感受到时代风气的转变。从"三举而得第"可知，他也参加天圣二年、五年的贡举，但都是专攻诗赋，并未感受到文风的转变，此时的科举时文虽也引用

---

①　本文认为晏殊《与富监丞书》乃作于景祐年间，原因如下。信中提及："仆为郡以来，簿书刑讼之外，益得暇阅古人集。……自历二府、罢辞职……称量百家，然后知韩柳之获高名为不诬矣。迩来研颂未尝释手。"晏殊从"二府"即执政卸任，可知此信作于明道二年四月以后，此时晏殊因刘太后去世而罢参知政事。此外，晏殊作此信时，富弼为将作监丞。富弼任将作监丞的时间为天圣八年七月至景祐四年四月间。故可知晏殊此信应已作于景祐年间，最早也在明道二年。见《国朝二百家名贤文粹》，卷102，第2页；《宋会要辑稿》，制举1之18；《长编》，卷109，天圣八年正月丙寅，第2533页；卷120，景祐四年四月丁未，第2826页；卷110，明道元年八月辛丑，第2585页；卷112，明道二年四月己未，第2612页。

②　《欧阳文忠公全集》，《居士集》卷47，《与荆南乐秀才书》，第6a—7a页。

"经传"，①但目的并非阐发圣人义，而是在藻丽的文字中挪用经传的文辞。考中科举后，欧阳修才开始认为对于诗赋的追求，不足以符合朝廷的举任、前辈的赏识，故而改变作文的风格。所谓"风俗大变"，显然不是指天圣七年下诏后立刻移风易俗，而是"其后"才发生变化；"今时"士大夫的两汉之风，则应是指此信写作的景祐年间。

确实，直到景祐年间，祥符以来的华美文风才出现显著的转变。景祐元年，正值仁宗亲政之初，朝野皆盼望政治风气能有所改变。此时的宰相为下节将论及的柳开派文士——李迪，在他的主政下，景祐元年三月下诏：

> 除诗、赋依自来格式考定外，其策、论亦仰精研考校，如词理可采，不得遗落。赋如欲不依次押官韵者听。②

相较于天圣五年诏令只是要求参考策论以定优劣，景祐元年诏令是进一步要求主考官仔细考校策论，若表现优异，则不论诗赋如何都不可黜退，对赋押官韵的要求也放宽。这道诏令可谓大幅提升了策论的重要性。

景祐年间，杨亿派文士仍是科举主考官，此时，他们更加有意地改变科举取士的标准。景祐元年，省试知贡举为翰林学士承旨章得象，同知贡举则包括天圣二年以诗赋取高科的宋庠。③ 杨亿门生郑戬为景祐元年殿试的主考官之一，也是景祐五年同知贡举。在此期间，

---

① "时文"一词到了宋代已是指科举考试的文字。见罗时进、刘鹗：《唐宋时文考论》，《文艺理论研究》2004 年第 4 期（上海），第 63—71 页。北宋前期时文风格的大致变化，见朱瑞熙：《宋元的时文——八股文的雏形》，收入氏著：《暨城集》（上海：华东师范大学出版社，2001 年），第 1—22 页；文中提及，真仁之际的时文，流行杨亿词藻繁缛的西昆体。

② 《宋会要辑稿》，选举 3 之 17。

③ 《宋会要辑稿》，选举 1 之 10。

郑戬颇有意识地反省贡举过于重视声病细节的问题，并与宋祁重新编纂了礼部韵；又在景祐五年同知贡举中，刻意不计较举人细微的缺失。他在判国子监时，认为应该为国子监选拔能阐发经典之道的经师，且亦主张在各州立学。[①] 此外，叶清臣在景祐三年任权判户部勾院时也提出"诸科举人取明大义，责以策问"的建议。[②] 郑戬、宋祁、叶清臣皆为第四章提及的杨亿派文士，同时也是天圣二年高科进士。他们在景祐年间有意识地改变重视文彩、声病的作文风格，并重视阐发儒家圣人经典的策问。而这样的转向，正与古文运动的内涵若合符节。

从李觏与石介写于景祐年间的书信，亦显示杨亿派文士对古文运动的贡献，从而让我们看到古文运动"典范叙事"所忽略的面向。先看李觏在景祐三年写给宋祁的书信。该年李觏尚无功名，正游居汴京，他写信给宋祁寻求赏识。信中，李觏先是称魏晋以来，士大夫争相谈论"老佛无用之谈"，并且"争夸奸声乱色以为才思"。这样的流弊到了唐代，为李白（701—762）、杜甫（712—770）、韩愈、柳宗元所矫正，才使"尧舜之道晦而复明，周孔之教枯而复荣"。本朝文章在此基础上，更是"高视前古者"。但近年以来流弊又起，"新进之士重为其所扇动，不求经术，而摭小说以为新；不思理道，而专雕镂以为丽"。李觏接着说道：

> 所幸明后在阼，贤臣在位，慨然兴念，思遏其波，凡曰有识，孰不抃慰。然询于舆人，则佥谓执事与禁掖数公谋救斯弊，用心最切至。[③]

① 《文恭集》，卷36，《郑公墓志铭》，第6页。
② 《长编》，卷118，景祐三年三月，第2779页。
③ 《李觏集》，卷27，《上宋舍人书》，第305—306页。

显示李觏听闻宋祁正与其他"禁掖数公"试图扭转重视雕琢的文风，且是用心最切者。李觏对文风转变过程的观察，与范仲淹的尹洙文集序颇为不同。李觏不仅没有提及柳开的先锋角色，也没有谈到欧阳修的重要性，而是认为景祐时期有能力改变文风的，是位居中央、占据高位的几位文臣。考量到李觏与宋祁并不熟识，李觏的说法可能更有参考价值。

庆历改革期间，杨亿后学中的宋祁及其盟友，依然是改变科举考试标准的要角。庆历四年订立的科举取士标准，主张"先策论过落，简诗赋考式，问诸科大义之法"。[①] 即是延续、强化景祐以来的趋向。订定此次取士标准的四位官员，为翰林学士宋祁、御史中丞王拱辰、知制诰张方平和欧阳修。就可见资料来看，张方平与宋祁十分友好，宋祁文集中有写给张方平的多封私信。[②] 四人中除了欧阳修外，另三人都参与了打击范仲淹集团的行动。但他们重视策论、阐发经术的取士标准，则立场颇为一致。

尽管张方平与王拱辰在庆历改革期间打击范仲淹集团，但从石介的眼光来看，张、王二人同样是反对声病之文，重视阐发儒家圣人大义的古文。景祐元年，石介颂赞张方平因为"少怀夫子学"，而在过去重视骈俪的科举考试中，"不肯露头角"，直到景祐元年，才得到参政宋庠、枢密副使蔡齐、权三司使范讽的推荐，而登茂材异等科。石介此诗更称宋庠、蔡齐、范讽为"三贤文章师，儒林推先觉"。[③] 其中蔡齐与范讽为柳开派文士，将在下一节论及。此处要指出的是，在石介的叙述中，宋庠亦是当时首屈一指的文坛领袖之一。王拱辰则是天圣八年状元。景祐元年，石介在写给王拱辰的信中，称他"力排贬斥

---

① 《长编》，卷147，庆历四年三月，第3563页。
② 见《景文集》，卷51，《上安道张尚书六首》，第2b—5a页。
③ 《徂徕石先生文集》，卷3，《安道登茂材异等科》，第26—27页。

淫辞哇声，独以正音鼓倡乎群盲众迷，将廓然开明乎天下耳目"。从而期许他能继柳开之后，主盟斯文。[①]

综上所述，杨亿派文士在古文运动的发展上，实占有关键性地位。杨亿派文士在天圣到景祐年间，不仅长期担任翰林学士，也多次主持科举，他们本即是当时的文坛领袖。有理由相信，他们借主持科举考试改变时代文风，其效果远高于个别人物的提倡。相较于王曾与杨亿派文士在刘太后主政期对科举考试标准的有限度调整，仁宗亲政后，杨亿派文士更加突出地重视策论，降低诗赋的重要性。这种反对声病之文的潮流，在景祐年间得到更广泛的士大夫群体之支持，包含后起之秀张方平与王拱辰。总之，尽管杨亿派文士皆成长于华丽文风兴盛的时代，但面对真、仁之际"太平"之政摇摇欲坠的趋势，他们一方面在朝堂上请求仁宗修德应天（见第四章），另一方面亦转而压抑声病之文，鼓励撰写阐发儒家圣人经旨的古文、策问。两者之间，又有着内在的呼应。这些杨亿派文士的影响力，恐怕不是景祐时期仍为馆阁校勘、夷陵县令的欧阳修所能比拟。[②]

第三节　柳开派士大夫对古文运动的贡献

但凡谈到古文运动，柳开几乎是不会被遗漏的名字。然而，柳开在世时，仅任至知州，他能够在古文运动的历史叙事中占据关键一席之地，实际上是拜其门人后学在仁宗统治前期的活跃所赐，并在石介与范仲淹等人的古文叙事中得到强化。本节探讨柳开派文士在真、

①　《徂徕石先生文集》，卷15，《与君贶学士书》，第181页。
②　见《长编》，景祐三年五月戊戌，第2786—2787页。

仁之际的活动，并分析景祐年间，其门人在时代文风转变之际所扮演的角色；最后分析此学派的起、落，如何影响后世逐渐形成的古文运动发展叙事。

一、柳开派文士与景祐年间古文运动的扩展

柳开的古文思想，学者已论之甚详。柳开反对华而不实的骈文，而其所谓古文，则认为应与古道合一，所谓"古道"指的也是六经思想。[①] 因此，柳开说"吾之道，孔子、孟轲、扬雄、韩愈之道，吾之文，孔子、孟轲、扬雄、韩愈之文也"。[②] 柳开认为文章应阐发六经之道。他自视颇高，二十六岁时写作《补亡先生传》，以"先生"自名，认为自己能够补足《诗》《书》亡逸的部分。柳开认为自己的补亡"辞训典正，与孔子之言合而为一"，即达到与六经相等的境界。[③] 既然认为自己的经学成就与孔子并驾齐驱，也就不把历代注疏家放在眼里。[④] 柳开轻视汉唐经典注疏的态度也影响了他的学生。以下将柳开弟子与再传弟子列如表 5-1。

表 5-1 所列是柳开弟子与再传弟子中，以山东为地缘关系，互相交结的士大夫，他们不是"好古"，便是"好为古文"。柳开为河北大名府人，且从未在山东任官；[⑤]观察上表的人际网络，柳开后学之所以会集中在山东，可能是受到高弁的影响。以高弁为中心，与同辈的贾

---

①　但凡讨论宋代古文运动的研究，都会提及柳开。可参见何寄澎：《北宋的古文运动》，第 122—127 页。

②　〔宋〕柳开：《河东先生集》，收入《四部丛刊初编集部》第 39 册（台北：台湾商务印书馆，1979 年），卷 1，《应责》，第 9—10 页。

③　《河东先生集》，卷 2，《补亡先生传》，第 13—15 页。

④　《河东先生集》，卷 16，《食邑九百户柳公行状》："公凡诵经籍，不从讲学，不由疏义，悉晓其大旨，注解之流，多为其指摘。"（第 99 页）

⑤　祝尚书：《柳开年谱》，收入吴洪泽、尹波主编《宋人年谱丛刊》第一册（成都：四川大学出版社，2002 年），第 204—249 页。

表 5-1　山东地区①的柳开门人后学②

姓名	字	生卒年	籍贯	功名	人际网络	行事作风
高弁③	公仪	不详	濮州	举进士，累官侍御史	柳开弟子，与张景④齐名。	为文章多祖六经及孟子，喜言仁义。
贾同⑤	公疏	不详	青州	大中祥符四年同进士出身	与高弁友善。	李迪窃其诰救送吏部，以勉强同任官；以著书扶道为己任；笃学好古，有时名，著《山东野录》七篇。
王樵⑥	肩望	不详	淄州	不仕	山东贾同、李冠皆尊仰之。……其高弁为知州事，范讽为通判，相与就见之。	博通群书，不治章句，尤善考易。……唯以论兵击剑为事。

① 指京东东路和京东西路。
② 祝尚书：《北宋古文运动发展史》，第 17—19 页，已对柳开弟子有所列举。
③ 高弁见《宋史》卷 432，第 12832 页，其中提及高弁"与李迪、贾同、陆参、朱顺、伊淳相友善，石延年、刘潜皆其门人也"。
④ 张景是柳开早知名的弟子，也是柳开行状的作者，为荆湖北路江陵府人。见尚书：《北宋古文运动发展史》，第 17—18 页。
⑤ 贾同见《宋史》卷 432，第 12830—12831 页；《渑水燕谈录》，卷 1，《谠论》，第 6 页。
⑥ 王樵见《渑水燕谈录》，卷 4，《高逸》，第 51 页；《宋史》，卷 458，隐逸中；王樵《宋史》，第 13439—13440 页。

续　表

姓　名	字	生卒年	籍贯	功　名	人　际　网　络	行　事　作　风
刘烨①	耀节	968—1029	徐州彭城	举进士	与张景定交论道，深相师友。	公少为古文章，笃子风义。
李迪②	复古	971—1047	濮州	景德二年进士第一	柳开弟子	山东文人之杰贾公疏（同），高公仪（弇），刘子望（颜），孙明复（颜），在公疏则相国师友之，公仪则相国睦之，子望则相国宾客之。
范讽③	补之（思远）	不详	齐州	举进士	与李迪联姻，为死党。	天圣、宝元间，范讽与石曼卿皆喜旷达，醑饮自肆不复守礼法。
刘颜④	子望	约978—1029	徐州彭城	祥符元年进士	高弁、贾同弟子。李迪知兖、青二州，皆辟为从事。	好古、学不专章句。从学者常数十百人。名闻东州。

① 刘烨见《河南先生文集》，卷13，《刘公墓表》，第2a—6b页。
② 李迪见曾巩，《隆平集》，卷5，《宰臣·李迪》；《徂徕石先生文集》，卷9，《贤李》，第97—98页。
③ 范讽见《长编》，卷116，景德二年二月，第2722页；《石林燕语》，卷7，第103页。
④ 刘颜见《长编》，卷100，天圣元年七月庚午，第2325页；《隆平集》，卷15，《篇学行义·刘颜》，第12b—13a页。

续　表

姓　名	字	生卒年	籍贯	功　名	人际网络	行　事　作　风
石延年①	曼卿	994—1041	南京	荫补出身	高弁弟子	少亦以气自豪,读书不治章句。……好剧饮大醉,颓然自放。
刘潜②	仲方	不详	曹州	以进士起家	高弁弟子	好为古文,常与曼卿为酒敌。
蔡齐③	子思	988—1039	莱州	大中祥符八年进士第一	受李迪赏识;少与刘颜善。馆客贾同。	好饮酒,受贾同劝谏。

① 石延年见《欧阳文忠公集》《居士集》卷24,《石曼卿墓表》第1a—3a页。
② 刘潜见《宋史》,卷442,《文苑四·刘潜》,第13071页;《归田录》,第34页。
③ 蔡齐见《渑水燕谈录》《朴遗》《补遗》(第129页《欧阳文忠公集》《居士集》卷38,《蔡公(齐)行状》:"今相国李公迪见之大惊,谓公之皇考曰:儿有大志,宜善视之。"宜善视之。"《居士集》卷123,宝元二年四月辛巳:"少与徐人刘颜善,颜罪废,颜事善,齐上其书数十万言,得复官。颜卒,又以女妻其子庠。"(第2903页)

同、王樵、李迪交好，其学生则有刘潜、刘颜、石延年，形成两代的师友关系。他们都浸染了柳开好古文、探究经学不由章句的学问风格，以及好饮酒、不拘小节的风骨。他们互相援引、唱和，成为山东知名的士大夫群体。他们应该就是范仲淹所谓"仲涂门人能师经探道有文于天下"的人物。

观察柳开后学在祥符、天圣年间的作为，可以发现他们是在一片歌颂之声中，少数发出异论之声的群体。首先看高弁。祥符七年九月，即玉清昭应宫完工的前一个月，时任御史的高弁因为谏玉清昭应宫而外放知广济军。[①] 其次是刘烨，他于天禧年间与鲁宗道并命为谏官。天禧二年闰四月，京师真武祠有涌泉，据称"疫疠者饮之多愈"，于是真宗下令就地建祥源观。[②] 刘烨上疏认为："前世有传圣水愈疾者，皆诞妄不经，今盛夏亢阳，大兴土木以营不急，非也国事。"[③]以"不经"批评圣水之说。再次如贾同，祥符四年同进士出身。据说王钦若久闻贾同声名，而想接见他，但他"固谢不往"。天圣初年，他上疏直言：

> 自祥符已来，谏诤路塞，丁谓乘间造符瑞以欺先帝。今谓奸既白，宜明告天下，正符瑞之谬，罢宫观崇奉，归不急之卫兵，收无名之实费，使先帝免后世之议，国家无因循之失。[④]

贾同直指祥符以来"谏诤路塞"，并批评天书、宫观，可说是相当直言

---

①　《长编》，卷83，大中祥符七年九月，第1897页。

②　《长编》，卷91，天禧二年闰四月，第2111—2112页。

③　《河南先生文集》，卷13，《刘公墓表》，第3b—4b页。墓志铭也提到刘烨对真宗朝政提出许多异议，包括反对人民弃父母为僧道，但对于刘烨的奏"施行者盖一二焉"。

④　《长编》，卷109，天圣八年正月甲戌，第2535页。这条史料后面的评论是："时太后临朝，而同言如此，人以为难。"不过如前所论，此时刘太后的权势不如宰执。

不讳。① 高弁和贾同是山东一带柳开门人中的领袖人物,他们在颂美诗赋流行时,坚持写古文,在宫观不断兴建时,敢于出言反对,加上他们不拘礼法的作风,都使他们享有极高的社会声望。

相较于柳开后学第一代人物多止步于中层官阶,第二代人物中的李迪、范讽、蔡齐,在真宗统治后期至天圣年间,皆曾在中央仕至高官。② 这些位高权重的柳开后学,亦是该群体持续活跃并享有政治、社会声望的重要因素。刘太后去世后的明道末、景祐初,此三人更以革新刘太后之政的姿态,占据中央高职。李迪于明道二年四月至景祐二年二月任相;蔡齐于明道二年十月至景祐四年四月为执政;范讽则于明道二年四月至景祐元年七月先后担任权御史中丞与权三司使。

景祐初年在中央占据高位的李迪、蔡齐、范讽三位柳开后学,毫无疑问是古文运动的有力支持者。石介在明道二年写给范讽的信中提到:"天下淫文辈盛于时,视吾徒嫉之如仇,幸与二三同志极力排斥之,不使害于道。"③景祐元年,石介写信给蔡齐,大谈文之弊,期许"时

---

① 不过,贾同将伪造符瑞的罪名归给丁谓而非王钦若,可能因天圣初年,丁谓已经垮台,但王钦若仍位居宰相。

② 李迪为景德二年状元,祥符九年任翰林学士,天禧元年九月任参政,四年七月与丁谓并相,而后受丁谓与寇准的政治斗争牵连,于乾兴元年二月贬为衡州团练副使。此时通判郓州的范讽,特地为李迪备装钱行。见王瑞来:《宰相故事:士大夫政治下的权力场》,第 227—240 页。不过,李迪在真宗统治后期任至宰相,也透露他在真宗朝并未强烈反对时政。刘太后当政期间,李迪皆未得入朝。范讽则在天圣七年五月召为右司谏。个中因素有两种说法,一是指范讽拉拢刘太后的亲信上御药张怀德,而受到张的推荐,二是指刘太后"闻其俊迈"。见《长编》,卷 108,天圣七年五月甲戌,第 2514 页;《儒林公议》,卷下,第 1 页。担任谏官的范讽,不时有所上奏,例如他曾适时地谏修玉清昭应宫,也曾阻止刘太后姻亲钱惟演入相。但他似乎未挑战刘太后的权力。见《长编》,卷 110,天圣九年正月辛未,第 2553 页。而蔡齐在天圣前期长期在中央,天圣四年任翰林学士,天圣六年七月,因迟迟未交上重修景德寺的记文,遭内侍罗崇勋谗言,而出知河南府。见《长编》,卷 104,天圣四年五月丁丑,第 2406 页;《长编》,卷 106,天圣六年七月丙辰,第 2477 页。

③ 《徂徕石先生文集》,卷 13,《上范思远书》,第 153 页。

有弊,必有圣贤生而救之者,岂非吾明君与吾贤弼哉!"①石介的信显示,他将三人视为共倡古道的盟友。下一节将提到,石介本人即可视作是柳开派士大夫中的一员。

如前节所论,景祐元年的科举考试,中央下诏考校标准除了诗赋外,也必须重视策论。正是在此次考试中,与石介熟识的几位山东士人,取得了引人注目的成绩。该年的状元为青州人张唐卿(1010—1037),韩琦为他写的墓志铭提到他是受山东名士赞赏的俊彦,如石介赞赏他:"他日主吾道者,希元(张唐卿字)也。"景祐元年殿试考题《积善成德论》很容易写成颂美性质的文章,但张唐卿反其道而行,写出具批判性的文论,②竟因此高中状元。③ 同一榜中,石介推崇的士建中,以及曾向石介请教古文的龚鼎臣也都顺利登第。④ 这样的结果反映此年科举的取士标准与天圣年间有了重要的不同,也起到鼓励后继者仿效的作用。

从欧阳修写给石介的信可知,景祐年间,撰写古文已非少数人的坚持,而是朝野的共识。景祐二年,在中央任馆阁校勘的欧阳修,读到了石介批评佛老与杨亿的《怪说》,他因此写信给在南京任留守推

---

①　《徂徕石先生文集》,卷13,《上蔡副枢书》,第144页。

②　陈植谔指出,宋初考试,"论"多是用来歌功颂德、装点升平,与国计民生谈不上有什么关系。见陈植谔:《北宋文化史述论》,第93页。

③　《安阳集》,卷47,《张君墓志铭》:"君素以文行为东州士人所称,……及长,耽玩经史,殆忘寝食。每文章之出,远近为之传诵。与石守道游,最相知,守道尝有书遗之曰:'他日主吾道者,希元也。'……文正范公亦知君为深,常与余评论人物,喟然谓余曰:'凡布衣应科举得试殿廷下,必婉辞过谨,以求中格,人情之常也,而张某者,为《积善成德论》,独言切规谏,冀以感寤人主,立朝可知矣。'"(第489a—490a页)庆历二年,欧阳修为张唐卿的弟弟张唐民写赠序,赞美他"好学力为古文,是谓卓然而不惑者也"。见《欧阳文忠公全集》,《居士集》卷42,《送张唐民归青州序》,第7b页。

④　士建中于此榜登第一甲进士,见张兴武:《宋初百年文学复兴的历程》,第242页;龚鼎臣同为景祐元年进士,见〔宋〕刘挚:《忠肃集》,《武英殿聚珍版丛书》129(台北:艺文印书馆,1969年),卷13,《正议大夫致仕龚公墓志铭》,第3a页;龚鼎臣向石介请教古文,见《徂徕石先生文集》,卷18,《送龚鼎臣序》,第213—214页。

官的石介说:"公操之誉日与南方之舟至京师。……近于京师频得足下所为文,读之甚善,其好古闵世之意,皆公操自得于古人,不待修之赞也。"①可见尽管石介不在汴京,但他批评杨亿、提倡古文的论著,在当时相当有市场,已经传遍京城。

不过,石介在《怪说中》以夸饰的语调,宣称以杨亿为代表的淫巧侈丽之文风靡天下,实际上在景祐时期已是过去式。欧阳修第二度写信给石介就认为:

> 足下又云我实有独异于世者,以疾释老、斥文章之雕刻者。此又大不可也。夫释老惑者之所为,雕刻文章薄者之所为,足下安知世无明诚质厚君子之不为乎?足下自以为异,是待天下无君子之与己同也。……夫士之不为释老,与不雕刻文章者,譬如为吏而不受货财,盖道当尔,不足恃以为贤也。②

可见欧阳修认为,排佛老与不作雕刻文字,是士大夫的基本素养,并不是什么惊世骇俗之论,当时抱持类似态度者亦已不少见。

事实上,石介也很清楚景祐年间文风已经转变。他在康定元年作《赠张绩禹功》说:

> 辛能霸斯文,河东柳开氏。吁嗟河东没,斯文乃屯否。汨汨三十年,淫哇满人耳。粤从景祐后,大儒复唱始。文人如麻立,枞枞攒战骑。③

---

① 《欧阳文忠公全集》,外集卷16,《与石推官第一书》,第8a—8b页。
② 《欧阳文忠公全集》,外集卷16,《与石推官第二书》,第11a—11b页。
③ 《徂徕石先生文集》,卷2,《赠张绩禹功》,第17页。

石介形容景祐以后加入古文阵容的文人多如麻粒，仿佛作战的骑兵一般。①

从刘敞（1019—1068）与蔡襄的例子，也可见景祐年间是古文广被接受的关键时刻。刘敞"初学进士词赋，已为人传诵称道之至。年十五乃更习为古文"。② 依刘敞的生年推算，十五岁时正是景祐元年。蔡襄于康定元年九月，得到宋绶的推荐，试馆职为馆阁校勘。他在写给宰相张士逊的谢启提到："某幼而从学，少长举进士、作词章，日益务奇新，与时等辈争声名，当时处之无所愧也。数年以来，专于圣人书，……其于为文不复奋肆夸丽，通乎意则已。……有意于古则莫能与今尽同也。"③蔡襄为天圣八年进士，此后则改作古文，既说"数年以来"，则蔡襄改变文风，应该也是在景祐元年左右。类似的文章风格转变轨迹，也见于欧阳修。如前节提到，欧阳修靠着藻丽之文登天圣八年进士，此后才转作古文。

从景祐元年李迪主政时东州士人登高第，与推崇柳开的石介文论风靡一时来看，景祐年间古文蔚为潮流实与柳开后学关系密切。庆历二年六月至四年十月，石介担任国子监直讲，④更是直接影响了太学文风。庆历六年二月，庆历改革中暗助反对派的张方平上疏称：

今之礼部程序，定自先朝。繇景祐之初，有以变体而擢高等

---

① 包弼德指出，出生于 11 世纪 20 年代的宋代文士，在庆历前后入仕时，几乎都已写作古文。见 Bol, "This Culture of Ours", pp. 188 - 189.

② 见〔宋〕刘攽：《彭城集》，清乾隆敕刻武英殿聚珍本（台北：艺文印书馆，1969 年），卷 35，《刘公（敞）行状》，第 1 页。

③ 《莆阳居士蔡公文集》，卷 22，《谢昭文张相公》，第 192 页；《宋会要辑稿》，选举 31之 30。

④ 根据陈植锷的考证，石介为国子监直讲在庆历二年六月，见陈植锷著，刘秀蓉整理：《石介事迹著作编年》（北京：中华书局，2003 年），第 110—111 页；离开国子监见《长编》，卷 152，庆历四年十月，第 3706 页。

者,后进传效,皆忘素习,尔来文格,日失其旧,各出新意,相胜为奇。至太学盛建,而讲官石介益加崇长,因其好尚,寝以成风,以怪诞诋讪为高,以流荡猥烦为赡,逾越绳墨,惑误后学。①

祝尚书认为,张方平所指景祐初以变体擢高等者即指状元张唐卿。②不过,张方平带着批评立场的论述,不能当作事实来认识。张方平口中的"变体""以怪诞诋讪为高",可能正是石介眼中勇于批判时政、载道的古文。从张方平的反面立论,同样可见景祐年间古文已盛,庆历年间石介在太学则是进一步倡导。

综上所述,华美诗赋遭到批判、古文转而兴盛的关键时刻,并不晚至范仲淹等人主政的庆历年间,而是在景祐初年已经蔚为风潮。在这文风转变的关键时间点,杨亿派文士与柳开派士大夫皆扮演重要角色,前者是当时的文坛领袖,亦主持科举考试,后者主政中央,他们趁着仁宗亲政之初的契机,通过科举考试改变文风。此时,许多作古文的山东士子一举登第,过去以华丽之文取得功名者,如欧阳修、蔡襄、刘敞等人,也在时代潮流下转作古文。

二、柳开后学的没落与孙复的崛起

柳开后学尽管对古文运动的发展做出了重要贡献,但他们的声势也在景祐年间遭到打击,导致他们的贡献在随后形成的古文运动叙事中,变得模糊不清。本小节从两个层面分析柳开派士大夫的没落。第一是此派文士卷入的人事斗争,其次则是当时舆论的制造者石介,他在认识孙复后,开始不遗余力地推尊孙复,相较之下,他对柳开派士大夫的推崇,则逐渐减弱。

---

① 《长编》,卷 158,庆历六年二月,第 3821—3822 页。
② 祝尚书:《宋代科举与文学》(北京:中华书局,2008 年),第 431—434 页。

　　景祐元年到二年初的政治斗争，让柳开派士大夫的声势遭到打击。大致经过如下。明道二年三月，刘太后去世，四月，仁宗进行人事大换血。李迪被拔擢为宰相，蔡齐从御史中丞任权三司使，不久前出知青州的范讽，也被召回任御史中丞。自视甚高的范讽，为了争取宰执之位，先是攻去了首相张士逊，已为权三司使的范讽，与复相的吕夷简联合，支持仁宗废后，引起了以孔道辅、范仲淹为首之台谏的抗议。废后成功后，据说吕夷简"惮讽，终不敢荐"，范讽迟迟无法高升，愤而辞官，并出知兖州。此时，吕夷简背地让殿中侍御史庞籍弹劾范讽不法。但因为李迪的庇护，范讽非但没有受责，庞籍还外放为广东转运使。外任的庞籍并不罢休，继续弹劾范讽。此时，山东徐州人颜太初献上《东州逸党诗》，批评范讽等人不受礼法约束，为"逸党"，并自居为"名教党"。[①] 庞籍趁此上奏称，若不惩治范讽等人，将如西晋败坏风俗。结果导致景祐二年二月范讽贬为武昌行军司马，并牵连了另外两位柳开后学——李迪罢相，馆阁校勘石延年落职通判海州。仁宗因此下诏诫天下风俗。[②] 这场政治斗争严重打击了柳开派士大夫的声势，位居宰相的李迪从此宦游于地方。柳开后学飘逸狂放的作风，也遭到诏令否定。

　　若更深一层观察，可发觉所谓"深疾"范讽等人的"礼法之士"，[③]同样来自山东，且彼此交结。明道二年十一月，孔道辅入为御史中

---

① 张富祥：《宋初"东州逸党"与齐鲁文化遗风》，《山东师大学报》1991 年第 1 期（济南），第 25—31 页；崔海正：《北宋"东州逸党"考论》，《武汉大学学报（人文科学版）》2003 年第 4 期（武汉），第 471—479 页。崔文尤其详细。

② 《长编》，卷 112，明道二年四月，第 2614 页；卷 113，明道二年十月，第 2640 页；卷 113，明道二年十二月，第 2648—2654 页；卷 115，景祐元年七月，第 2689 页；卷 115，景祐元年八月，第 2698 页；卷 115，景祐元年十月，第 2703 页；卷 116，景祐二年二月丁卯，第 2721—2722 页；〔宋〕司马光：《温国文正司马公文集》，收入《四部丛刊正编》（台北：台湾商务印书馆，1979 年），卷 76，《庞公墓志铭》，第 2a—2b 页。

③ 《儒林公议》，卷下，第 1—2 页。

丞,接替升任权三司使的范讽。在十二月的废后事件中,孔道辅带头上谏反对,因此丢官,出知泰州。[1] 孔道辅因此不满支持废后的范讽,不难想见。孔道辅为孔子四十五代孙,天圣年间已经结识后来批评范讽的颜太初。[2] 同为柳开派士大夫的蔡齐,也认识颜太初。颜太初曾为孔子后人袭封中绝一事写信给蔡齐,蔡齐为此上奏,终使孔子之后又得袭封。[3] 而孔道辅与蔡齐又都支持《逸党诗》:

> 太初作《东州逸党诗》,孔道辅深器之。……时范讽以罪贬,同党皆坐斥。(蔡)齐与(孔)道辅荐太初,上其尝所为诗。[4]

颜太初当时只是低阶官,若非蔡齐与孔道辅的支持,他的诗作恐怕不能在庞籍弹劾范讽之际发生作用。而蔡齐虽亦为柳开派士大夫,但在这次斗争中全身而退,仍能安然于位。换言之,范讽等人的贬逐,不仅是吕夷简、李迪的相权之争,背后还有山东士大夫内部不同作风、派别之间的竞争。

促成柳开派士大夫势力衰落的另一关键,是原本与范讽等"东州逸党"交好的石介,转而倾向"名教党",并以其个人声望与文字影响力,将原本默默无名的孙复,塑造为新一代的大儒。

孙复与石介的师徒关系,一直为学者津津乐道,不过,两人在景

---

① 《长编》,卷113,明道二年十一月,第2642页;卷113,明道二年十二月,第2649页。

② 孔道辅于天圣九年知徐州,期间石介写给他的信提到:"介亦鲁人也,有志于道。……颜太初,鲁人也,实能焉,则阁下已得之矣;有姜潜,……其人存心笃道,好学服善,……阁下俱收之。使介三人佐阁下,道其不行乎?"见《徂徕石先生文集》,卷14,《上孔徐州书》,第171页。可见颜太初为孔道辅门客。石介所推荐的另一位姜潜,"亦尝贻书以疏其(范讽)过"。见《长编》,卷120,景祐四年七月,第2834页。可见石介虽然尊敬范讽,但他的山东友人中,有不少对范讽的行事作风不以为然。

③ 《长编》,卷117,景祐二年十二月,第2767页。

④ 《宋史》,卷442,《文苑四·颜太初》,第13086—13087页。

祐元年才相识，①此时石介已经三十岁。从石介文集分析他的人际网络，则可见石介虽交游甚广，但其交游圈有很强的山东地缘性。其中，石介早年最熟悉的儒士群体即为柳开后学，可以认为，石介早年即为柳开后学中的一员。

石介文集中写作时间最早的一篇，是天圣七年的《过魏东郊》，对柳开表达高度的崇敬。② 而石介如此推崇柳开而非他人，则不能忽视他与柳开后学的熟识。石介与李迪、范讽、蔡齐皆相识。明道二年仁宗亲政，李迪为相，范讽为御史中丞，石介对此人事安排感到振奋。他写信给范讽说："以相国、中丞同德协心，左右我圣天子，天下太平，可延颈翘首而待也！⋯⋯相国、中丞当竭王佐之才，罄忠臣之节，以副人主急太平之意，符天下倾耳拭目之望。"③从石介对二人的期待，可知石介在此之前与二人有一定程度的认识。景祐元年，石介写信给蔡齐，花了极大篇幅讨论"文"；④宝元元年，又写信给蔡齐，对蔡直指自己过于"刚方直烈"，不合于中，表示承认与感谢，并说"平生未得一登阁下之门为恨"。⑤ 宝元二年，李迪知兖州，盛情款待正在居丧的石介，且接受石介的游说，将侄女嫁给贫穷又无功名的孙复。⑥

---

① 陈植锷著，刘秀蓉整理：《石介事迹著作编年》，第43—44页。
② 《徂徕石先生文集》，卷2，《过魏东郊》，称柳开"六经皆自晓，不看注与疏。述作慕仲淹，文章过韩愈"。又说"死来三十载，荒草盖坟莹。四海无英雄，斯文失宗主"（第20—21页）。又《徂徕石先生全集》，卷18，《送刘先之序》，第217—218页，内容是刘牧将任大名府馆陶知县，向石介问为政之道，石介唯一提及的便是要他在此寻觅柳开学问的遗迹。
③ 《徂徕石先生文集》，卷12，《上范中丞书》，第131页。
④ 《徂徕石先生文集》，卷13，《上蔡副枢》，第142—146页。
⑤ 《徂徕石先生文集》，卷17，《上颍州蔡侍郎书》，第205—207页。
⑥ 《徂徕石先生文集》，卷20，《谢兖州李相公启》，第240页；卷9，《贤李》，第97—98页。石介也熟识石延年，景祐二年，石介在写给士建中的信中，提到因石延年来访，而收到士建中转交的信。见《徂徕石先生文集》，卷16，《与士熙道书》，第189页。石介很赞赏石延年的诗，认为是天下一豪。见《徂徕石先生文集》，卷2，《三豪诗送杜默师雄并序》，第13页。

此外，从石介的许多表述可知，他不仅了解柳开后学中的高弁、贾同、刘颜，且对他们颇为仰慕，认为他们是前辈大儒。景祐元年，石介写给王拱辰、蔡齐的信，景祐二年写给王曾的信，与宝元元年称颂李迪的文章中，[①]都可见高弁、贾同、刘颜是石介推崇的前贤，认为他们是"山东文人之杰"。不过，石介对这些山东儒士振兴斯文的成果表示遗憾，认为他们"至老不达""零丁羁孤不克振"。因此，石介虽然对他们念念不忘，但他们不是文中的主角。写给王拱辰的信是期盼他作斯文盟主，写给蔡齐、王曾的信则分别是为了推荐士建中和赵师民，赞扬李迪的文章则是由于李迪将侄女嫁给孙复。凡此可知，石介虽然熟悉那些业已过世的柳开门人，但更重视活跃当前的其他贤士，希望他们能够振兴斯文。

从以上讨论可见，石介早年与山东地区一群推尊柳开、反对祥符之政的士大夫有着密切的关系。正是凭借着与这些山东知名士大夫的往来，石介才能在山东地区拥有颇高的声望。欧阳修所作石介墓志铭，一开头就解释石介之所以被称为徂徕先生，乃因："先生鲁人之所尊，故因其所居山以配其有德之称，曰徂徕先生者，鲁人之志也。"[②]因此，石介对其他儒者的推崇，往往能收奇效。石介在天圣九年

---

① 《徂徕石先生文集》，卷15，《与君贶学士书》："唐去今百余年，独崇仪（柳开）克嗣吏部声烈，张景仅传崇仪模象，王黄州（禹偁）、孙汉公（仅）亦未能全至。崇仪、贾公竦（同）、刘子望（颜）又零丁羁孤不克振，故本朝文章视之唐差劣。……状元力排贬斥淫辞哇声，……主盟斯文，非状元而谁？"（第180—181页）；卷13，《上蔡副枢书》："仲涂没，晦之（张景）死，加之公疏继往，子望亦逝斯文，其无归矣。建中独能得之。"（第168页）；卷14，《上王沂公书》："介深痛师民已老，东州文人如田诏君谅、贾殿丞同、高端公弁、刘节推颜，皆连蹇当时，至老不达。后生有师民，其踪迹复如此。纵天不祐斯文，相公其忍弃之？"（第168页）；卷9，《贤李》："至道、咸平以来，山东文人之杰贾公疏、高公仪（弁）、刘子望、孙明复，在公疏则相国师友之，公仪则相国姻睦之，子望则相国宾客之，明复则相国以其弟之子妻之。"（第97页）

② 《欧阳文忠公全集》，《居士集》卷34，《徂徕石先生墓志铭》，第3b—4a页。

(1031)认识士建中后，开始大力推荐他，①景祐元年又通过士建中认识孙复，而对孙复的学问大为折服，开始不遗余力地推崇孙复。欧阳修作孙复墓志铭，解释了孙复何以能在毫无功名的情况下，突然成为知名的儒者：

> 鲁多学者，其尤贤而有道者石介，自介而下皆以弟子事之。……孔给事道辅为人刚直严重，不妄与人，闻先生之风就见之。介执杖屦，侍左右，先生坐则立，升降拜则扶之，及其往谢也亦然。鲁人既素高此两人，由是始识师弟子之礼，莫不叹嗟之。②

可见由于石介在山东地区享有极高声誉，因此当孙复得到石介以严谨的师礼侍奉，便引起鲁人的注目。此后，孙复又得孔道辅的登门拜见。山东士人原本就十分尊敬石介与孔道辅，由此迅速拉抬了孙复的声望。所谓"由是始识师弟子之礼"，当然不是指山东一带缺乏从师的行为，③而是指过去鲜少有人以如此恭敬的礼数对待老师。这当中或许也反映原本知名山东的柳开派士大夫不拘礼法的行事作风，与石介大行师礼的行为恰成反差，以致山东士人耳目一新。

对比于蔡齐、孔道辅对范讽的打击，他们则颇为欣赏孙复。石介写给杜衍推荐孙复的信中，提到王曾、蔡齐、孔道辅尤其赏识孙复。④

---

① 石介向范讽推荐张方平、田谅，并花更多笔墨推荐士建中，几个月后，范讽没有回音，石介又再次写信询问。见《徂徕石先生文集》，卷13，《上范思远书》，第150—153页；卷16，《与范思远书》，第192—193页。

② 《欧阳文忠公全集》，《居士集》卷27，《孙明复墓志铭》，第10b—11a页。

③ 如刘颜"从学者常数十百人，名闻东州"。见《隆平集·刘颜》，卷15，《儒学行义》，第12b页。

④ 《徂徕石先生文集》，卷14，《上杜副枢书》："先生山中所与往来游好者，故王沂公（曾）、蔡二卿（齐）、李秦州、孔给事（道辅），今李丞相（迪）、范经略（仲淹）、张杂端、宋子京（祁）、富彦国（弼）、士建中、张方平、祖无择。……沂公、蔡、孔意尤厚，未及言而没。"（第159页）

如前述,蔡齐、孔道辅为"名教党"颜太初的支持者。换言之,在山东士人内部"名教党"成功打击了"逸党"后,原本声望甚高的范讽遭到挫折,孙复则以新兴大儒的身份,成为山东士人的注目焦点。

在石介的大力推崇下,不少与石介熟识的山东学子,也开始师从孙复。庆历元年,石介写信向范仲淹推荐五位后学:师从刘颜的梁搆、曹起,与师从孙复的姜潜、李缊,以及"初事子望,后事明复"的张洞。① 石介曾在天圣末写信向孔道辅推荐姜潜,②欧阳修撰写石介墓志铭,认为姜潜是石介弟子。③ 则姜潜师从孙复,可能也是受到石介的影响。就石介本人而言,他曾在读刘颜的著作后,感叹"恨不得在弟子之列",如今则以师从孙复自豪。这些迹象显示,孙复在石介的推尊下,吸收了部分刘颜的学生。

总结上述可知,柳开派士大夫在祥符、天圣年间,还有像高弁、贾同、刘颜这样知名山东的儒者,他们官职虽然不高,但对天书时代的统治方式提出批判。而李迪、范讽、蔡齐是他们政治上的盟友。学术声望加上政治势力,使这些柳开门人后学在仁宗亲政之前,成为最受注目的山东文人团体。然而,景祐以后,他们的声势迅速下降,原因是多方面的。其一是明道、景祐年间的政治斗争,使李迪与范讽失去了政治势力,来自山东另一派重视礼法的士大夫,则趁此将柳开后学扣上"逸党"之名,加以打压。此时,蔡齐站到了孔道辅、颜太初一方,柳开派士大夫内部发生分裂。其二是明道以后,柳开派士大夫中最重要的学问家都已凋零,他们知名山东的后学石介,也不以盟主自居,而是在柳开后学之外,找到孙复这样的学问家,并得到反对"逸

---

① 石介在景祐三年写给张洞的信中说:"明远始受业于子望,又传道于泰山孙先生,得《春秋》最精。"见《徂徕石先生文集》,卷14,《与张洞进士书》,第164页。

② 《徂徕石先生文集》,卷14,《上孔徐州书》,第171页。

③ 《欧阳文忠公全集》,卷34,《徂徕石先生墓志铭》,第6a页。

党"的蔡齐、孔道辅支持。这使孙复的学术与声望，掩盖了柳开后学原本的光芒。

三、范仲淹及其支持者的古文叙事

相对于柳开派士大夫后继乏人，穆修门人在天圣末至明道年间，在洛阳相互唱和。[①] 他们在古文运动蔚为风潮的景祐年间，仍位低权轻。但此群体后来多半成为范仲淹的支持者，且以其强大的话语权，最终反而成为古文运动历史叙事中的主要人物。

穆修是咸平年间进士，祥符元年真宗到泰山封禅时，下诏选齐鲁地区"经明行修"的士人，穆修位在其列。但祥符四年穆修任泰州司理参军期间，却因罪被废。其后逢恩，"徙颍蔡二州，为文学掾。卒不复用"。[②] 可见穆修虽早年得志，但最终仅以文学掾结束仕宦生涯，其苦闷可想而知。

尽管穆修郁郁不得志，但仍有数位活跃于仁宗朝的士大夫愿意从其问学。其中包含尹洙兄弟、苏舜钦兄弟、李之才和祖无择（1011—1085）等。[③] 他们很自然地在其文字撰述中，抬升穆修作古文的特殊性。在苏舜钦笔下，穆修是在真宗朝极少数仍坚持撰写古文者。苏舜钦在《石延年文集序》称：

> 国朝祥符中，民风豫而泰，操笔之士，率以藻丽为胜。惟曼卿与穆参军伯长自任以古道，作之文必经实，不放于世。[④]

---

① 穆修为山东恽州汶阳人，后来徙居蔡州，但穆修似乎与河南有很深的地缘关系，在《答乔适书》中，以"河南穆修白秀才足下"开头，见《河南穆公集》，卷2，《答乔适书》，第1a页；祖无择为穆修写的文集序，也称"河南穆公讳修"。见《龙学文集》，《河南穆公集序》，第4a页。

② 《龙学文集》，卷8，《河南穆公集序》，第4a—4b页。

③ 祝尚书：《北宋古文运动发展史》，第120—127页。

④ 《苏学士文集》，卷13，《石曼卿诗集序》，第11b—12a页。

在《哀穆先生文》又说：

> （穆修）幼嗜书，不事章句，必求道之本原。……好诋卿弼，斥言时病，谨细后生畏闻之。又独为古文，其语深峭宏大，羞为礼部格诗赋。……为文章益根柢于道，然耻以文章有位，以故困甚。①

这两段文字都诉说着穆修在藻丽之文流行的祥符时代，独作古文，而此古文又是根据儒家之道。两篇文章中的"独"与"惟"，应是一种修辞，而非可作事实认定。苏舜钦称穆修"耻以文章有位，以故困甚"，意指在真宗统治期间，若能献上颂赞时政的文章，便有官复原职的机会，但穆修不愿附和，以致困窘一生。此外，祖无择在庆历三年所作《河南穆公集序》，也称颂穆修为"有道有文"的君子。②

苏舜钦与祖无择皆为穆修门生，因此他们对穆修的称颂，并不足以充分论证穆修为当时公认的古文家。不过，范仲淹与尹洙、苏舜钦的政治盟友关系，显然有助于穆修的地位获得更多的肯定。当范仲淹提笔为尹洙文集作序，并大力赞扬尹洙的古文时，穆修的名字便也出现在范仲淹笔下，从而使穆修在古文运动的历史叙事中，占据更凸出的位置。

那么，尹洙与欧阳修是否真如范仲淹所言，成功改变了杨亿的藻丽之文，使"天下之文一变"？首先，类似的论点，亦来自韩琦为欧阳修写的墓志铭：

> 国初柳公仲涂一时大儒，以古道兴起之，学者卒不从。景祐

---

① 《苏学士文集》，卷 15，《哀穆先生文》，第 10a—10b 页。
② 《苏学士文集》，卷 15，《哀穆先生文》，第 4a 页。

> 初，公与尹师鲁专以古文相尚，而公得之自然，非学所至，超然独
> 骛，众莫能及。……于是文风一变，时人竞为模范。[①]

细读韩琦的欧阳修墓志铭与范仲淹的尹洙文集序，不难看出两者有雷同的叙事结构：他们都提到柳开作为古文运动的先行者，但其后古文不振，直到仁宗朝尹洙与欧阳修共倡古文，才成功改变时代文风。

不过，范仲淹与韩琦的叙事仍有差异。范仲淹对柳开及其门人后学的评价显然较高，范仲淹不仅认为柳开是古文运动的先行者，更指出柳开门人"能师经探道有文于天下者多矣"。这可能是由于范仲淹与柳开派士大夫中的李迪、蔡齐、石延年有所往来；且范仲淹在柳开派士大夫位居高职的景祐年间，也身处中央，而有切身的观察。[②]相较于此，在韩琦的叙事中，以"学者卒不从"，降低了柳开的影响力，对柳开门人更是只字未提。

范仲淹与韩琦都大力表彰欧阳修与尹洙对时代文风的关键影响力，然而，这样的称述恐怕言过其实。在古文流行的景祐年间，尹洙与欧阳修都还只是低层官员。天圣九年，欧阳修与尹洙、梅尧臣（1002—1060）皆在洛阳钱惟演幕下，此时欧阳修受尹洙影响，改作古文。[③]钱惟演卸任后，由王曙继任知河南府。王曙亦器重欧阳修。明

---

① 《安阳集》，卷50，《欧阳公墓志铭》，第504页。

② 庆历七年，李迪去世，范仲淹为他写的祭文提到"念昔登门，遇厚情亲"。见《范仲淹全集》，卷11，《祭故相太傅李侍中文》，第278页。在为蔡齐写的墓志铭则说："某自布素从公之游，见公出处语默无一不善。"见《范仲淹全集》，卷13，《户部侍郎赠兵部尚书蔡公墓志铭》，第332页。范仲淹与蔡齐同为祥符八年进士，可见两人年少时已经相熟。范仲淹也与石延年熟识，在为石延年写的祭文中，称颂他的才能。见《范仲淹全集》尺牍，卷下，《石曼卿》，第686页。这些山东士人可说是范仲淹的前辈或同辈。范仲淹虽为苏州人，但从小随母改嫁到山东淄州长山朱氏，因此，范仲淹对山东有着地域认同，他曾自称为"齐鲁诸生"。见《范仲淹全集》，卷18，《让枢密直学士右谏议大夫表》，第412页。

③ 漆侠：《宋学的发展和演变》，第193页。

道二年十月，王曙升任枢密使，①隔年，即景祐元年，王曙推荐了在河南的幕僚欧阳修、尹洙任馆阁校勘。② 这是两人首次入中央任官，担任虽低阶但清要的职务。可以相信，经过钱惟演与王曙的赏识与推荐，尹洙与欧阳修已是"有时名""有文名"。③ 景祐三年五月，他们因声援得罪吕夷简的范仲淹而被贬官，却也因此累积了更高的声望。④

尽管在景祐年间，欧阳修与尹洙已是具有声望的士大夫，但他们的影响力，恐怕不能与当时占据宰执、翰林之位，且主持科举的杨亿派与柳开派士大夫相提并论。如前文所论，欧阳修在天圣八年中举后，"始大改其为，庶几有立"。语气中是以后生晚辈之姿，认为自己原本的写作风格不符合时代所趋，因此改变作文方式。景祐年间，当古文已被广为接受时，欧阳修仍为低阶文官。这时的欧阳修，恐怕也不可能有影响一代文风的能力。

然而，范仲淹与韩琦的叙事，却随着欧阳修声望的累积，而更显得言之凿凿。欧阳修在仁宗统治后期，即至和、嘉祐年间（1054—1063）长期担任翰林学士与执政，并提携、推荐了三苏、王安石、曾巩（1019—1083）等著名文士。欧阳修晚年的学术与政治地位，自然远非其初入中央任官时所可比拟。⑤ 于是，范仲淹与韩琦的古文叙事，使欧阳修、穆修及其门人，一跃而为促成古文蔚为风行的关键人物。

总结上述，古文运动能在仁宗亲政之初，即景祐年间迅速扩展，与杨亿派文士和柳开门人后学主政中央时，有意识地改变科举考试的取士标准有密切关系。这样的发展，又是与真宗和刘太后坚持的

---

①　《长编》，卷113，明道二年十月，第2641页。

②　《宋会要辑稿》，选举31之29。

③　《长编》，卷114，景祐元年闰六月乙酉，第2684页；卷118，景祐三年正月，第2775页。

④　见《儒林公议》，卷下，第21b—29b页。

⑤　见刘子健：《欧阳修的治学与从政》，第224—229页。

太平之政逐渐凋萎、朝野期盼改变歌颂时政文风的政治背景相连结。然而，随着范仲淹及其政治支持者在历史舞台上崛起，他们书写了属于他们的古文运动历史版本。在范仲淹的尹洙文集序与韩琦的欧阳修墓志铭中，欧阳修与穆修门人被描写为促成文风转变的关键性人物；杨亿、柳开派士大夫的重要性则几乎被掩盖。柳开个人作为古文运动的前辈而被记录下来，主要原因也不是柳开在太宗朝的贡献，而是柳开门人后学（包含石介）在天圣、景祐年间持续推崇柳开的言论，使时人在认知中以为柳开对古文的兴起有着不可忽略的贡献。这个历史发展与历史叙事的落差，必须归功于范仲淹及其支持者的强大话语权，以及他们在南宋以降获得越来越高的重视。从此，欧阳修作为古文运动的第一功臣，几乎成为无可置疑的定论。

第四节　疑经的展开：仁宗朝士大夫对"天书"的批判

从天书时代转变为古文运动的时代，既是政治文化的转变，也是儒学思想的变革。参与古文运动的儒者，在强调文章必须阐明儒家圣人之道的同时，也进一步探问，何谓真正的儒家圣人之道？如学者早已指出，仁宗朝的儒者不再相信汉唐经典注疏，而是认为应直接阅读儒家经典本文，以挖掘"真正"的儒家圣人思想。这即是所谓"经学变古"或疑经思想。① 如果进一步追问，为什么是在仁宗时代，而非其

---

① 皮锡瑞：《经学变古时代》，收入氏著：《增注经学历史》（台北：艺文印书馆，1987年），第 202—255 页。皮氏对宋人不信注疏有这样的评论："宋人不信注疏，驯至疑经；疑经不已，遂致改经、删经、移易经文以就己说，此不可为训者也。"台湾学界的宋代疑经研究，有代表性的是屈万里：《宋人的疑经风气》，收入氏著：《书佣论学集》（台北：联经（转下页）

他时间点，士大夫们普遍对既有的汉唐经注不满？这样的不满，是在怎样的历史背景下产生？则必须关注天书时代的真宗君臣对汉唐经典注疏的应用，特别是其中关于"天书"的谶纬思想。

如第二章第二节所述，谶纬思想将儒家经典中的"河图、洛书"，诠释为四灵献上的帝王受命文书，这样的解释，又经由汉唐经典注疏，成为官方对《易经》中所谓"河图洛书"的标准解释，这即是真宗朝天书的思想依据。这显示，尽管谶纬中的上古神话早已受到质疑，但只要经典注疏引用谶纬文本，这些概念便可能成为某个时候帝王建构政权正当性的思想资源。因此，要彻底瓦解谶纬对河图洛书的解释效力，便有待于士大夫冲破汉唐注疏的官方经典诠释，并重新提出另一套诠释"河图洛书"之见解。

学者论宋代疑经风潮，几乎无例外地以欧阳修的疑经为起点。本节将指出，欧阳修的疑经，有其批判谶纬与天书的政治脉络，且应该与同时代其他批评谶纬与河图洛书的相关新解一起考虑。揆诸真、仁之际的历史现象，正是在真宗统治后期大力尊奉天书后，仁宗朝士大夫开始批判谶纬解经的传统，并提出各种解释河图洛书的论点。本节首先讨论仁宗朝士大夫如何批判谶纬解经，其次探讨当仁宗朝士大夫不再相信谶纬将《易经》中"河图洛书"解释为帝王受命之天书，他们如何重新解读河图洛书的意涵？借着分析仁宗朝涌现的河图洛书新解，本节希望呈现，真宗的天书事件，如何刺激仁宗朝士

（接上页）出版事业公司，1984 年），第 237—244 页；叶国良：《宋人疑经改经考》（台北：台湾大学出版委员会，1980 年）。其他相关著作则注意到北宋前三朝虽大体遵循汉唐经典注疏，但已有少数不守注疏、自出己见的例子，见金中枢：《宋代的经学当代化初探》上、下，收入氏著：《宋代学术思想研究》，第 17—180 页；杨新勋：《宋代疑经研究》（北京：中华书局，2007 年），第 54—57 页；杨世文：《走出汉学——宋代经典辨疑思潮研究》（成都：四川大学出版社，2008 年），第 65—66、156—160 页；吴国武：《经术与性理——北宋儒学转型考论》（北京：学苑出版社，2009 年），第 137—139 页。但总体而言，宋初儒者不守注疏仅为个别例子，而非普遍情况。

大夫对河图洛书提出新解，而这便是经学变古的初页。

一、批判谶纬的言论

　　第二章论及，活跃于宋初三朝的士大夫，不时在文字中运用具谶纬概念的修辞，或援引经典注疏中的谶纬思想。这虽不意味他们认同谶纬思想，但他们显然并未意识到需要批评谶纬。[①] 他们对谶纬的无意见，显示在宋初三朝，以谶纬解经并未构成引人注目的问题。与此形成对比的是，不少仁宗朝士大夫在讨论经典的文字中，表露对谶纬批判且鄙夷的态度。

　　仁宗朝批评谶纬学的声浪，以欧阳修最受学者注目，但欧阳修绝非唯一批判谶纬的儒士。本小节首先讨论欧阳修对谶纬的批评，其次讨论其他儒者批评谶纬的言论，最后探讨这些儒者批判谶纬的阻力——宋仁宗的经学思想。

　　首先，欧阳修严厉批评了感生论。如第二章论及，谶纬中的五天帝"感生论"，构成天书时代圣祖身世的来源依据。欧阳修的批评并非针对谶纬文本，而是从批驳毛公、郑玄注解的《诗经·生民》篇入手。在《诗本义·生民》中，欧阳修指出毛、郑的说法互相矛盾，毛公指姜嫄与帝喾一起祈祷高禖而生下后稷，郑玄却因为采信纬书《春秋命历序》帝喾传十世的说法，而认为姜嫄为帝喾子孙之妻，因为踩到上帝足迹，有感而生下后稷。欧阳修批评："无人道而生子，与天自感于人而生之，在于人理皆必无之事，可谓诬天也。"因此，对于郑玄将后稷解为青帝灵威仰之子，欧阳修认为"其乖妄至于如此！"[②]基于政

---

　　① 笔者阅读宋初三朝士大夫文集，包括徐铉、柳开、王禹偁、田锡、张咏、杨亿文集，亦并未见他们批评谶纬。

　　② 〔宋〕欧阳修：《诗本义》，收入《四部丛刊三编》景宋本（台北：台湾商务印书馆，1976 年），卷 10，《生民》，第 12a—15a 页。

治上的避讳,欧阳修不可能明目张胆地批判圣祖感生,但可以肯定的是,欧阳修不会同意赵宋祖先曾经感生为人间帝王的政治神话。

其次是与感生论相关联的"六天"说。郑玄基于对谶纬的信仰,在笺注礼经时以灵威仰等五天帝加上儒家经典中的昊天上帝而成"六天",成为东汉已降国家祭天之礼主要的祭祀对象。欧阳修在《新唐书·吉礼》中认为,由于郑玄崇信谶纬,以致南郊、圜丘、明堂礼所祭的天或上帝,都受到"六天"说的影响,昊天上帝被等同于谶纬中的天皇大帝耀魄宝,五行之神是"精气",但却被郑玄理解为五"天"。[1]此"乱经"之说,深刻影响了后世祭礼。

除了欧阳修,还有不少仁宗朝士大夫同样不认同谶纬。其一如宋咸。他是天圣二年进士,著有《周易》补注。其同年余靖(1000—1064)为他的著作作序,认为汉代传《周易》的儒士"往往入于五行谶纬之术",而王弼所注《周易》"不悖于三圣,不荡于术数",宋咸所作补注,目的就是"惩诸儒之失,而摘去异端,志在通王氏之说""用明文王、周公之旨",[2]可见余靖为宋咸《周易》补注的介绍,强调他不谈谶纬与术数,并认为这样的做法能更恰当地阐发圣人本意。序文作为宋咸著作的介绍性文字,反映当时不以谶纬解经,是值得被拿来称许之处。

其二即余靖。他在《禘郊论》抨击谶纬,特别是其中的五天帝感生论。他认为"禘"是祭姓氏所出的远祖,而郑玄"唯据纬书以释经义",以致将禘的对象解为感生帝。又批评郑玄将《礼记·祭法》中

---

① 《新唐书》,卷13,《礼乐三》,第333页。引文之后,欧阳修讨论唐代儒士对祭天之礼应祭六天或只祭昊天的争论,以及贞观礼、显庆礼、开元礼祭天规定的变迁。最后开元礼在四月大雩及九月大享明堂礼中,兼祭昊天与五帝,欧阳修对此评论:"虽未能合古,而天神之位别矣。"见《新唐书》,卷13,《礼乐三》,第334页。意味着他虽不认同,但五帝的位次已低于昊天上帝,而非视为同等的"天"。

② 〔宋〕余靖:《武溪集》,收入《北京图书馆古籍珍本丛刊》第85册(北京:书目文献社,1988年),卷3,《宋职方补注周易后序》,第65b页。

"祖颛顼而宗尧"的"祖、宗"，等同于《孝经》中的"宗祀文王以配上帝"，以致明堂礼被解为"以二主泛配五帝"，即以祖、宗二主泛配感生为人间君主的五天帝。余靖批评："郑说太微与昊天上帝为六天矣，天尚无二，安得有六？按《天官书》太微宫有五帝者，自是五精之神，不在穹苍之例。"①认为五帝非"天"，而是五"精"之神。余靖此论与前述欧阳修在《新唐书·吉礼》对郑玄的批评实为同义。

其三如李觏。在《常语下》，李觏以问答的方式讨论文王是否曾经受命称王，认为"文王"是后来的追尊，"康成（郑玄字）取纬侯以乱之，过矣！"②这与欧阳修在《诗本义·文王》中的意见雷同。在《礼论第七》，李觏批评汉光武帝"不师经籍而听用图谶之书，以疑天下耳目"。③皆可见李觏对谶纬的鄙视。

其四为孙复。孙复的《春秋尊王发微》从未引用谶纬，这与大量引用谶纬的《春秋公羊传》形成对比。以《春秋》绝笔"西狩获麟"为例，《春秋公羊传》注疏引用大量谶纬文本，孙复的解释则不见任何神怪，而是着眼于东周历史的发展，认为此时进入大夫专政的时期，"周道沦胥，逮此而尽，前此犹可言者，……后此不可言者"，因此绝笔于西狩获麟，是"孔子伤圣王不作，圣道遂绝，非伤麟之见获也"。④从孙复对汉唐注疏的批判性态度，⑤与前文提及他严词抨击汉代语怪儒士，不难推知他不会认同以谶纬解经。

其五如宋祁。皇祐二年（1050）三月，宋祁上呈《明堂通议》二篇

---

①　《武溪集》，卷4，《禘郊论》，第75b页。

②　《李觏集》，卷34，《常语下》，第392页。

③　《李觏集》，卷2，《礼论第七》，第22页。

④　〔宋〕孙复：《春秋尊王发微》，收入《文渊阁四库全书》（台北：台湾商务印书馆，1983年），卷12，第10b页。

⑤　孙复写给范仲淹的《寄范天章书二》广为学者征引，用以凸显孙复对汉代以来经学传注的批判；另一方面，学者也广泛征引孙复的《儒辱》，用以说明孙复抨击佛老的儒家本位思想。这是过去讨论孙复思想必定提及的，因此笔者不再征引二手研究。

给仁宗,其中《规蔡邕明堂议》提到:"自孔子殁,诸儒蜂奋,……又纬谶诡异,附经造说,谊无足据。"①显示宋祁对谶纬不以为然。

从杨安国的事例,则可看出以谶纬解经在仁宗朝已被时人认为是过时的观点。杨安国从景祐元年到嘉祐五年(1060)担任侍讲,是仁宗朝任侍讲最久的官员。②据称杨安国"讲说一以注疏为主,无他发明,引喻鄙俚,世或传以为笑。尤不喜纬书,及注疏所引纬书,则尊之与经等"。③这意味着杨安国尽管不喜欢纬书,但只要传统注疏引及纬书,他还是坚称这能够代表圣人之言。以杨安国概括接受注疏引用纬书,来凸显他解经的保守性。反过来说,这样的叙事显示,谶纬文本已难以被仁宗朝儒士接受,即使是解经方式相对保守的杨安国亦不例外。

以上的例子显示,仁宗朝儒者对以谶纬解经的批判,不仅振振有词,而且语气强烈。这一方面显示以谶纬解经在仁宗朝成为儒士关心的课题,另一方面也可见反对谶纬已成为儒者们的共识。不过,如果这些儒者希望他们对谶纬的批判能够获得官方的认可,他们便会遇到阻力,这个阻力来自真宗的继任者仁宗。

见诸史实,仁宗的经学思想与他的老师杨安国雷同,他不仅笃信传统汉唐注疏,甚至对谶纬解经的诸多论点都很崇信。皇祐三年,仁宗要杨安国等人编《五经正义》节解,在与侍读官丁度讨论是否要将《春秋》中丧乱之事编入时,仁宗表示:

先儒于经籍有一字之误者,朕未尝有所改易,以正经之义而

---

① 《景文集》,卷42,《规蔡邕明堂议》,第12a页。
② 见姜鹏:《北宋经筵与宋学的兴起》,第91—95页。
③ 《长编》,卷192,嘉祐五年九月,第4645页。

删去邪？①

意为自己相当尊重先儒的解经文字，更何况是号称"正义"的经典疏文，当然不必因谈及丧乱而删去。可见在仁宗心目中，汉唐儒者的经典诠释仍具备权威性。

从仁宗的著作来看，他数次引用谶纬文本在自己的个人著作中。仁宗著有《洪范政鉴》和《宝元天人祥异书》两种术数类书，②前者至今仍存。从《洪范政鉴》的书名来看，仁宗是想通过注解《洪范》来作为政治的指导，内容即引用不少谶纬文本。③

从仁宗在著作中采用谶纬文本来看，他对谶纬的态度显然与此时知识界的趋向大不相同。这样的差别，在皇祐二年的明堂礼上，演变为君臣对主祭之神是否应该包含五天帝的争论。④ 皇祐明堂礼中，占据制礼关键位置的是孙、杨派士大夫宋庠与宋祁。皇祐二年二月，时为次相的宋庠，告诉仁宗今年冬至正好碰到十一月的最后一天（晦日），应有所避，于是建议改于九月行明堂礼，仁宗接受了这个建议。⑤此时宋祁正担任判太常寺兼礼仪事，宋庠则被任命为大礼五使中的

---

① 《玉海》，卷42，《艺文·皇祐五经精义》，第49b页。
② 〔宋〕江少虞：《宋朝事实类苑》（上海：上海古籍出版社，1981年），卷5，《祖宗圣训·仁宗皇帝》，第45页；又见《长编》，卷125，宝元二年十一月癸巳，第2938页。
③ 〔宋〕宋仁宗：《洪范政鉴》，收入《续修四库全书》（上海：上海古籍出版社，1995年），以第1卷上为例，大谈阴阳灾异，引到："谶曰：水者纯阴之精，阴气洋溢，小人专制擅权，治疾贤者，依公结私，侵乘君子，小人席胜，失怀得志，故涌水为灾。……《春秋含孳》曰：九卿阿党，挤排正直，骄奢偕害，则江河溃决。……《（春秋）潜潭巴》曰：水逆者，反命也，宜修德应之。"（第316页）《洪范政鉴》完成于康定元年以前，见《长编》，卷129，康定元年十一月丙辰，第3055页。
④ 郑玄基于对谶纬的信仰，认为明堂礼的主神是青帝灵威仰等五方天帝。五天帝加上昊天上帝，即为郑玄的六天说。参见杨晋龙：《神圣与圣统——郑玄王肃"感生说"异解探义》，第487—526页。
⑤ 《长编》，卷168，皇祐二年二月癸酉，第4034页。

礼仪使，①成为操办礼仪的主要负责人。

二月下旬，仁宗在与宰执讨论明堂礼时，曾说前代诸儒对明堂制度存有不同的看法，该遵循何者？宰执们回答，经典中的《孝经》《礼记·明堂位》《周礼·考工记》都论及明堂，但比较简略。又说："余皆汉后诸儒杂引纬书，各为论议，故驳而不同"，②从"杂引""驳而不同"透露说这句话的宰辅并不同意纬书，次相宋庠是此话的发言人之一。③

正因仁宗君臣对谶纬中的五天帝看法不同，以致君臣对明堂礼的主祭神发生歧见。仁宗原本设定的明堂祭祀主神为"灵威仰"等五天帝，在判礼院宋祁的劝说下，才兼祭昊天上帝。该年三月，宋祁的《上仁宗议上帝五帝同异》，开宗明义指出郑玄六天说与王肃一天说的差异，接着举出历代对二人说法的争论。宋祁引述唐代许敬宗的意见："郑氏唯据谶纬以说六天，……天尚无二帝，焉有六？是以王肃群儒，咸非其义。"又引述玄宗朝王仲丘的说法："上帝之与五帝，自有差等，不可混而为一。……而五方皆祀，行之已久，请二礼并行，以成月令'大享帝'之义。"④宋祁所引述的许敬宗与王仲丘之论，都赞同昊天上帝是唯一天神，而否定郑玄主张的五天帝。宋祁接着引述孙奭的说法："近大儒孙奭建言天虽一神，以其至尊，故有多名，……以天

① 《长编》，卷168，皇祐二年三月，第4036页。
② 《宋会要辑稿》，礼24之1。
③ 这段话《宋会要辑稿》的记录是"彦博等对曰"，至少包括宋庠。宋庠是提议行明堂礼的大臣，宋庠的神道碑也称颂他在制礼上的功绩："自契丹再盟，陕西亦罢兵。其后天子益乡文学，兴礼乐之事。当是之时，观公一用经术以相仁宗，而天下俗吏之务不至于朝廷，顾其功岂不茂哉。……皇祐元年拜兵部侍郎同中书门下平章事、集贤殿大学士。明年诏有司上明堂图，又博考声律，更定天地方神州日月星庙百神祭享所用乐，其秋遂祠明堂，以公为礼仪使，礼成，加工部尚书。"见《华阳集》，卷36，《宋元宪公神道碑》，第10b—11a页。
④ 《宋朝诸臣奏议》，卷86，宋祁，《上仁宗议上帝五帝同异》，第930—931页。

帝之神迭主五时,故圣人制礼谓之五帝,非五帝各一神也。"①指孙奭综合了郑玄与王肃的说法,认为灵威仰等是天神的别名,实际上也是赞同一天说。宋祁引述孙奭之说,除了因为他与孙奭熟识外,可能也因为孙奭在天圣年间长期担任仁宗的经师。最后,宋祁建议:

> 欲去昊天上帝一位,止设五帝,臣以为礼有未然。……何独是五而非六乎,故兼存则示圣人尊天奉神,不敢有所裁抑。②

从宋祁的论说可知,仁宗原本只祭五天帝,而不祭昊天上帝。但宋祁倾向王肃一天的说法,仁宗则倾向郑玄于明堂祭五天帝的说法。

三月底,宋祁上呈《明堂通议》二篇给仁宗,自序中表示是为了探讨《开宝通礼》中明堂礼的渊源,③实际上则是对明堂礼提出更多的建议。其中在《五室议》首先引述《尚书帝命验》对五室的说法,又引郑玄认为"五府与周明堂同",而认为"五室"符合"三代"之制。④ 而在《规蔡邕明堂议》则批评蔡邕对明堂的说法,其中提到:"自孔子殁,诸儒蜂奋,……又纬谶诡异,附经造说,谊无足据。"⑤从这些议论可见,当谶纬内容能佐证自己论点时,宋祁也加以引用,但大体上宋祁对谶纬抱持着不能苟同的态度。

仁宗对宋祁所提出的诸多建议,并不十分认同。四月九日,仁宗突然内出手诏,对明堂礼进行直接指导。仁宗首先称:"明堂之礼,前代并用郑康成、王肃两家义说,兼祭昊天上帝,已为变礼。"显示仁宗

---

① 《宋朝诸臣奏议》,卷86,宋祁,《上仁宗议上帝五帝同异》,第931页。
② 《宋朝诸臣奏议》,卷86,宋祁,《上仁宗议上帝五帝同异》,第931页。
③ 《宋会要辑稿》,礼24之5:"上稽三代,旁搜汉、唐,礼之过者折之,说之谬者正之。以合开宝一王之典,聊佐乙夜观书之勤。"
④ 《景文集》,卷42,《五室议》,第4a页。
⑤ 《景文集》,卷42,《规蔡邕明堂议》,第12a页。

认为以五天帝为主神才是正礼,昊天上帝不过是"兼祭"的变礼。仁宗又表示自己不仅要亲祭昊天上帝,也要亲献五天帝与神州地祇。这显示原本礼官只欲安排仁宗亲献昊天上帝,实际上有以昊天为主神的意味,但仁宗不接受这样的做法,坚持亲献五帝。① 除了手诏外,仁宗也口头向宰辅抱怨:"今礼官习拘儒之旧传,舍三朝之成法,非朕所以昭孝息民也。"此时只见首相文彦博恭维仁宗"上圣至明""非臣等愚昧所及"。② 仁宗对礼官的批评,恐怕让次相宋庠颇为尴尬。③ 因此,这次明堂礼仍主祭谶纬中的五天神,加上昊天上帝便是郑玄的"六天"说。④

这次明堂礼也显示,仁宗相当重视宋初三朝曾利用过的感生神话。仁宗"以'轩辕'圣祖之别号,炎帝者,感生之常配,故特于清望之中先选旧弼以充献焉"。⑤ 显示仁宗对于感生火帝与圣祖的人间身份黄帝,都给予特别的重视。这些举措显示,真宗的统治遗产以及传统经注引用的谶纬思想,对仁宗朝堂上的礼制依然具有影响力。

总之,在仁宗时代的士大夫文集或经学著作中,可以发现批评谶纬解经的言论越来越常见。这样的发展即是疑经思想在仁宗朝展开时的重要面向:士大夫批评汉唐经典注疏,认为应从本经入手,挖掘儒家圣人的思想。但这样的潮流,却没有成功进入朝堂之上,其中重要因素是长期学习汉唐经典注疏的仁宗,很大程度上置外于此潮流。

---

① 《宋会要辑稿》,礼 24 之 7。

② 《宋会要辑稿》,礼 24 之 7。

③ 隔日,宰执又问仁宗五帝、神州地祇都亲酌献。"恐陟降为劳也,请命官分献之",以"陟降为劳"为由,实际上可能是想阻止仁宗亲献五帝,仁宗回应:"朕于大祀,岂惮劳也!"见《宋会要辑稿》,礼 24 之 8—9。可见仁宗坚持亲献五帝。

④ 明堂礼成后,百官转官,其中高若讷转官制称这次明堂礼:"用郑氏之说,合祭六天,广周家之文。"清楚标示这是采用郑玄的六天说。见《文恭集》,卷 17,《外制·高若讷可特授金紫光禄大夫行尚书户部侍郎》,第 1 页。

⑤ 《宋会要辑稿》,礼 24 之 23—24。

故而，当士大夫想要在明堂礼上清除谶纬思想的影响，便遭遇困难。嘉祐四年(1059)，欧阳修已是翰林学士，他上奏请求删除《九经正义》中所有征引谶纬文本的部分。不出意料，欧阳修的请求没有被允许。[①]

二、"河图洛书"的争论

汉唐经典注疏，引谶纬解释《易·系辞》中的"河图洛书"，河图洛书被视为由"四灵"献上的帝王受命文书。这也是真宗天书的思想依据。当仁宗朝士大夫试图推翻天书时代时，否定谶纬解经的权威性，可谓釜底抽薪的办法。但如果河图洛书并非帝王受命文书，那么经典中的河图洛书究竟为何便是紧接而来的问题。本小节析论仁宗时代涌现一股重解河图洛书的热潮，以及这股热潮如何作为天书时代的反动。

就目前存留的史料来看，仁宗即位后，天书很少被提起，但这不无可能是后世史家在编纂史料时的删修。天书正本虽然在真宗过世后，与真宗一起埋葬，[②]但其刻本存放在玉清昭应宫中。玉清昭应宫于天圣七年烧毁，理论上刻本亦被烧毁。[③]此后刘太后是否命人重刻，不得而知。不过，从庆历七年的真宗加谥事件，可以看出仁宗刻

[①]　嘉祐四年，欧阳修上奏请求删除《九经正义》中所有的谶纬征引。这篇奏疏是学者用来说明欧阳修排拒谶纬的重要论据。然细读其中的文字，不难看出此奏比欧阳修私下议论保守许多。奏疏中，欧阳修没有直接批评孔安国或郑玄，只是委婉地说汉代以来经典已是断简残编，晋宋而下则众说纷纭，唐太宗时，儒士整理已经颇为杂乱的各种注、疏，而成《九经正义》，引述大量"怪奇诡僻"的谶纬，以致经义驳杂不纯。见《欧阳文忠公集》，《奏议》卷16，《论删去九经正义中谶纬札子》，第12b—13a页。但即使是这样相对保守的言论，也并未获得仁宗接受。

[②]　真宗过世时，王曾与吕夷简以天书"专属先帝"为由，让天书与真宗一同埋葬。见邓小南：《祖宗之法——北宋前期政治述略》，第325—326页。

[③]　《长编》，卷82，大中祥符七年五月乙未，第1875页；卷108，天圣七年七月癸亥，第2519页。

意凸显祥符天书对真宗统治成就的意义。原本"文明武定章圣元孝"的谥号,在这次的增谥中成为"膺符稽古成功让德文明武定章圣元孝",①所增加的"膺符稽古成功让德"突出了真宗天书与致太平的功业。以获得天书作为真宗谥号的开头,透露仁宗对祥符天书的肯定立场。换言之,在仁宗统治时期的朝堂上,天书的神圣性未必被完全推翻,仁宗作为真宗的继承人,更不可能有任何否定天书的言论。

仁宗朝"城下之盟"的故事开始流传,即显示仁宗朝士大夫仍关注前朝的天书神话。他们尽管不能直言批评,却以生动的情节,将天书描述为真宗与王钦若的合谋,从而以略带戏谑的方式,瓦解天书的神圣性。

另一方面,仁宗朝士大夫开始从经典诠释的高度,对河图洛书提出新的见解。其中,欧阳修的论点不论在宋代或是现代,都引起学者较多的注意。景祐四年,欧阳修作《易童子问》,认为《周易·系辞》解释八卦的由来有数种自相矛盾的说法,其一是"河出图、洛出书,圣人则之",即由龟龙负载而出;其二是上古圣人伏羲对天地、鸟兽的仰观俯察。基于相信圣人不可能作出自相矛盾的文章,欧阳修宣称《系辞》非孔子所作,②等于是否定《周易·系辞》的经典权威。既然《周易·系辞》的权威性被推倒,欧阳修便不需要另外解释何谓河图、洛书了。

可能比欧阳修更早驳斥龙图、龟书的,是真宗天禧年间(1017—1021)中进士的廖偁。廖偁在《洪范论》中认为:

> 《洪范》皆人事之常,而前古之达道也。……若《洪范》之书
> 出于洛,而神龟负之以授于禹,则是《洪范》者果非人之所能察

---

① 《宋会要辑稿》,礼58之33—34。
② 《欧阳文忠公集》,《易童子问》卷3,第1a—7a页。

也，自禹而上果未之闻于世也。①

可见廖偁否定天以神龟赐禹《洪范》的说法，试图彻底消除《洪范》的
神秘性。如第二章所述，真宗的天书辞类《洪范》，廖偁对《洪范》的批
评，并非无的放矢。廖偁此论，得到欧阳修的重视。嘉祐六年，廖倚
拿着兄长廖偁的"遗文百篇"，请欧阳修作序。欧阳修特别针对《洪范
论》一文申论，序中欧阳修称圣人经典原本是完美无缺的，然自战国
到秦汉，伪说不断乱经，其中河图洛书就是"怪妄之尤甚者"，如今见
到廖偁此文，"其论《洪范》，以为九畴圣人之法尔，非有龟书出洛之事
也，余乃知不待千岁而有与余同于今世者"。② 显示他们反对龟龙献
图书的学说。

欧阳修对河图洛书的解释，并不止于文章撰作，更试图以自己的
影响力，推广己论。嘉祐二年(1057)欧阳修知贡举，学者多半注意欧
阳修打击怪奇的太学体古文，③同样值得注意的是，当年的省试策问
第三道详细举出《系辞》对八卦来由四种矛盾的说法，认为"若曰河图
之说信然乎，则是天生神马，负八卦出于水中，乃天地自然之文尔，何
假庖牺始自作之也？"又带着引导性的语言说："一说苟胜，则三说可
以废也"，要考生对此矛盾提出解释。④ 另在《问进士策四首》，一道考
题开宗明义地说："子不语怪，著之前说，以其无益于事，而有惑于人
也"，接着问六经中却有凤凰来应、河洛出书、龟龙游宫沼等怪事，紧
接着说孔子曾叹"始作俑者"之不仁，经典既然是万世之法，为何有这

---

① 《宋文鉴》，卷94，《廖偁·洪范论》，第7b—10a页。
② 《欧阳文忠公集》，《居士集》卷43，《廖氏文集序》，第3b—5a页。
③ 关于"太学体"的深入研究，参见朱刚：《唐宋"古文运动"与士大夫文学》，第58—
82页。
④ 《欧阳文忠公集》，《居士集》卷48，《南省试进士策问三首》，第8a—8b页。

些神怪之事,以致"自启其源,自秦汉已来诸儒所述荒虚怪诞无所不有"。① 这道考题开头就否定语怪之事,颇有引导考生作答方向的意图。用欧阳修自己的意见,答案不外乎是《廖世文集序》所说:"伪说之乱经也。"可以推测,如果考生读过欧阳修的相关论著,不难写出让欧阳修满意的答案,但若依循传统注疏作答,恐怕要遭黜落的命运。② 对当时的士人而言,要传播新的经学见解,大概没有比通过科举考试更有效的方式了。

如果说景祐年间,欧阳修影响力尚有限,则嘉祐年间(1056—1063),欧阳修先后担任翰林学士、知贡举、执政,他的影响力便到达前所未有的高度。嘉祐七年(1062),欧阳修谈及景祐四年提出《系辞》非孔子所作时,还是惊世骇俗之论,但如今"稍稍以余言为然也"。③ 欧阳修的说法恐怕还谦虚了点,司马光作于熙宁二年(1069)的《论风俗札子》,批评当时的学风,其中一项是"有读《易》未识卦爻,已谓《十翼》非孔子之言",④司马光站在批评立场的表述可能有所夸大,但可以确定欧阳修的论点得到不少士人的支持。

除了欧阳修与廖偁,著名儒者胡瑗也对河图洛书提出见解。胡瑗在《周易口义》注意到与欧阳修相同的问题,即《系辞》解释八卦由来至少有龟龙负河图洛书而出与伏羲仰观俯察二说的矛盾。但胡瑗指出,八卦由龟龙负图而出的说法,实际上是孔安国的注解,并非《系辞》本文,又说"今郑康成以《春秋纬》云河图有九篇,洛书有二篇;孔安国以为河图为八卦,洛书有九畴,皆失之矣"。不过,胡瑗仍认为河

---

① 《欧阳文忠公集》,《居士集》卷 48,《问进士策四首》,第 9b—10a 页。

② 此次考试放榜后,引起颇大争议,有考生作祭欧阳公文投到欧阳修家,《长编》记载这是因欧阳修黜落怪奇古文。见《长编》,卷 158,嘉祐二年正月癸未,第 4467 页。不过,欧阳修出题方式个人风格过强或也是引起不满的原因之一。

③ 《欧阳文忠公集》,《试笔》一卷,《系辞说》,第 8b—9a 页。

④ 《温国文正司马公文集》,卷 45,《论风俗札子》,第 9b 页。

图洛书是"天之大瑞"，圣人以其"至德"，能使"和气充塞于天地之间"，"则河图、洛书、龟、麟、龙、凤出为瑞应之验"。[①] 可见胡瑗反对的是将河图、洛书限定化，即河图、洛书并非只有九篇或二篇，也并非确指八卦或《洪范》，而是圣人能够感召的大瑞。就胡瑗此论点来看，反而有利于肯定真宗的天书。胡瑗的意见显然与欧阳修大相径庭。[②] 胡瑗于皇祐四年至嘉祐四年任教于太学，胡瑗对河图洛书的见解，不无可能反映了当时朝堂上仍有一股支持真宗天书的力量。

　　相较于欧阳修试图推倒经典中的河图洛书，也有儒者试图重建河图洛书的理论。其中刘牧的《易数钩隐图》，不仅对后世有很大的影响，在仁宗朝也已引起很多关注。学者早已论及，《易数钩隐图》以黑白点子绘制的河图、洛书，在《易》学思想上有革命性的意义。它以数图解释《易》《洪范》的来源，开启了图书学派中的河图洛书一派学术。[③]《易数钩隐图》中的思想理念，学界已有丰富的研究成果。[④] 其中郭彧对此书的作者、成书年代做了细致的考察。郭彧指出，《易数

----

　　① 〔宋〕胡瑗：《周易口义》，收入《文渊阁四库全书》（台北：台湾商务印书馆，1983年），《系辞上》，第104a—106a页。

　　② 孙复与胡瑗的墓志铭都由欧阳修撰写，比较两篇墓志铭，不难看出欧阳修对孙复经学的评价远高于胡瑗。在孙复墓志铭中，惜字如金的欧阳修花了不少笔墨盛赞孙复的经学成就，认为他治春秋"不惑传注，不为曲说以乱经""推见王道之治乱，得于经之本义为多"，以得经之本义评价孙复，等于称赞他掌握了圣人之道，是很高的推崇。在胡瑗墓志铭则完全不见欧阳修称许他的经学成就，只是反覆强调他作为老师的德高望重。《欧阳文忠公集》，《居士集》卷27，《孙明复墓志铭》，第12a页；卷25，《胡先生墓表》，第7a—8b页。《长编》提到孙复与胡瑗关系不睦："（孙）复恶胡瑗之为人，在太学常相避。"又比较两人的成就说："瑗治经不如复，其教养诸生过之。"见《长编》，卷186，嘉祐二年十一月，第4495页。这未必是当时人普遍的观点，但这符合欧阳修撰写两人墓志铭所透露的信息。

　　③ 图书学派包含河图洛书、先天后天图、太极图三类，一般被认为是宋代《易》学的主流之一。参见郑吉雄：《论宋代易图之学及其后的发展》，《中国文学研究》创刊号（1987年，台北），第1—38页。

　　④ 学界对于《易数钩隐图》的思想理念及思想渊源、后续影响，可参见蒋秋华：《宋人洪范学》（台北：台湾大学出版委员会，1986年），第82—85页；郑吉雄：《论宋代易图之学及其后的发展》，第1—38页；李申：《易图考》（北京：北京大学出版社，2001年），第160—200页。

钩隐图》原成书于真宗朝,现存的三卷本实际上包含其学生添加的内容,即卷下对河图、洛书的大篇幅讨论,据称"仁宗时,言数者皆宗之"。[①] 从郭彧的辨析可见,《易数钩隐图》并非在其成书当下就受到关注,而是在仁宗一朝添加了大量关于河图、洛书的诠解后,才受到广泛的重视。此现象显示,仁宗朝的士人对于如何理解河图洛书有很高的知识渴望。

《易数钩隐图》的特殊处在于,将河图、洛书都解释为伏羲获得的神迹。其《龙图龟书论》认为:"《易·系辞》云:'河出图、洛出书,圣人则之。'此盖仲尼以作易而云也。则知河图、洛书出于牺皇之世矣。"即认为河图、洛书都只出现于伏羲之世,伏羲又根据河图"画八卦,因而重之为六十四卦"。《龙图龟书论》也反驳孔安国、刘歆认为洛书为天所赐禹的《洪范》,他认为大禹只是阐发了洛书,而非获得天赐洛书。他同样引"天何言哉",认为天神不会明白以言语示人。最后,文章引述当时流行的看法:

　　龙图、龟书经所不载,纬候之书蔑闻其义,诚诞说也。

紧接着笔锋一转,反驳道:"龙图龟书虽不载之于经,亦前贤迭相传授也。"[②] 即认为龙、龟献图书之说,未必完全无稽。而从《龙图龟书论》特意反驳龙图龟书为诞说的言论,恰反映此说在当时是常见的论调。

《易数钩隐图》对河图洛书的阐发,与胡瑗认为有德帝王皆可能获得龙图龟书的说法大异其趣。《易数钩隐图》虽认为图、书由龟、龙献上不无可能,但将河图、洛书限定于单出现于伏羲之世,并通过自

---

①　郭彧:《北宋两刘牧再考》,《周易研究》2006 年第 1 期(济南),第 27—33 页。
②　〔宋〕刘牧:《易数钩隐图》,收入《文渊阁四库全书》(台北:台湾商务印书馆,1983年),卷下,《龙图龟书论》上、下,第 6a—11b 页。

己对经典的理解，"复原"由黑、白点子构成的河图洛书。在此论述下，后世帝王，即便是如大禹般的圣君，都不可能再获得河图洛书，更不可能获得有文字的天书。《易数钩隐图》以"天何言哉"反驳过去以《洪范》为天赐禹洛书的看法，实际上也否定了"辞类《尚书·洪范》"的祥符天书之真实性。

《易数钩隐图》成书后，除了刘牧门人黄黎献、吴秘对之加以阐发，[①]亦至少引起当时学者李觏、宋咸的关注。庆历七年，李觏鉴于"世有治《易》根于刘牧者，其说日不同"，可见李觏察觉刘牧之说在当时已颇有影响力。于是李觏撰写了《删定易图序论》，批评刘牧的相关论点。不过，李觏并非全盘否定刘牧之论，而是认为"假令其说之善，犹不出河图、洛书、八卦三者之内""所以为新意者，合牵象数而已。其余则攘辅嗣之指而改其辞，将不攻自破矣"。可见李觏也承认刘牧所绘河图洛书具有价值，其利用象数的部分，也是有新意处。而对于刘牧指河图、洛书同出于伏羲世，更表示："信也"。[②] 前文提及曾批判谶纬解经的宋咸，则撰有《刘牧王弼易辩》二卷，今虽不传，但从宋咸将刘牧的论点与王弼并举来看，不论他是否赞同刘牧，都可见刘牧的论点在仁宗朝确实已很受重视。[③]

综合上述，正是在崇奉天书的真宗朝之后的仁宗朝，迎来了一波议论、关注河图洛书的风潮，当时虽未得到任何共识，却是开启宋代

---

　　① 〔清〕黄宗羲等：《宋元学案》（北京：中华书局，2009 年），卷 2，《泰山学案》，第122 页。

　　② 《李觏集》，卷 4，《删定易图序论》，第 54—55 页。

　　③ 见《宋史》，卷 202，《艺文一·经类·易类》，第 5036—5037 页。刘牧的河图洛书，后来得到朱熹批判性的改写与利用，并将之置于《周易》之首，成为解释《周易》不可分割的一部分。此后研究《周易》的学者，不论是否同意刘牧或朱熹的河图洛书，都无法绕开此论题。见李申：《易图考》，第 171—180 页。

疑经思想的最初命题之一。[1] 尽管宋仁宗仍肯定真宗天书的价值，他对儒家经典的认识，也仍依循着汉唐经典注疏，但此时，许多士大夫的经学思想正经历巨大的变动。他们一方面将祥符天书叙述为王钦若的阴谋，另一方面，他们在批判谶纬的同时，也尝试为河图洛书提出新的见解。尽管欧阳修的批评相当激烈，但影响后世最大的却是《易数钩隐图》中以黑白点子绘制的河图、洛书，这便在不推翻经典权威性的前提下，为经典中的河图洛书提出一可能的诠释。

结　　语

范仲淹与韩琦所讲述的古文运动叙事结构——先有柳开提倡，后有杨亿雕琢文风的反动，最后大盛于欧阳修——尽管主导了后世学者对北宋古文运动的理解，但并不能真正反映古文运动的历史过程。他们的古文叙事，一方面放大了个别人物的影响力，另一方面则将古文运动去脉络化。古文运动并非只是文章写作风气的改变，更是对天书时代颂赞性文字的反动，同时也是仁宗朝士大夫改变政治风气的策略。儒家经典作为传统士大夫立身与为政的理论依据，至少从汉代以来就已大体如此。古文运动强调文章必须阐发儒家经典中的圣人之道，实非特殊见解。因此，文章应阐明儒家圣人之道的主张之所以成为风潮，并引发士人的高度注目，必须放在天书时代以来崇奉"先天之道"的政治脉络中才得以理解。

---

[1]　参见杨新勋：《宋代疑经研究》，第 54—79 页；杨世文：《走出汉学》，第 161—180 页。

　　祥符以后，真宗自认获得"天书"，宣称赵宋已进入太平盛世。臣僚靠着献上颂美时君、时政的文字，就有机会获得升迁。为了追求功名利禄与文学声望，上下文臣极力撰写雕琢华丽的文字，从而不断复述着太平盛世及其意识形态。然而，随着真宗以壮年辞世，天书许诺的长生遭到不留情面的否定；仁宗即位初，天书时代的政治文化更缺乏强而有力的皇权支撑；加上随之而来的女主政治，使许多士大夫更加认为，天书时代并未给赵宋带来真正的太平。仁宗亲政之初，柳开弟子李迪成为宰相，就为这股蓄势待发的浪潮开辟了出口，古文撰作亦迅速凭借科举考试蔚为风潮。换言之，景祐年间古文快速风行，其深刻的政治背景在于仁宗亲政后，士大夫希望改变祥符以来歌颂太平的政治文化。此时士大夫们眼见赵宋弊端丛生，歌颂时政早已显得不合时宜，阐扬儒家圣人经典，重新为赵宋谋求致治之策，是他们对时代的呼吁。

　　从天圣到景祐年间，即古文运动从萌芽到大盛，亦非单一个人提倡所能成就，而是杨亿派、柳开派文士，在主政中央与主持科举之时，对改变时代风气所特意做出的努力。尽管杨亿的文章被认为是古文的反动，但此派文士却是在仁宗统治前期促成时代文风转变的重要力量。杨亿派文士是真、仁之际中央最重要的文士群体，他们长期担任翰林学士，并多次知贡举。他们在仁宗统治前期，特别是景祐年间，适时利用其职位所赋予的权力，改变科举取士的标准：评论时政的策论的重要性被大幅提升，讲究华辞的诗赋则受到压抑。这便是古文运动能得到广泛接受的主要因素。相较于杨亿派文士，柳开门人后学反对天书时代的立场更为鲜明，他们在山东一带有广泛的影响力，其中坚份子——李迪、范讽更是在景祐初年主政中央时，与主持科举的杨亿派文士一起推动文章风格的转变，讲求儒家圣人之道的文章因此获得士人的广泛支持。相对于此，天圣末、景祐初开始作古文的尹洙与欧阳修，尽管呼应了这样的时代潮流，但景祐时期职低势微的他们，恐怕并非改变时代文风的要角。

那么，古文运动的"典范叙事"是如何形成的呢？综合本章的分析可知，柳开被认为是宋代古文运动的开先锋人物，关键因素并非柳开在咸平三年去世前所累积的影响力，而是其门生后学于柳开过世后，在批判天书时代的过程中所建立的声望。这使他们在山东一带有很大的影响力，柳开也在他们的推尊下，地位逐渐上升。亦属柳开派士大夫之一的石介，是仁宗统治前期舆论的重要制造者，他在大力推尊柳开的同时，又以杨亿为箭靶，将杨亿描述为古文运动的反动人物。这样的观点，被范仲淹、韩琦的古文发展叙事所采纳，从而得到强化。如果说范仲淹对从柳开到杨亿的文风发展，采取了当时流行的说法，则突出、放大尹洙与欧阳修对古文运动的贡献，则更多是来自范仲淹的"创见"。随着范仲淹与欧阳修等人声望与地位的水涨船高，范仲淹的叙事成为古文运动的典范叙事，却也使古文运动的历史脉络变得模糊难识。

如果说仁宗朝的古文运动改变了天书时代颂赞太平的文风，那么此时士大夫对谶纬的批判，以及对河图洛书的新解，便进一步瓦解构成这个时代的核心——天书。在汉唐注疏的经典诠释下，君主对天书的信奉可以自认是依照儒家圣人之道；仁宗朝不少士大夫则认为这并非真正的圣人之道，而是汉代以后的伪说。欧阳修对谶纬与河图洛书的批判，无疑是划时代且引人注目的，但绝非当时唯一的批判声音。孙、杨派士大夫宋祁同样对谶纬不能苟同，且因为在皇祐明堂礼中担任礼仪的制定者，而与支持谶纬五天帝的仁宗发生冲突。《易数钩隐图》的河图洛书新解，在仁宗朝引起广泛重视，更可见仁宗朝士大夫不再认为河图洛书为帝王受命文书，而渴望挖掘河图洛书的真义。总之，以谶纬解经的汉唐经典，在仁宗时代已丧失权威性。当河图洛书不再被诠释为有德帝王的天书，真宗的太平之政便等同在根本理论上遭到否定，重新为赵宋找寻符合圣人真义的求治之路，就成为儒家士大夫往后的迫切课题。

结　　论

从北宋中期以降，到 20 世纪的历史研究，"城下之盟"的故事，主导了我们对天书事件的认识，天书被视作真宗君臣为了解决澶渊之盟带来的耻辱而制造的造假事件，其工具性目的似乎不证自明。但从汉唐以来的政治文化观之，天书时代的作为却是有本有据。不论是具体可见的天书、东封祭天、西祀祭地、圣祖感生降神、兴建道教宫观、求长生，或是大礼背后所根据的概念：孝治、崇"先天"的无为之道，以及君主作为政治中轴的大中皇极概念，都源自汉唐以来的政治传统，也是汉唐时代自认太平的君主，如汉武帝、汉光武帝、唐玄宗曾经施行过的。

汉宋之间的君主在自认太平后，所实行的一套礼仪竟有如此高的雷同性，显示这套礼仪及其背后的宗教统治概念，是中国帝制前期君臣对于"太平之后"如何统治的一种强势传统。不过，与汉唐历史相较，天书时代将这些汉唐政治文化的元素做了更精心的组合，施行的过程也更见顺序与步骤。因此，天书时代的意义，并不在于创新，而是以自成逻辑的方式，重组汉唐君臣对太平治世曾经的想象与操作。

天书时代所建立的一套太平无为政治文化，从中央积极推广到地方，从朝臣扩及一般士人，并借着士人颂美太平之政的文章而不断进行复诵与阐扬。即便是后来主导庆历改革的范仲淹，在祥符时代也撰写推崇时政的赋；在仁宗统治前期，范仲淹的奏疏更是几无例外地以"太平"描述现况。这一方面显现天书时代的渗透力有其强度与韧性，另一方面也透露，构成天书时代的各项元素有其深厚的经史知识在支撑。天书时代的各种意识形态与政治思想要素，即便不是深入到每位士大夫的政治思维中，也绝非摇摇欲坠。

仁宗统治前期那些挑战、破坏天书时代的士大夫，与亲身参与、支撑天书时代的士大夫，并非两个不同、二分的群体，而是身处在同一政治文化场域而共享相同的文化资源与政治话语。这些士大夫如何理解自身浸染多时的政治文化，决定了他们采取怎样的态度与方式来面对天书时代。曾经参与、支持过天书时代的士大夫，亦可能在仁宗时代转而对之进行批判，从而破坏天书时代看似牢固的结构。换言之，仁宗前期批判天书时代的士大夫，他们针对的不仅是真宗与王钦若一派士大夫，还包含反省参与其中的自我，以及构成天书时代的儒家经典诠释与汉唐政治传统。

故而，仁宗前期士大夫瓦解天书时代的过程，并非轻而易举，而是在反省中，多层次且崎岖地前进。景祐年间，即仁宗亲政后蔚为风潮的古文运动，本质上即是对天书时代颂美时政的雕琢文风的批判，并转而呼吁士人应该撰写阐扬儒家圣人之道、批判时政的古文。这样的变化，其实意味着这些士大夫否定自我曾经经历过太平盛世。于是，士大夫们要求仁宗"修德"，并提出改革建议。与此呼应的，是士大夫们压抑祥瑞，并将自然灾害重新诠释为"天谴"而非"常数"的过程。当君臣将灾害诠释为天谴，则皇帝修德、臣僚撰写奏疏进言，就显得顺理成章。最终，宋夏战争成为压垮太平意识形态的最后一根稻草，庆历年间，当仁宗君臣终于承认真宗的太平之政已失，"无为"便不再可能，政治改革则迫在眉睫。于是，君主经常性地要求臣僚提出谏言，就成为庆历以降的政治走向。换言之，学者所熟悉的北宋改革与变法①,以及士大夫所获得的论政、言事之权,都非理所当然的存在,而是在真、仁之际天书时代瓦解,政治文化重塑后的发展。

从天书时代到古文运动的历史过程,同时也是太宗到仁宗三朝,以李昉、王旦为核心的北方文士,与以徐铉、王钦若为核心的前南唐文士的权力竞逐过程,并双双在仁宗朝走到历史尽头。宋初帝王重视、提升文士的地位,除了有平衡武臣的作用外,同样关键的因素是文臣熟悉的儒教祭礼,有肯定政权正当性的作用。由于太宗并不信任以徐铉为首的南唐降臣,因此终太宗一朝,北方文士占据绝对优势。在权力天秤绝对倾斜于北方文士的前提下,李昉等北方文士也不吝于举荐徐铉及其门生后学。这样的形势在真宗朝发生转变。徐铉派文士中的杜镐、王钦若、陈彭年运用徐铉信仰的唐玄宗道教统治理念,并融合谶纬中的天书理论,为真宗提供一套组合了汉唐太平元素的统治模式。天书时代的成立,也为这些南方文士争取到与北方文士并驾齐驱的政治地位。两派相争随着王钦若于天圣三年过世画下句点。仁宗统治初期,王旦提拔的士大夫,包含王曾、杨亿派文士等,成为政坛与文坛上的要角,他们与以反对天书著称的孙奭及其所举荐的侍讲官员,成为仁宗统治前期改变天书时代政治文化的主要力量。从太宗到仁宗朝文臣群体的递嬗来看,李昉、王旦、杨亿一派文士长期占据宰执与翰林学士的位置,可谓是绵延三朝、实力最为坚强的士大夫群体。

相较于王旦、杨亿一派文士在真宗朝已位居高职,范仲淹及其支持者则是仁宗朝新兴的一股力量。他们成长于天书时代,但即使是此派人物中年龄较长,居领袖地位的范仲淹,在天书时代仍仅是低层官僚。换言之,他们并不像杨亿派文士那样,曾是天书时代的得益

①　参见梁庚尧:《北宋的改革与变法:熙宁变法的源起、流变及其对南宋历史的影响》(台北:台大出版中心,2022 年)。

者。也因此，他们批判朝政、主张改革的立场更为鲜明。他们与孙、杨派士大夫皆参与了仁宗前期改变天书时代的政治文化，也无可避免地发生权力之争。庆历时期，范仲淹及其支持者的政治实力，实际上仍无法与孙、杨派士大夫中的章得象、贾昌朝、宋庠与宋祁等人相提并论，以致庆历改革很快以失败告终。不过，在仁宗统治末的嘉祐年间，随着韩琦、富弼、欧阳修长期担任宰相与执政，范仲淹的支持者成为占绝对优势的士大夫群体。他们不仅在政坛上，亦在文坛上，终结了绵延三朝的李昉、王旦一派士大夫的影响力，更因其强大的话语权，建构了古文运动的"典范叙事"。在范仲淹与韩琦笔下，欧阳修与尹洙成为促使古文大盛的关键人物，柳开门人的贡献则被低估，杨亿派文士的贡献更是遭到忽视。

那么，从天书时代到古文运动，在中国历史的长河上有何意义？我认为这是中国政治史与儒学史典范转移的关键时期。天书时代是赵宋君臣将汉唐君主对太平的操作进行总结性的综合展演；这些操作在很大的程度上，又是根植于汉代以降的儒家经典诠释，以为统治的正当性张本。因此，天书时代在仁宗朝的破产，其意义不仅在于士大夫否定赵宋曾经拥有过太平，更深刻的是，这意味着士大夫反省甚至放弃汉唐儒学所诠释的政治理念。古文运动的要义为重新阐扬儒家圣人之道，意义便在于推翻汉唐经典诠释后，士大夫们渴望建立新的典范，他们认为只要正确阐述儒家圣人之道，便能发掘理想的统治方式。然而，旧典范尽管瓦解，新典范却不易建立。此后，我们看到新学、程朱学、苏学、阳明学在不同时代的起落，本质上即为各派学者争取正统地位、欲成为新典范的过程。总之，从天书时代到古文运动，终结了汉唐的政治典范，并为新的各种学说开启了广袤的竞逐园地，中国历史在此意义上，开启了崭新的一页。

征 引 书 目

一、文献史料

（一）史籍、政书

〔汉〕司马迁：《史记》，北京：中华书局，1959年。

〔汉〕班固：《白虎通义》，收入《文渊阁四库全书》，台北：台湾商务印书馆，1983年。

〔汉〕班固：《汉书》，北京：中华书局，1962年。

〔刘宋〕范晔撰，〔唐〕李贤等注：《后汉书》，北京：中华书局，1965年。

〔唐〕杜佑：《通典》，北京：中华书局，1988年。

〔后晋〕刘昫：《旧唐书》，北京：中华书局，1975年。

〔宋〕王称：《东都事略》，收入《文渊阁四库全书》，台北：台湾商务印书馆，1983年。

〔宋〕宋绶、宋敏求编，司义祖点校：《宋大诏令集》，北京：中华书局，1962年。

〔宋〕李埴撰，燕永成校正：《皇宋十朝纲要校正》，北京：中华书局，2013年。

〔宋〕李焘：《续资治通鉴长编》，北京：中华书局，2004年。

〔宋〕徐自明：《宋宰辅编年录》，收入《宋史资料萃编》第一辑，台北：文海出版社，1967年。

〔宋〕马令：《南唐书》，收入傅璇琮等编：《五代史书汇编 玖》，杭州：杭州出版社，2004年。

〔宋〕曾巩：《隆平集》，收入《文渊阁四库全书》，台北：台湾商务印书馆，1983年。

〔宋〕赵汝愚编，北京大学中国中古史研究中心校点整理：《宋朝诸臣奏议》，上海：上海古籍出版社，1999 年。

〔宋〕吕祖谦：《宋文鉴》，收入《文渊阁四库全书》，台北：台湾商务印书馆，1983 年。

〔宋〕欧阳修：《太常因革礼》，收入《宛委别藏》，台北：台湾商务印书馆，1981 年。

〔宋〕欧阳修：《新唐书》，北京：中华书局，1975 年。

〔宋〕钱若水等修，范学辉校注：《宋太宗皇帝实录校注》，北京：中华书局，2012 年。

〔元〕脱脱等：《宋史》，北京：中华书局，1977 年。

〔元〕脱脱等：《辽史》，北京：中华书局，1977 年。

〔清〕徐松辑，四川大学古籍整理研究所标点校勘，"中央研究院"历史语言研究所兼任研究员王德毅教授校订：《宋会要辑稿》，"中央研究院"历史语言研究所、四川大学古籍整理研究所、哈佛大学东亚文明系，2008 年。

〔清〕阮元审定，〔清〕卢宣旬校：《重刊宋本十三经注疏附校勘记》，台北：艺文印书馆，1965 年，据清嘉庆二十年（1815）南昌府学刊本影印。

（二）文集

〔宋〕尹洙：《河南先生文集》，收入《四部丛刊正编》，台北：台湾商务印书馆，1979 年。

〔宋〕王安石：《临川集》，收入《四部丛刊正编》，台北：台湾商务印书馆，1979 年。

〔宋〕王禹偁：《小畜集》，收入《四部丛刊初编》，台北：台湾商务印书馆，1979 年。

〔宋〕王珪：《华阳集》，收入《文渊阁四库全书》，台北：台湾商务印书馆，1983 年。

〔宋〕司马光：《温国文正司马公文集》，收入《四部丛刊正编》，台北：台湾商务印书馆，1979 年。

〔宋〕田锡：《咸平集》，收入《文渊阁四库全书》，台北：台湾商务印书馆，

1983 年。

〔宋〕石介著，陈植锷点校：《徂徕石先生文集》，北京：中华书局，1984 年。

〔宋〕余靖：《武溪集》，收入《北京图书馆古籍珍本丛刊》第 85 册，北京：书目文献出版社，1988 年。

〔宋〕宋祁：《景文集》，台北：艺文印书馆，1969 年，据清乾隆敕刻武英殿聚珍本影印。

〔宋〕宋庠：《元宪集》，台北：艺文印书馆，1969 年，据清乾隆敕刻武英殿聚珍本影印。

〔宋〕李觏著，王国轩点校：《李觏集》，北京：中华书局，2011 年。

〔宋〕柳开：《河东先生集》，收入《四部丛刊初编》，台北：台湾商务印书馆，1979 年。

〔宋〕胡宿：《文恭集》，台北：艺文印书馆，1969 年，据清乾隆敕刻武英殿聚珍本影印。

〔宋〕范仲淹著，李勇先、王蓉贵校点：《范仲淹全集》，成都：四川大学出版社，2002 年。

〔宋〕夏竦：《文庄集》，收入《文渊阁四库全书》，台北：台湾商务印书馆，1983 年。

〔宋〕孙复：《孙明复小集》，收入《文渊阁四库全书》，台北：台湾商务印书馆，1983 年。

〔宋〕徐铉：《徐公文集》，收入《四部丛刊正编》，台北：台湾商务印书馆，1979 年。

〔宋〕祖无择：《龙学文集》，收入《文渊阁四库全书》，台北：台湾商务印书馆，1983 年。

〔宋〕张咏著，张其凡编：《张乖崖集》，北京：中华书局，2000 年。

〔宋〕杨亿：《武夷新集》，收入《四库全书珍本·八集》，台北：台湾商务印书馆，1978 年。

〔宋〕刘攽：《彭城集》，台北：艺文印书馆，1969 年，据清乾隆敕刻武英殿聚珍本影印。

〔宋〕刘挚：《忠肃集》，台北：艺文印书馆，1969 年，据清乾隆敕刻武英殿聚珍本影印。

〔宋〕欧阳修：《欧阳文忠公全集》，收入《四部丛刊初编》，台北：台湾商务印书馆，1967 年。

〔宋〕蔡襄：《莆阳居士蔡公文集》，收入《北京图书馆古籍珍本丛刊》第86 册，北京：书目文献社，1988 年。

〔宋〕穆修：《河南穆公集》，收入《四部丛刊正编》，台北：台湾商务印书馆，1979 年。

〔宋〕韩琦：《安阳集》，收入《北京图书馆古籍珍本丛刊》第85 册，北京：书目文献出版社，1988 年。

〔宋〕苏舜钦：《苏学士文集》，收入《四部丛刊正编》，台北：台湾商务印书馆，1979 年。

〔宋〕苏颂：《苏魏公文集》，收入《文渊阁四库全书》，台北：台湾商务印书馆，1983 年。

〔宋〕苏象先：《丞相魏公谭训》，《四部丛刊三编》，台北：台湾商务印书馆，1966 年。

（三）地志

〔宋〕史能之：《咸淳毗陵志》，收入《宋元方志丛刊》，北京：中华书局，1990 年。

〔明〕李侃修，〔明〕胡谧纂：《（成化）山西通志》，民国二十二年（1933）景钞明成化十一年（1475）刻本。

〔明〕林富修，黄佐纂：《（嘉靖）广西通志》，明嘉靖十年（1531）刻本。

〔清〕李同亨：《（顺治）祥符县志》，清顺治十八年（1661）刻本。

刘延昌修，刘鸿书纂：《（民国）徐水县新志》，民国二十一年（1932）铅印本，上海：上海书店出版社，2006 年。

（四）笔记

〔宋〕岳珂撰，吴企明点校：《桯史》，北京：中华书局，1981 年。

〔宋〕文莹撰，郑世刚、杨立扬点校：《湘山野录》，北京：中华书局，1984 年。

〔宋〕王林：《燕翼诒谋录》，北京：中华书局，1981 年。

〔宋〕王素：《文正王公遗事》，收入《全宋笔记》第一编，郑州：大象出版社，2003 年。

〔宋〕王曾：《王文正公笔录》，收入《百川学海》己集，民国十六年（1927）武进陶氏覆宋咸淳左圭原刻本。

〔宋〕史温：《钓矶立谈》，收入傅璇琮等编：《五代史书汇编　玖》，杭州：杭州出版社，2004 年。

〔宋〕司马光著，邓广铭、张希清点校：《涑水记闻》，北京：中华书局，1989 年。

〔宋〕田况：《儒林公议》，收入《稗海》，明万历中会稽半埜堂商濬辑刻本，台北：艺文印书馆，1966 年。

〔宋〕江少虞：《宋朝事实类苑》，上海：上海古籍出版社，1981 年。

〔宋〕佚名：《江南余载》，收入傅璇琮等编：《五代史书汇编　玖》，杭州：杭州出版社，2004 年。

〔宋〕宋祁：《宋景文公笔记》，收入《全宋笔记》第一编，郑州：大象出版社，2003 年。

〔宋〕范镇撰，汝沛点校：《东斋记事》，北京：中华书局，1980 年。

〔宋〕袁褧：《枫窗小牍》，收入《文渊阁四库全书》，台北：台湾商务印书馆，1983 年。

〔宋〕陈彭年：《江南别录》，收入傅璇琮等编：《五代史书汇编　玖》，杭州：杭州出版社，2004 年。

〔宋〕黄休复撰，赵维国整理：《茅亭客话》，收入《全宋笔记》第二编，郑州：大象出版社，2006 年。

〔宋〕丁谓：《丁晋公谈录》，收入《百川学海》癸集，民国十六年（1927）武进陶氏覆宋咸淳左圭原刻本。

〔宋〕杨亿口述，〔宋〕宋庠整理，李裕民辑校：《杨文公谈苑》，收入《历代笔记小说大观》，上海：上海古籍出版社，2012 年。

〔宋〕欧阳修撰，李伟国点校：《归田录》，北京：中华书局，1981 年。

〔宋〕郑文宝：《南唐近事》，收入傅璇琮等编：《五代史书汇编　玖》，杭州：杭州出版社，2004 年。

〔宋〕魏泰撰，李裕民点校：《东轩笔录》，北京：中华书局，1983 年。

〔宋〕苏轼撰，王松龄点校：《东坡志林》，北京：中华书局，1981 年。

〔宋〕苏辙撰，俞宗宪点校：《龙川别志》，北京：中华书局，1982 年。

〔宋〕释文莹：《玉壶清话》，收入《全宋笔记》第一编，郑州：大象出版社，
2003 年。

（五）其他

〔周〕李耳撰，〔曹魏〕王弼注：《道德经》，清乾隆敕刻武英殿聚珍本。

〔梁〕萧统编，〔唐〕李善注：《文选》，上海：上海古籍出版社，1986 年。

〔宋〕王钦若等编：《册府元龟》，北京：中华书局，1994 年。

〔宋〕王应麟：《玉海》，收入《文渊阁四库全书》，台北：台湾商务印书馆，
1983 年。

〔宋〕吕中：《大事记讲义》，收入《文渊阁四库全书》，台北：台湾商务印
书馆，1983 年。

〔宋〕佚名：《国朝二百家名贤文粹》，收入《续修四库全书》，上海：上海
古籍出版社，2002 年。

〔宋〕宋仁宗：《洪范政鉴》，收入《续修四库全书》，上海：上海古籍出版
社，1995 年。

〔宋〕李昉等：《文苑英华》，北京：中华书局，1966 年。

〔宋〕李昉等：《太平御览》，收入《四部丛刊三编》，台北：台湾商务印书
馆，1975 年。

〔宋〕胡瑗：《周易口义》，收入《文渊阁四库全书》，台北：台湾商务印书
馆，1983 年。

〔宋〕范祖禹：《帝学》，收入《文渊阁四库全书》，台北：台湾商务印书馆，
1983 年。

〔宋〕孙复：《春秋尊王发微》，收入《文渊阁四库全书》，台北：台湾商务
印书馆，1983 年。

〔宋〕杨亿编，王仲荦注：《西昆酬唱集注》，北京：中华书局，1980 年。

〔宋〕刘牧：《易数钩隐图》，收入《文渊阁四库全书》，台北：台湾商务印
书馆，1983 年。

〔宋〕欧阳修：《诗本义》，《四部丛刊三编》景宋本，台北：台湾商务印书馆，1976年。

〔宋〕黎靖德编，王星贤点校：《朱子语类》，北京：中华书局，1986年。

〔宋〕苏易简：《文房四谱》，收入《文渊阁四库全书》，台北：台湾商务印书馆，1983年。

〔元〕马端临：《文献通考》，台北：台湾商务印书馆，1987年。

〔明〕张宇初、邵以正、张国祥编纂：《正统道藏》，台北：新文丰出版公司，1985年，据上海涵芬楼本影印。

〔明〕程敏政：《新安文献志》，收入《文渊阁四库全书》，台北：台湾商务印书馆，1983年。

〔清〕胡聘之：《山右石刻丛编》，台北：艺文印书馆，1966年。

〔清〕孙岳颁：《佩文斋书画谱》，收入《文渊阁四库全书》，台北：台湾商务印书馆，1983年。

〔清〕黄宗羲等：《宋元学案》，北京：中华书局，2009年。

〔清〕董诰等编：《全唐文》，北京：中华书局，1983年。

〔清〕赵在翰辑，孙肇鹏、萧文郁点校：《七纬（附论语谶）》，北京：中华书局，2012年。

〔日〕安居香山，〔日〕中村璋八编：《重修纬书集成》，东京：明德出版社，1957—1971年。

曾枣庄、刘琳主编：《全宋文》，上海：上海辞书出版社；合肥：安徽教育出版社，2006年。

二、近人著作

（一）专书

丁义珏：《北宋前期的宦官：立足于制度史的考察》，北京：北京大学历史学系博士学位论文，2013年。

刁忠民：《宋代台谏制度研究》，成都：巴蜀书社，1999年。

王水照：《北宋三大文人集团》，上海：上海古籍出版社，2021年。

王化雨：《面圣：宋代奏对活动研究》，北京：生活·读书·新知三联书店，2019年。

王民信：《王民信辽史研究论文集》，台北：台大出版中心，2010 年。

王瑞来：《宰相故事：士大夫政治下的权力场》，北京：中华书局，2010 年。

王丽亚：《论王曾》，济南：山东师范大学专门史硕士学位论文，2008 年。

甘怀真：《皇权、礼仪与经典诠释：中国古代政治史研究》，台北：台大出版中心，2004 年。

皮庆生：《宋代民众祠神信仰研究》，上海：上海古籍出版社，2008 年。

皮锡瑞：《增注经学历史》，台北：艺文印书馆，1987 年。

朱刚：《唐宋"古文运动"与士大夫文学》，上海：复旦大学出版社，2019 年。

朱溢：《事邦国之神祇：唐至北宋吉礼变迁研究》，上海：上海古籍出版社，2014 年。

朱瑞熙：《暧城集》，上海：华东师范大学出版社，2001 年。

何冠环：《论宋太宗朝之赵普》，香港：香港中文大学研究院历史学部硕士学位论文，1979 年。

何冠环：《宋初朋党与太平兴国三年进士》，北京：中华书局，1994 年。

何寄澎：《北宋的古文运动》，上海：上海古籍出版社，2011 年。

余英时：《朱熹的历史世界：宋代士大夫政治文化研究》，台北：允晨文化，2002 年；北京：生活·读书·新知三联书店，2004 年。

余英时：《论天人之际——中国古代思想起源试探》，北京：中华书局，2014 年。

吴政哲：《崇纬抑谶：东汉到唐初谶纬观念的转变》，台北：台湾大学历史学系硕士学位论文，2007 年。

吴洪泽、尹波主编：《宋人年谱丛刊》，成都：四川大学出版社，2002 年。

吴国武：《经术与性理——北宋儒学转型考论》，北京：学苑出版社，2009 年。

吕凯：《郑玄之谶纬学》，台北：台湾商务印书馆，1982 年。

李申：《易图考》，北京：北京大学出版社，2001 年。

李零：《中国方术正考》，北京：中华书局，2006 年。

李华瑞：《宋夏关系史》，石家庄：河北人民出版社，1998 年。

李华瑞：《宋史论集》，保定：河北大学出版社，2001年。

杜乐：《宋真宗朝中后期"神圣运动"研究——以天书和玉皇、圣祖崇拜为切入点》，北京：北京大学历史学系硕士学位论文，2011年。

汪海：《汉唐封禅比较研究》，上海：华东师范大学硕士学位论文，2008年。

汪圣铎：《宋真宗》，长春：吉林文史出版社，1996年。

汪圣铎：《宋代政教关系研究》，北京：人民出版社，2010年。

沈松勤：《宋代政治与文学研究》，北京：商务印书馆，2010年。

周佳：《北宋中央日常政务运行研究》，北京：中华书局，2015年。

周予同原著，朱维铮编：《孔子、孔圣和朱熹》，上海：上海人民出版社，2012年。

周予同原著，朱维铮编：《群经通论》，上海：上海人民出版社，2012年。

金中枢：《宋代学术思想研究》，台北：幼狮文化，1989年。

姜鹏：《北宋经筵与宋学的兴起》，上海：上海古籍出版社，2013年。

卿希泰：《道教文化新探》，四川：四川人民出版社，1988年。

卿希泰：《道教与中国传统文化》，福建：福建人民出版社，1990年。

卿希泰：《简明中国道教史》，北京：中华书局，2013年。

孙克宽：《宋元道教之发展》，台中：私立东海大学，1965年。

孙英刚：《神文时代：谶纬、术数与中古政治研究》，上海：上海古籍出版社，2014年。

徐复观：《中国思想史论集》四版，台北：台湾学生书局，1975年。

徐复观：《两汉思想史》，台北：台湾学生书局，1975年。

徐晓望：《闽国史》，台中：五南出版社，1997年。

徐兴无：《谶纬文献与汉代文化建构》，北京：中华书局，2003年。

祝尚书：《北宋古文运动发展史》，四川：巴蜀书社，1995年。

祝尚书：《宋代文学探讨集》，郑州：大象出版社，2007年。

祝尚书：《宋代科举与文学》，北京：中华书局，2008年。

张文昌：《制礼以教天下——唐宋礼书与国家社会》，台北：台大出版中心，2012年。

张其凡：《宋代人物论稿》，上海：人民出版社，2009年。

张其凡：《宋代政治军事论稿》，合肥：安徽人民出版社，2009年。

张明华：《西昆体研究》，北京：人民出版社，2010年。

张泽洪：《道教斋醮科仪研究》，成都：巴蜀书社，1999年。

张宝三：《五经正义研究》，台北：台湾大学中国文学研究所博士学位论文，1992年。

张兴武：《宋初百年文学复兴的历程》，北京：中华书局，2009年。

郭伯恭：《宋四大书考》，台北：台湾商务印书馆，1971年。

郭艳艳：《宋代赦书研究》，开封：河南大学中国古代史博士学位论文，2011年。

陈来：《古代宗教与伦理：儒家思想的根源》，北京：生活·读书·新知三联书店，2009年。

陈来：《古代思想文化的世界：春秋时代的宗教、伦理与社会思想》，北京：生活·读书·新知三联书店，2009年。

陈槃：《古谶纬研讨及其书录解题》，台北："国立"编译馆，1991年。

陈戍国：《中国礼制史·宋辽金夏卷》，长沙：湖南教育出版社，2011年。

陈美东：《中国古代天文学思想》，北京：中国科学技术出版社，2008年。

陈弱水：《唐代文士与中国思想的转型》，桂林：广西师范大学出版社，2009年。

陈植锷：《北宋文化史述论》，北京：中国社会科学出版社，1992年。

陈植锷著，刘秀蓉整理：《石介事迹著作编年》，北京：中华书局，2003年。

陈遵妫：《中国天文学史》，上海：人民出版社，2006年。

陈苏镇：《〈春秋〉与"汉道"——两汉政治与政治文化》，北京：中华书局，2011年。

梁庚尧：《北宋的改革与变法：熙宁变法的源起、流变及其对南宋历史的影响》，台北：台大出版中心，2022年。

陶晋生：《宋辽关系史研究》，台北：联经出版事业公司，1984年，初版。

傅扬：《从丧乱到太平——隋朝的历史记忆与意识形态》，台北：台湾大学历史学系硕士学位论文，2011年。

傅斯年：《性命古训辩证》，广西：广西师范大学出版社，2006年。

傅勤家：《中国道教史》，上海：上海书店，1984 年。

傅乐成：《汉唐史论集》，台北：联经出版事业公司，1977 年。

喻松青：《民间秘密宗教经卷研究》，台北：联经出版事业公司，1994 年。

冯志弘：《北宋古文运动的形成》，上海：上海古籍出版社，2009 年。

冯晓庭：《宋初经学发展述论》，台北：万卷楼图书有限公司，2001 年。

黄一农：《社会天文学史十讲》，上海：复旦大学出版社，2004 年。

黄正建主编：《中晚唐社会与政治研究》，北京：中国社会科学出版社，2006 年。

黄启江：《北宋佛教史论稿》，台北：台湾商务印书馆，1997 年。

黄复山：《东汉谶纬学新探》，台北：台湾学生书局，2000 年。

杨磊：《"十三经"唐宋注疏所引谶纬研究》，济南：山东大学古典文献学硕士学位论文，2010 年。

杨世文：《走出汉学——宋代经典辨疑思潮研究》，成都：四川大学出版社，2008 年。

杨新勋：《宋代疑经研究》，北京：中华书局，2007 年。

叶国良：《宋人疑经改经考》，台北：台湾大学出版委员会，1980 年。

葛兆光：《屈服史及其他：六朝隋唐道教的思想史研究》，北京：生活·读书·新知三联书店，2003 年。

漆侠：《宋学的发展和演变》，石家庄：河北人民出版社，2002 年。

刘屹：《敬天与崇道——中古经教道教形成的思想史背景》，北京：中华书局，2005 年。

刘子健：《欧阳修的治学与从政》，香港：新亚研究所，1963 年。

刘伯骥：《宋代政教史》，台北：中华书局，1971 年。

刘祥光：《宋代日常生活中的卜算与鬼怪》，台北：政大出版社，2013 年。

刘复生：《北宋中期儒学复兴运动》，台北：文津出版社，1991 年。

刘静贞：《北宋前期皇帝和他们的权力》，台北：稻乡出版社，1996 年。

蔡崇榜：《宋代修史制度研究》，台北：文津出版社，1993 年。

蒋秋华：《宋人洪范学》，台北：台湾大学出版委员会，1986 年。

蒋复璁：《宋史新探》，台北：正中书局，1966 年。

邓小南：《祖宗之法——北宋前期政治述略》，北京：生活·读书·新知三联书店,2006 年。

邓广铭:《邓广铭治史丛稿》,北京:北京大学出版社,1997 年。

萧登福:《谶纬与道教》,台北:文津出版社,2000 年。

谢聪辉:《新天帝之命:玉皇、梓潼与飞鸾》,台北:台湾商务印书馆,
　　2013 年。

钟国发:《茅山道教上清宗》,台北:东大图书公司,2003 年。

钟肇鹏:《谶纬论略》,沈阳:辽宁教育出版社,1991 年。

顾颉刚:《顾颉刚古史论文集》第三册,北京:中华书局,1996 年。

顾颉刚:《秦汉的方士与儒生》,上海:上海古籍出版社,2005 年。

顾颉刚、刘起釪:《尚书校释译论》,北京:中华书局,2005 年。

龚延明:《宋代官制辞典》,北京:中华书局,1997 年。

〔日〕小岛毅:《宋學の形成と展開》,东京:創文社,1999 年。

〔日〕平田茂树,朱刚等译:《宋代政治结构研究》,上海:上海古籍出版
　　社,2010 年。

〔日〕吾妻重二:《宋代思想の研究—儒教・道教・仏教をめぐる考察》,
　　大阪府吹田市:关西大学出版部,2009 年。

〔日〕竺沙雅章著,方建新译:《宋朝的太祖和太宗——变革时期的帝
　　王》,杭州:浙江大学出版社,2006 年。日文本《獨裁君主の登場:
　　宋の太祖と太宗》,东京:清水书院,1984 年。

〔日〕福永光司:《道教思想史研究》,东京:岩波书店,1987 年。

〔日〕沟口雄三、小岛毅主编,孙歌等译:《中国的思维世界》,南京:江苏
　　人民出版社,2006 年。

Bol, Peter K. "This Culture of Ours": Intellectual Transitions in T'ang
　　and Sung China. Stanford: Stanford University Press, 1992.

Cheung, Hiu Yu. Empowered by Ancestors: Controversy over the
　　Imperial Temple in Song China (960 - 1279). Hong Kong
　　University Press, 2021.

Hartman, Charles. The Making of Song Dynasty History: Sources and
　　Narratives, 960 - 1279 CE. Cambridge: Cambridge University
　　Press, 2020.

Fang, Cheng-Hua. *Power Structures and Cultural Identities in Imperial China: Civil and Military Power from Late Tang to Early Song Dynasties*（A. D. 875 - 1063）. VDM Verlag Dr. Müller, 2009.

Ho, Koon-wan. *Politics and factionalism: K'ou Chun*（962 -1023）*and his 't'ung-nien'*. PhD diss. , The University of Arizona, 1990.

（二）论文

方诚峰：《祥瑞与北宋徽宗朝的政治文化》,《中华文史论丛》2011 年第 4 期,上海,第 215—253 页。

方震华：《传统领域如何发展？——对宋代政治史研究的几点观察》,《台大历史学报》第 48 期,2011 年,台北,第 165—184 页。

方震华：《和战与道德——北宋元祐年间弃地论的分析》,《汉学研究》第 33 卷第 1 期,2015 年,台北,第 67—91 页。

方震华：《复仇大义与南宋后期对外政策的转变》,《"中央研究院"历史语言研究所集刊》88 本 2 分,2017 年,台北,第 309—345 页。

王化雨：《宋朝君臣的夜对》,《四川大学学报(哲学社会科学版)》2010 年第 3 期,成都,第 52—61 页。

王民信：《澶渊缔盟的检讨》,《食货月刊》复刊第 5 卷第 3 期,1975 年,台北,第 97—108 页。

王晓波：《宋太宗雍熙北伐失败后的对辽策略》,《四川大学学报(哲学社会科学版)》2000 年第 4 期,成都,第 100—106 页。

甘怀真：《秦汉的"天下"政体——以郊祀礼改革为中心》,《新史学》第 16 卷第 4 期,2005 年,台北,第 13—56 页。

伍伯常：《北宋选任陪臣的原则：论猜防政策下的南唐陪臣》,《中国文化研究所学报》新第 10 期(总第 41 期),2001 年,香港,第 1—31 页。

朱永清：《神格与政治：赵宋圣祖崇拜新论》,《宁夏师范学院学报》,第 40 卷第 8 期,2019 年,固原,第 69—76 页。

朱海：《唐玄宗〈御注孝经〉发微》,《魏晋南北朝隋唐史资料》第 19 辑,2002 年,武汉,第 99—108 页。

朱海：《唐玄宗御注〈孝经〉考》，《魏晋南北朝隋唐史资料》第 20 辑，2003 年，武汉，第 124—135 页。

何忠礼：《论"隐士"种放其人》，《文史》2012 年第 4 期，北京，第 187—196 页。

吴修安：《唐宋之际建州浦城的家族与社会》，《新史学》第 29 卷第 4 期，2018 年，台北，第 1—70 页。

吴铮强、杜正贞：《北宋南郊神位变革与玉皇祀典的构建》，《历史研究》2011 年第 5 期，北京，第 47—58 页。

吴丽娱：《论九宫祭祀与道教崇拜》，《唐研究》第 9 卷，第 283—314 页，北京：北京大学出版社，2003 年。

吴丽娱：《礼用之变：〈大唐开元礼〉行用释疑》，《文史》2005 年第 2 辑，北京，第 97—130 页。

吴丽娱：《营造盛世：〈大唐开元礼〉的撰作缘起》，《中国史研究》2005 年第 3 期，北京，第 73—94 页。

吴丽娱：《汉唐盛世的郊祀比较——试析唐玄宗朝国家祭祀中的道教化和神仙崇拜问题》，收入孙家洲、刘后滨主编：《汉唐盛世的历史解读：汉唐盛世学术研讨会论文集》，第 22—37 页，北京：中国人民大学出版社，2009 年。

吕宗力：《从碑刻看谶纬神学对东汉思想的影响》，《中国哲学》第 12 期，第 106—125 页，北京：生活·读书·新知三联书店，1984 年。

吕宗力：《感生神话与汉代皇权正当性的论证》，《秦汉史论丛》第 8 辑，第 415—434 页，昆明：云南大学出版社，2001 年。

吕宗力：《两晋南北朝之纬学——经学界的通纬风气》，《揖芬集：张政烺先生九十华诞纪念文集》，第 655—669 页，北京：社会科学文献出版社，2002 年。

李卓颖：《身分认同之转变与历史书写——以南唐旧臣郑文宝为例》，《新史学》第 30 卷第 2 期，2019 年，台北，第 61—109 页。

汪桂平：《唐玄宗与茅山道》，《世界宗教研究》1995 年第 2 期，北京，第 63—71 页。

邢义田：《东汉光武帝与封禅》，收入氏著：《天下一家：皇帝官僚与社会》,第 177—201 页,北京:中华书局,2011 年。

周生杰:《〈太平御览〉引用纬书考论》,《古籍整理研究学刊》2011 年第 6
期,长春,第 9—13 页。

屈万里:《宋人的疑经风气》,收入氏著:《书佣论学集》,第 237—244 页,
台北:联经出版事业公司,1984 年。

林素娟:《汉代感生神话所传达的宇宙观及其在政教上的意义》,《成大
中文学报》第 28 期,2010 年,台南,第 35—82 页。

林瑞翰:《南唐之经济与文化》,收入《大陆杂志史学丛书》第 2 辑第 2 册
《唐宋附五代史研究论集》,第 137—144 页,台北:大陆杂志社,
1967 年。

金传道:《徐铉三次贬官考》,《重庆邮电大学学报》第 19 卷第 3 期,2007
年,重庆,第 99—103 页。

柳立言:《宋辽澶渊之盟新探》,收入宋史座谈会编:《宋史研究集》第 23
辑,第 71—190 页,台北:"国立"编译馆,1995 年。

范平:《宋真宗时期的政治制度建设》,《学术月刊》1995 年第 5 期,上海,
第 95—100 页。

徐兴无:《谶纬与经学》,《中国社会科学》1992 年第 2 期,北京,第 129—
140 页。

徐兴无:《〈文选〉李善注引纬论考——兼及谶纬与汉魏六朝文学的关
系》,《西北师大学报(社会科学版)》第 50 卷第 4 期,2013 年,兰州,
第 17—29 页。

崔海正:《北宋"东州逸党"考论》,《武汉大学学报(人文科学版)》第 56
卷第 4 期,2003 年,武汉,第 471—479 页。

张文波:《试论〈周颂〉与先秦诗乐舞一体》,《吉林省教育学院学报》2011
年第 1 期,长春,第 22—23 页。

张其凡:《雍熙北征到澶渊之盟》,《史学月刊》1988 年第 1 期(郑州),第
25—30 页。

张家凤、黄一农:《中国古代天文对政治的影响——以汉相翟方进自杀
为例》,《清华学报》第 20 卷第 2 期,1990 年,新竹,第 361—378 页。

张维玲:《宋太宗、真宗朝的致太平以封禅》,《清华学报》新 43 卷第 3 期,

2013 年，新竹，第 481—524 页。

张维玲：《宋初南北文士的互动与南方文士的崛起——聚焦于徐铉及其后学的考察》，《台大文史哲学报》第 85 期，2016 年，台北，第 175—217 页。

张晓宇：《从"变唐之礼"到"章献新仪"——北宋前期"新礼"问题与〈太常因革礼〉》，《汉学研究》第 37 卷第 1 期，2019 年，台北，第 39—81 页。

张富祥：《宋初"东州逸党"与齐鲁文化遗风》，《山东师大学报》1991 年第 1 期，济南，第 25—31 页。

张荫麟：《宋太宗继统考实》，《文史杂志》第 1 卷第 8 期（1941 年，重庆），第 26—31 页。

梁庚尧：《从"修德来远"看曾国藩对外交内政的态度》，《史绎》第 9 期，1972 年，台北，第 20—24 页。

笪群梓：《龙图阁的产生和发展》，《山东档案》2013 年第 2 期，济南，第 61—63 页。

郭彧：《北宋两刘牧再考》，《周易研究》2006 年第 1 期，济南，第 27—33 页。

陈一风：《论唐玄宗注孝经的原因》，《长春师范学院学报（人文社会科学版）》第 24 卷第 6 期，2005 年，长春，第 39—42 页。

陈元锋：《宋太祖朝翰林学士述论》，《华南师范大学学报（社会科学版）》2011 年第 1 期，广州，第 56—61 页。

陈芳明：《宋初弭兵论的检讨》，收入宋史座谈会编：《宋史研究集》第 9 辑，第 63—97 页，台北："国立"编译馆，1977 年。

陈海岭：《唐玄宗的崇道抑佛政策及其社会影响》，《河南大学学报》第 39 卷第 6 期，1999 年，郑州，第 16—18 页。

程光裕：《澶渊之盟与天书》，《大陆杂志》第 22 卷第 6 期，1961 年，台北，第 177—226 页。

杨晋龙：《神圣与圣统——郑玄王肃"感生说"异解探义》，《中国文哲研究集刊》第 3 期，1993 年，台北，第 487—526 页。

漆侠：《范仲淹集团与庆历新政——读欧阳修〈朋党论〉书后》，《历史研究》1992 年第 3 期,北京,第 126—140 页。

赵冬梅:《先帝皇后与今上生母——试论皇太后在北宋政治文化中的涵义》,收入张希卿等主编:《10—13 世纪中国文化的碰撞与融合》,第 388—407 页,上海:上海人民出版社,2006 年。

刘浦江:《"五德终始"说之终结——兼论宋代以降传统政治文化的嬗变》,《中国社会科学》2006 年第 2 期,北京,第 177—190 页。

刘复生:《宋朝"火运"论略——兼谈"五德转移"政治学说的终结》,《历史研究》1997 年第 3 期,第 92—106 页。

郑吉雄:《论宋代易图之学及其后的发展》,《中国文学研究》创刊号,1987 年,台北,第 1—38 页。

龙晦:《敦煌文献所见唐玄宗的宗教活动》,《扬州大学学报》1997 年第 1 期,扬州,第 25—34 页。

钟国发:《道教神灵谱系简论》,《传统中国研究集刊》第 1 辑,第 57—81 页,上海:上海人民出版社,2006 年。

罗时进、刘鹗:《唐宋时文考论》,《文艺理论研究》2004 年第 4 期,上海,第 63—71 页。

罗圣堡:《汉宋〈孝经〉学论考》,台北:台湾大学中国文学系硕士学位论文,2010 年。

龚延明:《宋代学士院名物制度志略》,《西南师范大学学报(人文社会科学版)》1988 年第 2 期,重庆,第 52—60 页。

〔日〕山内弘一:《北宋の國家と玉皇——新礼恭謝天地を中心に》,《東方學》第 62 辑,1981 年,东京,第 83—97 页。

〔日〕山内弘一:《北宋時代の郊祀》,《史學雜誌》第 92 编第 1 号,1983 年,东京,第 40—66 页。

〔日〕山内弘一:《北宋時代の神御殿と景靈宮》,《東方學》第 70 辑,1985 年,东京,第 46—60 页。

Cahill, Suzanne E. "Taoism at the Sung Court: the Heavenly Text Affair of 1008." *Bulletin of Sung-Yüan Studies* 16 (1980, Ithaca), pp. 23 - 44.

Fang, Cheng-hua. "The Price of Orthodoxy: Issues of Legitimacy in the

Later Liang and Later Tang. ”《台大历史学报》第 35 期,2005 年,台北,第 55—84 页。

Lamouroux, Christian. “Rites, espaces et finance. La recomposition de la souveraineté dans le Chine du 11e siècle. ” *Annales. Histoire, Sciences Sociales* 51. 2 (1996, Cambridge), pp. 275 - 305.

Lamouroux, Christian. “Song Renzong's Court Landscape: Historical Writing and the Creation of a New Political Sphere (1022 - 1042). ” *Journal of Song-Yuan Studies* 42 (2012, Berkeley), pp. 45 - 93.

Li, Cho-ying（李卓颖）. “A Failed Peripheral Hegemonic State with a Limited Mandate of Heaven: Politico-Historical Reflections of a Survivor of the Southern Tang. ” *Tsing Hua Journal of Chinese Studies*（《清华学报》）, New Series 48: 2 (2018, Hsinchu), pp. 243 - 285.

Skonicki, Douglas Edward. “Employing the Right Kind of Men: The Role of Cosmological Argumentation in the Qingli Reforms. ” *Journal of Song-Yuan Studies* 38 (2008, Berkeley), pp. 39 - 98.

Soymié, Michel. “La politique religieuse des empereurs Taizong et Zhenzong des Song. ” *Annuaire. École Pratique des Hautes Études* (1974 - 1975, Paris), pp. 961 - 964.

Verellen, Franciscus. “Liturgy and Sovereignty: The Role of Taoist Ritual in the Foundation of the Shu Kingdom (907 - 925). ” *Asia Major*, Third Series 2. 1 (1989, Princeton), pp. 59 - 78.